DAWN BAUMANN BRUNKE

Perles de sagesse du peuple animal

Communiquer avec la toile de la vie

ARIANE
ÉDITIONS

Titre original anglais : *Animal Voices, Telepathic Communication in the Web of Life*

Publié à la suite d'arrangements avec Bear & Company Inc.
One Park Street, Rochester, Vermont 05757 USA

1217, av. Bernard O., bureau 101, Outremont, Qc,
Canada H2V 1V7
Téléphone : 514 276-2949, télécopieur : 514 276-4121
Courrier électronique : info@editions-ariane.com
Site Internet : www.editions-ariane.com

Traduction : Jean Hudon
Révition linguistique : Monique Riendeau
Graphisme et mise en page : Carl Lemyre
Illustration de la couverture : Carl Lemyre

Première impression : janvier 2021
ISBN : 978-2-89626-580-0

Dépôt légal :
Bibliothèque nationale du Québec, 2021
Bibliothèque nationale du Canada, 2021
Bibliothèque nationale de Paris, 2021

Diffusion
Québec : Flammarion Québec – 514 277-8807
www.flammarion.qc.ca
France et Belgique : D.G. Diffusion – 05.61.000.999
www.dgdiffusion.com
Suisse : Servidis/Transat – 22.960.95.25
www.servidis.ch

Gouvernement du Québec – Programme de crédit d'impôt
Pour l'édition de livres – Gestion SODEC

Nous reconnaissons l'appui [financier]
du gouvernement du Canada.

Canada

Membre de l'ANEL

Imprimé au Canada

Éloges pour *Perles de sagesse du peuple animal*

Dawn Brunke nous entraîne à sa suite dans son incroyable odyssée alors qu'elle apprend à communiquer avec les animaux. Elle nous montre que ceux-ci ont beaucoup à nous apprendre – ils nous enseignent à avoir confiance en nous pour ainsi mieux découvrir qui nous sommes. Que vous soyez sceptique ou persuadé du bien-fondé de son propos, *Perles de sagesse du peuple animal* vous offrira un nouvel éclairage précieux sur le monde de la communication télépathique avec les animaux.

Carol Gurney
Communicatrice animalière et auteure de *The Language of Animals*.

Perles de sagesse du peuple animal perce la pénombre de nos projections et de nos croyances à l'égard des animaux avec une franchise à la fois chaleureuse et intelligente. Ces messages d'amour et de sagesse émanant des membres à plumes, à pelage et à exosquelette de notre famille élargie ouvriront de nouveaux horizons aux cœurs et aux esprits, et seront une source d'inspiration même pour le lecteur le plus sceptique. Un livre provocant, curatif, une lecture incontournable pour quiconque a déjà ouvert son cœur à une autre espèce.

Joanne E. Lauck
Auteure de *The Voice of the Infinite in the Small: Revisioning the Insect-Human Connection*.

Table des matières

Troisième partie
Une question de perspective

Quatrième partie
Appel à la transformation

Cinquième partie
Dans l'ombre

Sixième partie
L'ombre et au-delà

Septième partie
Se rappeler l'existence de la Toile sacrée de la Vie

Remerciements

De nombreuses voix s'expriment dans ce livre. Ma plus sincère reconnaissance va à tous ceux et celles qui ont apporté une contribution, que leur nom apparaisse ou non en ces pages.

Merci aux communicateurs et amis suivants : Chrys Long-Ago, Carole Devereux, Jane Hallander, Sam Louie, Penelope Smith, Raphaela Pope, Mary Getten, Teresa Wagner, Marta Williams, Ilizabeth Fortune, Joan Ocean, Carol Gurney, Morgine Jurdan, Nedda Wittels, Nancie LaPier, Marcia Ramsland, Diana Roth, Toraya Ayres, Anita Curtis, Jeri Ryan, Sharon Callahan, Jim Worlsley, Laura Simpson et Jude White-Bear.

Merci aux lecteurs du manuscrit qui ont offert d'inestimables commentaires et suggestions ainsi que leur soutien au fil de plusieurs révisions : Sam Louie, Nancie LaPier, Toraya Ayres, Jackie Rahm, Charlie et Delisa Renideo, Joanne E. Lauck, A.B. ainsi que ma mère, Carol Edler Baumann.

Merci pour les mots d'inspiration et d'encouragement prodigués par J. Allen Boone et Strongheart, Penelope Smith, Brugh Joy, Walt Whitman et Michael Roads.

Merci à l'équipe de Inner Traditions / Bear & Company, tout particulièrement à mon éditrice Laura Schlivek, à Peri Champine pour la magnifique page couverture, et à Jon Graham de chez Acquisitions, qui a enduré ma ténacité. Merci à ma réviseure, Victoria Sant'Ambrogio. Merci également à Jackie Kosednar, éditeur de *Alaska Wellness*, pour sa foi et sa confiance.

Merci à mes parents pour leur soutien indéfectible. Merci à ma famille et à mes amis d'avoir partagé mon enthousiasme. Merci à mon mari, Bob, pour son encouragement inébranlable, et à ma fille, Alyeska, pour sa joie irrépressible, ses rires et son amour des animaux.

Mes profonds et sincères remerciements à tous les esprits des animaux à l'origine de tout cela. Ce livre n'aurait jamais vu le jour sans la contribution des nombreux animaux qui, à titre individuel ou en groupe, ont si généreusement offert leur savoir, leur sagesse, leur éloquence et leur humour. Merci aux oiseaux dans les buissons, à mes poissons rouges, aux papillons de nuit, aux moustiques et aux araignées qui ont présenté une information stimulante au moment précis où j'en avais le plus besoin.

Je voudrais enfin remercier tout spécialement mes très bons amis Barney, Max, et Zak qui se sont accroupis chaque jour à mes côtés alors que j'écrivais ce livre, qui d'une patte douce et encourageante m'ont gentiment poussée à m'éveiller, et qui ne cessent de me rappeler que la vie et la mort sont, à n'en pas douter, de grandes aventures.

INTRODUCTION

La Toile

Je ne le comprends pas. Mais de toute façon je ne comprends pas non plus comment une araignée a pu apprendre à tisser une toile. Lorsque les mots apparurent, tout le monde affirma que c'était un miracle. Mais personne ne fit remarquer que la toile en soi est un miracle.

E. B. White,
La Toile de Charlotte

Quand j'étais une enfant, un de mes livres favoris était *La Toile de Charlotte* par E. B. White. J'aimais tout particulièrement Charlotte, une araignée grise à l'esprit vif qui entrelaçait des mots dans sa toile en une tentative pour sauver son ami Wilbur le cochon d'une mort prématurée. « Quel cochon ! » proclamaient audacieusement les mots dans *La Toile de Charlotte*. « Radieux » et « humble » étaient quelques-uns des autres adjectifs utilisés par Charlotte pour décrire Wilbur. La plupart des fermiers et des citadins croyaient que la présence de ces mots tenait du miracle, qu'il s'agissait de messages inspirés de source surnaturelle que l'on ne pouvait expliquer. Leurs regards se tournaient alors vers le cochon avec la certitude qu'il était à l'origine de ce mystère. Et Charlotte souriait, ravie de voir que son stratagème avait fonctionné.

Ainsi que Charlotte l'expliquait à Wilbur, les araignées savaient tisser des toiles depuis d'innombrables générations. « Je ne sais pas comment l'idée vint à la première araignée au début du monde d'imaginer tisser une toile, mais elle le fit et ce fut très astucieux de sa part », dit Charlotte. Je me dis quant à moi que ce fut également très astucieux de la part de Charlotte l'araignée d'arriver à comprendre la grande portée des mots sur les humains.

Il y a des gens qui croient que les araignées tissent des toiles non pas simplement d'instinct, mais à partir de la mémoire collective de toutes les araignées qui ont un jour tissé des toiles depuis cette première araignée au commencement du monde. Selon cette idée, chaque fois qu'une araignée en tisse une, il devient plus facile pour toutes les autres de créer des toiles avec moins d'efforts et la possibilité d'une complexité accrue.

Certains estiment que l'évolution humaine procède de la même façon. Chaque fois qu'une personne découvre en elle un nouveau talent, les autres peuvent simultanément ou peu après trouver le même talent en elles. À mesure que ce nouveau comportement est adopté par un nombre croissant d'individus, il devient plus facilement accessible à tous les autres. Appelez cela le phénomène du centième singe, de la centième araignée, ou même du centième humain ; c'est toujours le même genre de phénomène qui se répète dans la grande Toile.

La Toile de la Vie nous rappelle que chaque pensée et chaque action exercent une influence sur tout ce qui existe. Il suffit qu'une idée nous vienne à l'esprit pour qu'un fil de la toile invisible se mette à frémir tandis que les circonstances conspirent afin de nous mettre en présence des événements, des personnes, des animaux et d'innombrables autres formes d'aide dont nous avons besoin.

Bien que ce livre n'ait débuté que par un simple intérêt à l'égard de la communication avec les animaux, il est vite devenu le point focal d'une collaboration élargie. Plus de deux douzaines de personnes adeptes de ce type de communication et une centaine d'animaux ont apporté leur énergie, leur sagesse, leur humour et leur appui à la réalisation de cet ouvrage.

Tout comme les animaux de basse-cour avaient suggéré à Charlotte les mots à afficher sur sa toile, et à l'instar de E. B. White, qui avait collaboré avec l'énergie subtile d'une merveilleuse araignée grise qu'il a appelée Charlotte, nous travaillons tous, consciemment ou inconsciemment, à créer ensemble quelque chose de tout à fait spectaculaire, quelque chose qui nous propulse vers la création d'un nouvel être.

Comment commencer notre voyage? Bien souvent, ce n'est pas dans l'objectif final mais dans ce que nous découvrons en chemin que se trouve la clé permettant d'identifier le sens véritable de notre aventure. Fréquemment, ce sont les diversions et circonstances étranges qui nous mènent aux endroits les plus extraordinaires – aux choses qui nous touchent profondément, nous font rire, nous stupéfient et qui sont parfois même à peine croyables.

En 1995, mon mari et moi sommes allés vivre en Alaska. Nous n'avions pas de projets précis, aucun emploi ne nous y attendait, mais nous sommes néanmoins partis, emmenant avec nous notre fille, deux chiens et une remorque de près de sept mètres de longueur. Peu après notre arrivée, je dénichai un exemplaire du magazine *Alaska Wellness*, consacré aux médecines alternatives et aux liens entre la conscience, le corps et l'esprit. Une petite annonce mentionnait que les responsables étaient à la recherche d'une éditrice. Même si je n'avais jamais fait d'édition sur le plan professionnel, je soumis ma candidature et, à ma grande surprise, je fus embauchée.

Une de mes premières tâches consistait à mettre de l'ordre dans une boîte d'articles qui n'avaient pas encore été publiés. L'un d'eux attira tout particulièrement mon attention. Il était écrit par Chrys Long-Ago, une femme qui affirmait parler aux animaux. Non seulement cela, mais en plus ceux-ci lui répondaient ! J'étais fascinée par cette histoire qui exposait en détail les conversations qu'elle avait avec un cochon d'Inde appelé Geisha.

Lorsque je fis plus tard une entrevue avec Chrys, elle me parla de J. Allen Boone, un écrivain qui avait appris à communiquer avec les animaux, principalement grâce à Strongheart, un berger allemand lauréat et vedette de film. Je mis la main sur deux livres de Boone et les lus avec un sentiment grandissant d'émerveillement, d'étonnement et de profond respect.

Les questions sur la communication humain-animal fusaient dans ma tête. Était-il réellement possible d'avoir une conversation intelligente avec un animal ? Les animaux avaient-ils vraiment la capacité de comprendre le monde qui les entourait ? Avaient-ils une spiritualité ? Savaient-ils quelque chose que nous ignorions ? Que pourraient-ils nous dire sur eux et à notre propre sujet si nous abordions sérieusement la question avec eux ? Une relation plus profonde, plus vitale entre les humains et les animaux – et avec toute vie – était-elle quelque chose que nous avions oublié, quelque chose que nous avions laissé derrière nous au fil de notre évolution ?

Par le biais d'Internet, je trouvai Buddy, un cheval qui collaborait avec Carole Devereux, elle aussi versée dans la communication humain-animal. Buddy fut le premier animal qui accepta de s'entretenir avec moi. La méthode utilisée était quelque peu singulière : je posais mes questions à Carole qui, connectée à Buddy, les lui transmettait, écrivait ses réponses et me les lisait ensuite. Une partie de moi ne pouvait s'empêcher de considérer que toute l'affaire frisait le ridicule, ce qui n'empêchait pas une autre partie de moi d'être transportée de joie et d'avoir l'impression de tout juste franchir le seuil d'un Nouveau Monde. Grâce à Carole, je pus prendre contact avec d'autres animaux et d'autres personnes pratiquant la communication télépathique avec ceux-ci. À leur tour, ces gens me recommandèrent à d'autres personnes, élargissant ainsi peu à peu mon réseau de contacts.

Je me rendis bientôt compte que ce à quoi je participais dépassait de loin ma petite personne. Au fil de mes réflexions, de mes méditations et même des rêves que je faisais à ce sujet, je pris conscience avec un étonnement grandissant que non seulement c'était là une chose que j'avais choisie, mais que celle-ci m'avait également choisie.

Du plus profond de votre être, demandez à vivre quelque chose et l'univers vous répondra. Il s'agit là d'une réalisation électrisante, quoique vous puissiez souvent découvrir que la réponse de l'univers ne corresponde pas exactement à celle que vous vous imaginiez.

Mon mode d'opération consistait invariablement à demander à des communicateurs* d'agir comme médiums grâce à qui les animaux pourraient apporter réponse à la question fondamentale suivante : « Qu'est-ce que les humains devraient par-dessus tout savoir ? »

Tout se passait fort bien jusqu'au jour où Marta Williams, une personne pratiquant la communication humain-animal que j'étais à interviewer au téléphone, m'interrompit soudain pour me suggérer tout bonnement que si j'avais l'intention d'écrire un livre sur ce sujet, ce serait peut-être une bonne idée de tenter moi-même l'expérience. Un profond malaise s'empara de moi. On ne pouvait sûrement pas me demander de faire cela ! C'était une chose que de m'entretenir avec des animaux par l'entremise de communicateurs professionnels, mais assurément je n'aurai jamais à parler moi-même directement avec des animaux !

Quelques semaines plus tard, je fis ma première expérience de communication directe avec un vol d'oiseaux. Ce fut pour moi un événement exceptionnel qui changea du tout au tout l'objet même de ce livre et qui me donna une compréhension beaucoup plus sentie sur ce qu'est au juste la communication avec les animaux.

---

* NDT : L'auteure emploie le terme « communicateurs » pour désigner les gens capables d'entrer en communication télépathique avec des animaux. L'usage de ce terme en français aura le même sens dans ce livre.

Après mon expérience initiale avec les oiseaux, plus rien ne vint interrompre le flot de communications que je recevais, bien que je songeasse parfois à essayer de le faire cesser. Dans la plupart des cas, cela se produisait spontanément, alors que je m'y attendais le moins.

Le processus ne cesse depuis de s'approfondir. Sommes-nous jamais vraiment en contrôle ? Je n'ai même plus la prétention de croire que l'idée d'écrire ce bouquin était de moi. Un mystère se révélait peu à peu, et le plan me fut présenté au fil d'une série de défis. Voulais-je abandonner une vision révolue des choses pour en apprendre une nouvelle ? Étais-je prête à commencer à vivre dans un état d'émerveillement permanent ? Étais-je disposée à faire confiance à mes expériences comme tant d'autres semblaient se fier à moi ?

Mon cœur a été touché par tous les êtres qui s'expriment dans ces pages et par les gens qui ont apporté leurs commentaires et offert leur aide et leur soutien. Cela me rappelle la toile de Charlotte et la manière dont toutes sortes d'événements extraordinaires peuvent conspirer pour créer un monde dans lequel un cochon et une araignée ont la possibilité de devenir de grands amis. Sommes-nous prêts à accepter que nous soyons tout aussi capables de créer un tel monde ? Ainsi que de nombreux animaux ne cessent de nous le rappeler, les liens intimes qui nous relient sont plus profonds que nous ne l'imaginerons jamais. L'objet de cet ouvrage est peut-être avant tout de nous aider à développer notre confiance en ces liens et envers le continuum de la vie alors que nous nous ouvrons à la perception de notre union profonde les uns avec les autres et avec Tout Ce Qui Est.

Un certain groupe d'animaux fit la remarque suivante : « Il est essentiel que les humains commencent à s'éveiller aux liens les unissant à toute vie. Votre ouverture aux animaux vous permettra d'être aussi plus profondément ouverts à vous-mêmes. C'est là une des clés de votre retour au bercail. »

Puissions-nous consentir de bon gré à ce voyage. Puissions-nous avoir un peu plus confiance en ce qui émerge de nous et en la suite des choses. Et puissions-nous enfin nous aider mutuellement à retrouver le souvenir de qui nous sommes, humains aussi bien qu'animaux, au sein de la toile sacrée de la vie.

PREMIÈRE PARTIE

À travers la porte inconnue, au souvenir retrouvé Le chemin du retour

Pour vous
Briana (cheval) – Anita Curtis

La communication avec les animaux est très importante en ce moment et le sera encore plus dans les années à venir. La vie des humains doit s'épanouir grâce à la communication avec toute vie, sinon ceux-ci ne pourront grandir spirituellement. Le but de ceci n'est pas pour nous, car nous communiquons déjà. C'est pour vous.

CHAPITRE 1

Le chemin du retour

Dans les tout premiers temps
lorsque les hommes et les animaux vivaient sur la Terre
une personne pouvait, si elle le voulait, devenir un animal
et un animal pouvait devenir un être humain.
Parfois ils étaient des hommes
et parfois ils étaient des animaux
et cela ne faisait aucune différence.
Tous parlaient le même langage.

Chanson inuite de Netsilik

Dans le contexte plus étendu de l'ensemble de l'histoire humaine, communiquer avec les animaux n'est certes pas un phénomène nouveau. Nos ancêtres le faisaient. Même si le monde était alors forcément différent, les humains n'avaient pas encore oublié comment y parvenir. Nous étions toujours intimement liés à tout – à la terre, au ciel et à l'eau, au corbeau, à la tortue marine, à l'araignée, avec le loup et le bison, et avec toutes les autres formes de vie, autrement dit avec tout, puisque tout est vivant. Il n'y avait qu'un seul langage. Vous en souvenez-vous ? C'était le langage de l'être selon lequel le plus petit était relié au plus grand, toutes choses n'étant pas séparées mais bien rattachées au Tout.

« Pour ces anciens, la vie tissait des liens de

parenté tels que rien ne pouvait être dénué de sens, d'importance, ni exclu», écrivait Allen Boone. «Chaque chose vivante était perçue comme partenaire d'une entreprise universelle. Chacune apportait une contribution au bien général qu'elle était la seule à pouvoir fournir[1].» Grâce à ce langage qu'ils avaient en commun, tous les êtres étaient en mesure de partager leurs pensées, leurs sentiments et leur perspective unique du monde avec tous les autres.

C'était il y a fort longtemps, bien avant le Déluge, quoique même alors une parcelle de ce lien subsistait toujours. Les animaux continuèrent à jouer le rôle de messagers divins au fil des âges. Apparaissant comme des amis, des joueurs de tours et des guides surnaturels dans nos contes de fées, nos mythes, nos histoires et nos rêves, ils nous pressent d'avancer, attirant notre attention sur cette pièce essentielle du puzzle qui nous amène finalement à nous écrier *Ah! ah!* Ce sont eux qui persévérèrent à tenter de nous faire prendre le chemin du retour.

Les choses sont différentes maintenant. Nous avons parcouru tellement de chemin, et pourtant dans le grand ordre des choses, nous ne sommes peut-être pas si loin de notre point de départ. Certains diront que le périple de notre évolution n'a pas nécessairement été pour le mieux; d'autres rappelleront que le changement, peu importe où il nous mène, a pour unique but de nous faire apprendre des choses.

«Nous ne cesserons pas d'explorer», écrivait T.S. Eliot.

Et la finalité de toutes nos explorations
Sera d'arriver là où nous avons commencé
Et, pour la première fois, de connaître cet endroit.
À travers la porte inconnue, au souvenir retrouvé
Lorsque la dernière de la Terre encore à découvrir
Est celle qui était le point de départ[2]...

On ne peut nier que dans le monde d'aujourd'hui l'idée de parler littéralement avec les animaux puisse sembler un peu étrange. La notion semble nouvelle et différente parce qu'il y a si longtemps que nous n'avons fait consciemment une telle chose. Nous nous sommes tellement séparés de la Toile de la Vie que certains se demandent peut-être pourquoi, même s'il était possible de communiquer avec les animaux, nous voudrions le faire. Car on nous a généralement appris que la plupart d'entre eux sont incapables de penser ou de faire preuve d'intelligence. Que pourrions-nous apprendre en parlant avec un animal ?

« Chaque fois que j'étais vraiment humble et disposé à permettre à quelque chose d'autre qu'un humain d'être mon instructeur, ces compagnons à quatre pattes, six pattes ou sans aucune patte m'ont transmis une sagesse des plus précieuses », écrivait Boone. « Ils m'ont enseigné qu'une parfaite compréhension et une parfaite coopération entre les humains et toutes les autres formes de vie se produisent immanquablement chaque fois que l'humain fait réellement sa nécessaire part[3]. »

Boone fit sa part non seulement en apprenant des animaux mais aussi en aidant les humains à en faire tout autant. Encore aujourd'hui, près de cinquante ans après la publication de son livre *Kinship with All*

Life, bien des gens actifs dans ce domaine rapportent les paroles de cet homme distingué, citant ses écrits comme une source à la fois d'inspiration et de validation.

Boone était un descendant direct de Daniel Boone et un ami de Houdini – une des rares personnes, en fait, qui soit parvenue à convaincre le magicien de révéler le secret de certaines de ses illusions. Il a également travaillé pendant de nombreuses années comme reporter et correspondant à Washington.

Ce n'est qu'après son départ pour la Californie et sa participation à des films qu'il commença à parler avec des animaux. Imputez-en la responsabilité à Hollywood. Boone ne se considéra jamais comme un communicateur et ne prit jamais de leçons en ce sens. Ce fut plutôt un remarquable chien appelé Strongheart qui devint son professeur.

Ce berger allemand était devenu une star d'Hollywood dans les années 1920, ouvrant ainsi la voie à d'autres étoiles canines comme Rin Tin Tin et Lassie. Il provenait d'une longue lignée de chiens de berger pur sang en Allemagne reconnus pour leur force physique et leur expertise comme chiens policiers et chiens dressés pour la guerre. Strongheart avait été entraîné durant la Première Guerre mondiale.

Deux des amis de Boone, un auteur dramatique et un dresseur d'animaux d'Hollywood, étaient responsables de l'arrivée de Strongheart en Amérique. Lorsque tous deux eurent à s'absenter pour affaires, Boone accepta de prendre soin de Strongheart. Le jour où il arriva devant le seuil de sa porte, Boone reçut comme instruction formelle de ne jamais lui parler comme on le fait habituellement avec un simple animal. Il s'agissait après tout d'une riche vedette du cinéma.

La première leçon entre l'homme et le chien survint ce soir-là, lorsque Strongheart décida de dormir sur le lit, son postérieur tourné vers le visage de Boone, une position que ce dernier ne souhaitait pas réellement. Après quelques paroles cinglantes et une brève mêlée à ce sujet, laquelle prit fin lorsque Boone fut projeté hors du lit, Strongheart ouvrit les rideaux devant la porte-fenêtre de la chambre. Ce fut un geste délibéré qui étonna Boone et l'amena à réaliser que ce chien, avec sa formation militaire, désirait se trouver face à la direction d'où pouvait provenir le plus grand danger possible.

Boone écrivit qu'il ne parvint pas à trouver le sommeil cette nuit-là. Ce qui l'étonna au plus haut point était le fait que bien qu'il eût parlé à Strongheart dans un langage humain fait de pensées et d'émotions exprimées par l'entremise de symboles sonores verbaux, le chien avait parfaitement compris de quoi il s'agissait. Qui plus est, il lui avait répondu dans son propre langage à lui et, avec une sagesse de chien profondément perspicace, avait fait en sorte que Boone puisse à son tour le comprendre.

C'est ainsi que débuta l'aventure de Boone, qui chercha dès lors à mieux comprendre Strongheart en tant qu'individu et à « tenter dans toute la mesure du possible de découvrir comment nous étions tous apparentés en tant qu'expressions individuelles de la vie dans un univers hautement intelligent[4] ». Faut le faire.

Boone finit par écrire plusieurs livres au sujet de sa relation avec ce chien et avec d'autres animaux dont il fit la connaissance. Ce faisant, il découvrit ce qui suit à propos de l'humanité : « Nous vivons trop en marge de nous-mêmes, errant de-ci de-là, fracturés et frustrés, en de simples superficialités, au lieu de prendre demeure en nous-mêmes d'abord[5]. »

Une fois de plus, on constate que tout nous ramène à l'essentiel.

« Mon objectif a été d'aider les gens à revenir à l'essentiel pour réaliser qui ils sont et ainsi communier avec toute vie », explique Penelope Smith, une des éducatrices les plus en vue aujourd'hui dans le domaine de la communication avec les animaux. « Le but principal est de rétablir cette communion, cette capacité d'être un avec toute vie, que ce soit avec les animaux, les plantes, les roches, la terre, l'air, en somme avec tous les éléments, et de prendre conscience que tout est vivant et que nous sommes tous apparentés. »

Les gens qui communiquent avec les animaux – ce qui signifie non seulement leur parler mais aussi les écouter – s'entendent pour dire qu'une fois qu'on est engagé sur cette voie, il n'est plus possible de revenir en arrière. Cela peut sembler de peu d'importance au début, une brève conversation avec un chien, un échange de salutations avec des oiseaux, mais inévitablement les ramifications – et les bienfaits qu'on en retire – sont énormes.

Tout comme Boone, bien des communicateurs ont découvert que tout débute au moment où on s'y attend le moins. De plus, la route est souvent parsemée d'embûches, sinueuse et en terrain inconnu. Très tôt, il faut enfreindre les limites et les conventions de la bonne société, car il est bien connu que les gens normaux n'ont pas de conversations avec des animaux. Par la suite, d'autres obstacles se dressent sur notre route : des abîmes d'incrédulité et des mirages de doute à l'égard de soi-même. Mais il y a aussi des instants de pur émerveillement, des moments où tout devient réel et vrai, où un chant d'allégresse s'élève de notre âme.

Mais comment le voyage débute-t-il ? En quoi le fait pour l'humain de raviver ses liens avec le monde animal reflète-t-il sa nature profonde ? Au fil des pages suivantes, six communicateurs animaliers professionnels nous racontent comment leur propre aventure a commencé.

Nedda Wittels était diplômée en histoire de l'Amérique et titulaire d'une maîtrise en enseignement. Elle enseigna au secondaire (lycée) pendant dix ans et passa un autre dix ans dans l'industrie de l'informatique. Comme bien des communicateurs, Nedda se sentit toute sa vie en lien étroit avec les animaux. Elle se souvient qu'étant enfant elle leur parlait déjà, même si les adultes lui disaient que ces conversations ne pouvaient être que le fruit de son imagination. Cela ne l'empêcha pas de continuer à converser avec eux, mais elle cessa d'en faire part aux autres. À mesure que les années passaient, elle en vint à se cacher à elle-même ce talent, acceptant l'idée qu'elle ne faisait au fond que faire semblant d'avoir ces conversations.

Lorsque Nedda lut pour la première fois *Animal Talk*, de Penelope Smith, elle se dit qu'elle apprendrait à communiquer avec les animaux en suivant les directives données dans le livre. Au lieu de cela, et à son grand étonnement, elle se rendit compte qu'elle recevait déjà des communications de leur part et qu'elle avait fait cela toute sa vie. « Par-dessus tout, affirma-t-elle, cela me rappela que les animaux sont des êtres intelligents capables d'un éventail complet d'émotions et de qualités spirituelles comme la loyauté, l'honnêteté, la patience et la joie. »

Sam Louie est un avocat diplômé de l'université de Columbia. Très tôt dans sa carrière, Sam développa une étroite relation avec son chien, Heathcliff. Un matin, alors qu'il était en route pour le travail, Sam entendit Heathcliff lui dire : « Ne me quitte pas. » Il pensa qu'il se surmenait, mais il entendit bientôt de nouveaux messages de Heathcliff ainsi que d'autres animaux.

« Je commençai à devenir hypersensitif », expliqua Sam. « Par exemple, alors que je n'avais jamais remarqué auparavant la présence d'animaux morts sur le chemin, je me mis à les voir. Lorsque j'apercevais une dépouille animale sur la route, je pouvais voir en esprit toute la scène traumatisante de l'animal se faisant frapper. »

Dans sa recherche de personnes pouvant l'aider à apprendre comment filtrer ce qu'il percevait, Sam étudia les techniques de communication animalière avec Jeri Ryan et Penelope Smith.

« J'ai été agent de la paix pendant dix ans dans une région passablement difficile avec un indice élevé de criminalité et beaucoup de meurtres », me confia-t-il. « Si j'ai alors décidé de travailler avec des animaux plutôt qu'avec des humains, ce fut en bonne partie pour me tenir loin de toute la laideur de la vie humaine. Mais je finis par me rendre compte que même si j'aidais les animaux dans une certaine mesure, c'était en réalité avec les humains que je travaillais. Je les aidais à trouver la paix intérieure et à se connecter. »

Sam prit conscience que pour travailler avec les animaux, il lui fallait faire face à ses propres préjugés et peurs. « Ma conviction profonde est que toutes les créatures sont faites de la même chose », disait-il. « Si une race de chien comme le mien mérite d'être aimée, alors tous les chiens le méritent aussi. Et si les humains et les animaux sont constitués de la même essence sur le plan de leur âme, il est alors logique de conclure que tous les humains sont dignes d'amour. C'est une leçon que nous aurions tous avantage à apprendre de nos animaux – que chacun de nous est digne d'un amour inconditionnel et absolu. J'ai appris, grâce à ce travail, à accepter les humains tels qu'ils sont. »

Teresa Wagner est titulaire d'une maîtrise en psychologie du counseling et a occupé le poste de directrice dans une importante compagnie pendant dix ans. Comme bien des communicateurs, elle parlait aux animaux étant enfant et ne trouva jamais cela étrange.

Toutefois, à l'adolescence, poussée par le désir de s'intégrer et de faire comme tout le monde, Teresa réprima son talent naturel. Ce n'est que beaucoup plus tard, alors qu'elle lisait le livre *Behaving as if the God in All Life Mattered*, de Machaelle Small Wright, qu'elle reprit contact avec le royaume animal. « Retrouver tous ces souvenirs fut pour moi un instant glorieux, comme si je m'éveillais d'une profonde amnésie. »

Alors qu'elle participait à une excursion d'observation de baleines au large de Cape Cod, Teresa ne put contenir sa joie lorsqu'une baleine à bosse s'approcha du bateau et demeura toute proche pendant environ une heure. « Je ressentis de grands effluves d’amour s’échanger entre nous », raconta-t-elle. « J’en fus transformée. Je ne cessais de répéter à la baleine Merci de venir tout près” et Je t’aime”. Et tout d’un coup je l’entendis me répondre avec un profond amour et une grande sagesse. »

C’est ainsi que débuta un voyage de réminiscence consciente qui ne fut pas toujours facile. Lorsqu’elle perdit son emploi et son identité sociale comme professionnelle de carrière prospère, Teresa fut obligée de se replier sur elle-même. Voici en quels termes elle décrit cette expérience :

> Un de mes guides, un cougar, ne cessait de me répéter : « Ton énergie dans cette vie-ci est semblable à la mienne puisque, tel un cougar, tu te dois d’être forte et de voyager loin. Mais pour l’instant tu dois guérir et être davantage tel un iris. » Il me disait cela alors que je marchais dans la forêt, à l’instant précis où j’arrivais par hasard près de fleurs d’iris. Je défaillis presque tant la coïncidence était frappante ! Il ajouta : « Ne t’imagine pas être inactive ou inutile quand il te semble que rien ne se passe dans ta vie. À l’image d’un bulbe d’iris, tu dois avoir confiance que tu obtiendras tout ce qu’il te faut pour stimuler et faciliter ta croissance. » C’est ainsi que, pour le moment, j’étais un iris.
>
> C’est au cours de cette phase de ÀÀma vie que je rencontrai des gens que l’on appelait des communicateurs animaliers. J’ignorais que de telles personnes existaient. Je pensais être simplement un drôle d’oiseau qui parlait aux animaux. Je com-

mençai à suivre des cours. Ce qui me plaisait beaucoup, et me surprenait un peu, c'était la facilité naturelle que j'avais, comme s'il s'agissait simplement de respirer. Les cours confirmèrent ce que je faisais déjà.

Selon moi, lorsque vient le temps de nous incarner nous choisissons pour l'essentiel les circonstances de chaque nouvelle vie. Je pense que mon âme savait que, cette fois, de pénibles expériences de guérison m'attendaient et que le soutien de l'ensemble de la nature serait donc également au rendez-vous pour m'aider. Le bon côté de la chose dans cette vie pour moi, c'est qu'il me soit si facile de converser avec les animaux. Difficile en effet de ne pas faire confiance à la nature, de ne pas m'en servir et de ne pas puiser dans ses pouvoirs de guérison. Puisqu'elle s'offrait spontanément à moi, ce fut la première chose que j'appris.

Mary Getten est naturaliste et coordonnatrice d'un réseau permanent d'aide aux mammifères marins échoués. Même si elle avait toujours aimé les animaux, au point même de rêver de travailler dans la jungle aux côtés de Jane Goodall, son engagement auprès des animaux fut initialement celui d'une bénévole adulte dans un centre consacré aux mammifères marins.

Travaillant avec des phoques, des otaries ainsi que des cétacés échoués, Mary trouva frustrant de ne pas savoir ce qui n'allait pas avec un animal. Après avoir suivi un cours sur la communication avec les animaux, elle éprouva une autre frustration en réalisant que les gens n'étaient pas disposés à l'écouter. « Je cessai alors toute communication, car c'était trop contrariant d'avoir de l'information que je ne pouvais utiliser. »

Après être allée vivre sur l'île San Juan dans l'État de Washington, Mary s'immergea dans le monde des animaux. Elle s'engagea comme bénévole dans un musée sur les baleines et un centre de réhabilitation pour la faune. À titre de naturaliste à bord d'un navire d'observation des baleines, Mary en vint à bien connaître certaines d'entre elles. Toutefois, voulant les connaître encore mieux, elle sentit que si elle pouvait communiquer avec les animaux, cela pourrait s'avérer utile. « Ainsi que l'univers le voulait, je reçus un dépliant sur la communication avec les animaux », me raconta Mary. Cette fois, les gens étaient prêts à écouter. Après avoir suivi des cours et raffiné ses capacités, elle ouvrit un cabinet de consultation animalière et entreprit ses propres recherches dans le monde des épaulards.

C'est d'abord au contact de la nature que Nancie LaPier apprit à communiquer avec les animaux. Avant cela, elle était secrétaire juridique et directrice à l'emploi d'une firme comptable. À l'instar de nombreux communicateurs, Nancie se sentait reliée aux animaux depuis sa plus tendre enfance. Ce n'est toutefois que plus tard dans sa vie qu'elle tenta pour la première fois de communiquer avec eux. Nancie me raconta que cela débuta lorsqu'un de ses perroquets se mit à arracher ses plumes. Elle essaya les méthodes vétérinaires traditionnelles et les approches comportementales, mais rien de tout cela ne donna de résultats.

Un jour, alors qu'elle se trouvait dans un état de détente méditative, Nancie sentit que le problème de ce perroquet était de nature spirituelle. Elle fut spontanément portée à faire appel aux compétences acquises vingt ans plus tôt en ce qui a trait au champ aurique, mais pas encore mises en pratique depuis ce temps. S'approchant de l'oiseau, elle put effectivement sentir la présence de « nœuds » dans son aura. Plus intéressant encore, elle découvrit qu'elle pouvait les faire disparaître.

L'expérience incita Nancie à s'intéresser plus à fond à la nature et au royaume animal. Elle vivait à cette époque sur une terre de sept acres située dans une forêt publique et se promenait souvent à l'extérieur, plongée dans un état méditatif. « Je commençai alors à me poser plein de questions sur les choses que je voyais, m'expliqua-t-elle. Ainsi, je vis une fois un pic-bois entrer violemment en collision avec une porte-fenêtre coulissante, puis s'envoler tant bien que mal jusqu'à un arbre et s'accrocher au tronc. Je l'observai en me demandant "Pourquoi fait-il cela ?". J'entendis très distinctement qu'il puisait ainsi de l'énergie curative de l'arbre pour tenter de se régénérer. »

Trouvant cette expérience fascinante – du fait qu'elle avait obtenu une réponse et parce que le royaume animal semblait doué d'une intelligence innée permettant de savoir comment survivre dans la nature, une chose avec laquelle les humains ont perdu contact –, Nancie vécut un éveil.

« Je me mis à voir des visages dans les bois qui me regardaient, me confia Nancie. Ces visages étaient d'apparence variée ; il s'agissait soit de Mark Twain ou de personnages religieux, ou encore d'Amérindiens ou même de visages d'aspect mi-humain, mi-animal. Ils étaient immenses, démesurés, et tous me regardaient. Ils n'avaient rien de particulier à me dire, se contentant de m'observer et de se rendre disponibles pour moi. »

Nancie se mit à étudier la nature et passa trois années seule à apprendre auprès des animaux, des esprits de la nature et d'autres guides. « Je n'avais aucune confirmation sur rien de tout cela. Je disais à mes guides que je désirais trouver un enseignant avec qui travailler, et j'obtenais toujours pour seule réponse : "Tu ne peux faire cela. Il te faut continuer à chercher en toi. C'est une chose que tu dois apprendre par toi-même." »

« Je sais maintenant que cela fut très important pour moi, et ce, à différents niveaux et pour diverses raisons. Un jour, alors que je tentais de suivre le fil de certaines idées métaphysiques, je levai les bras de désespoir et m'exclamai : "Mon Dieu, j'ai l'impression d'être une touche-à-tout qui n'est bonne à rien." Sur quoi mes guides me répondirent : "Non, il y en a une dont tu es maître." Je lançai : "Quoi ?" Et ils répétèrent : "Une ! U-N-E !" Je compris alors qu'il ne s'agissait pas d'une, au sens du singulier, mais bien de une, au sens d'unité. »

« Telle fut donc ma voie », soupira Nancie. « Ce fut un parcours intéressant, un cheminement que je dus faire avec beaucoup de foi, afin de ne pas perdre la raison. »

Titulaire d'une maîtrise en biologie et en écologie systémique de l'université de San Francisco, Marta Williams est naturaliste et écologiste. Lorsqu'elle entendit parler pour la première fois de personnes qui enseignaient la communication avec les animaux, elle se trouvait dans la région de White

Mountains, en Californie, en quête d'une vision pour aider la Terre.

« Cela avait toujours été de la plus haute importance pour moi », m'expliqua-t-elle. « J'étais profondément bouleversée par la destruction de la Terre qui a cours aujourd'hui. Pour le moment, je sens que la façon la plus utile pour moi de servir la planète est d'aider les gens à reprendre contact avec les autres formes de vie qui nous entourent. J'estime que la communication avec les animaux est un puissant outil permettant d'établir une communication et une relation entre les humains et les membres oubliés de notre famille. Je crois que c'est la vision que j'ai reçue lors de ma quête.

« La Terre est pour moi ce qu'il y a de plus sacré. Mon développement spirituel a été mené par des enseignants de la terre : des chamans, des animaux, des arbres, des montagnes, des adeptes de l'écologisme radical, et des gens de maintes cultures anciennes qui existent toujours aujourd'hui et qui nous montrent une meilleure façon de vivre en ce monde. »

Se considérant comme une personne extrêmement sensible, Marta sut très tôt dans sa vie ce que ressentaient les humains et les animaux. Ce ne fut qu'après avoir étudié la communication télépathique avec ces derniers qu'elle comprit que bien qu'ayant toujours cru que la communication avec eux était possible, elle n'avait pas eu la certitude, jusqu'à cet instant-là, qu'elle était bien réelle.

« Apprendre à faire de la télépathie fut pour moi une profonde expérience spirituelle, car je dus apprendre non seulement à me faire confiance et à écouter mon intuition mais aussi à apprivoiser l'idée d'être télépathe », me confia Marta. « Pour moi il ne fait absolument aucun doute que nous sommes tous télépathes et que tous nous parlons aux animaux. Il nous suffit de prendre conscience de cette faculté que nous avons et d'en faire délibérément usage. »

Les communicateurs animaliers proviennent réellement de tous les horizons de la vie. Beaucoup d'entre eux étaient auparavant des enseignants traditionnels ou, encore, ont reçu une formation en soin pour les humains et les animaux. Parmi eux on retrouve des naturalistes, des guérisseurs spirituels, des thérapeutes, des enseignants, des écrivains, des conférenciers, des médecins et même un avocat. Qu'ont donc toutes ces personnes si bien éduquées à parler ainsi avec des animaux ?

Penelope Smith suggère qu'au fur et à mesure que les humains créeront des liens de plus en plus profonds avec les animaux, des résultats à tout le moins spectaculaires s'ensuivront. « Cela influera sur le cours de l'évolution de la planète et transformera notre attitude destructrice envers les écosystèmes en un amour de l'ensemble des systèmes vivants, à mesure que s'épanouira notre conscience de faire partie de la grande Toile de la Vie, au lieu de la perception que nous avons d'être séparés de la nature. Alors que renaît en nous la faculté de communiquer avec toute vie, nous commençons aussi à pouvoir puiser dans la grande richesse de savoir qui se trouve chez tous les êtres. »

Que recherchons-nous réellement tandis que nous tentons de raviver en nous le souvenir du lien profond qui nous unit au monde naturel ? Si nous y parvenons un jour, pourrons-nous accepter le sens accru de nos responsabilités qu'engendrera cette conscience plus lucide ? Pourrons-nous nous tenir devant un miroir et nous demander en toute sincérité : Qu'avons-nous fait ? Que faisons-nous ? Où allons-nous – pas seulement nous, mais toute vie, toute la Terre ? Pourquoi avons-nous même rompu ce lien ?

« Ce qui importe, c'est de tout vivre », écrivait le poète Rainer Maria Rilke. « Laissez maintenant ces questions vivre en vous… »

Observe
Peppy (chien) – Sam Louie

Il est important que les humains ne projettent pas ce qu'ils éprouvent à l'égard des animaux lorsqu'ils tentent de les comprendre. Il vous suffit de prendre le temps de les observer et vous apprendrez ainsi énormément de choses. Par observer, je veux dire ne pas avoir à chercher quelque chose ni à tenter de comprendre ou de communiquer, mais tout simplement d'observer.

Il ne s'agit pas ici de nous mettre sur un piédestal ou de nous glorifier, mais bien de prendre contact avec nous et de constater à quel point nous sommes tous semblables. Nous ne sommes par forcément meilleurs. Nous avons simplement des aspects différents de la grande Vie à enseigner, à apprendre et à partager avec vous.

De toute évidence, nous avons grandement profité de toutes nos interactions avec les humains. Nous avons été nombreux à apprendre bien des choses auprès d'eux. Ceux-ci ont pris grand soin de beaucoup d'animaux. Ils ont été nombreux à faire un excellent travail pour nous et pour l'environnement.

Les animaux sont eux aussi responsables d'énormément de destruction. À supposer qu'ils aient été munis de la technologie dont disposent les humains, il n'est pas certain que les animaux auraient nécessairement fait mieux.

CHAPITRE 2

Comment cela fonctionne-t-il ?

Au crépuscule du troisième jour, au moment précis où nous étions à nous frayer un chemin au milieu d'un troupeau d'hippopotames, apparut soudain en mon esprit, inattendue et non sollicitée, la phrase « Vénération pour la Vie ».

Albert Schweitzer,
Out of my Life and Thought

La première fois que Chrys Long-Ago fit l'expérience d'une communication d'esprit à esprit avec un animal, c'était bien la dernière chose à laquelle elle s'attendait :

Je gardais à cette époque mon cheval en pension dans une écurie à Anchorage. Un jour, alors que personne d'autre n'était autour, je me suis mise à faire le ménage de la stalle et à brosser mon cheval. J'étais tellement absorbée par ce que je faisais que les pressions de la vie s'évanouirent peu à peu. Je me rendis compte plus tard que cette activité m'avait amenée dans un état de méditation éveillée, car c'est bien ce qui se produisit – mon esprit se détendit.

Lorsque je sortis de l'écurie, un mouvement attira mon attention. Un bel écureuil gris montait en courant sur un gros baril pour aller ensuite s'asseoir, une noix entre les pattes, pas tellement loin de l'endroit où j'étais.

L'esprit toujours aussi détendu, je dirigeai mon attention vers l'écureuil et le saluai spontanément en pensée. J'ignore pourquoi je fis cela, car il n'était alors pas dans mes habitudes de faire ce genre de chose. Je lui dis : « Bonjour petit écureuil. » Il déposa sa noix et tourna la tête vers moi. Il me regarda droit dans les yeux et puis tourna son corps dans ma direction, adoptant une posture ouverte. Il s'agissait pourtant bien d'un écureuil sauvage ! Nous eûmes un contact direct d'esprit à esprit qui dura au moins vingt minutes. J'entendais tout ce qu'il exprimait.

Je lui demandai, par exemple, comment c'était d'être un écureuil, quel âge il avait et s'il aimait vivre à l'écurie. Les mots se formaient très rapidement dans mon esprit. Il appelait les chevaux des « mangeurs d'herbe ». Il dit : « Nous les appelons mangeurs d'herbe », sur un ton presque méprisant. Il raconta que les écureuils se considéraient comme des créatures de l'air beaucoup plus que du sol, qu'ils aimaient vivre dans les branches des arbres bercées par le vent et sauter de branche en branche. J'étais entièrement fascinée par l'impression qu'il me communiquait d'être un écureuil et de voler ainsi dans les airs.

Il m'expliqua leur façon de s'aventurer à descendre d'un arbre tête première, explorant attentivement les alentours du regard, conscients du fait que tous leurs prédateurs, à l'exception des hiboux et des chouettes, vivaient au sol. Il me confia également à quel point ils défendaient farouchement leur territoire, chose que j'ignorais à leur propos. J'effectuai plus tard des recherches à ce sujet et découvris que c'était tout à fait exact.

Je lui demandai combien de temps vivaient les écureuils. « Trois hivers », me répondit-il. Ce n'est pas un peu court ! « Qui voudrait vivre plus longtemps que cela ? » ajouta-t-il. Telle était son étonnante perspective !

Chrys fut la première communicatrice animalière avec qui j'entrai en contact. Non seulement était-elle fort bien informée sur les animaux, mais elle avait mis beaucoup de temps à tenter de comprendre comment fonctionnait, de notre point de vue, cette chose appelée communication avec les animaux. Tout comme moi, elle se demandait bien comment l'esprit humain faisait pour « traduire » les pensées et les idées, parfois même des phrases complètes, émises par toutes sortes d'espèces animales si différentes de la nôtre.

Tout cela commence avec la télépathie, un mot piège souvent employé pour tourner en dérision une chose que, dans le fond, nous savons tous être vraie. Un dictionnaire définit la télépathie comme « une forme de communication par des moyens scientifiquement inconnus ». Étymologiquement, ce mot vient du préfixe *télé*, qui veut dire distant ou éloigné, et de *pathie*, du mot grec *patheia*, qui signifie sentiment ou perception. Des perceptions reçues à distance, des sentiments qui viennent de loin – une définition pour une forme de communication plutôt vague et intangible.

Pourtant, qui n'a jamais éprouvé un pressentiment au sujet d'une chose imminente ? Combien de fois vous est-il déjà arrivé de savoir à l'avance ce qu'une personne s'apprêtait à dire ou à faire ? En quoi cela est-il si étrange ?

Carol Gurney, une communicatrice de Californie, croit que pour s'ouvrir à la télépathie il convient d'abord de prendre conscience que c'est une chose que nous faisons constamment. « Lorsque vous êtes à l'écoute de vos sentiments, la télépathie survient alors très rapidement », explique Carol. « Une fraction de seconde suffit pour comprendre dans son ensemble un concept. Peut-être le mot télépathie fait-il peur aux gens, mais nous accolons simplement ici un mot compliqué à une chose qui nous arrive sans arrêt. Lorsqu'une amie vous affirme que tout va bien pour elle, mais qu'en votre for intérieur vous savez que quelque chose cloche, comment parvenez-vous à cette conclusion ? Grâce à la télépathie ! »

Passer de la croyance en la possibilité de communications télépathiques entre humains à celle de la télépathie entre des espèces différentes est une chose difficile pour certains. Cela exige non seulement d'envisager que les animaux sont des êtres intelligents, mais aussi d'accepter la possibilité d'établir une communication entre ces derniers et des humains. Carol estime que les gens parlent constamment avec leurs animaux, même s'ils ne le reconnaissent pas forcément. « La pensée des animaux se mélange à notre conscience », me dit-elle. « Pour la capter, elle doit, un bref instant, se fondre avec votre propre pensée. Ce qui se passe toutefois, c'est que nous considérons que c'est la nôtre. Nous n'arrivons pas toujours à établir la différence. Nous nous croyons incapables de la capter, pas plus que nous n'ajoutons foi à la possibilité qu'ont les animaux de communiquer avec nous. »

Lorsque J. Allen Boone entreprit de travailler avec

Strongheart, il se demanda comment il était possible qu'un chien puisse si aisément comprendre les pensées humaines alors que lui, l'humain, avait tant de difficulté à discerner celles du chien. Confronté à cet embarrassant dilemme, Boone chercha conseil auprès de Mojave Dan, un homme qui vivait dans le désert avec une famille de chiens et divers animaux sauvages. Il était la seule personne connue de Boone qui pouvait entretenir une communication dans les deux sens avec un animal. Plus extraordinaire encore, Dan était incroyablement bien informé sur toutes sortes d'événements. Il soutenait que l'information lui venait de ses chiens ou de n'importe quel animal sauvage – serpent, insecte, oiseau – pouvant se trouver sur son chemin.

Pour Boone, le mystère ne tenait pas tant au fait que Dan pouvait communiquer ses pensées aux animaux, mais plutôt qu'il arrivait à comprendre ce qu'ils lui disaient. D'autres avaient essayé d'obtenir de Dan qu'il leur explique comment cela était possible. « Sa réponse à ces demandes se résumait à dire que de telles choses étaient de nature trop intime pour en parler et que seuls l'effort personnel et une véritable humilité pouvaient permettre de les acquérir », écrivait Boone[6].

Mais avec l'instinct d'un reporter et une bonne dose de persuasion, ce dernier persévéra. Après un souper autour d'un feu de camp et des moments paisibles sous les étoiles, Boone parla de Strongheart à Dan et de la difficulté qu'il éprouvait à comprendre ce qu'il lui communiquait. Un long silence s'ensuivit, au cours duquel Boone finit par croire que la question avait été définitivement rejetée. Mais finalement Mojave Dan répondit. « En ce qui concerne les chiens, dit-il, il y a les faits et il y a les opinions. Les chiens sont détenteurs des faits et les humains ont des opinions. Si tu veux les faits à propos d'un chien, demande-les-lui toujours directement[7]. »

Obtenir les faits d'un animal peut quelquefois être une source de perplexité et de surprises. Lorsque je demandai à Sam Louie comment il fallait s'y prendre afin de comprendre en termes intelligibles pour la conscience humaine ce que les animaux avaient à dire, il offrit de me raconter une histoire.

Au début de sa carrière, Sam fit du travail bénévole avec une femme qui avait sauvé des dobermans que l'on avait enfermés dans une fourrière à cause d'agressions. Dans une tentative de placer les chiens pour éviter qu'ils ne soient euthanasiés, la femme en question avait demandé à Sam de leur parler pour déterminer le type de situation familiale qui serait le mieux pour eux. Cette femme tenait absolument à placer un chien du nom de Sam également, car il lui fallait déménager pour aller s'occuper de son père malade. Lorsque Sam consulta le chien, il entendit distinctement les paroles anglaises « *When the rains come* » (Lorsque les pluies viendront).

« L'aptitude à la télépathie ne se limite pas simplement à recevoir de l'information, car à défaut d'analyse ou d'interprétation celle-ci est de peu d'utilité », m'expliquait Sam. « À ce moment-là, je me contentai d'interpréter ce message comme signifiant que nous pourrions être incapables de placer le doberman avant le mois de novembre, puisque c'est alors que débuteraient les pluies dans la région de San Francisco. Mais cela ne faisait pas l'affaire de cette femme, car nous étions en août et il lui fallait partir en septembre au plus tard. Lorsque je posai à nouveau la question au chien, j'obtins la même réponse : “Lorsque les pluies viendront.” »

« Quelques semaines plus tard, une femme nommée Annette Rains s'amena et adopta le chien. »

« Ça alors ! » m'exclamai-je, et Sam se mit à rire. Non seulement étais-je frappé par le comique de la situation, mais j'étais en outre étonné par la façon dont les allusions contenues dans certains mots humains pouvaient jouer un rôle clé dans la communication animalière. De plus, comment Sam le chien avait-il pu savoir qu'une personne du nom de Rains allait venir ? Il est intéressant de souligner que ce genre de référence survint à nouveau par la suite.

Les communicateurs expliquent qu'il y a plusieurs façons pour les humains d'envoyer des messages aux animaux et d'en recevoir de leur part. À n'en pas douter, ces explications sont une tentative d'apaiser l'esprit rationnel qui s'évertue à comprendre une chose n'entrant pas dans le cadre étroit de la logique. Tout comme un chiot curieux, la raison a besoin de se faire les dents sur un os analytique.

La ***clairvoyance*** (mot signifiant « voir clairement » ou « vision claire ») est l'aptitude à voir des images que nous ne percevons pas normalement. Cela fait habituellement référence à la projection d'une image, d'une série d'images, ou même d'un petit film montrant un animal faisant quelque chose et qui est projeté dans le théâtre intérieur de l'esprit du receveur. Parfois, la perspective change et le communicateur voit la scène comme à travers les yeux de l'animal.

La ***clairaudience*** (signifiant « entendre

clairement ») est une capacité auditive intérieure qui permet de percevoir des sons aussi bien que des mots. Il peut s'agir de sons qu'un animal entend, bien que des paroles et des phrases puissent aussi être distinctement entendues intérieurement, un peu comme le sont les pensées. Les communicateurs affirment qu'il y a une différence qualitative entre entendre ses propres pensées et entendre celles d'un animal.

La ***clairsentience*** (signifiant « sentir clairement ») est le royaume des sensations kinesthésiques. Cela peut inclure le goût, l'odorat et d'autres sensations physiques. Les communicateurs qui travaillent avec des animaux malades peuvent ressentir des douleurs correspondant à celles des animaux. Des sentiments de dépression, de léthargie ou d'appréhension peuvent être perçus de cette même façon ; les émotions sont également une forme de clairsentience.

L'***intuition***, qui peut se définir comme une sorte de savoir intérieur, est une forme de discernement immédiat. Une bonne intuition est parfois accompagnée d'un frisson remontant subitement le long de la colonne vertébrale et faisant se dresser tous vos poils, une indication claire qu'une chose importante est en train de se passer. L'intuition correspond à une puissante sensibilité intérieure ou à un sentiment instinctif.

Même si certaines personnes s'en remettent à une méthode en particulier plutôt qu'à d'autres, dans la plupart des cas chacune reçoit une combinaison d'impressions. Une surimposition d'images peut se produire, accompagnée d'un savoir viscéral ou de paroles et de pensées intérieures enrichies de sons et d'émotions. Quelquefois, les communicateurs font l'expérience de ce qu'ils décrivent scientifiquement comme un déluge soudain d'informations qu'il faut ensuite interpréter ou traduire.

Carol Gurney soutient qu'il n'y a pas de limites quant à la manière dont un individu peut recevoir de l'information. « Si vous êtes un artiste ou une personne très créative, il est possible que vous obteniez beaucoup d'images d'un animal parce que c'est ainsi que vous voyez le monde. Si vous avez un intérêt particulier pour la personnalité, il se peut que vous perceviez des choses relatives à la personnalité des animaux, comme des activités qu'ils aiment faire. Les gens très spirituels, pour qui le fait de méditer est aussi banal que de se brosser les dents, peuvent s'identifier aux aspects spirituels et aux aspirations d'un animal. Nous sommes comme des aimants. Nous attirons à nous ce que nous trouvons rassurant d'entendre dans le monde de communication qui nous convient le mieux. Ce que nous attirons correspond à notre état d'être intérieur. »

Certains soutiennent que l'approche choisie pour recevoir l'information dépend non seulement de la méthode favorisée par une personne, mais aussi de l'espèce particulière avec laquelle nous communiquons. Les animaux qui, par exemple, sont avant tout visuels, peuvent être plus enclins à envoyer des images puisque la vue est leur sens dominant.

La communicatrice Jane Hallander considère que les chiens sont très visuels. « Ils font défiler dans mon esprit une sorte de bande vidéo montrant ce qui est survenu et où ils se trouvent. De nombreux chats font la même chose. Ceux qui souffrent de troubles comportementaux ont tendance à accorder plus d'importance aux émotions et aux pensées. Les oiseaux recourent beaucoup aux images et aux sentiments. »

Mary Getten constate les différences qu'il y a entre parler avec des animaux domestiques et parler avec des animaux sauvages. Elle est d'avis qu'il est plus facile de communiquer avec des animaux domestiques parce qu'ils nous sont si familiers. « Ils sont habitués à notre emploi du temps et connaissent les choses que nous devons faire chaque jour. Lorsque j'entre en contact avec le chat ou le chien de quelqu'un, il est assez facile de comprendre ce qui se passe puisque nous vivons pratiquement dans le même monde. Lorsque je communique avec des animaux sauvages, c'est un peu différent parce que leur instinct leur dicte d'éviter les gens et qu'ils n'ont pas l'habitude de communiquer avec une personne. »

Mary a développé des liens avec une baleine nommée Granny. Lorsque cette dernière accepta de nous faire part de certaines de ses pensées pour ce livre, Mary entra en communication télépathique avec elle et formula à mon intention les réponses reçues à mes questions. Dès l'instant où Mary établit le contact avec Granny, sa voix changea complètement ; elle devint plus grave, son élocution ralentit et elle donnait presque l'impression de se trouver très loin.

« Lorsque je contacte une baleine, me dit-elle, c'est comme si je descends jusqu'à un niveau d'énergie totalement différent. Un des problèmes pour communiquer avec ces mammifères marins, c'est que leur monde est si différent du nôtre que, bien souvent, nous n'avons pas de mots pour l'expliquer. Une baleine m'a un jour montré l'impression laissée par l'écholocation. C'est pratiquement indescriptible. »

Cela fait partie du défi tout autant que l'expérience fascinante de la communication avec les animaux. Comment pouvons-nous concevoir une chose comme l'écholocation pour laquelle nous n'avons pas d'organe sensoriel ? Il faudrait de toute évidence adapter les sens dont nous disposons déjà. L'interprétation fluide des sentiments, des images, des pensées et même des mots réside au cœur de la communication avec les animaux. Si nous ne saisissons pas que tout échange entre espèces différentes est fondé sur la capacité de traduire un mode de compréhension en un autre, nous nous posons alors toutes sortes de questions franchement ridicules du genre : « Comment se fait-il que les baleines parlent anglais ? »

Mary ne put s'empêcher de rire. « C'est juste. Comment les baleines pourraient-elles même concevoir cela ? Le seul moyen de témoigner de ce que les animaux nous communiquent consiste à interpréter les images et l'information qu'ils nous transmettent dans le langage qui est le nôtre. C'est là une des limitations. »

Sam Louie propose l'idée selon laquelle nous dépendons depuis si longtemps du langage que, même si les messages télépathiques ne sont pas nécessairement reçus sous forme d'un langage humain, quelque chose en nous transpose automatiquement cette information dans notre langue préférée. De même, Chrys Long-Ago émet l'hypothèse selon laquelle nos cerveaux sont naturellement conçus pour comprendre sous forme de mots les messages des animaux. Ceci expliquerait comment les communications non verbales des animaux peuvent être traduites par une partie de notre cerveau en un langage que nous comprenons.

Lorsque je demandai à Nedda Wittels comment elle s'y prenait pour recevoir des communications d'Écho et de Violet, le cheval et le chat qu'elle a interviewés pour ce livre, elle admit être elle-même un brin curieuse à ce sujet.

> Ce que je reçois me parvient sous plusieurs formes : des images, des sons, des concepts, des mots, un savoir instinctif, des émotions, des sensations physiques. Lorsque je travaille à l'ordinateur, comme pour ce projet, je m'assois, je prends contact avec l'animal, et je tape tout ce que je reçois. Écho et Violet écrivent-ils eux-mêmes chaque mot ? Pas vraiment, quoique mon lien avec eux est si harmonieux et si stable que le fil de leurs pensées est facile à suivre. Pourtant, il m'arrive souvent de choisir consciemment les mots pour exprimer ce qui est dit.
>
> Je dois sans cesse naviguer entre l'expression de leurs messages comme ils le feraient s'ils pouvaient parler et l'introduction de mes propres pensées et préférences pour que ce soit écrit convenablement et dans un style fluide. Chaque mot comporte des annotations et diverses connotations. Il suffit de consulter un dictionnaire synonymique pour rapidement constater à quel point il est facile de choisir un mot qui s'éloigne de la signification désirée. C'est pourquoi la communication avec les animaux est une responsabilité si énorme !

Ce type de communication tient aussi un peu de l'équilibrisme. En plus d'avoir à trouver les meilleurs mots possibles pour traduire en pensées humaines ce qu'exprime l'animal, on doit constamment demeurer ouvert à ce qu'il dit – non à ce que nous pensons qu'il dit ou à ce que nous voulons lui faire dire. En ce sens, apprendre à communiquer avec les animaux revient à apprendre à s'enlever de notre propre chemin. Il nous faut dépasser nos conceptions limitées de l'image que nous avons du monde.

À mesure que progressait son apprentissage avec Strongheart, J. Allen Boone réalisait que plus il cessait de traiter Strongheart comme un chien, plus ce dernier cessait de se comporter comme tel. « Et plus cette chose fascinante se répétait, plus nous nous mettions à fonctionner tels des compagnons rationnels, ce qui faisait de plus en plus tomber la barrière des espèces entre nous[8]. »

Après tout, c'est un voyage d'exploration. Dès que nous nous enlevons de notre propre chemin ou, comme le dit Boone, dès que nous cessons de commettre l'erreur habituelle de l'ego qui « essaie de penser à la place de l'autre et de tirer toutes les conclusions[9] », nous en arrivons à un point où l'esprit est silencieux et le cœur, ouvert. Et c'est alors seulement qu'il devient possible d'engager une conversation avec toute vie.

Parfois, la communication est assez facile et directe – un chat expliquant pourquoi il n'aime pas sa litière, un cheval indiquant sa préférence pour une stalle plutôt qu'une autre. Mais il y a également un aspect imprévisible. Ce peut être profondément spirituel – un chien expliquant ce qu'est le karma, un perroquet racontant qu'il a déjà été un moine bouddhiste. Ce peut aussi être passionnant et hors du commun – un dauphin exprimant ce que c'est que de vivre simultanément de multiples existences. L'échange de pensées et d'idées avec un animal est aussi ouvert que nous sommes mutuellement disposés à l'être, la seule limite étant ce que nous croyons être possible.

Comment pourrions-nous percevoir le vol à partir de la conscience d'un aigle, le creusage d'un tunnel à partir de la perspective d'une taupe, un sprint dans la savane avec les jambes d'un guépard ? L'esprit est pris de vertige à l'évocation de telles possibilités. Sur le plan pratique, il y a la perspective de recevoir de l'information très utile et le fait que les animaux nous permettent de mieux comprendre comment et pourquoi ils font les choses qu'ils font. À titre de naturaliste et de biologiste, Marta Williams suggère que de demander aux animaux quelles sont leurs habitudes de vie pourrait être une première étape menant à la perception de nouveaux aspects du monde. Au début, nous pourrions comparer les réponses avec les données biologiques déjà recueillies, bien que l'on puisse également utiliser cette forme de communication en remplacement d'une bonne partie des études pratiques envahissantes et nuisibles auxquelles ont recours aujourd'hui les biologistes.

Quelles autres découvertes pourrions-nous faire en allant à la source, en demandant directement aux animaux ce qu'ils pensent et sentent ainsi que le rôle qu'ils estiment jouer sur notre planète ? Carole Devereux m'a confié que les animaux représentent peut-être une ultime chance pour les humains.

« Il arrive que certaines personnes n'acceptent pas de parler à un autre être humain, mais elles sont par contre disposées à communiquer avec un cheval. Pourquoi? Parce qu'un cheval ne porte pas de jugement. L'amour inconditionnel circule très naturellement entre les animaux et les personnes qui en ont assez de la race humaine. Les humains se jugent les uns les autres depuis si longtemps qu'ils ne se font plus mutuellement confiance. Lorsque les gens se trouvent en présence d'un animal, les barrières tombent. Voilà pourquoi je me sers d'animaux dans mes thérapies, car leur présence sert de porte d'entrée en ce sens qu'ils ouvrent la porte à une conscience plus élevée de la spiritualité. »

Si nous consentons à ouvrir la porte et à faire le premier pas au-delà de ce point, si nous sommes véritablement prêts à regarder et écouter, à mettre de côté toutes ces constructions mentales auxquelles nous sommes si attachés, si nous choisissons en toute sincérité de former des liens plus profonds avec les animaux et le reste de la nature, que et qui découvrirons-nous?

Amusez-vous
Raphaela Pope et Dax (oiseau)

Dax est un petit ara à collier jaune. Lorsque je lui ai demandé quel message il aimerait communiquer aux humains, il a lancé :

Dis-leur de jouer.
Ayez le cœur léger !
Amusez-vous !
Faites comme moi !

CHAPITRE 3

Commencer avec les oiseaux

Les pinsons viennent quand on les appelle. Je ne sais pas pourquoi ça marche, mais c'est bien le cas. Les scientifiques dans les Galapagos ont transmis aux autres comment faire l'appel : vous faites Psssh psssh psssh psssh psssh jusqu'à ce que vous arriviez au bout de votre souffle; puis vous recommencez jusqu'à ce que tous les oiseaux de l'île se soient rassemblés. Vous vous tenez sur une surface sablonneuse plate près d'une lagune peu profonde bordée de fourrés de mangrove et vous appelez les oiseaux, qui affluent de tous les coins du ciel. Cela marche n'importe où, sur toutes les îles.

Annie Dillard,
Teaching a Stone to talk

Je ne crois pas avoir appelé les oiseaux. En fait, je suis presque sûre que ce sont les oiseaux qui furent les premiers à m'appeler.

Cela se produisit un matin alors que j'étais assise devant l'ordinateur. Surgie de nulle part, aurait-on dit, une volée d'oiseaux envahit soudain les buissons tout juste à l'extérieur de ma fenêtre. Je tournai la tête et vis aussitôt une nuée de petits corps brun pâle mouchetés d'orange et de jaune vifs, voletant autour des buissons.

Cela ne se produit pas souvent autour de notre maison. On peut évidemment voir beaucoup d'oiseaux en Alaska – des aigles en vol, des corbeaux en piqué, des petits oiseaux jacassant sur le rebord de la fenêtre si vous avez pensé à y mettre des graines –, mais jamais une telle nuée d'oiseaux aussi près de la maison. Le moment était si extraordinaire, j'étais tellement fascinée par le tourbillon soudain de battements d'ailes et de mouvements fugaces, que j'avais peine à croire ce que je voyais.

La main sur le cœur, je m'approchai lentement de la fenêtre. Les oiseaux ne cessaient de s'amener en nombre toujours plus grand, jusqu'à créer réellement un grand rassemblement dans le buisson. Je n'étais qu'à quelques centimètres d'eux, et seule une mince vitre nous séparait.

Je n'avais jamais rien vu de semblable auparavant et ce fut donc non seulement en toute conscience, mais aussi avec émotion, que je pressentis l'imminence et toute l'importance d'une chose extraordinaire qui était sur le point de se passer.

Je transmis mes salutations aux oiseaux. Peut-être me souvenais-je de Chrys et de l'histoire de sa rencontre avec l'écureuil, où il était question de conserver une conscience alerte sans être toutefois trop aux aguets ni trop critique. Et cela se fit donc de façon naturelle, comme si une partie de moi qui avait toujours su parler aux animaux assumait le contrôle, et une voix intérieure, calme et posée, dit simplement : « Bienvenue petits oiseaux. Avez-vous un message ? » Ils répondirent d'une seule voix :

Oui. Nous sommes ici pour t'apporter notre encouragement, pour te rappeler d'avoir confiance. Souviens-toi qu'il y a de nombreuses petites voix comme la nôtre de par le monde. Nous sommes tous là pour aider.

Ma stupéfaction me fit perdre la notion du temps, me précipitant dans un état d'incrédulité et d'ahurissement. J'ignore comment je parvins à trouver des mots en moi, mais je le fis. Je demandai quelle impression cela faisait d'être l'un d'eux. Comment les oiseaux voyaient le monde.

Nous voyons la beauté. Nous sommes très rapides. Nos mouvements sont vifs et c'est ainsi que nous voyons et faisons les choses. Nous voyons la beauté et nous sommes la beauté, et ainsi nous élevons l'âme et l'esprit.

Mon cœur battait à tout rompre. Cela n'avait duré que quelques secondes et déjà l'émerveillement de ce qui se passait pulsait en moi, de plus en plus rapidement, comme si les ailes et les cœurs des oiseaux faisaient maintenant partie de moi. Pourtant, ce lien, au mieux ténu et frémissant, commençait à m'échapper.

« Qu'êtes-vous ? » demandai-je. « Quelle sorte d'oiseaux êtes-vous ? » Car même alors une partie de moi ébauchait des plans, cherchait quelque preuve tangible de ce qui se déroulait là.

Des pinsons. Nous sommes des pinsons. Nous venons pour t'inspirer et te transmettre nos paroles de sagesse ainsi que notre confiance et notre soutien.

Et à ce moment-là, comme si la bulle d'un rêve crevait, je les vis s'envoler, quelques-uns à la fois, puis par groupes successifs, jusqu'à ce qu'un seul pinson demeure sur le buisson. Cet oiseau que je sentais être le chef du groupe me regarda directement avec ses petits yeux brillants et ronds et dit : « Oui, oui, cela est exact. »

Au début, j'étais bien sûr aux anges. Qui ne serait pas excité après avoir vécu une première communication « réelle » avec des animaux ? Même si je ne m'étais pas imaginé la chose ainsi, je ne savais pas non plus au juste ce que j'aurais pu m'imaginer. J'avais toutefois conscience que tout mon corps semblait vibrer très rapidement. C'était une sorte de surcharge, comme si j'étais trop remplie d'énergie et que je ne parvenais pas à toute la contenir.

Avec un sentiment de curiosité détachée, je me rendis compte que j'avais la nausée. Il était déjà clair pour moi que cela était attribuable à une peur diffuse. Même si votre esprit sait fort bien de quoi il s'agit – comprendre et accepter que les gens puissent communiquer avec les animaux –, en faire soi-même l'expérience est une tout autre histoire. Et même si je n'avais pas vraiment demandé à connaître cette histoire, c'était tout de même ce qui venait de m'arriver.

Je n'ai parlé à personne de mon expérience avec les passereaux, pas même à mon mari, du moins pas immédiatement. Je pris une collation, marchai à l'extérieur, jouai avec les chiens. Je mis de côté cette expérience, la laissant comme suspendue hors du temps. Peut-être avais-je imaginé tout cela. Mais lorsque je revins dans mon bureau, la question demeurait : que s'était-il réellement passé ?

Je m'étendis par terre et fermai les yeux, focalisant mon attention sur le souffle régulier de ma respiration, trouvant apaisante cette méthode facile de me centrer. *Il n'y a rien d'étrange à parler avec des oiseaux*, me dis-je pour me rassurer. *Tu leur as demandé comment la vie se passait pour eux et ils te l'ont dit. Qu'y a-t-il là de si effrayant ?*

C'était tout à fait ridicule de s'en faire tant pour quelques oiseaux vus par la fenêtre. Et pourtant, au fond de moi, la crainte que je ressentais faisait écho à quelque chose de vaste et profond. Mon intuition me disait qu'il s'agissait d'une peur profonde de m'ouvrir à quelque chose de plus grand que ce que je pensais être. En somme, c'était la peur de m'ouvrir à la plénitude de ma véritable nature.

Au bout de plusieurs minutes, j'ouvris les yeux. C'est alors que me revint à l'esprit la notion selon laquelle les petites choses peuvent avoir de grandes conséquences.

Il m'arrive rarement de m'allonger dans mon bureau. Il est vrai que j'arpente parfois la pièce, que je m'étire ou même que je tourne en rond à la recherche d'une phrase, mais il est rare que je m'y couche. Comment se fait-il donc, me demandai-je, que je me sois étendue à cet endroit précis ? Était-ce une coïncidence si, de l'endroit où j'étais allongée, je pouvais voir parfaitement à l'extérieur de la fenêtre ? C'est par cette même fenêtre que j'ai aperçu les oiseaux, quoique maintenant, comme j'étais allongée au sol et que ma perspective était plus basse, je ne pouvais voir le buisson qu'ils avaient visité. Au lieu de cela, je regardais vers le haut le ciel encadré par la fenêtre, avec quelques branches d'un grand bouleau dans un coin.

Avec un frisson d'incrédulité, j'eus l'étrange sensation qu'une telle coïncidence n'était pas possible alors qu'une troublante montée de chair de poule se mettait à frémir sur ma peau. Car là devant moi, perchés sur les branches du bouleau, se trouvaient dix ou douze passereaux semblables à ceux observés auparavant dans le buisson.

Ils regardaient tous dans ma direction à travers la fenêtre. Je n'étais pas en train de m'imaginer cela; il ne pouvait y avoir de doute. Avec un soupir de résignation, je me permis de tomber dans le mode de conscience maintenant familier qui m'ouvrait aux oiseaux et grâce auquel j'étais parfaitement en mesure d'établir ce type de connexion.

Comme auparavant, le mode de communication prenait la forme d'une conversation intérieure. Même si j'étais consciente de tout le groupe, une seule voix me répondit, comme si c'était un chef de groupe ou peut-être une conscience de groupe qui s'exprimait. Je demandai aux oiseaux ce qu'ils voulaient que je voie.

Le film d'Alfred Hitchcock, *Les Oiseaux*, me vint soudain à l'esprit. *Quoi?* Je me mis alors à rire tout haut et leur demandai s'ils connaissaient ce film. Ils me firent comprendre que non, du moins pas au sens de l'avoir vu comme nous le faisons, mais qu'ils avaient une idée de sa nature selon ce qu'ils avaient pu glaner dans l'esprit des gens – comme s'ils pouvaient capter la peur que ce film engendrait chez les humains. Ils dirent que ce film avait affecté beaucoup d'individus et que, de ce point de vue, il avait créé tout autant que révélé une croyance populaire, une sorte de projection de groupe, au sujet des oiseaux. À l'évidence, cette projection était plutôt sinistre – quoiqu'ils me rappelèrent que c'était vrai d'un point de vue symbolique, en ce sens que bien souvent le message d'un oiseau est un appel à l'éveil, et tout particulièrement un appel à voir.

En outre, ils expliquèrent que la scène où les oiseaux arrachent les yeux d'un des personnages du film était une projection de la peur de voir chez les humains. Ils me rappelèrent aussi que toute la question relative à ce que les oiseaux voulaient n'était nullement élucidée dans le film; c'était et cela demeure un mystère. Les oiseaux vinrent, attaquèrent, rendirent les gens conscients de leur présence (et, de ce fait, du côté obscur des oiseaux), et puis ils partirent. Il n'y eut aucune explication. Les pinsons m'expliquèrent que cette vision était fondée sur la peur. C'était en réalité une peur de nous-mêmes, quoique nous sommes tellement déconnectés de la peur originelle que nous l'avons projetée sur les oiseaux à travers la lentille déformante de nos préjugés.

Comprenez-vous en quoi consiste cette projection que vous faites? N'importe quel animal peut être perçu de la sorte, pas seulement les oiseaux.

Ils me donnèrent ensuite pour tâche de voir d'autres films portant sur les oiseaux et de remarquer de quelle façon ces derniers servaient de symboles dans d'autres formes d'expression. Ils me rappelèrent que les artistes de la Renaissance faisaient souvent figurer des oiseaux dans l'art religieux et que l'on pouvait tout aussi facilement les voir en lien avec l'esprit qu'avec la peur. Les oiseaux, ajoutèrent-ils, étaient souvent utilisés comme symboles de l'esprit et du Saint-Esprit.

Finalement, mes messagers ailés me laissèrent un exemple. Le vent se mit brusquement à souffler fort et j'observai comment ils s'accrochaient aux branches sans être dérangés, leurs petits corps se balançant au gré du vent.

Nous ne craignons pas l'esprit, et ainsi il se déplace

sans entraves autour de nous. Il souffle à travers nous.

Alors que les oiseaux commençaient à s'en aller, je sentis que le message était terminé. Mais l'un d'eux demeura là, tout comme auparavant, et je le reconnus une fois encore comme étant le chef, ou celui dont la voix à mon intention était la plus forte. Il me dit qu'il était important, très important, de comprendre les différents aspects de la projection. Il me rappela que la première fois où je les avais vus, ils étaient situés plus bas que moi et que leur message avait alors pour but d'élever mon esprit. Et que lorsque je les observais au-dessus de moi, là-haut sur la branche à m'épier comme une bande d'espions, déjà j'avais senti monter ma peur. Le message avait donc pour moi des connotations pénibles, voire un peu oppressantes. Manifestement, ce n'était pas leur perspective qui avait changé, mais bien la mienne.

Peu de temps après avoir reçu ces messages, je contactai Sam Louie. Je savais qu'il était un communicateur talentueux, ce qui ne l'empêchait pas d'être un brin sceptique. C'était une combinaison que j'admirais.

Sam me demanda quelle sorte d'oiseaux j'avais vus. Ils m'avaient affirmé être des pinsons, quoique peu après l'événement je me mis à douter qu'il pouvait y en avoir en Alaska. En feuilletant un guide illustré des oiseaux observés en Alaska, je ne pus trouver nulle part mention de l'espèce que j'avais observée. Au fil de mes lectures j'en vins toutefois à décider que ce qui se rapprochait le plus était le gros-bec. Ainsi, lorsque je précisai à Sam que c'était possiblement des pinsons mais qu'il s'agissait plus probablement de gros-becs, il marqua un temps d'arrêt, puis se mit à rire et lança d'une voix forte : « Ce sont des pinsons ! Ils me demandent de te le confirmer ! »

Je crois maintenant que c'était effectivement le cas. Mais à cette époque-là je ne savais pas encore trop quoi penser à ce sujet, même après la confirmation de Sam. Peut-être la peur était-elle en cause. Sam était gentil, me disant que la peur était une réaction naturelle, une chose que nous expérimentons tous pour nous protéger. « Aie confiance que tout ira bien », disait-il. « Fais confiance au bon déroulement des choses. »

Pourtant, je retombai maintes et maintes fois dans la peur. J'étais déconcertée de constater qu'elle était si profondément enracinée et, qui plus est, de réaliser que la peur n'était pas quelque chose d'obscur et d'horrible – aucun démon ni croque-mitaine ne me tourmentaient – mais qu'elle dérivait plutôt d'une connexion oubliée. Je postulai que la peur provenait du désir de l'ego de contrôler la vie, de maintenir les choses normales, à leur place. S'ouvrir à une manière d'être inconnue était la véritable cause de la peur.

Quelques jours plus tard les pinsons revinrent – non pas sous forme physique, mais comme une sorte de post-scriptum. Et je réalisai une fois de plus que l'univers est élégant, persévérant et plein d'humour dans ses tentatives répetées de nous éveiller.

On m'avait posté un exemplaire d'*Animal Speak*, de Ted Andrews, pour que je puisse en faire l'examen. Ce livre passe en revue différents animaux pour évaluer leur potentiel comme totems ou indicateurs d'énergies particulières pouvant être utilisés comme voies d'accès à l'esprit humain. L'animal totem est ainsi un symbole et il est également porteur d'un type d'énergie spécifique, et une bonne partie de l'ouvrage en question décrit les divers pouvoirs et propriétés curatives que différents animaux représentent. L'auteur fait également remarquer que ce sont les animaux totémiques qui choisissent une personne, non le contraire.

À ce moment-là, toutefois, je ne savais rien de tout cela. Ce jour-là, alors que je venais de recevoir le bouquin, je me contentai de le feuilleter, permettant ainsi à des bribes d'informations importantes de capter mon attention et, en somme, évaluant quelle impression préliminaire il me laissait. Et ce fut donc avec étonnement que je trouvai les pinsons. Ou peut-être fut-ce eux qui me trouvèrent. Qui donc arrêta les pages de tourner, guidant gentiment mes yeux vers les paroles de Ted Andrews ?

> Un pinson qui devient un totem accroîtra toujours les occasions de faire l'expérience d'une foule d'activités. Tout ce qui arrivera sera amplifié… Si un pinson a volé dans votre vie, attendez-vous à de nouvelles formes d'expériences et à des rencontres avec des gens de milieux divers […] ceci reflète une augmentation générale du nombre et de la diversité de choses potentielles qui ont de fortes chances de se produire dans votre vie. La venue d'un pinson dans votre existence signale chaque fois que votre vie est sur le point de devenir plus active[10].

Je déposai le livre et me levai, seule dans mon bureau. Une main sur la poitrine, le regard tourné vers la fenêtre, je me mis à rire de si bon cœur que les larmes me montèrent aux yeux.

Écoute
Marcia Ramsland et Trapper (chien-loup)

Trapper est un mélange de loup et de chien esquimau sibérien. Il dit : « Les animaux ont une grande sagesse à offrir. Nous venons en grand nombre et tentons d'entrer en contact avec la conscience des gens. » Je crois qu'il parle plus précisément des animaux de compagnie.

Il dit également : « Ce n'est que maintenant que nous commençons à être entendus. » Je pense que ce dont il fait état, c'est de l'ouverture beaucoup plus grande qui existe aujourd'hui. Les gens entendent réellement ce que racontent leurs animaux, et certains écrivent des livres comme celui-ci.

Trapper dit enfin : « Les animaux de compagnie sont comme un canal entre Dieu, ou Tout Ce Qui Est, et les gens à travers lequel affluent l'amour inconditionnel, l'appréciation de l'instant présent, la joie et l'enthousiasme. »

CHAPITRE 4

Peur, filtres et trouver la zone neutre

Il n'y a que deux façons de vivre votre vie
L'une est comme si rien n'est un miracle.
L'autre est comme si tout est un miracle.

Albert Einstein

Laura Simpson fit un jour une consultation pour une amie communicatrice qui avait fait récemment l'acquisition d'une perruche calopsitte élégante (ou cockatiel). Se questionnant quant à savoir si elle devait la garder ou bien la donner, la femme fit appel à Laura comme tierce partie désintéressée afin de parler avec l'oiseau et de lui demander ce qu'il voulait.

Laura entra donc en contact avec la perruche et lui demanda si elle préférait demeurer avec la communicatrice ou bien aller vivre avec quelqu'un d'autre. L'oiseau voulait savoir de quelle façon elle se rendrait jusqu'à la maison de l'autre personne. Laura lui répondit que le voyage se ferait par avion. La perruche avoua qu'elle ne savait pas ce que c'était et Laura lui envoya l'image d'un avion. Puis l'oiseau ne dit plus rien.

Lorsque Laura s'enquit de ce qui n'allait pas, la perruche calopsitte s'écria soudain : « Oh non ! Ne me mets pas là-dedans ! J'ai déjà vu ces choses auparavant. Elles mangent les gens et les recrachent ensuite. J'ai essayé de leur parler mais personne ne répond. Elles n'ont aucun parcours migratoire digne de ce nom et je ne comprends pas ce qu'elles sont. Oh non ! je ne me laisserai pas manger par un avion ! » La peur n'est pas le propre d'une seule espèce, pas plus d'ailleurs qu'elle ne semble irréelle lorsqu'on l'éprouve. La peur est une chose qui s'empare de vous, qui vous étreint et vous tient captif aussi longtemps que votre conscience accepte de s'y confiner.

Je me demandais alors si Laura avait expliqué à sa perruche ce qu'étaient les avions. Pouvait-on convaincre l'oiseau que la monstruosité qu'il avait vue était en fait quelque chose d'autre, quelque chose de complètement différent de ce qu'il avait d'abord cru ? Et si la perruche arrivait à se libérer de sa peur, trouverait-elle ironique sa vision de l'avion qu'elle percevait comme un oiseau mécanique inintelligent, incapable de communiquer et tellement plus grand qu'elle ?

Je me débattais avec mon propre sentiment d'ironie à la suite de mon expérience avec les pinsons. Car, au fond, j'étais surprise de réaliser que ma peur ne tenait pas au fait que j'étais incapable de communiquer avec les animaux, mais bien que je le pouvais. Comme la perruche et à l'instar de tant d'humains, mes croyances étaient ainsi façonnées que j'avais créé ma propre version de l'oiseau mécanique, et elle était grande, bruyante et effroyable. Elle affirmait sans ambages que j'étais semblable à n'importe qui d'autre. Et bien que certaines personnes un peu étranges puissent parler aux animaux, les gens polis et sains d'esprit ne faisaient tout simplement pas ce genre de chose, et encore moins écrivaient-ils des livres sur leurs expériences.

« Pour réprimer la peur, il y a eu le contrôle de soi », disait Ilizabeth Fortune, une ex-conseillère et enseignante ayant passé de nombreuses années à apprendre auprès des dauphins. « Lorsque nous commençons à relâcher notre contrôle, nous sommes alors confrontés à la peur. Dans ce que j'ai vécu, la peur a été une porte ouverte. La peur recèle son antidote. Par conséquent, si j'écoute ce que me dit la peur et si je lui permets de m'enseigner quelque chose, je vais arriver de l'autre côté et découvrir ce qui s'y trouve. Et ce que j'ai découvert de l'autre côté est fort simple : c'est que nous sommes tous Un. »

S'il y a un message central que l'on retrouve invariablement dans toute communication avec un animal, c'est bien celui-là : nous sommes tous Un. Ce n'est certes pas un message bien effrayant, et pourtant, comme j'allais maintes et maintes fois le constater, l'affirmer est une chose, mais en être profondément convaincue est une tout autre affaire.

« C'est important lorsqu'une peur surgit », poursuivit Ilizabeth. « Pour moi, cela signifie que je suis prête à passer à une autre étape, à faire une autre spirale. » Ilizabeth me confia que les dauphins lui avaient tout d'abord appris comment maîtriser la peur. « Puis, lorsque le temps fut venu pour moi d'explorer une nouvelle façon de maîtriser la peur, une autre espèce animale me prit en charge, et il s'adonna que ce fut un ours. Lorsque je dus apprendre quelque chose d'autre, ce fut auprès d'un cheval que je le fis. Mais cela concerne toujours la peur. Comment se comporter face à elle et comment la vaincre ? »

Ilizabeth fit une pause, comme si elle se souvenait de quelque chose. « Lorsque vous entrez en communication avec un animal, un cheval par exemple, que vous lui tournez le dos et que celui-ci s'approche de vous, plaçant son museau sur votre épaule, et que vous sentez son souffle chaud, cela vous donne une bouffée d'émotions et vous fait monter les larmes aux yeux. Vous avez le même genre d'expérience lorsque vous plongez votre regard dans celui d'un dauphin, ou que vous sentez toute l'ampleur des vibrations entourant une baleine. La question qui se pose alors est celle-ci : sommes-nous prêts à écouter, à demeurer silencieux et immobiles et à communiquer ? »

C'est dans l'immobilité silencieuse que le cœur s'ouvre. C'est alors que la conscience, et par le fait même toute vie, est soudain ressentie et perçue comme une chose tellement plus grande que ce que nous avions d'abord cru. Lorsque l'oiseau mécanique est vu pour ce qu'il est réellement, la peur se dissipe aussitôt. Nos yeux s'ouvrent à une compréhension beaucoup plus profonde et entière de la vie, et le monde n'est plus jamais tout à fait le même qu'auparavant.

Dans l'ouverture du lien de cœur à cœur qui s'établit lorsque des êtres, quels qu'ils soient, communiquent ainsi, la peur n'a pas sa place puisqu'elle est inutile. Néanmoins, ceci ne diminue en rien – et ne devrait pas diminuer – le rôle de la peur comme instructeur louable et guide expert nous aidant à explorer nos zones d'ombre. En cessant de fuir la peur, la perception que nous en avons change inévitablement. Elle n'a plus la même emprise sur nous; de fait, c'est plutôt nous qui en avons sur elle. La peur se contracte et devient un outil, un baromètre fort pratique indiquant où nos émotions sont coincées, où nos filtres sont noircis.

Toute expérience peut être terrifiante ou fascinante selon le filtre ou le point de vue à travers lequel nous choisissons de regarder le monde à ce moment précis. Notre façon de voir la réalité est toujours teintée par les filtres que nous avons, car le cerveau en soi est un instrument de filtrage. La langue que nous parlons, la société où nous vivons, la manière dont nous avons été élevés, notre race ou notre sexe – tout autant que les dispositions génétiques, les croyances et les pensées qui nous sont propres – concourent à déterminer comment nous voyons, comprenons, ressentons et percevons qui nous sommes et le monde qui nous entoure. Ce n'est rien de nouveau, et il vous suffit de demander à trois personnes de décrire un événement qu'elles partagent en commun pour constater à quel point chacune interprète les choses différemment des autres.

L'ennui avec les filtres est que nous sommes si souvent prisonniers de notre propre façon de voir le monde et tellement à l'aise avec celle-ci que nous oublions que ces filtres personnels colorent notre perspective et nous continuons à les projeter sur tout ce que nous observons. Nous en venons à croire que ce que nous percevons à l'extérieur de nous est une réalité objective, quelque chose de séparé de nous.

Certains affirment que notre manière de voir la vie est le miroir de ce qui se passe en nous-mêmes. Les difficultés auxquelles nous faisons face dans le monde extérieur sont le reflet de nos problèmes non résolus, de nos points émotionnels les plus sensibles, ou des choses que nous nions. C'est là une notion que bien des gens n'aiment pas, car il est tellement plus facile de rejeter la responsabilité de nos problèmes sur nos parents, notre époux, nos collègues de travail ou le gouvernement – en fait, sur n'importe qui d'autre que nous.

Or, en quoi tout cela concerne-t-il la communication avec les animaux ? Même si, de prime abord, cela ne semble pas évident, cela touche, à bien des égards, au fondement même de ce qu'est la communication avec une autre espèce, ou même avec la nôtre. En une sorte d'étrange effet boomerang, c'est la communication avec quelque chose que nous percevons être différent de nous qui nous fait entrer plus profondément en nous-mêmes, qui nous ramène une fois de plus à la Source originelle de notre être.

« Le message le plus important du point de vue des animaux que je rencontre, dit Carol Gurney, est "Laissez-nous venir vous aider à vous aimer vous-même". » Ce message est transmis de maintes façons différentes. Carol se souvint alors d'un mari et de son épouse qui vivaient avec trois chats. Un jour, les deux chattes attaquèrent brutalement le chat. Lorsque Carol parla avec ces animaux, tout ce qu'elle entendit de la part des chattes fut : « Nous allons le tuer. Nous voulons le tuer. » Carol fit remarquer que lorsqu'elle entendait des choses pareilles, elle savait que quelque chose était en train de se passer.

Carol apprit qu'en raison des fréquentes absences de la femme, son mari avait adopté une nouvelle famille d'amis. Comme il comptait plus sur le soutien de ses amis que sur celui de sa femme, celle-ci était fâchée. Carol suggéra que le problème tenait de la colère non exprimée.

« Mais devine qui la ressentait », me dit-elle. « Les animaux ! Regarde ce que les animaux faisaient : les deux femelles attaquaient le mâle ! La femme me téléphona le lendemain et dit : "Tu ne vas pas me croire. Mon mari est venu et nous en avons parlé, réglant ainsi le problème. Eh bien ! les chats s'entendent à merveille ! C'est incroyable." »

« Les chats captent tout cela », expliqua Carol. « Ils veulent faire sortir l'agressivité qu'ils ressentent parce que l'émotion est à fleur de peau et que rien n'est fait pour l'atténuer. Dès l'instant où vous faites le nécessaire pour vous en occuper, le problème disparaît. Autrement, l'émotion perdure autour de votre corps et tout autour de vous, et l'atmosphère s'alourdit. »

« Lorsque votre animal familier se conduit mal, c'est le signe qu'il vous faut examiner ce qui se passe en vous », s'entend également pour dire Laura Simpson. « Ainsi, si votre chien se sauve sans cesse, il faudrait peut-être vous demander "À quoi est-ce que je tente d'échapper ?" Les animaux familiers ont quelquefois besoin de s'éloigner et de retrouver leur équilibre, particulièrement lorsque nous vivons des moments difficiles sur le plan émotionnel. Cela peut devenir trop lourd à porter pour eux et ils ont donc alors besoin d'aller remettre leurs pattes en contact avec le sol et d'être dans la nature pendant un moment. »

Laura raconta que sa chienne, Hannah, un berger des Pyrénées, avait parfois l'habitude de partir. Malgré son talent de communicatrice, Laura paniquait. « Dès que je demandais à voir quelle était la leçon cette fois-là, elle réapparaissait dans le jardin derrière la maison. C'était ma leçon en ce qui touche au contrôle. »

C'est en prenant note de nos filtres, de nos blocages et de nos fausses perceptions que nous commençons à les surmonter. Cela est vrai non seulement dans la communication avec les animaux, mais aussi pour n'importe quel cheminement d'éveil spirituel. C'est aussi la première étape menant à la découverte de la zone neutre, une modalité d'être essentielle tant pour envoyer des messages clairs que pour en recevoir.

Nous devons également reconnaître le fait que nous avons des filtres, ce qui s'applique autant aux animaux qu'aux humains. « Les systèmes de croyances sont une forme de camisole de force », me déclara Marcia Ramsland. « Il est difficile d'en sortir. Nous en devenons vite accros parce qu'ils sont ce que nous croyons être vrai. Les systèmes de croyances qui entravent notre communication avec les animaux sont, d'une part, celui selon lequel les animaux ne pensent pas et, d'autre part, celui selon lequel seules quelques rares personnes sont télépathes. »

Ajouter quelques couches de peur et de doute à ces systèmes de croyances fermement enracinés, et il est facile de comprendre pourquoi la communication télépathique, tout particulièrement avec les animaux, nécessite un changement de paradigme qui, pour certaines personnes, est difficile à accepter. Mais que se passerait-il si nous cherchions plutôt à atteindre un état d'équilibre, une perspective en vertu de laquelle la logique et l'intuition auraient toutes deux un rôle à jouer ?

C'est grâce à la physique quantique que Marcia parvint à comprendre la télépathie et la communication avec les animaux, car elle offre un cadre au sein duquel les contraintes de la réalité normale se relâchent et où triomphe le concept de l'interconnectivité. « La science normale fonctionne bien tant que vous êtes dans la forme physique, mais avec la télépathie, le temps, l'espace et la réalité physique ne sont plus les seules réalités. Après avoir appris ce qu'est la physique quantique, mes facultés télépathiques s'améliorèrent considérablement parce que j'avais adopté un système de croyances m'expliquant comment fonctionne la télépathie. Mon esprit logique pouvait accepter cela et le croire. »

N'est-ce pas une situation parfaite à tous points de vue lorsque la réalité est suffisamment vaste pour inclure la télépathie et que la télépathie est bonifiée par une vision du monde qui englobe l'intuition ? À mesure que nos filtres deviennent plus étincelants et exempts d'attachements affectifs, de systèmes de croyances et de programmations mentales, notre besoin de projeter des choses s'en trouve d'autant réduit. Car ce que nous voyons n'est pas tant le reflet de ce qui est caché, jugé ou nié en soi-même qu'un aperçu de la clarté. Nous voyons que le monstrueux oiseau mécanique n'est après tout qu'un simple avion qui s'envole dans les airs, et cela ne nous effraie pas.

« Sans clarté, nous ne pouvons interpréter correctement la réalité », m'expliqua Chrys Long-Ago. « C'est comme le ciel dans la philosophie bouddhiste – la véritable nature de l'esprit illuminé est calme comme le ciel. Mais des nuages, des obscurcissements – des pensées troublantes, perturbées – y apparaissent. Notre esprit ordinaire engendre ces nuages. Les nuages vont et viennent; les avions circulent dans le ciel, mais cela ne l'affecte nullement. Votre essence calme et votre état d'être illuminé sont toujours là. Il vous suffit d'apaiser suffisamment votre esprit ordinaire pour établir le contact. Et vous pouvez ensuite entrer en relation de manière honnête avec tous les êtres. »

Changez vos filtres et vous vous transformez vous-même. Transformez-vous et vous changez votre perception du monde. Changez votre perception du monde et vous commencez à transformer le monde lui-même.

« Nous pouvons tous vivre en harmonie et avoir une Toile de la Vie complète où tout est intégralement respecté », me dit Penelope Smith. « Plus vous vous alignez sur cela et plus c'est cela qui se produit. »

Peut-être qu'en fin de compte tout peut se résumer à ceci : si nous avons à choisir entre vivre comme si rien n'est un miracle et vivre comme si tout est un miracle, pourquoi ne pas choisir le miracle ?

Comprenez !

Hannah (chien) – Laura Simpson

Les gens ne comprennent rien. Tout ce bavardage est un gaspillage de souffle et de bruit. Quoi que vous pensiez dans votre tête, votre animal l'a déjà saisi. Il est inutile de le répéter encore. C'est tellement redondant !

CHAPITRE 5

Faire le saut

Une nuit, pas tellement longtemps après avoir accueilli Violet la chatte chez elle, Nedda Wittles s'apprêtait à aller au lit lorsqu'elle s'arrêta pour caresser la tête de l'animal.

« Ses oreilles étaient très chaudes, dit Nedda, et je pensai "Oh la la ! Se pourrait-il qu'elle soit malade ?" Je me demandais si son museau était aussi chaud et, s'il l'était, si cela pourrait être un signe de maladie. Je me penchai vers elle et lui touchai doucement le museau avec l'index de ma main droite. Ce faisant, j'entendis "Tiens, je me demande si les humains ont le nez chaud lorsqu'ils sont malades ?" sur quoi la patte droite avant de Violet se posa délicatement mais fermement sur mon nez. »

S'il y a un credo commun à tous les communicateurs animaliers, c'est bien le suivant : non seulement la communication avec les animaux est-elle possible, mais nous pouvons tous l'établir – oui, même vous. Pour y arriver, vous réalisez bientôt que vous devez apprendre une sorte de nouvelle danse à trois pas. Vous faites d'abord un pas vers l'idée que les animaux et les humains peuvent réussir à communiquer par-delà les limites du langage, et alors, bien souvent de manière inattendue, vous soulevez les talons sous le coup de la réalisation électrisante que vous pouvez vous aussi le faire. Puis vous faites un pas en arrière.

La question sans doute la plus évidente et la plus fréquemment posée lorsqu'on apprend à communiquer avec les animaux est celle-ci : comment savoir si c'est réel ? C'est certainement là ma question favorite. Même si j'avais parlé avec des pinsons et des chiens, et que cela m'avait été confirmé par plusieurs communicateurs, un scepticisme tenace me tenaillait toujours. Je trouvais cela surprenant tout autant que frustrant parce que même si je croyais que la chose était tout à fait possible, et que les communicateurs pour qui cette activité était devenue leur gagne-pain recevaient véritablement des messages, je doutais encore de ma propre capacité à le faire.

Je commençais à me demander s'il n'y avait pas quelque part un pont permettant de franchir les eaux tumultueuses séparant le doute de soi de la confiance en soi. Combien d'expériences vous faut-il avoir avant d'accepter de croire que ce que vous entendez est bien réel et que vous n'êtes pas simplement en train de vous imaginer tout cela ?

« Nous avons besoin de 10 538 validations pour nous convaincre que c'est réel », me dit Carol Gurney.

« Vraiment ? » Mon cœur sombra. Je me dis que je n'avais même pas encore atteint la barre des cent validations. « Il nous en faut autant ? »

« Ce fut mon cas ! » me lança Carol en riant. « J'ai trouvé que c'était la chose la plus ardue que j'aie jamais faite, parce que j'ai de la difficulté à me faire confiance. Je ne cessais de penser que je me parlais à moi-même. Il est nécessaire de chasser cette impression, car on dirait vraiment que c'est le cas ! On est habitué à l'idée de voir des lèvres remuer et une voix en sortir, mais cela ne fonctionne pas ainsi. On doit s'ajuster. » Carol garda un instant le silence.

« Supposons que tu rencontres des gens qui s'expriment en italien. Tu les écoutes, mais tu n'as pas la moindre idée de ce qu'ils racontent. Pourtant, ça ne veut pas dire que ceux qui parlent italien n'ont pas de pensées ni de sentiments, car de toute évidence ils en ont. Si tu veux communiquer avec eux, au début la méthode employée sera probablement un peu primitive – le langage par signes, en indiquant du geste une direction, et ainsi de suite. Mais ensuite il se peut que tu te procures un dictionnaire ou que tu suives un cours pour apprendre à parler couramment l'italien. C'est exactement la même chose avec les animaux ! Ils ont des pensées et des sentiments. Et il se trouve simplement que leur langage se présente sous une forme différente. Il faut donc prendre le temps de s'y habituer. »

Pour ma part, ce fut tout un parcours chaotique, parsemé de hauts et de bas, avant que je puisse m'y habituer. Bien qu'il y eût des moments d'absolue certitude, il y eut aussi de brusques retours dans la réalité ordinaire où la tentation était grande de mettre en doute la validité de ces expériences.

« Lorsque tu obtiens une réponse d'un animal, ça donne souvent l'impression que tu inventes cela de toutes pièces », m'assura Marcia Ramsland. « Ça vient comme une pensée dans ta tête, et on a tellement l'habitude de considérer que les pensées dans notre tête sont les nôtres. »

La plupart des communicateurs reconnaissent que le fait de douter de soi est le plus gros obstacle des débutants une fois qu'ils ont accepté l'idée que les animaux sont, à leur façon, des êtres sensibles et intelligents. L'esprit logique en nous insinue que nous faisons semblant de communiquer avec les animaux ou que nous sommes peut-être après tout un peu cinglés de nous adresser à eux. Une autre méthode d'autosabotage consiste à croire que d'autres personnes peuvent parler avec les animaux, mais que nous n'en sommes sûrement pas capables. Marcia était d'avis que la seule solution est de bâtir peu à peu la confiance en soi.

Ma vision d'un beau pont bien solide s'évanouissait rapidement. Se pouvait-il qu'il n'y ait pas de pont ? Ou que mes confirmations soient bien là mais pas comme je m'y attendais ?

Ça me rappela la vieille blague à propos du fermier et de l'inondation. La rivière déborde et les eaux entourent la maison du fermier jusqu'à son perron avant. Un homme passe par là dans une embarcation et lui offre de l'aide. Mais le fermier refuse, alléguant qu'il met toute sa confiance en Dieu. La chaloupe s'éloigne et les eaux montent jusqu'au second plancher.

Une autre embarcation arrive et le fermier refuse de nouveau l'aide offerte. « Je place ma confiance en Dieu », lance-t-il. L'embarcation s'éloigne rapidement tandis que les eaux continuent à monter.

Alors que le fermier est forcé de grimper sur le toit, un hélicoptère survole la maison et une échelle s'en déroule. Le pilote lui crie de monter dans l'échelle pour qu'il soit emmené là où il ne sera plus en danger, mais une fois de plus celui-ci refuse, criant qu'il met toute sa confiance en Dieu. À ce moment précis, l'homme est emporté par les flots tumultueux et se noie.

Le fermier monte au ciel, où Dieu l'accueille avec étonnement. « Que fais-tu ici ? » Visiblement irrité, le fermier répond : « J'ai placé ma confiance en toi et tu m'as laissé tomber. »

« Que veux-tu dire par là ? » demande Dieu, secouant la tête avec incrédulité. « Je t'ai envoyé deux bateaux et un hélicoptère. »

Je ne pouvais m'empêcher de douter de l'existence d'un quelconque pont menant à la confiance en soi. Je sentais nerveusement que la traversée du fleuve du doute allait nécessiter de faire le saut.

« C'est tout un saut ! » lança Marcia en riant. « Et tu verras qu'on passe de la nécessité d'y croire par un acte de foi à l'absolue certitude que c'est vrai et qu'on peut y parvenir. » Puis, comme tant d'autres bons professeurs, Marcia me raconta une histoire.

Je me souviens de la première fois où je sus sans l'ombre d'un doute que ce que j'avais reçu venait bien d'un animal et non de moi-même. J'étais allée faire une longue promenade avec les chiens et, à notre retour, nous sommes montés à l'étage, sauf Royal, un petit chien de traîneau qui préférait habituellement demeurer au rez-de-chaussée, et Trapper, un mélange de loup et de chien esquimau sibérien qui avait une patte dans le plâtre. Je trouvais bizarre que Trapper ne monte pas, car c'est ce qu'il faisait d'ordinaire. Lorsque je lui demandai mentalement pourquoi il ne nous suivait pas, je m'attendais qu'il me réponde que la promenade avait été trop longue et que sa patte était fatiguée. Au lieu de cela, voici ce que j'entendis : « Royal s'ennuie toute seule ici en bas ; je me suis dit que j'allais lui tenir compagnie un moment. »

J'en fus complètement estomaquée! À cette époque-là, je ne pouvais m'imaginer que Royal puisse ne pas avoir envie de venir en haut ou que Trapper puisse agir par compassion. Je ne savais pas non plus qu'ils étaient devenus des amis.

Bien souvent, lorsqu'on pose une question à un animal, on obtient exactement la réponse à laquelle on s'attendait, et cela ne signifie pas qu'on s'est trompé. En fait, on a probablement vu juste. Ce sont plutôt les fois où vous obtenez une réponse différente de celle attendue, que vous savez avec certitude qu'elle provient effectivement de l'animal. Tout ce que Trapper avait dit ne faisait pas partie de ce que je savais de lui. C'est alors que je compris que la réponse venait définitivement de Trapper et non de moi. Cela déclencha en moi un véritable changement de paradigme. J'en eus la chair de poule à la grandeur du corps. Je le compris parfaitement et *sus* que ce que j'entendais venait bien des chiens parce que non seulement c'était une réponse raisonnable, mais elle ne faisait nullement partie de mon système de croyances.

Les communicateurs m'ont confié maintes histoires à propos d'informations surprenantes qui les ont aidés à confirmer que la communication se produisait réellement. Ainsi, Raphaela Pope m'a raconté ce qui est survenu un jour lors d'un atelier pour débutants durant lequel une jeune femme avait choisi d'entrer en contact avec un lama. Alors qu'il était à répondre à certaines questions banales, le lama dit à cette femme que son aliment favori était la banane. La femme trouva sa réponse si étrange qu'elle faillit bien ne pas en faire part au groupe.

« Or, toute personne qui connaît bien les lamas sait pertinemment qu'ils considèrent les bananes comme une friandise incomparable, tout comme les pommes et les carottes le sont pour les chevaux », précisa Raphaela. « Je connais bien certains lamas et ils sont fous des bananes ! Puisque cette femme ne connaissait rien à leur sujet, cette information surprenante et étrange qu'elle n'aurait pu obtenir autrement que de l'animal fut pour elle une indiscutable confirmation. »

Entendre de tels témoignages fait prendre conscience que le plus grand obstacle à ce type de communication n'est pas l'incapacité de l'animal à communiquer, mais bien la nôtre. C'est notre séparation d'avec les animaux et du monde naturel qui a engendré en nous un oubli, un doute perpétuel qui nous force à nous demander : « Est-ce vraiment réel ? »

Lorsque je demandai à Laura Simpson pourquoi, selon elle, les humains étaient aussi rongés par le doute, elle me répondit que son chien Roxie aimerait sûrement répondre à cette question. « Roxie a eu affaire à ce problème auparavant et elle est donc bien placée pour y répondre. Elle dit : "Il faut que les gens commencent à écouter la petite voix dans leur tête et qu'ils cessent de croire qu'il est farfelu de faire cela. C'est beaucoup plus facile si la personne avec qui vous parlez vous écoute et respecte ce que vous lui transmettez. Ça vous évite d'avoir à faire bien des singeries." »

À mesure que le doute intérieur cède la place à

l'acceptation de la réalité de l'expérience, nous nous ouvrons et, d'une fois à l'autre, nous nous ouvrons toujours plus. Vous parlez avec des pinsons, et juste au moment où vous pensez pouvoir enfin croire que ce que vous entendez est bien réel, votre chien vous révèle quelque chose d'absurde, par exemple qu'il était auparavant un ours. Comme dans un rêve qui se répète mais qui ne parvient jamais vraiment à son ultime conclusion, nous constatons qu'il n'y a pas seulement un saut à faire, mais bien plutôt une série de sauts successifs.

Même après ses 10538 validations, qui avaient réduit à néant tout doute possible quant à sa capacité de pouvoir réellement parler avec des animaux, Carol Gurney eut à faire encore un autre saut.

> Une femme m'avait demandé de communiquer avec un chien décédé. C'était la première fois que je tentais pareille expérience. Une fois le contact établi avec le chien, celui-ci me dit que sa transition avait été aussi facile que l'avait été sa vie auprès de cette femme.
>
> Il ajouta : « Dis-lui que c'est vaste ici. Je peux voir aussi loin que je le veux. Il y a beaucoup de musique et si je veux voir quelqu'un, je le fais; sinon je ne le fais pas. Si je désire voir une colline avec des moutons, il me suffit de le vouloir. » Je me demandais pourquoi il me parlait d'une colline avec des moutons. J'appris par la suite qu'il avait auparavant été un chien de berger. Lorsque je lui demandai s'il avait un message pour la femme, il me répondit : « Oui. Dis-lui que lorsqu'elle entendra de la musique dans son cœur, elle saura que je suis proche. » Je n'avais aucune idée de ce que

cela signifiait. Lorsque je téléphonai à la femme pour lui rapporter cela, elle se mit à pleurer.

Elle me confia : « Tu ne le sais pas, mais c'est un miracle. Aujourd'hui, je l'ai fait incinérer et j'ai placé ses cendres au-dessus du foyer. Il nous arrivait souvent d'écouter de la musique classique; c'était ce que nous aimions le plus faire ensemble. Une pièce musicale que je n'avais jamais entendue auparavant m'est venue à l'esprit, et lorsque cela s'est passé, elle emplit mon cœur et je pus sentir qu'il était tout près. Ce que vous êtes donc en train de me dire, c'est que c'était bien réel. Je n'étais pas à m'imaginer cela ni à prendre mes désirs pour des réalités. »

Quand le doute se bute à la confiance, des choses extraordinaires peuvent survenir. Vous ne faites plus le saut poussé par la peur, parce que la foi vous habite désormais. C'est lorsque revient le souvenir de ce que vous saviez déjà que faire le saut devient agréable, car vous comprenez qu'en dépit des propos des autres ou même de votre propre esprit sceptique, l'expérience que vous êtes en train de vivre est beaucoup plus grande. C'est alors également que votre confiance devient inébranlable non seulement en vous-même, mais aussi à l'égard des animaux, de la nature et du monde entier. « Dès l'instant où s'amorce votre ouverture envers les animaux et que vous consentez à les voir pour ce qu'ils sont, ce que vous dites alors, c'est "Je veux savoir qui je suis" », me rappela Carol.

Par ce saut, nous embrassons le miraculeux. Et, ce faisant, nous prenons conscience que c'est en direction de la Source que nous sautons.

DEUXIÈME PARTIE

Multiples chemins pour âmes en voyage

Plus que vous n'en avez conscience

Autruche – Morgine Jurdan

J'accorde le don de la vie d'une manière nouvelle et différente. Les gens pensent souvent comme s'ils avaient la tête dans le sable, et c'est d'ailleurs ainsi qu'on a l'habitude de me représenter. Ce que j'apporte est une nouvelle façon de considérer la connaissance. Quand vous retirez votre tête du sable, vous pouvez voir la vie autrement. Je pourrais également avancer que lorsque l'on s'immerge totalement en soi-même, examinant tout ce que l'on est, on peut alors mieux connaître le monde.

Les gens sont intéressants et curieux, et je m'amuse à observer tous les moyens qu'ils imaginent pour se leurrer les uns les autres. Vous vous en remettez à votre intelligence, mais vous êtes très surpris et mécontents lorsque quelqu'un se montre plus malin que vous. Je pense que les gens sont profondément conscients de ce qu'ils font. Je n'ai pas l'impression que vous êtes aussi inconscients que vous aimeriez le croire.

Votre vie est une telle course effrénée ! Quand vous prenez le temps d'être dans le moment présent et de voir ce qui se passe réellement et ce qui est vrai, vous vous formez alors souvent une opinion différente sur ce qui vous arrive.

La vie correspond rarement à l'image que vous vous en faites. Tout est habituellement plus vivant, plus profond, plus grand et plus rempli que vous ne l'imaginez. La vérité est souvent dissimulée en dessous de beaucoup de choses qui doivent être explorées plus à fond.

Je peux me sentir aussi grand qu'un arbre et élargir ma perspective sur la vie, et être en même temps conscient de la minuscule fourmi qui grimpe le long de ma patte. Avoir une grande sensibilité signifie que vous êtes éveillé et que vous découvrez ce que vous désirez réellement obtenir de la vie, non ce que vous présumez vouloir qu'elle soit.

Vous en savez vraiment beaucoup plus que vous n'en avez conscience. Vous êtes tous des êtres incroyables et je salue le rôle que vous jouez dans ma vie. À ma façon, je contribue à créer un monde où nous pourrons tous exprimer notre plein potentiel.

CHAPITRE 6

Jing : Pourquoi un moine bouddhiste devient un perroquet

Avant de bien connaître le domaine de la communication avec les animaux, il m'est une fois arrivé de poser une question si ridicule qu'elle fit rire un perroquet.

Ce que je désirais savoir n'était pas si ridicule en soi; peut-être était-ce ma façon de formuler la question qui portait à rire. Quelle impression cela fait-il pour un animal de communiquer par voie télépathique? demandai-je. Chaque animal peut-il entendre les pensées de tous les autres animaux? Sûrement que cela est alors affreusement bruyant. Ou peut-être cela se compare-t-il à ce que font les humains lorsqu'ils se servent du téléphone, supposai-je. Est-ce comme lorsque vous composez le numéro d'une personne afin d'entrer en contact avec elle?

C'est alors que l'oiseau éclata de rire. Et c'est alors aussi que je compris que j'étais complètement dans l'erreur.

Lorsque Jing, un perroquet femelle gris d'Afrique, vint habiter avec Jane Hallanger, ce fut le perroquet et non l'humain qui prit l'initiative d'enseigner la communication télépathique à l'autre. Jing commença la formation en touchant un à un les doigts de

Jane, et ce, de manière tout à fait délibérée. Cela donna à Jane l'idée « d'apprendre » à Jing à toucher l'un ou l'autre des doigts qu'elle lui disait de toucher, mais en fait le perroquet était déjà bien au-delà de ce petit jeu.

Elle fut stupéfaite de constater que Jing était capable de toucher sans jamais se tromper n'importe lequel des doigts qu'elle lui désignait en anglais. Voyant cela, Jane compliqua donc un peu les choses. Elle essaya le cantonais, puis le mandarin. D'autres tests furent effectués, le nom des doigts étant prononcé par des amis en coréen, en allemand et en japonais, des langues que Jane ne parlait pas. La langue ne semblait avoir aucune importance puisque chaque fois Jing sautillait directement vers le bon doigt.

Finalement, Jane se contenta de penser simplement au doigt qu'il fallait toucher. Le résultat fut le même, sans qu'une seule parole soit proférée : Jing passait d'un doigt à l'autre, chaque doigt touché correspondant parfaitement à la pensée de Jane. Comment cela était-il possible ? La réponse, conclut Jane, était la télépathie.

Jing révéla plus tard à Jane qu'elle s'était « éveillée » la première fois qu'elle avait vu cette dernière. L'histoire de Jing prit forme au fur et à mesure que Jane, travaillant avec son perroquet et l'enseignante Penelope Smith, développa son aptitude à envoyer des pensées aux animaux et à en recevoir d'eux.

Jing expliqua que, durant sa dernière vie au Tibet, elle avait été un moine bouddhiste ayant atteint un niveau avancé. Une fois morte et après avoir quitté cette forme humaine, elle avait attendu près d'un siècle avant de s'incarner dans un autre corps, cette fois sous l'apparence d'un perroquet sauvage d'Afrique. Jing fut ensuite capturée avec d'autres perroquets et amenée aux États-Unis pour y être vendue comme animal de compagnie. C'est alors qu'elle choisit Jane afin que celle-ci l'aide à accomplir sa mission d'éveil de l'humanité à laquelle sa vie devait être consacrée.

« Nos chemins se sont croisés parce que je suis essentielle à sa cause », expliqua Jane. « J'aime bien dire que nous formons un "deux dans un". Comment cela fut-il arrangé ? Je ne sais pas comment ces choses font pour s'ajuster si bien ensemble, mais telle est bien notre situation. »

L'entrevue suivante fut menée au fil de plusieurs mois par courriel. J'envoyais mes questions à Jane et les réponses de Jing, parfaitement rédigées à l'ordinateur par Jane, me parvenaient quelques jours plus tard. J'étais fascinée par les implications de l'histoire de cet oiseau. Avait-il réellement été un moine bouddhiste ? Pourquoi un moine bouddhiste, qui plus est un moine illuminé, voudrait-il revenir dans le corps d'un perroquet ? Par ailleurs, si un moine illuminé choisissait de se réincarner en perroquet, qui d'autre pourrions-nous trouver vivant à l'intérieur d'autres animaux ?

[*Note de l'éditeur : Voir à la page 82 le texte sur le maître-lièvre.*]

Jing, est-ce que tous les animaux communiquent par voie télépathique au niveau où tu le fais, ou est-ce une chose qui s'est manifestée à mesure que Jane développait sa capacité à communiquer avec toi ?

Je suis spéciale parmi mon groupe. Mes parents m'ont enseigné que nous sommes les êtres dont le reste du groupe d'oiseaux dépend pour sa sécurité. Je peux parler aux autres oiseaux et je communique facilement avec les animaux, car ils m'aident à prévenir les autres de tout danger. Ils savent que je suis un être spécial. D'autres oiseaux, comme mes amis les corbeaux, ont le même genre de sentinelles et c'est à ces dernières que je parle.

Nous avons recours aux émotions, au langage corporel, aux images mentales et aux pensées pour communiquer ensemble. La voix est utilisée pour alerter le groupe d'oiseaux ou pour attirer l'attention de quelqu'un lorsque c'est nécessaire. Quand on devient très compétent sur ce plan, on emploie alors uniquement la pensée.

Les animaux sont comme les humains. Si nous sommes à l'aise avec vous, nous vous répondrons. Si nous ne le sommes pas, vous êtes tels des étrangers pour nous.

Considères-tu qu'il y a une différence entre communiquer avec des humains et communiquer avec d'autres animaux?

Bien sûr ! Ne t'arrive-t-il jamais d'avoir l'impression que l'humain auquel tu t'adresses ne t'écoute pas ? C'est ce que ressentent les animaux lorsqu'ils communiquent avec des humains. Pourtant, eux écoutent toujours. Ou bien les humains ne savent pas comment faire, ou bien ils ne veulent pas écouter.

Y a-t-il des animaux avec qui tu préfères communiquer?

J'aime bien échanger avec d'autres oiseaux parce qu'ils me comprennent en tant qu'oiseau. J'aime aussi parler aux chats. J'aime les écureuils parce qu'ils sont sauvages et que la communication est donc très claire avec eux.

De quels genres de choses parlez-vous?

Des événements et de tout ce qui nous arrive. Si un autre perroquet a vu un aigle, par exemple, il me le dira.

Jane me dit que dans ta dernière vie tu étais un moine bouddhiste et que tu as choisi de revenir sous la forme d'un oiseau pour aider les autres. Peux-tu m'en parler un peu plus?

J'étais ce que vous appelez un bouddhiste tibétain. J'étais un moine illuminé et, de ce fait, capable de choisir l'incarnation que je voulais.

J'ai choisi le corps d'un perroquet gris d'Afrique parce que ces oiseaux peuvent parler et attirer l'attention des humains. Ma conscience est ce qui fait de moi une sentinelle.

Lorsque je suis mort en tant qu'humain, j'étais très vieux et je voulais trouver le bon moyen de transmettre mes dons à l'humanité. J'ai attendu de nombreuses années avant de quitter mon corps, jusqu'à ce que l'humanité soit prête à changer, à apprendre et à s'éveiller.

Ma mission consiste à stimuler la conscience et à éveiller l'humanité en enseignant la vénération envers toute vie, y compris les animaux. Si vous apprenez à communiquer avec d'autres êtres, vous vous éveillerez et pourrez ainsi prospérer, car les humains en ont le potentiel. Sinon, vous détruirez tout.

Pourquoi as-tu choisi de devenir un oiseau – pourquoi pas, par exemple, un humain qui communique avec les animaux?

Si j'avais choisi un corps humain pour parler aux animaux, j'aurais plus de difficulté à me faire comprendre. Les gens se méfient des autres, mais comprennent les animaux. Parmi les animaux, il n'y a pas de divisions engendrées par la religion. L'oiseau qui parle est un perroquet gris d'Afrique. Les humains s'attendent naturellement à ce qu'un tel oiseau ait une grande sagesse à communiquer. Selon une tribu d'Afrique, c'est le perroquet gris qui a apporté le langage aux êtres humains.

T'es-tu incarnée dans cette vie actuelle en ayant la pleine connaissance de qui tu étais et de ce que tu allais devenir, ou t'es-tu éveillée à ce savoir au cours de certains événements dans ta vie en tant que Jing?

Je ne savais pas qui j'étais avant de venir ici. Lorsque j'ai vu Jane pour la première fois, je me suis alors « éveillée » et j'ai pris conscience de mon passé et de la voie que j'avais choisie. Je suis toujours Jing le perroquet, mais mon passé vit également en moi.

Peux-tu nous en dire plus sur ta vie en Afrique?

Je vivais avec un groupe d'autres perroquets gris. J'y avais vécu ma première saison et j'apprenais toujours de mes parents ce qu'allait être ma vie future comme sentinelle. C'était une vie beaucoup plus difficile que celle que je connais maintenant, mais la possibilité que j'avais alors de voler au-dessus de tout rendait cela merveilleux et très spécial. Une nuit, alors que nous étions juchés dans nos arbres, de longues perches nous firent tomber au sol, où des humains nous ramassèrent et nous mirent dans des petites boîtes.

Savais-tu alors que tu allais venir en Amérique du Nord depuis l'Afrique?

Non, mon propre karma arrangea tout cela.

Jusqu'à quel point les circonstances de notre vie sont-elles prédéterminées avant notre incarnation, et qu'est-ce qui détermine à quel degré nous pouvons en être conscients dans l'incarnation présente?

En atteignant un niveau élevé d'illumination, vous exercez un plus grand contrôle sur votre karma. Considérez par exemple les gens qui sont « hors de contrôle ». C'est encore leur karma qui les mène. Lorsque vous devenez plus illuminés, vous commencez à pouvoir prendre la direction de votre choix.

Nous choisissons les incarnations en fonction de ce qui est nécessaire pour atteindre l'illumination. La plupart n'opteront pas pour la voie que j'ai choisie – aider les autres à apprendre – avant d'être parvenus à un niveau d'illumination bien précis.

Ma voie consiste à aider les humains à s'éveiller à l'importance et à l'égalité des autres êtres et du monde dans lequel ils vivent, et ce, avant qu'ils ne le détruisent, entraînant ainsi leur propre destruction. Si vous êtes touchés par ce message, vous deviendrez alors plus conscients de la réalité des conséquences de vos gestes.

L'illumination peut prendre de nombreuses formes et passer par maintes étapes. Je ne sais pas quelle voie je vais suivre après celle-ci. Vous pouvez considérer ma dernière vie comme étant celle d'un moine illuminé, mais souvenez-vous que le fait d'être « illuminé » n'est pas comme du blanc sur un fond noir. En effet, il y a plusieurs gradations d'illumination.

Je connais mes propres vies passées et je peux ramener ces messages à l'avant-plan, mais vous savez déjà quel message important j'apporte. Votre expression pour désigner cela est *conscience collective*. Je suis ici pour contribuer à la faire émerger.

Faire émerger la conscience collective ? De quelle façon ?

Si suffisamment d'humains écoutent ce que nous disons, moi et plusieurs autres, et apprennent que tous les êtres peuvent communiquer les uns avec les autres, ils s'éveilleront à cette réalité et feront preuve de considération à l'égard des autres êtres.

De quelle façon ? Est-ce que vous m'écoutez bien ? Vous êtes tel un représentant pour les autres humains. Multipliez-vous en grand nombre et vous aurez alors une conscience collective.

Le temps est venu pour les gens de commencer à s'éveiller. Toutefois, cela ne sera possible que s'ils écoutent. Votre programmation vous dit que le temps est venu.

Quelle est la chose la plus importante que les humains peuvent faire en ce moment ?

Apprendre à écouter – écouter les voix des autres êtres. Tous les êtres sont égaux. C'est ce que vous appelez la nature. Nous sommes tous égaux, sauf les humains qui ont profité de ce qu'ils perçoivent être leur intelligence et qui sont devenus des êtres contre nature.

Comment est-ce possible ?

En s'imaginant qu'ils sont les seuls à être intelligents alors que beaucoup d'entre nous (les animaux) pensent à maints égards comme les humains.

Jane me dit que lorsque vous vous lancez ensemble à la recherche d'animaux égarés, il vous arrive fréquemment de demander l'aide des corneilles et des corbeaux. Comment cette collaboration a-t-elle pu se développer ?

Ces oiseaux sont mes camarades. Ce sont aussi des enseignants et des communicateurs. Ils envoient des messages de par le monde. Je les connaissais déjà en Afrique. J'ai appris dès mon plus jeune âge à parler avec eux. Ils nous aident à être conscients du danger.

Que rapportent les corbeaux à propos de nous, les humains, et de la façon dont nous pourrions être plus conscients de toutes les espèces?

Les corbeaux ont une piètre opinion de la plupart des humains, car ils ont eu affaire à des gens qui les tuent. Ils font confiance à certaines personnes, mais voient en général les humains comme des êtres quelque peu barbares comparativement à leur propre culture. L'évolution des corbeaux est fort avancée.

L'un ou l'autre des corbeaux avec qui tu es en contact aimerait-il s'exprimer directement?

Je vais traduire ce qu'ils disent : « Nous sommes plus que de simples messagers. Nous dirigeons les esprits des animaux afin d'établir un équilibre. On nous craint, car beaucoup d'humains savent que nous sommes plus puissants qu'ils ne le sont. Nous serons encore là lorsqu'eux-mêmes auront quitté ce lieu.

« Nous sommes également animés de bonnes intentions. Nous aidons les autres animaux en communiquant avec eux et en les guidant. Il y avait auparavant des gens qui nous respectaient et il y en a encore quelques-uns, mais ils ne sont plus aussi nombreux. Toutefois, les choses sont en train de changer. On nous connaîtra à nouveau sous notre véritable jour. »

Jing, as-tu une opinion au sujet de la projection de préjugés sur les autres espèces? Par exemple, les corbeaux mentionnent que certains humains ont peur d'eux, et les humains ont fait une chose semblable avec les loups. Il n'y a guère plus de cinquante ans, ils étaient nombreux à croire que les loups étaient méchants.

La plupart des gens ne connaissent rien du monde animal. Ils pensent bien se connaître eux-mêmes, mais cela n'est que partiellement vrai. Si quelqu'un affirme qu'un loup est méchant, ils le croient. C'est la même chose pour de nombreux animaux. Si on leur dit que les humains sont méchants, ils s'en souviendront. Nous nous ressemblons tous beaucoup plus que vous ne le pensez.

Ainsi, les animaux font des projections similaires à propos des autres espèces?

Oui.

Comment les perroquets perçoivent-ils les autres espèces?

Un perroquet sauvage voit les autres oiseaux comme ses semblables. Nous cherchons la présence des éléphants lorsque nous mangeons au sol, car ces gros animaux nous offrent une protection contre les prédateurs à l'affût. Nous apprenons très jeunes à distinguer ces derniers parmi les autres.

Penses-tu que nous nous utilisons mutuellement comme miroirs – au sens de projeter sur les autres des aspects de nous-mêmes que nous avons trop peur de voir en nous – et que nous le faisons avec d'autres personnes ou d'autres espèces?

Non, la plupart des humains et des animaux ne sont pas suffisamment illuminés pour prendre conscience de telles pensées. On nous apprend des choses et nous les suivons aveuglément jusqu'au jour où nous sommes assez éveillés pour commencer à remettre certaines de ces choses en question.

Y a-t-il autre chose que tu aimerais ajouter, Jing?

Mon conseil est que les gens devraient prendre le temps d'écouter.

NOTE DE L'ÉDITEUR

Le maître-lièvre

Les Éditions Ariane *ont consulté quelques personnes et des documents au sujet de cette possibilité d'incarnation d'une âme humaine dans une forme animale. Les réponses les plus intéressantes indiquent qu'en fait il s'agit plutôt d'une projection d'une portion de l'âme humaine dans un corps animal que d'une incarnation à proprement parler. Cependant, cela correspond aux grandes lignes du processus incarnationnel, car nous ne sommes, en ce corps, qu'une portion de notre être réel. Voici quelques extraits présentant ce que Daniel Meurois et Anne Givaudan, auteurs du livre* Le Peuple animal, *ont partagé avec nous à ce sujet. Le premier extrait débute par le regard sur un maître-lièvre.*

Une chose nous surprend, intervient soudain l'un de nous. Ce lièvre… ce lièvre au rythme duquel nos âmes puisent encore, comment peut-on concevoir qu'une conscience telle que la sienne puisse demeurer emprisonnée dans un corps aussi fragile, aussi… limité dans l'action, que le sien? Comment concevoir également qu'un animal plus jeune que l'humain sur le chemin de l'existence, même s'il apparaît comme un initié ou un maître de sagesse dans son règne, puisse manifester une telle connaissance de l'histoire de notre monde, un tel sens de l'expression et du sentiment juste? Nous ne voyons pas ce qui n'en ferait pas un humain dans l'heure qui suit!

[Le guide] « Pourquoi ? Vous voulez savoir pourquoi ? Parce que l'âme qui vit dans le corps de ce lièvre est en fait une âme humaine. C'est l'âme d'un grand Être, celle d'un homme qui, parmi les siens, a déjà parcouru un très très long chemin. Les Orientaux diraient qu'elle est celle d'un bodhisattva, c'est-à-dire d'un homme qui, libéré des entraves de l'ego, a choisi de demeurer un temps encore sur cette Terre, plutôt que de poursuivre son ascension vers des sphères de vie plus lumineuses. Et ce, pour aider ses semblables. Et ses semblables… une âme peut les trouver chez ses plus jeunes frères. C'est une des plus belles preuves d'amour et d'abnégation que l'on puisse imaginer, l'offrande d'une vie pour que toute une espèce croisse un peu plus rapidement. »

Ce que nous avions toujours pressenti paraît vouloir se confirmer ici : une communication peut bel et bien s'établir entre animaux n'appartenant pas à la même espèce.

« Pourquoi donc un chien, un chat, un cheval, un oiseau ou tout autre animal ne feraient-ils que se croiser ? Quelle étrange idée avez-vous, vous les hommes, de ce que peuvent être les échanges entre les êtres ! Il faut voir bien au-delà de la forme que prend la pensée. Parfois, celle-ci s'habille de mots… mais souvent elle n'en a que faire. Elle sait se déverser d'une conscience à l'autre, y faire naître des concepts, des éclairs de compréhension. Les phrases sont des vêtements, voyez-vous. Lorsque vous changez de contrée, elles ne sont plus adaptées. Voilà pourquoi les animaux échangent leur sensibilité, leur énergie et tout ce qui traduit l'universel en eux. »

« D'une manière générale, les souffrances et les tortures infligées à l'animal ainsi que les conditions de détention de celui-ci (élevage en batterie par exemple) laissent un impact très douloureux sur l'ensemble de son espèce et une plaie à vif sur sa conscience collective. Il est à prévoir que dans les siècles et les millénaires à venir, de plus en plus d'humains arrivés à un stade d'évolution et de compassion avancé voudront s'incarner dans des corps animaux à la façon de ce que l'Orient appelle des bodhisattvas, de manière à faire un don à l'espèce animale et à épurer le karma de l'humanité. »

Nous sommes le message
Buddy (cheval) – Jeri Ryan

Nous sommes le message. À ce titre, chacun de nous doit être profondément en son cœur. Chacun de nous est le message offert au monde et ce que notre état d'être révèle aux autres est extrêmement important. Il est essentiel pour chacun de nous de connaître le message qu'il porte en lui ; ainsi, plus nous serons près de notre cœur, plus nous saurons le sens de notre propre vie. Nous le vivons, nous le sommes, nous le portons, et, partout où nous allons, nous sommes le message.

CHAPITRE 7

Ours : Une chienne qui devint un ours, un ours qui devint un chien, et l'Esprit des ours polaires

Au début de mes conversations avec les animaux et d'autres communicateurs, Laura Simpson me raconta que sa chienne Hannah, un berger des Pyrénées, qui était morte depuis quelque temps déjà, était maintenant un ours polaire vivant dans l'Arctique.

« Un ours polaire ! » m'exclamai-je. « Pourrions-nous communiquer avec elle ? »

« Il se peut qu'elle accepte de nous parler, dit Laura, mais elle affirme qu'elle a eu suffisamment de contacts avec des gens pour le moment. Hannah avait besoin d'être un ours polaire, ou tout animal qui n'a pas besoin d'entrer en relation avec des gens, parce qu'ils lui ont causé tellement de souffrance ! Lorsqu'elle est devenue un ours polaire, elle m'a envoyé un grand message. »

« Comme une carte postale ? »

Laura esquissa un sourire. « Oui, comme une carte postale. Hannah aimait beaucoup plaisanter. Pendant un bon moment, chaque fois que je lui demandais si je pouvais lui rendre visite, elle s'affublait d'un chapeau des Caraïbes, comme si elle était en vacances. »

J'aimais cette image d'Hannah sous l'apparence de l'esprit d'une grande chienne blanche habillée d'une tenue des Caraïbes aux couleurs vives, se prélassant dans une chaise de plage, peut-être sirotant quelque jus de fruits avec une petite ombrelle dedans et prenant un repos bien mérité avant d'entrer dans la peau d'un ours polaire. Mais, comme d'habitude, des questions me vinrent à l'esprit : pourquoi Hannah avait-elle choisi de revenir sous la forme d'un ours polaire ? Comment trouvait-elle la vie dans l'Arctique ? Qu'espérait-elle accomplir comme ours polaire ?

« Elle aime être là-haut parce que c'est si beau et si calme », dit Laura. « Elle me confie qu'il n'y a là personne pour lui parler. Elle dit aussi : "Nous faisons tout simplement ce que nous sommes censés faire. Nous mangeons bien. Nous dormons au chaud. Et nous préservons l'intégrité de la planète." »

Les ours polaires préservent l'intégrité de la planète ?

« Elle affirme qu'ils ont des aimants aux pieds. »

Cette réponse me laissa perplexe.

« Eh bien, suggéra Laura, il y a tellement de magnétisme au sommet du monde qu'elle en ressent probablement l'attraction. Elle dit que les ours polaires sont parmi les animaux les plus féroces et, pourtant, ils forment aussi une tribu aimante et capable d'une grande tendresse maternelle. Ils sont ceux qui choisissent de vivre près du pôle pour aider à préserver l'intégrité de la planète. »

Bien que notre conversation se termina ainsi, j'étais curieuse d'en apprendre davantage sur eux et à propos de leur rôle sur la planète. Peut-être, comme Hannah, d'autres ours polaires préféraientils vivre à cet endroit pour éviter tout contact avec les humains. Que découvririons-nous s'ils acceptaient de parler avec nous et si nous consentions à les écouter ?

Quelques jours après m'être entretenue avec Laura et Hannah, j'ai eu droit à mon propre contact avec un ours. Cela m'amena à me demander à nouveau si l'enchaînement de ces échanges n'était pas exquisément arrangé par une quelconque force directrice supérieure. L'idée d'Hannah la chienne devenue ours polaire était fascinante et, d'une certaine manière, le lien entre chien et ours me semblait assez plausible. Cependant, je ne m'attendais certainement pas à trouver un autre chien associé à la vie d'un ours, ni qu'il s'agisse d'un chien si proche de moi.

Un bon après-midi de printemps pluvieux, alors que je travaillais à l'ordinateur, je fis une courte pause et m'assis auprès de Max, confortablement allongé sur le plancher à mes côtés. Il était couché en rond de telle façon que son ventre et son dos ressemblaient à un oreiller noir et lustré, une invitation éloquente à m'accorder un peu de repos.

Max est un labrador retriever noir qui s'était pointé sur notre perron arrière au cours d'une tempête de neige. Il avait toujours été d'agréable compagnie, fermement convaincu qu'il fallait profiter de la vie et laisser s'exprimer son « chiot intérieur » pour jouer chaque fois que l'occasion s'en présentait.

Tandis que j'étais étendue près de Max, des images se mirent à défiler dans mon esprit. D'une qualité différente de celles d'une rêverie, l'expérience se comparait à celle de regarder un film. Même si je n'avais pas pris l'initiative de communiquer avec lui ni rien anticipé de ce genre, je me rendis compte que les images que je voyais provenaient de Max. Étrangement, toutefois, le film ne concernait pas un chien mais bien une maman ourse noire.

J'observai des images détaillées d'une mère ourse qui dormait en hiver dans une tanière, couchée en rond dans une position assez semblable à celle où Max se trouvait justement. L'ourse dormait avec deux petits oursons pelotonnés à ses côtés, blottis sous la protection de ses pattes ouvertes à leur intention. Max avait-il été cette ourse dans une vie passée ? Tout ce dont j'étais sûre, c'est qu'il me montrait cette vie comme si elle avait été la sienne. L'expérience était semblable à celle qu'on a en regardant un film de Fellini, car des sensations oniriques s'entremêlaient avec des images vivantes et des pensées narrées à la fois par Max le chien et Max l'ourse. Le film avait aussi une curieuse qualité intemporelle, comme si ce que j'observais était également en train de se produire à l'instant même. L'essentiel de ce film pouvait se résumer à ceci :

Max débuta en disant qu'il aimait bien le genre de vie qu'un ours noir pouvait mener. Il me montra que même si les ours semblent dormir profondément durant leur hibernation, leur esprit demeure en fait très actif.

Le mot hibernation n'est pas le bon terme à employer. Appelle plutôt cela le profond sommeil hivernal de l'ours. C'est une sensation réconfortante se comparant au sommeil, sauf que l'on est plus conscient de se sentir en parfaite sécurité, au chaud et aimé.

Bien des choses se passent dans ce qui semble être le sommeil profond des ours. La mère ourse transmet nombre de ses aventures à ses petits, et ce, selon une méthode très semblable à celle que j'utilise maintenant pour communiquer avec toi. Cette sorte de film intérieur est très important pour les petits, car ainsi, lorsqu'ils sortent de la tanière au printemps et font leurs propres expériences, ils ont déjà certains points de référence. Pourtant, voir des choses dans un film n'est pas comme de les faire réellement.

En plus de ses expériences de vie et de ses aventures personnelles, la mère ourse transmet aussi une sorte d'histoire ancestrale à ses oursons durant ce sommeil hivernal. Tout cela émane de la région du troisième œil et est en quelque sorte une transmission directe de sagesse accumulée. Bien que ça ressemble à un rêve, c'est beaucoup plus puissant. C'est comme une leçon d'histoire à la façon des ours, et, comme dans n'importe quelle école, certains oursons sont plus attentifs que d'autres.

Je me demande ce que signifie l'idée de « préserver l'intégrité de la Terre ».

Les ours noirs « préservent » effectivement la Terre, tout particulièrement durant l'hiver. Tu peux en apprendre plus à ce sujet en examinant les symboles et les écrits portant sur les ours, tout spécialement ceux qui ont trait au sommeil et aux rêves. Cette préservation est principalement de nature énergétique, car ils conservent des souvenirs à un niveau profond pour certaines parties de la Terre, tandis qu'elle traverse diverses phases cycliques de dormance. Bien que l'essentiel de ce qu'ils préservent soit des souvenirs d'ours, ces derniers peuvent aussi aider à préserver l'histoire de la forêt et du territoire où ils vivent.

Peux-tu m'expliquer plus en détail le rôle des ours polaires dans la préservation de la Terre?

C'est une de leurs tâches et il est juste d'affirmer que les ours préservent la Terre au sens de préserver l'énergie et de travailler avec elle de façon bien précise. Il est également vrai que les tâches qu'assument diverses espèces sont en voie de changer. Les ours ont un important rôle à jouer pour protéger la Terre, et les humains n'ont pratiquement pas conscience de ce fait. Je ne suis pas assez familier avec ce que font les ours bruns, mais j'ai entendu les propos de l'ours polaire Hannah et je pense qu'ils sont exacts.

Max me montra alors qu'il avait déjà été un cheval et, avant cela, une énorme baleine noire.

J'aime bien être un gros animal. J'apprécie la sensation que donnent ces véhicules physiques et je me sentirais un peu trop à l'étroit dans le corps d'un chihuahua. Mais c'est simplement là une affaire de préférence personnelle. Ma signature est aussi d'avoir un corps de couleur foncée. Une fois de plus, c'est une question de préférence personnelle.

En terminant, il me fit voir qu'il avait déjà été un phoque et que la vie marine était très agréable.

Il n'y avait pas grand-chose d'autre à faire avec le film-rêve de Max que de le consigner par écrit dans mon journal. Mon sentiment était qu'il valait mieux conserver cette information sans la juger.

Suivant la recommandation de Max d'examiner les symboles traitant de l'ours, je découvris que ceux-ci sont en effet souvent associés aux rêves et aux loges de rêves des Amérindiens. Bien qu'une partie de moi entretenait toujours des doutes quant à savoir si je n'avais pas inconsciemment créé une version de l'histoire d'Hannah, je savais à un niveau conscient que l'idée ne m'était tout simplement pas venue de concevoir que si elle pouvait devenir un ours polaire, Max pouvait quant à lui avoir déjà été un ours noir.

Décidant qu'il pourrait s'avérer sage de vérifier l'information reçue, je téléphonai à Sam Louie. Sam m'avait aidée avec les pinsons et j'admirais son attention à confirmer les détails et son approche éminemment sensée à l'égard des vies passées et des autres éléments difficiles à corroborer. Il y avait définitivement en Sam un côté sceptique auquel je m'identifiais.

Sam établit très rapidement le contact avec Max. Je le sentais branché à la bonne source, car il me décrivait Max comme étant un « gros chien noir, amical et coquin ».

« Voyons cela », dit Sam, passant aux choses sérieuses. « J'explique à Max que nous voulons lui demander s'il a déjà été un ours noir dans une vie passée. » C'était la seule chose que j'avais mentionnée à Sam au sujet de ma récente expérience avec Max.

Il y eut une pause, un long silence nerveux de ma part.

Soudain, Sam se mit à rire. Max avait-il déjà été un ours ?

Bien sûr ! N'ai-je pas l'air d'un ours ? Qu'y a-t-il là de si intéressant ?

Je laissai échapper un rire circonspect, mais Sam, lui, riait de bon cœur.

« Il me parle à partir d'un niveau subconscient, mais il a aussi une personnalité comique et spontanée, même lorsqu'il s'exprime depuis ce point de vue subconscient et sage. Ce chien a assurément un esprit spontané, à la fois en profondeur et en surface. »

« Max m'a dit qu'il aimait bien être un gros animal, avançai-je, et que dans son passé il a souvent aimé être gros. »

« Oui, confirma Sam, et des animaux doux aussi. » Max ajoute :

Les ours sont doux. Ils ne sont pas plus agressifs que les autres animaux et, en fait, ils le sont probablement moins. Contrairement à beaucoup d'autres animaux, ils sont beaucoup moins portés à utiliser leur puissance physique, si ce n'est pour se nourrir et se défendre. Prenez les oiseaux, par exemple. Ils mènent toute la journée une vie frénétique, ils sont sur la défensive et se sauvent de tout. Les ours n'agissent pas ainsi. Ils vaquent à leurs occupations normales et lorsqu'il leur faut se défendre, ils le font, et quand vient le temps de manger, ils mangent. Les ours ne chassent pas uniquement pour le plaisir de tuer comme beaucoup d'autres animaux le font. Ils ne s'exercent pas à chasser comme les chats ou les renards le font.

Ce sont en réalité des créatures très douces qui ne sont pas censées entrer en contact avec les humains. C'est un péché que de domestiquer un ours, d'en faire quelque chose qu'il n'est pas censé être. Il y a encore de trop nombreux ours qui sont contraints à cela dans le monde.

Qu'en est-il des nouvelles tâches à assumer en relation avec les changements que connaît le monde? As-tu un commentaire à émettre à ce sujet?

Les ours d'Alaska en ont un. Je ne vais pas me prononcer pour les autres ours, car c'est de cet endroit que je viens.

C'est une question de conscience environnementale. Lorsque les gens nous admirent, nous respectent et nous considèrent comme de simples ours, ils en retirent de très utiles leçons. L'admiration de l'animal dans son état naturel permet aux humains d'acquérir une perspective favorisant la préservation de l'ensemble de la planète.

Autre chose à ajouter sur les ours ?

Non, à moins que tu n'aies d'autres questions.

Eh bien, y a-t-il un autre message que tu aimerais inclure dans ce livre, Max ?

Je vous aime tous – ceux que je connais et ceux que je ne connais pas.

« Voilà, dit Sam, c'est un joyeux message. »

Après cette conversation avec Sam et Max, ma confiance commença à remonter. Peu à peu, les doutes qui me rongeaient se dissipèrent, permettant ainsi à un minimum de confiance de s'établir. Petit à petit, j'apprenais aussi que ce n'était peut-être pas si important au fond qu'un chien ait été un ours, ou inversement. Ce qui importait le plus était ce que l'animal avait à nous apprendre.

La remarque d'Hannah selon laquelle les ours polaires sont parmi les rares animaux à préférer vivre dans le Grand Nord, loin des humains, me revenait sans cesse à l'esprit. Que pourraient vouloir nous communiquer ces animaux majestueux s'ils décidaient de s'adresser aux humains ?

Lorsque je demandai à Nancie LaPier si elle pouvait m'aider à le découvrir, elle accepta de bon gré. L'être avec lequel Nancie entra en contact n'était pas un ours polaire vivant, mais plutôt l'Esprit (ou déva) des ours polaires. D'un point de vue métaphysique, on pourrait considérer cet être comme une âme-groupe ou une centrale d'énergie commune à tous les ours polaires. Ainsi que Nancie me l'expliquait, chaque individu au sein d'une espèce est comme un rayon émanant du Soleil central de cette espèce. Bien que l'on puisse passer par l'entremise d'un individu pour accéder à l'âme-groupe, cette voie était plus directe.

Ayant convenu au préalable que Nancie aurait recours à un mode de perception symbolique pour transmettre l'essence de la sagesse de l'ours polaire, il nous sembla bon d'amorcer notre conversation à partir de l'information communiquée par Hannah, selon laquelle les ours polaires ont des « aimants aux pieds ». L'Esprit des ours polaires se montra à Nancie dans une position verticale, debout sur ses pattes de derrière, et expliqua qu'il y a un chakra ouvert en dessous de chacun de leurs pieds.

Les « aimants » sous nos pieds sont plus puissants sur nos pattes de derrière que ceux de nos pattes de devant. Il y a également au centre de la Terre un aimant particulier dont la charge est compatible avec celle des aimants que nous portons aux pieds afin de demeurer ancrés ici dans nos corps physiques.

Avons-nous tous ces aimants énergétiques sous nos pieds ?

Toutes les créatures vivantes en ont, plus précisément les formes de vie ayant des pieds, ce qui exclut les poissons, et dans une moindre mesure les oiseaux et les animaux capables de voler. Bien sûr, tous les animaux ne sont pas conscients de ce qu'ils ont sous les pieds et des échanges électromagnétiques entre eux et la Terre. Les ours et autres animaux « au pied sûr » sont beaucoup plus conscients de ces échanges.

« Je pense que l'expression *être "groundé"* (en une mise à la terre) est ce qu'il veut dire ici », commenta Nancie. « La conscience de bien des humains s'arrête à leurs genoux; elle n'atteint même pas leurs hanches pour certains. À défaut d'être conscient de cette partie de notre véhicule physique, on est donc coupé de nos liens avec la Terre. »

Si les humains étaient un peu plus « groundés », plus présents dans leur corps et conscients des échanges magnétiques entre le tissu vivant de la Terre et leur corps physique, la pollution et le viol de la planète cesseraient aussitôt. En termes de guérison, il est préférable de « faire entrer l'être dans le corps ». Chaque guérison personnelle entraînera un effet global et de multiples changements dans votre relation à la Terre.

En ce qui concerne la préservation de l'intégrité de la planète, les ours polaires apportent à celle-ci une énergie bien spéciale, laquelle fait partie d'un ensemble plus grand auquel chaque être contribue. Ils ont une énergie curative bien particulière et il en est de même pour toutes les autres formes de vie sur Terre. Nous avons tous un rôle à jouer. Les ours polaires ne « préservent » pas l'intégrité de la Terre au sens propre du terme. Ils représentent une connexion beaucoup plus forte sur le plan des applications énergétiques et spirituelles entre le ciel et la Terre que ne le font certaines autres espèces.

Comment est-ce possible?

Ils sont connectés à la grille magnétique.

La grille magnétique? Peut-il expliquer ce qu'est cette grille, autant dans la Terre que dans les pieds, ainsi que le lien entre les deux et tout particulièrement la composante spirituelle de tout cela?

Le rire de Nancie me fit soudain prendre conscience de l'intensité de toutes ces questions que je ne cessais de poser. « Mes questions commencent-elles à te faire peur? » lui demandai-je.

« Oui ! » s'exclama-t-elle tandis qu'un rire irrésistible s'emparait de nous. J'étais également consciente de l'aspect surréel de la situation : deux femmes qui ne s'étaient jamais rencontrées, l'une en Alaska, l'autre au Connecticut, reliées par une ligne téléphonique, posant des questions à l'Esprit des ours polaires.

« Je ne disais cela que pour rigoler », précise Nancie. « Cela me permet d'apprendre des choses nouvelles. Nous allons, je crois, toucher ici à quelque chose de profond ! »

Il est difficile de décrire cela avec une logique scientifique, mais il y a une grille magnétique ou un corps éthérique à la fois au-dessus et à l'intérieur de la Terre. Certaines formes de vie, en esprit et dans une forme physique, ont un don pour aider à maintenir la grille avec précision. On emploie, par exemple, l'expression « maintenir l'énergie ». C'est effectivement ce dont il s'agit.

« Par conséquent, ajouta Nancie, maintenir l'énergie signifie que l'on est un point d'ancrage de l'une des lignes de la grille. Mais il ne s'agit pas même d'une chose consciente; c'est simplement une caractéristique spirituelle naturelle de l'être qui fait cela.

C'est comme si vous étiez en train de construire votre maison et que vous aviez besoin de quelqu'un ayant des compétences en électricité, au lieu d'un spécialiste en architecture. Ce sont des aptitudes différentes qui aident à faire en sorte que tout soit maintenu dans l'ordre divinement voulu des choses. Ce n'est là qu'une des compétences auxquelles les ours en général de même que les autres êtres se tenant à la verticale – comme les arbres et certains humains – ont la capacité de participer. En ce qui concerne les humains qui jouent ce rôle, vous constaterez habituellement qu'ils sont très "groundés", très conscients et sensibles aux questions touchant la Terre, et qu'ils font même partie, pour ainsi dire, du corps de la planète. »

« En ce qui a trait aux ours polaires, on peut généralement dire qu'ils aiment beaucoup être dans leur corps et pleinement présents. Tandis que je communique avec cet Esprit des ours polaires, j'éprouve par ce contact une telle conscience de leur corps que je peux sentir la présence de la couche protectrice de gras qui est juste sous leur peau et qui contribue à les tenir au chaud lorsqu'ils entrent en hibernation. Ils peuvent même mettre leur conscience dans cette couche de leur corps, à défaut de quoi ils seraient incapables de conserver cette couche de gras. Il leur est nécessaire pour survivre d'avoir intensément conscience de leur corps. C'est une partie des pouvoirs de guérison qu'ils offrent aux humains désireux de se sentir spirituellement alignés ou reliés à eux. Il leur serait possible d'enseigner le don consistant à être pleinement présent et réellement "groundé" dans ce plan d'existence terrestre. »

Nancie garda un instant le silence. « Voilà pourquoi il est si important que les humains offrent un sanctuaire garantissant la survie de ces animaux, car une fois cette espèce éteinte nous n'aurons plus de symbole extérieur pour nous guider. » L'Esprit des ours polaires ajouta ce qui suit à cette pensée.

Il ne reste rien dans votre réalité objective pour vous enseigner ces choses. Le plaisir de voir un animal est ce qui survient habituellement en premier, avant qu'une personne puisse sentir un alignement. Dès que les gens laissent libre cours à leur fascination pour un animal en particulier, le pouvoir thérapeutique de sa présence et ce qu'il a à leur enseigner commencent à les toucher. Cela est très important pour qu'un individu puisse retrouver la plénitude de son être et ainsi utiliser son monde objectif et toutes les choses s'y trouvant pour s'aligner, afin de comprendre ces parties correspondantes en lui-même et effectivement s'approprier ce pouvoir et l'établir aussi en lui-même.

Lorsqu'une espèce animale disparaît à tout jamais, il vous manque une partie du tout. Quelque chose dans votre réalité objective qui aurait pu contribuer à l'atteinte de votre plénitude est alors absent.

D'autres animaux et certains communicateurs avaient également fait allusion à cela – qu'en perdant une connexion avec une espèce animale, nous perdons aussi la capacité de comprendre cet aspect de nous-mêmes. Les conséquences sont énormes, car chaque fois qu'une espèce animale disparaît, nous perdons une connexion unique et irremplaçable et, de ce fait, la capacité d'intégrer cette sagesse.

Les ours polaires ont-ils accepté une nouvelle tâche à l'égard de certains changements terrestres ?

La réponse comporte deux volets. Oui, nous participons aux changements que connaît la Terre, mais simplement de la même manière que tous les autres êtres qui sont ici. En tant que véhicules, nous avons facilité l'introduction, consciemment ou inconsciemment, d'une vibration particulière d'énergie qui aide tout spécialement les individus « groundés » de cette façon, et ce, parce que nous transférons ces énergies du ciel – c'est le terme qui peut le mieux exprimer cela pour vous – sur le corps et ensuite dans la Terre, et vice versa.

Nous prenons une certaine forme d'énergie de la Terre et elle circule dans notre corps puis remonte vers le ciel. Nous pouvons être tels des « transmutateurs » facilitant ces transferts d'énergie. Les humains peuvent aussi le faire ; certains ont intentionnellement offert de le faire.

Les ours vivant sur Terre ne sont pas aussi conscients de l'information communiquée. Ils se contentent d'être et de permettre cela, et il se peut qu'ils n'aient pas conscience, dans cette dimension, du service qu'ils rendent, mais cela fait bien partie de celui-ci.

Lorsque l'Esprit des ours polaires parle du ciel, est-ce que c'est au sens spirituel ou bien pour parler d'un système stellaire en particulier ?

Pensez au système de l'étoile Polaire. Examinez ce nom.

Encore une fois, votre langage en dit plus qu'il n'y paraît. Le nom de cette étoile indique un lien significatif avec les notions de polarités et de pôles, tout en désignant bien sûr ce système stellaire particulier. Le système de l'étoile Polaire est un lieu d'échange où d'autres énergies arrivent et sont transposées à une fréquence plus basse afin de pouvoir venir ici. Nous faisons partie d'un plan universel grâce auquel tout est interconnecté afin de permettre le retour à l'Unité.

Il n'est donc pas nécessaire d'être précis outre mesure en ce qui a trait au ciel. Cela englobe une conscience spirituelle tout autant qu'un événement énergétique. De toute manière, c'est votre conscience spirituelle qui, dans les faits, crée l'événement énergétique. Tout est interconnecté.

Alors que nous exprimions nos remerciements à l'Esprit des ours polaires, Nancie me confia qu'elle le voyait en train de pêcher.

« Il a une longue canne à pêche et se tient debout à l'extérieur d'une immense caverne de glace toute blanche. Il est drôle, très terre à terre, curieux, intéressé et sympathique. Je le vois qui se croise les pattes de derrière et retourne à sa pêche. Il adore le poisson ! »

Le mystère
Esprit des chats – Nedda Wittels

Bonjour. Je suis l'Esprit des félins domestiqués. Ma responsabilité consiste à voir à leur bien-être, à les aider à demeurer en contact avec leurs propres guides spirituels, à aider les élémentaux à travailler avec leur corps physique, et à être un conduit de la conscience universelle de Tout Ce Qui Est dans la forme féline.

Le mystère entourant les chats leur a été attribué en bonne partie par les humains. Les chats ne se considèrent pas comme étant particulièrement mystérieux. La clé du mystère semble être que les félins sont très indépendants, ce qui ne les empêche pas de partager l'existence des humains. Ces derniers, ayant l'impression qu'une aura de mystère flotte autour des chats, ont oublié ou ne comprennent pas qu'il est dans la nature même des chats, selon le vœu du Créateur, de vivre en leur compagnie.

Nous possédons également des pouvoirs tels le don de guérison, la télépathie et celui de changer de forme. Ces facultés varient d'un chat à l'autre, mais elles sont communes à tous les félins. Lorsque des humains s'ouvrent à ces capacités, nous devenons alors leurs partenaires.

Toutes les espèces ont une égale importance à l'égard de la santé et du bien-être de la Terre. Les chats ont une importance toute spéciale en ces temps de transition à des fréquences supérieures de conscience. N'entretenez pas de méfiance à leur égard en raison de leur indépendance. Cette indépendance fait leur force et constitue en soi un message pour vous tous : fiez-vous à votre intuition et ayez confiance en votre Moi intérieur ou supérieur, qui est une expression de la Divinité en Tout Ce

Qui Est au cœur de chacun de vous.

Beaucoup de chats contribuent également à la guérison des humains et de la Terre. Ils sont surtout efficaces pour restaurer et transmuter les énergies. Si vous choisissez de vous aligner sur l'énergie féline, vous constaterez que les chats faciliteront votre ajustement aux nouvelles fréquences, ce qui vous aidera dans votre propre transition vers une conscience supérieure.

J'envoie mes bénédictions personnelles à tous ceux et celles qui souhaitent être en contact avec moi. Demandez mon aide et c'est avec plaisir que je vous l'accorderai, tout spécialement lorsque vous la demanderez au nom d'un de mes félins. Merci.

CHAPITRE 8

Violette : Être chatte et servir la Lumière

Violette est une chatte siamoise qui vit avec la communicatrice Nedda Wittels dans l'État du Connecticut. Lorsque je pris contact pour la première fois avec Nedda, elle me fit savoir que Violette et Écho, une jument arabe, allaient accepter de me parler. Tandis que Violette commençait à répondre à mes nombreuses questions, je fus impressionnée par le luxe de détails fournis dans ses descriptions. Violette parla des vies passées, de sa prédilection pour la forme féline et de la série d'événements qui l'amenèrent à trouver Nedda, le tout raconté avec la verve artistique d'un conteur.

Dans l'entrevue suivante, Violette et Nedda mettent en lumière, grâce à leur histoire personnelle, comment les animaux contribuent de diverses façons à aider les humains à ouvrir leur conscience et à mieux comprendre les liens inhérents qui les unissent à toute vie.

Pourrais-tu nous parler de toi, Violette, et de la façon dont tu as commencé à communiquer avec Nedda ?

Mes premières communications avec elle eurent lieu dans des vies antérieures, alors que nous étions toutes deux des guérisseuses. Nous nous sommes rencontrées pour la première fois dans un ancien temple où nous faisions partie d'un groupe de gardiens. Il y a des dizaines de milliers d'années que les chats siamois gardent des temples, et c'était mon rôle à cette époque-là. Nedda était nouvelle au temple et nous avons ressenti une forte affinité l'une pour l'autre. En ce temps-là, tous les humains étaient télépathes, du moins ceux qui se trouvaient au temple, et nous n'avons donc pas eu de problème à communiquer avec eux. La plupart aimaient bien échanger avec les chats et nous, les félins, avions nos favoris.

La planète était alors fort différente. Les humains avaient des relations d'égal à égal avec les animaux et partageaient les responsabilités quotidiennes de leur existence. Les cérémonies aux temples étaient célébrées à la fois par des humains, des chats, des serpents ainsi que par certains autres animaux et humains qui n'existent plus aujourd'hui sur Terre. C'était une époque très paisible et nous honorions tous la présence de Celui Qui Est Tout.

Au cours de vies subséquentes, j'ai la plupart du temps adopté la forme féline, car elle est ma préférée. J'ai également vécu sur d'autres planètes de cette galaxie et passé plusieurs centaines de milliers de vies sous la forme d'une espèce mi-féline, mi-humanoïde vivant sur une lointaine planète. Ce sont les êtres dominants en ce monde-là, et des âmes d'une grande sensibilité douées pour les arts, très tendres, débordantes d'amour et ayant un grand talent pour la musique. Ils sont vraiment merveilleux et je n'aurais pas choisi de venir sur Terre, si ce n'eût été dans le but d'apporter mon aide à la transformation en cours vers les fréquences supérieures. [Voir « *La rencontre avec Seine* », page 118.]

Durant la vie présente de Nedda, nous avons été ensemble à trois reprises. Une première fois, lorsqu'elle était une petite fille, je suis venue à elle sous la forme d'un chat noir et blanc. Ce fut une existence quelconque dont le but essentiel était de me permettre d'être auprès d'elle pendant quelques années afin de voir comment elle progressait, pour me connecter à ses énergies et la marquer de la mienne afin qu'elle puisse me reconnaître plus tard lorsque notre rencontre serait plus importante.

Lorsque je suis venue à elle pour la deuxième fois, Nedda était devenue une adulte. À cette occasion-là, nous nous sommes liées d'une profonde amitié. Nedda était immergée dans sa propre croissance émotionnelle, ce qui explique pourquoi nos communications télépathiques furent limitées. Bien que nos liens aient été alors très intenses, elle me laissa aux soins d'autres humains au bout de sept ans et il me fallut m'adapter à vivre sans sa présence. Durant cette période, je commençai à purifier mon karma hérité de nombreuses vies sur Terre afin de pouvoir ainsi retrouver mes pouvoirs de guérison lorsque nos chemins se croiseraient à nouveau.

La fois suivante où j'entrai dans la vie de Nedda fut assez difficile, mais je savais que nous renouvellerions notre précédent lien émotionnel et que nous pourrions cette fois travailler ensemble pour accomplir nos objectifs prévus pour cette vie-ci. Je fus abandonnée durant mon enfance et je dus me débrouiller seule pour survivre jusqu'à ce que les circonstances nous ramènent encore ensemble. Je m'étais sentie abandonnée par elle lors de ma plus récente vie en sa compagnie, et cette situation avait pour but d'amener la question de la confiance envers les humains à son point culminant afin que je puisse la résoudre.

Le fait de vivre à plusieurs reprises sur Terre avec des humains était nécessaire pour que je puisse adapter mes énergies à cet endroit et effectuer le travail de guérison pour lequel j'avais été formée. Toutefois, bon nombre de ces existences se sont avérées difficiles, notamment au cours des périodes où les félins et les humains étaient ennemis.

Après m'être débrouillée seule durant tout un été, une gentille dame qui m'avait donné à manger m'encouragea à venir avec elle. Je plaçai ma confiance en la Présence qui m'incitait à voir qu'il s'agissait là de la bonne voie à suivre pour rejoindre Nedda, même si je n'étais pas sûre de la façon dont nous allions entrer en contact. Lorsque la femme m'amena chez elle, ses deux autres félins furent mécontents qu'elle introduise un troisième chat dans la maison, mais elle eut la gentillesse de me garder séparée d'eux. Le lendemain même, Nedda arriva fortuitement. Notre lien énergétique était toujours existant et elle sembla me reconnaître immédiatement. Elle demanda quel était mon nom et si je voulais venir à la maison avec elle. Je lui dis que mon nom était Violette et que oui, je voulais bien aller vivre avec elle.

Je ne me sentais pas très bien au début et guère d'humeur à faire la conversation, mais Nedda avait pris conscience de son aptitude à communiquer par voie télépathique, et je fis donc un effort pour répondre à ses questions. Elle était pleine d'égards en ce qui avait trait à ma santé, et je commençai peu à peu à guérir. Avec le temps, nous avons établi une relation d'amour, de soutien et de respect mutuels.

Je suis maintenant prête à respecter les engagements que j'ai pris sur le plan de l'âme d'être une partenaire avec Nedda au service de la Lumière pour l'Âge de l'ascension. Ceci inclut d'être une guérisseuse, ce pour quoi je suis très douée, ainsi qu'une enseignante, ce qui est plus difficile pour moi. Il me faut parfois faire preuve d'une plus grande patience envers mes élèves. Mais que voulez-vous, je suis une chatte, ils sont humains, et il est difficile d'être patient avec eux !

Tu sembles avoir conservé de très nets souvenirs de certaines de tes vies antérieures. En quoi se rappeler de ses vies passées est-il important en ce moment – et est-ce vraiment le cas ?

Le passé, l'avenir et le présent sont tous simultanés du point de vue des royaumes supérieurs. Il est possible d'exercer une influence sur les vies passées et futures par nos actions dans cette vie-ci. Si nous faisons montre d'un plus grand amour dans notre vie actuelle, nous pouvons nous dégager de beaucoup de karma et cela aidera les extensions de notre âme en d'autres existences à apprendre leurs leçons plus rapidement et avec plus d'amour.

[Nedda] De combien de vies passées as-tu conscience Violette ?

Il m'arrive rarement de penser à cela et je ne sais pas vraiment comment les compter. Je deviens simplement consciente de certains aspects de ces vies à mesure que je suis mise devant des situations où ils peuvent s'avérer utiles.

[Nedda] Trouves-tu profitable de te souvenir de tes vies passées ?

Oui, cela m'amène à me libérer d'impressions passées et de réactions automatiques qui sont de peu d'utilité dans une vie courante. Cela peut aussi améliorer une relation. Cela m'a aidée à me rappeler qui tu étais et à avoir un souvenir assez précis de ce sur quoi il nous fallait travailler. J'ai pu ainsi mieux me concentrer sur ce que j'étais censée faire.

[Nedda] Recommanderais-tu que les humains se servent de la régression dans des vies passées ou d'autres techniques semblables pour se souvenir de leurs vies antérieures?

Hum... Il n'y a pas de règles absolues en ce domaine. Ce qui importe avant tout est d'apprendre à vous centrer en vous et à suivre votre propre intuition. C'est là une forme de communication provenant de votre Moi supérieur, et c'est de cette source que les humains devraient avant tout chercher à obtenir leur guidance. Une activité particulière ou un certain projet contribuent-ils à vous faire atteindre les buts que votre âme s'est fixés pour cette vie-ci, ou bien au contraire vous en empêchent-ils? Seule votre âme pourra vous le dire.

Tu as mentionné avoir été une guérisseuse dans un ancien temple, à une époque où les humains étaient télépathes. Sais-tu comment et pourquoi la plupart des humains ont perdu cette faculté?

Ils ne l'ont pas perdue; ils ont plutôt choisi depuis un certain temps de ne pas la développer. Je pense qu'ils se sont mis à avoir des craintes. Les cultures autochtones n'ont pas fait ce choix. Ces peuples ont continué à vivre en étroit contact avec la nature et à communiquer avec les animaux et avec les esprits responsables de chaque espèce animale et végétale. Dans les sociétés de l'ère industrielle, tout particulièrement dans les cultures européennes, les humains ont été effrayés par des groupes religieux qui tentaient de les contrôler (l'Église catholique entre autres, durant la période de la Réforme); par ailleurs, la vie citadine les a éloignés de la nature.

[Nedda] Comment sais-tu toute cette histoire?

Toi et moi avons vécu quelques vies ensemble durant cette période, et j'ai aussi vécu quelques vies séparée de toi durant cette même période. Il m'est facile de te raconter tout cela, car ta conscience de ces souvenirs t'est revenue.

[Nedda] Est-ce que nous avons tous les mêmes capacités télépathiques?

Non, et même parmi les animaux certains sont plus doués que d'autres. Les capacités de certains d'entre eux sont limitées par la distance. D'aucuns ont tendance à émettre uniquement certaines formes de choses, comme des images ou des savoirs intuitifs. Cela est en partie lié aux croyances et à ce que leur mère leur a appris. À mesure qu'un animal se sert de cette faculté, celle-ci croît et devient plus complète, s'étendant peu à peu à de nouvelles dimensions.

[Nedda] J'en ai moi aussi fait l'expérience. Lorsque j'ai commencé à communiquer avec des animaux, je n'ai pas reçu d'information accompagnée de sensations physiques, mais cela m'arrive maintenant.

C'est la même chose pour nous. Il y a diverses variations. Cela est parfois dû à ce que nous avons appris dans nos vies passées ou à la nature des buts que nous poursuivons dans l'immédiat. Cela peut également être attribuable à notre degré de développement spirituel ou encore à l'intelligence de base de l'esprit fusionné dans la forme. Il peut aussi y avoir une incidence génétique à cela.

Comment vois-tu les humains Violette? Et quelle est la chose la plus importante que tu aimerais leur communiquer du point de vue de ta perspective féline?

La chose la plus importante qu'ils doivent savoir, c'est que nous sommes tous Un. Nous sommes tous Conscience. Nous émanons tous de la Présence. La forme physique n'a pas d'importance. Seul l'Esprit importe. Lorsque tu regardes intensément dans les yeux d'un félin, ou de tout autre être, il importe alors avant tout de voir son âme, et puisque les âmes sont dénuées de formes, mon âme et la tienne ne sont pas différentes l'une de l'autre.

Un esprit dans une forme humaine est un esprit qui, dans une large mesure, a tout oublié à son propre sujet. Nous, les animaux, sommes ici pour vous le rappeler – et beaucoup d'entre nous tentent chaque jour de le faire, mais vous tombez si facilement dans un état d'oubli que cela devient frustrant pour nous. Ou plutôt devrais-je dire que je deviens frustrée ? Mais j'en connais qui ont une patience infinie, comme Écho.

Lorsque je regarde un humain, je vois une possibilité de transformation – l'éveil d'un esprit qui comprend que la Terre est sacrée, que toute vie l'est également, et que nous devons partager notre amour les uns pour les autres et à l'égard de la Terre, ainsi que prendre soin les uns des autres et de la planète.

Il m'arrive parfois d'être débordante d'amour et de patience et de vouloir travailler à ramener l'harmonie dans les relations entre la Terre et les humains. À d'autres moments, je suis révoltée du manque de respect des humains et des torts qu'ils ont causés en ce monde. Nedda dit que je manque de patience. Il est vrai que je m'emporte rapidement, mais je vois cela comme une vertu. Il y a amplement matière à éprouver un outrage moral ici.

Lorsque je me relie aux autres félins de la planète (nous faisons cela environ une fois par semaine), nous échangeons de l'information sur les vibrations énergétiques de l'endroit où nous vivons. Permettez-moi tout simplement de dire qu'en dépit de nos nombreux efforts pour transmuter les énergies en vue de faciliter la guérison des humains, des autres animaux et de la Terre, cette lutte est des plus difficiles. Mais nous continuons par devoir et par amour, et j'essaie d'apprendre à être patiente.

Je suis emballée à l'idée de participer à ce livre parce que j'espère pouvoir ainsi atteindre de nombreux humains. Je veux qu'ils sentent à quel point il est urgent qu'ils passent à de nouvelles manières d'être, de nouvelles fréquences vibratoires. Les énergies sont là, et beaucoup ont reçu ou reçoivent la formation nécessaire pour les utiliser afin d'éliminer les blocages, d'équilibrer les champs énergétiques des gens et d'accroître leur compréhension consciente de ce qui doit être fait et de leur rôle dans toutes ces transformations.

Si vous avez des animaux dans votre vie, tout spécialement des félins, et si vous commencez déjà à sentir les changements dans les énergies, sachez que les animaux vous accompagnent en cela. Ils vous envoient de l'amour, des énergies de guérison et de la lumière, équilibrant vos énergies, transmutant les énergies denses en des fréquences plus subtiles et plus lumineuses. Les chats sont particulièrement doués en ce domaine.

Pourrais-tu brièvement décrire à quoi ressemble la vie sur d'autres planètes, d'autres galaxies, d'autres dimensions? Je me suis souvent demandé si c'est là que «vont» les animaux lorsqu'ils demeurent immobiles à regarder, semble-t-il, dans le vide. Les chats, surtout, me paraissent doués pour cela. Peux-tu nous révéler quelques secrets là-dessus?

Nedda me dit que tandis qu'elle lisait cette question, Violette la regardait avec de grands yeux où se lisait l'étonnement le plus complet.

Voilà toute une question !

[Nedda] Violette, vas-tu répondre à cela ? Y a-t-il des secrets à ce propos ?

Eh bien ! il va de soi que je ne révélerai pas de secrets, car autrement ce n'en seraient plus. Cependant, je vais répondre à ta question.

Les félins aiment bien regarder les gens droit dans les yeux. Mais ce n'est pas le cas de toutes les espèces. Lorsque nous regardons dans le vide, nous sommes alors parfois en train de parler avec nos esprits-guides personnels ou avec d'autres êtres qui n'ont pas de forme physique à ce moment-là. Parfois, nous méditons les yeux ouverts. D'autres fois, nous vivons d'autres types d'expériences spirituelles. Ou alors nous sommes à converser avec d'autres animaux. Il nous arrive quelquefois de contempler de grandes vérités. Ou bien nous nous admirons dans la glace. Il arrive même que nous sortions de notre corps, mais nous gardons alors généralement les yeux fermés.

En ce qui concerne les autres planètes, galaxies et dimensions, c'est un sujet beaucoup trop vaste.

[Nedda] Ne nous en donneras-tu pas au moins un aperçu ?

Il existe une planète peuplée d'humanoïdes félins qui sont des êtres d'une grande spiritualité. On y trouve des plantes qui chantent et produisent des tonalités et vibrations musicales. Cette planète est particulièrement belle. Les « félinoïdes » sont doués d'une assez grande force physique. Leur pelage est orné de couleurs et de motifs variés. Ils se tiennent debout sur leurs pattes de derrière et se servent de leurs pattes de devant comme des mains. Ce sont les femelles qui exercent l'autorité dans leur culture – elles agissent à titre de guérisseuses et de leaders spirituels. Les mâles élèvent les petits et ont à cœur de bien les nourrir et les protéger. Les deux sexes aiment chasser, bien que ce soient surtout les femelles qui préfèrent cette activité. Cette espèce est très respectueuse de tout ; elle perçoit la conscience en toute chose et son existence entière est fondée sur l'amour inconditionnel. Lorsqu'ils chassent, ils demandent en prière la permission à l'espèce qu'ils chassent et, en guise de remerciement, ils font de nombreuses offrandes aux animaux dont les vies sont ainsi sacrifiées. Il n'y a là que peu ou pas de conflits, car tout est entièrement centré sur l'énergie de l'amour.

[Nedda] Comment se fait-il que tu connaisses cet endroit ? As-tu déjà vécu là ?

Oui. J'y ai vécu à maintes reprises en préparation à ma venue sur Terre. J'appartiens à ce peuple et j'espère pouvoir un jour y retourner.

Peux-tu nous en apprendre davantage sur ce lien hebdomadaire que tu entretiens avec d'autres félins autour de la planète ? Est-ce que cela se produit avec tous les félins sans exception ou seulement avec ceux qui choisissent d'être « en ligne » pour ainsi dire ?

Oui, c'est comme être en ligne, pour employer votre terme technologique, sauf que les échanges ne se limitent pas aux mots et que nous nous fusionnons souvent en une sorte d'unité, de façon que chacun puisse ressentir ce que vivent les autres. Cela peut donner l'impression d'une surcharge d'informations pour un humain, mais c'est pour nous une expérience extatique et assez facile que d'intégrer l'information perçue. Tous les chats de la planète ne font pas cela; seuls ceux qui sont venus ici à cette époque pour se concentrer sur les événements d'envergure mondiale s'y livrent. Parfois, nous ne faisons que prendre le pouls de ce qui se passe. Nous partageons chaque fois de l'information et offrons toujours des prières les uns pour les autres ainsi que pour nos familles humaines et nos amis, et aussi pour la Terre et l'humanité et toutes les autres espèces présentes sur Terre en ce moment.

Il y a des sous-groupes qui travaillent en équipe, quelquefois dans des endroits déterminés ou à des projets précis. Nedda connaît par exemple le Contingent du chat orange[11]. Eh bien! il y a aussi le Contingent du chat oriental, qui inclut des félins de diverses races orientales ayant des souvenirs d'une époque précédente que je partage également. En tant que gardiens des anciens temples, nous avons œuvré à raviver la connaissance des techniques de guérison que nous avions jadis développées avec les humains. C'est en partie pourquoi je suis ici avec Nedda, qui fait un travail de guérison.

Si tu pouvais informer tes amis félins au sujet de ce livre, c'est certainement avec plaisir que je recevrais leurs commentaires.

J'en ai déjà parlé avec eux et j'ai examiné l'information qu'ils voudraient transmettre, et nous avons aussi discuté de la question des secrets. La raison de ces secrets entre espèces est souvent de protéger celles-ci contre l'interférence humaine. Il n'est pas sage de donner à d'autres de l'information pour laquelle ils n'ont pas été convenablement préparés. Nous avons donc discuté et débattu de tout cela, et dans mes réponses à tes questions aujourd'hui je tiens compte des décisions prises à ce propos. Ils ont donné leur accord pour que je sois le porte-parole de ce groupe de félins.

Que peuvent faire les humains pour les animaux?

Cela dépend de leur niveau de conscience. Pour la plupart des gens, la première étape consiste à reconnaître notre intelligence en nous parlant à haute voix comme si nous comprenions réellement chaque parole prononcée – ce qui est précisément le cas ! Dites-nous ce qui se passe dans votre vie qui a des répercussions sur la nôtre, afin que nous puissions nous préparer.

Puis, ouvrez-vous à recevoir nos communications. Assoyez-vous calmement avec nous, ouvrez votre cœur et soyez réceptif à tout ce que vous ressentirez. Trouvez une méthode qui vous convienne pour recevoir nos pensées et appliquez-vous à y recourir souvent, et bientôt vous pourrez nous « entendre ».

Envoyez de l'amour aux animaux qui vivent séparément des humains, exprimant toute l'estime et le profond respect que vous avez pour eux. Ils ont parfaitement le droit d'être sur Terre, et la planète, les humains et les autres animaux ont besoin de leur présence ici. Lorsque le tout dernier représentant d'une espèce quitte la Terre, un grand cri de douleur peut être entendu et ressenti par chacun, car cela aggrave le déséquilibre de l'ensemble.

Exercez-vous à traiter toute vie avec vénération et respect. Exprimez votre reconnaissance à toutes les plantes et à tous les animaux pour la nourriture que leurs corps vous fournissent. Il est préférable de faire cela avant de mettre fin à la vie d'une plante ou d'un animal, mais ce peut être tout aussi salutaire de le faire après coup. Demandez à recevoir une guidance spirituelle dans toutes les tâches et activités que vous accomplissez, tout particulièrement lorsqu'elles concernent la nature. Vous recevrez beaucoup d'information et d'aide, bien plus en fait que vous ne pourriez l'imaginer lorsque vous commencez à travailler de cette façon.

Et par-dessus tout, vivez chaque jour et accomplissez chaque geste dans un esprit d'amour.

La rencontre avec Seine

Michael J. Roads a écrit plusieurs livres sur ses contacts avec les esprits de la nature et ses voyages en d'autres réalités. Dans *Retour à l'unité**, il décrit sa rencontre avec un être d'un autre système solaire ayant une apparence humanoïde mais des traits de félin. Il nous relate sa rencontre.

« Voici que se tenait devant moi un être qui ne ressemblait à rien de ce que je connaissais. Il ou elle avait une forme humanoïde, mais faisait plutôt penser à un chat, énorme et majestueux, qu'à un être humain. Il avait de grands yeux aux reflets argentés, comme si, derrière des orbites vides, brillait une lune mystérieuse.

Il me sembla le reconnaître.

Tu as l'aspect d'un sphinx, dis-je, rassuré d'avoir la compagnie de cette créature des étoiles.

Son visage s'éclaira d'un large sourire, un visage qui semblait fait pour sourire. Ce sourire révéla des dents s'étalant en rangées bleu pâle, ce qui, pour un humain, était passablement déconcertant.

Mon nom est Seine (prononcez si-aïne). Je serai ton instructeur dans le monde où tu viens de pénétrer et je te souhaite la bienvenue.

Il tendit des mains d'apparence humaine (mais avec un pelage félin), paumes tournées vers le haut, et automatiquement j'ai placé mes mains sur les siennes, paumes contre paumes. Instantanément, ce

---

* Ariane Éditions

fut le choc de la reconnaissance.

Seine ! m'écriai-je, Mais oui ! Mon Dieu, Seine, je ne t'avais pas reconnu ! Et je suis tombé dans ses bras, submergé par l'émotion.

Nous nous sommes étreints pendant un moment d'éternité. Ce n'était pas comme une étreinte physique, car si nos êtres de lumière simulaient cette action, il s'agissait aussi d'une fusion intérieure, d'une communion à un niveau qui transcende l'étreinte ordinaire. La tête me tournait, tandis que des souvenirs surgissaient et tourbillonnaient dans ma conscience, comme des sphères de savoir. »

Michael poursuit en nous informant que par le passé il avait travaillé avec Seine à une expérience liée à « la lumière liquide » et qu'ils étaient des copains de longue date.

Sur l'unité

Katie (Esprit des chats) – Teresa Wagner

Nous sommes tous Un, réellement. Il n'existe pas de hiérarchie. Une espèce n'est pas meilleure qu'une autre ; chacune est différente des autres. J'aime la forme de chat. Je l'ai habitée à maintes reprises et il se peut que je le fasse de nouveau. Certains humains aiment sans doute la forme humaine et y reviennent souvent, mais il n'y a pas de hiérarchie. Par exemple, un humain qui se préoccupe grandement d'aider la Terre peut quelquefois revenir sous la forme d'un ver de terre, une des espèces les plus utiles sur le plan de l'écologie. Il n'y a rien de stupide en cela. Nous sommes tous Un, et c'est la chose la plus importante dont nous puissions nous souvenir. Car, par notre vie et nos choix, nous ne choisissons pas seulement un être ou une espèce ; nos décisions sont toujours prises au nom de tous.

CHAPITRE 9

Vies antérieures, vies futures et vivre dans l'instant présent

Savoir que l'univers même est tel un chemin –
un des nombreux chemins –
que parcourent les âmes.

Walt Whitman,
«*Song of the Open Road*», poème tiré du recueil *Leaves of Grass* [*Feuilles d'herbe*, titre publié en français]

Sam Louie connaissait autrefois un chien nommé Whistler qui vivait avec un couple en Californie. Le couple était en voyage en Australie lorsque la femme reçut un message de sa sœur, qui prenait soin de lui. Elle raconta que Whistler avait eu des crises d'épilepsie et qu'elle l'avait donc emmené de toute urgence chez le vétérinaire. Ce dernier avait de la difficulté à contrôler ces crises et il avait exprimé l'opinion que puisque Whistler souffrait beaucoup, il était préférable de mettre fin à ses souffrances. La sœur voulait savoir si elle devait faire euthanasier Whistler. La maîtresse de Whistler ne savait que faire. Elle se trouvait à des milliers de kilomètres de son chien. Comment pouvait-elle prendre une décision aussi importante en étant si loin de lui ? C'est alors qu'elle se souvint qu'une personne lui avait donné le numéro de téléphone d'un communicateur animalier domicilié en Californie. Et il se trouvait qu'elle avait ce numéro. Elle téléphona donc à Sam depuis l'Australie.

Voici comment celui-ci rapporta l'événement.

J'établis le contact avec Whistler et lui demandai comment il se sentait. Il me répondit qu'il souffrait beaucoup et qu'il avait peur parce qu'il n'avait plus le contrôle de son corps. Mais il ne voulait pas mourir seul à l'hôpital vétérinaire. Le couple ne prévoyant pas revenir avant quatre jours, Whistler dit : « Eh bien, je vais attendre jusque-là. Demandez-leur simplement de me faire donner des médicaments antidouleur jusqu'à ce qu'ils soient revenus, puis de me ramener à la maison et de me faire euthanasier une fois là. »

Au retour du couple, tous deux me téléphonèrent à nouveau pour que je demande à Whistler s'il était prêt à partir. Il affirma être si content de les voir qu'il voulait passer quelques jours avec eux. Il avait encore des crises en plus d'être incontinent et de ne pouvoir marcher sur ses pattes de derrière.

Cette situation dura près de trois semaines – le couple téléphonant à Sam et Whistler lui demandant de leur dire qu'il voulait rester encore un peu. Le couple prit des jours de congé spécialement pour être avec le chien. Tous deux restèrent à l'extérieur de la maison avec lui. Ils creusèrent un trou et placèrent son derrière au-dessus du trou pour ne pas avoir à porter sans cesse ce chien de près de 50 kilos. Ils installèrent même une tente dans l'arrière-cour afin de pouvoir dormir près de lui.

Dans l'une de ses dernières communications, Whistler exprima combien il était reconnaissant envers ce couple. Il expliqua également avoir le sentiment que la raison de sa présence auprès de ces gens avait été de les aider à apprendre ce qu'est l'amour et à sauver leur mariage. Il ajouta que sa mort et cette crise avaient permis au couple d'apprendre à vraiment aimer et à comprendre de profonds messages sur la vie. Il raconta avoir l'impression que tous deux avaient sauté par la fenêtre avec lui. Ils avaient saisi l'opportunité qui se présentait, prenant alors congé du boulot pendant quelques jours pour dormir avec lui, faire le nettoyage derrière lui, et lui cuire des steaks. Ils avaient tous deux choisi de prendre du temps pour être ensemble, de même qu'avec lui.

Puis Whistler me raconta une de ses vies passées. Je n'aime pas normalement mettre l'accent sur ces vies puisque je ne peux les corroborer. Mais Whistler voulait me faire savoir qu'il avait été un agent de change dans sa précédente existence. Il m'expliqua qu'il avait consciemment choisi d'être un mâle de race blanche né vers la fin des années 1890, sachant qu'il allait y avoir un cataclysme sur Wall Street. Il devint un agent de change à la Bourse et opéra sa propre firme de courtage afin de garder à son emploi autant de gens que possible. Il me dit qu'il mourut peu après le début de la guerre parce qu'il savait que la crise s'était alors résorbée. Ce fut une vie très stressante. Il décéda d'une crise cardiaque à un âge relativement jeune, mais il était prêt à partir.

Étant donné tout le stress subi durant cette existence, il désirait revenir et avoir une vie facile. Il choisit donc d'être un chien là où il serait bien aimé et où il pourrait jouer et se rouler dans la boue. Whistler me confia aussi que sa mission étant maintenant accomplie ici, il allait renaître plus tard, dans une zone où la guerre sévira. Il allait être un de ces enfants qui parleraient aux médias des effets de la guerre sur les enfants, et ce serait une époque où les politiciens commenceraient très sérieusement à chercher à mettre fin à la guerre partout dans le monde, au lieu de simplement faire la paix dans certaines régions en particulier, et pousseraient réellement pour une fin permanente de la mentalité guerrière.

« Or, vois-tu, dit Sam en soupirant, ce n'est pas le genre de communication que j'obtiens habituellement, et pourtant j'avais le sentiment que l'information provenant de ce chien était fiable. » Et il raconta ensuite la fin de l'histoire.

La dernière partie de cette histoire est ce qui conclut le tout, car la femme me téléphona après la mort de Whistler. Lorsqu'elle demanda une consultation pour elle, je lui dis : « Cela concerne une infidélité conjugale, n'est-ce pas ? » Elle répondit que oui, précisant qu'elle avait eu une aventure amoureuse avec un autre homme et qu'elle n'avait pas porté son alliance depuis trois ans. Elle ajouta : « Je veux vous dire qu'après nos expériences avec Whistler et après avoir été ensemble mon mari et moi pendant les trois semaines que dura cette crise, j'ai décidé de remettre mon anneau pour réaffirmer mon mariage avec mon époux. »

C'est alors que je compris ce dont Whistler parlait. Puisque l'occasion qui s'était présentée avec sa mort avait été saisie, l'objectif qu'il avait d'aider ces gens à réapprendre à s'aimer et à donner un second souffle à leur mariage avait été atteint.

Penelope Smith définit la réincarnation comme

étant une sorte de « fil conducteur ». Elle écrit : « En tant qu'êtres spirituels, nous sommes libres de choisir le genre d'existence qui comblera notre désir de connaître ce qu'est la vie dans l'univers physique. Ceux qui ont eu des corps humains peuvent maintenant adopter des formes animales, l'inverse étant également vrai, et ce, pour une multitude de raisons et sans qu'aucun paradigme précis s'applique uniformément à tous[12]. »

Certaines personnes ont de la difficulté avec la notion selon laquelle les humains peuvent devenir des animaux, et vice versa. Une façon de s'empêcher de considérer une telle possibilité est d'adopter la croyance voulant que les animaux n'aient pas d'âme. Une autre manière de s'en distancier consiste à se raccrocher aux versions simplistes de l'évolution selon lesquelles les formes de vie évoluent des stades « inférieurs » aux stades « supérieurs ».

Les communicateurs signalent que la plupart des animaux n'acceptent pas la perspective hiérarchique de la vie. En fait, différentes formes fourniraient différentes expériences. La raison pour laquelle une forme particulière est adoptée se résume à apprendre en quoi consiste vivre dans ce type de corps et à faire l'expérience de la vie depuis cette perspective unique.

Jarvi, un ancien chien de traîneau, raconta un jour à Marcia Ramsland qu'une des raisons pour lesquelles un être choisit de devenir un animal est purement pour le plaisir que cela procure. « C'est une grande joie que de s'incarner de la sorte, dit Jarvi, tout spécialement si vous étiez un humain auparavant, parce que les animaux sont si directement en prise sur l'instant présent. Vos sens sont plus aiguisés, votre corps est gracieux, vous êtes connecté de façon holistique; c'est l'antidote parfait au style de vie plus intellectuel que les gens connaissent généralement. Bien que les gens ne soient pas réellement coupés du monde, ils ont souvent le sentiment de l'être, et ainsi le fait de revenir sous la forme d'un animal peut être une expérience très thérapeutique. »

Alors que certains animaux comme Jing, Violette et Whistler font état de connaissances détaillées issues de vies antérieures, tous ne témoignent pas d'un tel degré de conscience. Il arrive souvent que le concept de vies antérieures soit un mystère tout aussi déconcertant pour eux que pour les humains.

Sam Louie raconta que bon nombre des animaux qu'il connaissait n'avaient aucune idée de ce qu'une vie passée pouvait impliquer. Le vieux chien de Sam, Peppy, me fit part de la même chose. « Je n'ai pas la moindre idée d'où j'ai pu être dans mes vies passées. Les seules fois où je le sais, c'est lorsque nous avons des ateliers et que les gens me parlent de ce qu'ils voient. Je ne sais pas où je vais. Je suis tout à fait heureux d'être sur ce divan en ce moment. »

Alors que certains animaux ne se souviennent pas de leurs vies passées ou ne mettent nullement l'accent là-dessus, d'autres n'hésitent pas à en parler. Sam Louie m'a raconté qu'une de ses premières consultations professionnelles s'était faite avec le terrier tibétain d'une femme. « Aussitôt que j'eus établi le contact avec lui, il me fit voir une vie passée durant laquelle il était un moine tibétain très solitaire, précisant qu'il n'avait pas aimé cette vie et qu'il voulait revenir à un endroit où il ne serait pas seul, où il pourrait être à la fois exubérant, foufou et petit. La femme me raconta plus tard qu'un mythe courait au sujet des terriers tibétains, à savoir qu'ils étaient tous des moines récalcitrants revenus sous forme de chiens. »

Raphaela Pope me raconta qu'il ne lui était pas particulièrement difficile de sentir les vies passées d'un animal. Ce qui l'était, c'était plutôt d'expliquer à un humain ce que celui-ci avait dit. Raphaela se souvenait d'un chiot épagneul à qui il était impossible de faire porter un collier. C'était important pour son maître, qui voulait à tout prix montrer au chien à accepter ce collier. L'homme en question avait consulté de nombreux experts mais aucun n'arrivait à comprendre pourquoi le port du collier représentait un tel problème. « Le chiot me dit qu'il avait été pendu dans une autre vie. C'était une histoire très dramatique et effrayante. Je transmis à l'individu ce que le chien m'avait raconté. Il me paya poliment mon dû et partit, et je n'en ai plus jamais entendu parler. » Raphaela ajouta en riant : « Ce que je lui ai dit était peut-être un peu trop pour lui ! »

À peine plus étrange que la notion de vies antérieures est l'idée des vies à venir. Whistler raconta à Sam qu'il avait l'intention de revenir, précisant même le contexte historique où cela aurait lieu. Les communicateurs rapportent de nombreuses histoires au sujet d'animaux qui parlent de revenir et que la plupart d'entre eux semblent convenir du fait qu'il y a un choix à faire concernant quand, où et sous quelle forme chacun revient. Mais d'où revient-on exactement ? Quelle expérience est-ce que d'être *hors* de la forme physique ?

« C'est très libérateur », dit Katie, un esprit qui a déjà vécu sous la forme d'un chat avec la communicatrice Teresa Wagner. « Et c'est très intense. Le fait d'exister dans une forme apporte une certaine joie et représente un défi pour arriver à se rappeler qui on est réellement et redevenir complet, mais ici je suis complète. Ne pas être dans une forme, c'est être un esprit, et c'est ce que nous sommes tous. »

« Je pense que les animaux ont une meilleure compréhension de ce que sont la vie et la mort », me confia Marcia Ramsland. « C'est peut-être parce qu'ils passent beaucoup de temps avec leurs ondes cérébrales à la fréquence alpha. Imaginez tout ce que vous pourriez apprendre intuitivement si vous passiez autant de temps chaque jour à méditer comme le font nos animaux de compagnie, assis bien calmement à ne rien faire ! À mon avis, ceux d'entre eux qui passent plusieurs heures par jour dans une douce quiétude ont trouvé un endroit où aller dans leur esprit. Je pense qu'ils savent des choses que nous ignorons parce qu'ils opèrent dans un espace plus holistique. »

De ce point de vue, la mort s'apparente probablement à une porte, ou un point de transition entre les dimensions. De fait, selon la perspective des animaux, la mort est beaucoup moins souvent perçue comme une difficulté à surmonter qu'elle ne l'est du point de vue des humains.

« À la différence des humains, les animaux n'ont pas peur de la mort », convient Carol Gurney. « Si vous accordez à votre animal la permission de partir lorsqu'il est prêt, la transition peut s'opérer beaucoup plus aisément pour tout le monde. Vous n'éviterez pas la peine – qui fait naturellement partie de cette expérience –, mais ça la rendra moins pénible et vous commencerez à réaliser qu'il y a une certaine beauté dans la mort. »

Reformuler ainsi l'expérience de la mort d'un point de vue humain est tout un périple en soi. Alors que je rédigeais ce chapitre, Anita Curtis me fit parvenir un mot selon lequel sa jument arabe Porcia, son mentor et amie qui l'avait aidée à écrire ses livres, allait être euthanasiée, et ce, à sa propre demande.

« Cette nouvelle nous a tous porté un coup terrible », m'écrivait Anita. « Porcia sera toujours avec nous, mais ne plus pouvoir la voir ou la toucher sera presque insupportable. »

La date de sa mort fut déterminée dix jours à l'avance. Pendant plusieurs jours, j'ouvris le livre d'Anita pour regarder la photo de la jument. Même s'il ne s'agissait que d'une photo en noir et blanc, il était facile de sentir la profondeur intérieure de Porcia. Comme Anita l'écrivait : « Porcia a de grands yeux merveilleux qui plongent au plus profond de votre être, et lorsqu'elle communique en personne, elle vous fixe dans les yeux jusqu'à ce qu'elle soit certaine que vous avez bien reçu le message qu'elle veut vous transmettre. Lorsque je rencontrai pour la première fois cette magnifique jument, j'eus l'impression de me tenir dans l'ombre de la grandeur, mais je n'avais aucune idée de la profondeur de sa sagesse[13]. »

Anita me dit qu'une autre jument, nommée Shaza, avait aussi décidé de quitter son corps. Porcia, Shaza et Briana étaient gardées par un homme dont le fils adolescent était récemment décédé. Même si les juments vivaient en des endroits différents, chacune avait raconté à Anita qu'elle portait une partie de la douleur de la famille. Lorsque Porcia et Shaza tombèrent malades, elles firent le choix de partir.

Anita raconta qu'elle se rendit voir Briana, se demandant comment elle allait traverser cette difficile épreuve. Briana l'assura que c'était pour elle une célébration de joie. « Je mis en doute ce qu'elle disait, mais elle ne cessait de le répéter. Puis, elle m'invita finalement à consulter mon livre sur les fleurs. J'essuyai la poussière couvrant mon *Répertoire des essences florales* et regardai sous la rubrique *Joie*. La première essence était "Trompette de l'Ange : acceptation de la mort comme étant une joyeuse transition, une profonde libération de l'âme sous forme d'une expression de joie". Je n'en croyais pas mes yeux ! »

Tout comme Whistler avait eu le sentiment que sa mort avait offert aux vivants une possibilité de changement, de même la mort offre une nouvelle possibilité, une autre perspective à l'âme qui évolue. Libéré des entraves créées par le cerveau et les limites imposées par nos pensées et nos sens, comment perçoit-on la réalité à l'extérieur de notre cadre habituel de référence ? C'est là une pensée paradoxale, car pour la saisir pleinement il vous faut sortir du contexte même de la pensée telle que vous la connaissez.

Un iguane nommé Lila résuma ainsi la chose pour Raphaela Pope. « Tout n'est qu'énergie. Les objets et les êtres vivants vibrent à des fréquences différentes. Mais il n'y a pas véritablement de différence sur le plan de la matière. Entrer dans un corps vivant et sortir d'un corps mourant est en soi très commun, très ordinaire. Les humains font partiellement obstacle à leur conscience des vies passées et futures afin de mieux se concentrer sur le présent. Les animaux n'ont pas de tels besoins. Nous sommes plus élémentaires. Nous savons que tout se produit maintenant. C'est une perspective plus simple et plus complète, certainement pas aussi compliquée que celle que les humains se font. »

Selon la perspective holistique d'un éternel moment présent, les vies passées, futures et même présentes sont toutes des variations sur un même thème. Tout comme Lila, les autres animaux nous avertissent que même si la connaissance des vies passées et futures peut s'avérer utile d'un certain point de vue, il arrive un point où la recherche incessante de ce genre d'information peut nous détourner de l'essentiel. Pourquoi ? Parce que l'idée même des vies passées et futures nous emprisonne dans une conception linéaire du temps. Comme Nancie LaPier le faisait remarquer : « Cela nous empêche aussi d'être entièrement présents au cœur de l'instant qui passe, où se trouve notre seul point d'appui dans le “temps” à partir duquel nous pouvons avoir un impact déterminant sur les fondements de notre conscience et ainsi recréer nos futurs. » Plonger dans l'instant présent exige donc une nouvelle compréhension, un cadre de référence élargi.

Raphaela Pope avait le sentiment que sa conception du temps évoluait grâce à ses discussions avec les baleines. « Plusieurs d'entre elles avaient exprimé l'idée selon laquelle le temps est simultané », expliqua-t-elle. « C'est un peu comme si les dix-neuvième et vingtième siècles étaient encore en train de se dérouler et que le vingt-cinquième siècle en faisait tout autant, et qu'ils étaient tous dans le présent. Une façon de comprendre cela est d'imaginer que nous avons tous une âme ou un Moi supérieur qui supervise simultanément de nombreuses personnalités et de nombreuses vies en beaucoup d'époques et de pays différents, et ce, dans différentes langues et diverses cultures. »

Le concept selon lequel le temps est un éternel présent est la pierre angulaire de la philosophie de nombreuses écoles de pensée ésotérique et un dénominateur commun de maintes expériences mystiques. Ce concept correspond en physique moderne au modèle holographique en vertu duquel toutes les parties et tous les moments contiennent le Tout.

La plupart des scientifiques qui étudient le temps sous toutes ses coutures soutiennent que la notion même du temps relève d'une interprétation bien humaine. Même si elle est imbriquée dans notre culture et notre langue à un point tel qu'elle semble tout à fait réelle, cette notion est en réalité une pure fiction à laquelle nous avons tous convenu de croire. Comme le fait remarquer Stephen Hawking : « Ce que nous appelons le temps réel n'est rien de plus qu'une idée que nous avons inventée pour nous aider à décrire l'univers tel qu'il nous apparaît. Une théorie scientifique n'est qu'un modèle mathématique que nous fabriquons pour décrire nos observations : elle existe uniquement dans notre esprit. Il est donc insensé de demander lequel est réel, le temps "réel" ou le temps "imaginaire" ? Il s'agit simplement de déterminer la description qui nous est le plus utile[14]. »

Le bond conceptuel dans un instant présent illimité suggère que nous comprenons que nous sommes des êtres multidimensionnels. Au lieu de nous voir comme des créatures ayant une âme, nous changeons la perspective et prenons conscience que nous sommes des âmes qui choisissent des formes physiques successives. Non seulement avons-nous une vie, mais nous en menons plusieurs à la fois. Qui plus est, nos vies passées, présentes et futures coexistent toutes simultanément. Comment cela est-il possible ? Cela exige à nouveau de se tortiller un peu les méninges pour élargir notre perception et aller au-delà de notre compréhension actuelle du temps.

Lorsque nous contemplons des possibilités comme celle des vies simultanées et des réalités multidimensionnelles, nous nous approchons alors des limites mal définies de la pensée elle-même, à la fois à l'intérieur et à l'extérieur du temps. Du passé vers l'avenir, nous nous tenons en équilibre précaire sur le fil du maintenant. Et pourtant, nous nous demandons : Qui sommes-nous ? Qu'est-ce qui est réel ?

Hélas, cela ressemble une fois de plus à l'histoire de Chuang Tzu et du papillon :

> Chuang Tzu, un taoïste chinois, rêva un jour qu'il était un papillon voletant au-dessus des fleurs, faisant exactement ce qui lui plaisait. Il ne savait pas qu'il était Chuang Tzu. Soudain, il se réveilla et constata qu'il était manifestement Chuang Tzu. Mais à présent, il ne savait plus : suis-je Chuang Tzu qui a rêvé qu'il était un papillon, ou un papillon rêvant qu'il est Chuang Tzu[15] ?

Magie
Raphaela Pope et Pluto (cheval)

Pluto est un lipizzan, un merveilleux cheval. J'ai parlé de ce livre à Pluto et lui ai demandé ce qu'il aimerait communiquer aux humains. Voici ce qu'il a répondu :

« Dis aux gens que la magie existe vraiment. Il y a réellement des êtres qui existent au-delà de ce que vos sens peuvent normalement percevoir, et vous allez pouvoir leur parler et recevoir leurs informations et leur sagesse aussi facilement que je le fais. Donne à tous l'assurance que la magie existe réellement. »

Puis, il me fait voir une image de collines vallonnées d'une extraordinaire beauté et me lance : « Sois heureuse. Mange de l'herbe. » C'est drôle; vous obtenez d'abord des perspectives fort élevées, et ensuite des points de vue se limitant en réalité à l'essentiel. Pluto ajoute ensuite :

« Nous entrons dans une époque où les humains et les animaux se rapprocheront et, ainsi, se comprendront mieux. Les gens découvriront que les animaux ont une vie intérieure, des objectifs qui leur sont propres et des rapports sincères et intenses. Lorsque les gens comprendront et respecteront cela, ils seront plus tolérants et plus respectueux les uns à l'égard des autres. »

Pluto me remémore une séance précédente au cours de laquelle il m'avait montré que lui et la personne qui s'occupe de lui avaient eu des vies passées ensemble; il était alors un cheval de cavalerie et elle, un soldat. Maintenant, il dit : « Moins de guerres ! Moins de conflits ! » Je crois qu'en fait ils sont morts ensemble lors de cette bataille. Peut-être se poursuit-elle toujours en cet instant même. Qui sait ? L'univers est mystérieux.

CHAPITRE 10

Écho : Élévation de la conscience et forme équine

Les possibilités sans cesse changeantes dont dispose l'Esprit pour faire l'expérience de sa propre existence par des formes, des espèces, des époques et des cultures diverses – en somme, par toutes sortes de vies – offrent une infinie diversité et un éventail illimité de combinaisons. Toutes les incarnations sont une occasion d'apprendre par expérience directe.

Débarquant dans une existence, vous profitez d'une vie, vous absorbez le plus possible la culture où vous êtes, puis vous mourez. Eh bien ! c'était assez excitant, vous dites-vous... On remet ça ? Et vous choisissez donc un lieu et un temps différents, un autre corps, un autre nom et une autre variation sur un thème familier, car vous y rencontrez à nouveau des êtres connus, cette fois dans de nouveaux rôles, alors qu'ils interagissent avec vous en tant que parents, enfants, amants, amis et adversaires. Telle est la grande métaphore de la vie en tant que théâtre, jeu et drame.

Pas de doute que tout cela dut être fort amusant au début. Imaginez-vous aller n'importe où, n'importe quand : faire un voyage pour aller consulter l'oracle de Delphes; aider à concevoir les grandes tombes et pyramides d'Égypte; écouter le Bouddha en Inde; découvrir le feu et créer le langage dans un lointain passé; changer de forme avec les loups aux yeux jaunes; voltiger à travers d'anciennes jungles sous la forme d'un moustique géant; vous accoupler sous la forme d'une autruche, d'un dinosaure, ou d'un être sur une autre planète; ramper hors de votre coquille et onduler sur le sable pour être ensuite happé et avalé par un goéland à la vue perçante; glisser entre les replis de la réalité dimensionnelle sous la forme d'une grande et belle baleine au dos noir.

À mesure que grandissait votre expérience, votre confiance augmentait, et vous vous mettiez au défi d'essayer des vies de plus en plus dangereuses, cherchant toujours des sensations un peu plus fortes, des expériences un peu plus intenses, vous aventurant toujours un peu plus loin dans l'inconnu. Si vous êtes à tout jamais un esprit, la naissance et la mort sont tout simplement une promenade dans le vestiaire où vous endossez une nouvelle vie, de nouveaux vêtements, un nouveau corps, une nouvelle histoire. Si vous pouviez vous rappeler votre connexion avec l'esprit, venir en ce monde ou en sortir n'évoquerait alors plus rien de traumatisant.

Mais que se passerait-il s'il vous arrivait d'oublier qui vous êtes réellement? En oubliant ce qui vous relie à Tout Ce Qui Est, vous entreprendriez une nouvelle aventure encore plus dangereuse, mais tout aussi grisante, qui vous donnerait l'occasion de redécouvrir une fois de plus votre véritable identité.

« Dans un monde de dualité où tout ce qui existe a son contraire, il semble qu'il soit merveilleux de pouvoir oublier que vous êtes une expression de Dieu dans le seul but de le redécouvrir», m'a dit Nedda Wittels. «C'est comme découvrir à quel point l'eau a bon goût après avoir dû s'en passer pendant trois jours. J'imagine que certains êtres comme vous et moi ont choisi de vivre cette expérience. Pour autant que je puisse en juger, seule la forme humaine offre cette possibilité.»

Écho, une jument arabe qui vit avec Nedda, est tout à fait d'accord avec cela : «Les humains ont oublié. Tout cela fait partie du jeu.»

Tandis que se déroulait ma conversation avec Nedda et Violette sa chatte, Écho et Nedda acceptèrent de me transmettre de l'information personnelle dans le but d'illustrer comment et pourquoi certaines relations se forment entre des humains et des animaux.

Écho, peux-tu nous parler de toi et de la façon dont tu as pu communiquer pour la première fois avec Nedda ?

Je suis un être de lumière qui a choisi une forme équine pour cette existence. Nedda et moi provenons de la même conscience d'âme ; nous avons travaillé en équipe d'innombrables fois, autant dans la forme physique qu'à d'autres plans d'existence. Lorsque je parle avec d'autres êtres doués de facultés psychiques, ils me perçoivent comme un pégase ailé ou une forme équine angélique. Je suis un être d'amour.

Qu'entends-tu par «provenir de la même conscience d'âme» ?

L'âme est une individuation de la conscience du Créateur qui existe dans une bande précise de fréquences vibratoires parfois appelée le plan d'existence de l'âme. Cette bande de fréquences inclut les âmes-guides qui ont pour tâche d'enseigner aux âmes des bandes de fréquences inférieures. Chaque âme apprend simultanément plusieurs leçons en projetant son énergie dans la forme physique pour faire l'expérience de la « vie » sur un plan particulier d'existence. En fait, tous les plans d'existence sont porteurs de conscience et, par conséquent, peuvent être considérés comme vivants. Toutefois, il y a maintes choses à comprendre grâce aux expériences offertes par les diverses possibilités d'existence disponibles dans l'univers.

Sur le plan de l'âme, le temps n'est pas perçu de la même manière qu'ici sur Terre. Chaque âme fait l'expérience d'une multitude de vies et beaucoup sont vécues simultanément, même si de votre point de vue elles peuvent sembler se dérouler avec des centaines de milliers d'années d'écart entre elles et les unes à la suite des autres. Il arrive parfois qu'un appariement spécial se produise dans le cas de ce que l'on appelle les âmes sœurs. Cela survient lorsque deux aspects d'une âme partagent une vie particulière sur le plan physique. Bien qu'il soit plus fréquent que deux aspects adoptent le même type de forme, Nedda et moi sommes effectivement des âmes sœurs et c'est dans un but bien précis que nous avons adopté des formes différentes, ce qui nous permet de nous soutenir mutuellement à l'époque actuelle, et ce, de maintes façons.

Quel est selon toi le but de ton existence?

Dans cette vie-ci, j'ai eu de nombreuses tâches importantes à remplir. D'abord, il m'a fallu être belle; j'ai dû également être forte mais sensible; fougueuse mais aussi douce; ardente mais tout de même calme et centrée. Il m'a été nécessaire de personnifier ces contradictions apparentes afin que beaucoup puissent être attirés par ma présence afin de ressentir ces énergies et ainsi recevoir amour et douceur, et savoir que les chevaux n'ont pas besoin d'être traités durement, avec insensibilité, mais qu'on peut avoir avec eux des rapports pleins de tendresse, d'affection, de bienveillance et, en somme, des relations à cœur ouvert.

J'ai également accepté d'aider Nedda à développer ses facultés télépathiques durant une période où elle avait oublié comment s'en servir. J'ai dû alors travailler avec subtilité, amour et gentillesse et aussi avec beaucoup de détermination. Se cachant à elle-même ces facultés, elle mit beaucoup de temps avant de les reconnaître.

Ma troisième tâche a consisté à être un miroir pour certains des problèmes liés à la croissance spirituelle de Nedda. Cela signifie qu'elle est aussi un miroir pour moi. C'est en interagissant l'une avec l'autre que nous évoluons. De nombreux animaux sur Terre jouent ce rôle avec un ou plusieurs membres de leur famille. C'est une tâche difficile, car bien souvent les humains ne voient pas les parallèles entre eux et l'animal. Pourtant, c'est une œuvre d'amour qui, selon moi, en vaut réellement la peine.

Peux-tu développer davantage l'importance d'avoir des « contradictions apparentes » afin d'amener les autres à ressentir nos énergies particulières ?

Le sens à donner au mot contradiction est primordial ici, bien que le concept de dualité soit d'une qualité contractée, ce qui signifie que pour faire l'expérience de la dualité, une âme doit se contracter – devenir littéralement plus petite – afin de pouvoir entrer dans la forme physique. Votre langue ne permet pas d'exprimer facilement certains concepts spirituels.

Pour comprendre ce que je veux dire, il faut se rappeler que la troisième dimension en est une de dualité ; et les humains ont dans leur ensemble compris que les opposés ne peuvent coexister sans contradiction ou conflit, mais ceci est une illusion. Puisqu'en définitive seul l'UN existe, les contradictions et conflits apparents doivent être résolus. Une façon de les résoudre consiste à faire l'expérience de l'harmonie des oppositions coexistant en tant qu'Unité. C'est là une chose que l'on doit vivre personnellement, ce n'est pas une question de logique comme les humains la conçoivent présentement.

Lorsque vous pouvez plonger votre regard dans les yeux d'un autre et y voir le Bien-aimé, le Créateur, c'est là un moyen de faire l'expérience de la non-dualité. Lorsque vous voyez un visage (une conscience) dans un arbre, la même chose se passe. Il y a de multiples approches pour arriver à cela et chaque humain commencera à vivre de plus en plus souvent ce genre d'expérience dans un proche avenir.

En ce qui concerne la notion d'être un miroir l'une pour l'autre, toi pour Nedda et vice versa, peux-tu nous en dire plus sur la façon dont les êtres interagissent ainsi au fil de diverses vies ? Et est-ce là un aspect du karma ?

Ce sujet, très vaste, pourrait à lui seul faire l'objet d'un livre entier !

Dans le cours de sa vie dans une forme physique, chaque être fait, d'une part, l'expérience de choses liées au karma et, d'autre part, de choses qu'il a choisi de vivre sur le plan de l'âme. Afin de pouvoir connaître ces deux types d'expériences, chaque être choisit ou bien est mis en relation avec d'autres êtres qui ont accepté de vivre l'aspect opposé des événements, et ce, pour leur propre croissance, leur propre apprentissage. Une bonne partie de tout cela se fait avec subtilité. En voici un exemple.

Imaginons un humain du genre à vouloir tout contrôler, qui aime que les choses soient faites d'une certaine façon et qui, en plus, se fâche lorsqu'elles ne répondent pas à ses spécifications. Cet humain sera entouré de gens et d'animaux ayant la même attitude, mais des règles différentes. Il aura aussi dans sa vie des gens et des animaux pour qui cela n'a aucune espèce d'importance que les choses soient faites selon des méthodes rigides. Le premier groupe reflète le même schéma, mais avec des spécificités différentes. Le second groupe reflète l'aspect de la personne qui veut se libérer de cette rigidité. Les deux groupes induiront de l'irritation et pas mal de colère chez cet humain.

La leçon karmique concerne ici la reconnaissance de l'existence du comportement en question et le développement d'une plus grande flexibilité. La colère que l'humain éprouve est une clé permettant de révéler le comportement, car la colère est un sentiment très désagréable dont il voudra forcément se libérer. L'effort qu'il mettra pour ce faire le rendra conscient du problème de fond et il travaillera à le résoudre pour éliminer la colère.

[Nedda] Dis-moi Écho, y a-t-il des problèmes karmiques non résolus entre nous?

Oui. L'un d'eux concerne ton désir de me protéger de la souffrance et de tout désagrément. Tu n'as pas pu ou pas voulu prendre soin de moi durant d'autres vies. Tu traînes toujours de la culpabilité à cause de cela, et tu as donc développé une attitude excessivement protectrice envers moi. C'est en trouvant un juste équilibre où tu me prodigueras des soins de manière raisonnable et affectueuse, mais pas étouffante, que nous réglerons ensemble ce problème.

[Nedda] Quel est ton rôle là-dedans?

Il s'agit pour moi d'accepter qu'on prenne soin de moi, ce qui est pour toi aussi une chose à accepter, car tu aimes être indépendante et ne pas avoir besoin de l'aide de personne. Il m'a fallu avoir pleinement confiance que tu en viendrais à me reconnaître comme un être libre et indépendant qui apprécie être aimé et qu'on s'occupe de lui, mais qui veut en même temps demeurer libre. Cela fait partie du dilemme auquel les chevaux font face, soit comment être avec des humains dans un partenariat où ils sont reconnus comme des êtres indépendants et où ils sont simultanément les chouchous des humains. Ainsi, j'ai la possibilité de travailler sur ma faiblesse et tu en fais tout autant avec les tiennes, et nous en bénéficions toutes les deux.

Quelle opinion as-tu des humains, Écho? Comment nous vois-tu et qu'aimerais-tu nous communiquer à partir de ta perspective équine?

Les humains sont des êtres d'amour qui ont oublié ce qu'est l'amour et qui ils sont réellement. En vérité, ils vivent dans un rêve, dans un état de somnambulisme quasi perpétuel. Tellement de choses leur échappent : les beautés de la nature, les gloires de Dieu, le caractère sacré de toutes choses, la conscience qui existe partout. Je suis stupéfaite de voir que cette perte de mémoire peut durer aussi longtemps et que tant de gens semblent préférer demeurer dans cet état de somnambulisme.

D'autre part, j'ai adopté la forme humaine à de nombreuses reprises, et je me rappelle très bien quelle extase on ressent à s'éveiller de nouveau à la joie et au bonheur suprême de savoir qu'on est Un avec Dieu, Un avec Tout Ce Qui Est. Néanmoins, je préfère être consciente de cela plutôt que de ne pas l'être.

En ce qui concerne la perspective équine, il s'agit là d'une chose qui m'est très chère. Parmi toutes les formes dont j'ai fait l'expérience, c'est celle du cheval que j'ai préférée entre toutes, avant tout parce que j'aime voler et courir. (Voler et courir apportent des sentiments de liberté très semblables.)

Cependant, de nombreux chevaux vivent des existences misérables avec les humains. Ils sont souvent traités cruellement, sans la moindre pitié pour ce qu'ils endurent, comme s'ils étaient de vulgaires objets inanimés. Certains sont victimes d'abus, affamés ou forcés à travailler jusqu'à épuisement. Très peu de chevaux vivent une existence complètement heureuse. Je crois que les êtres qui préfèrent cette forme y reviennent encore et encore parce qu'ils la trouvent très attirante, même si leur existence est parfois assombrie de malheurs.

Toutefois, chaque vie a pour but de favoriser de nouvelles expériences spirituelles. Nous prenons des corps pour avoir certains types d'expériences. C'est ce qui rend possibles la croissance spirituelle, une expansion de notre compréhension des choses, et notre enjouement. L'univers existe comme terrain d'expérience pour les innombrables consciences qui existent, lesquelles sont toutes des expressions et des aspects de Tout Ce Qui Est.

Bien qu'il y ait un Esprit des chevaux, un être dont le but premier consiste à superviser tout ce qui touche aux chevaux sur Terre, un cheval peut constituer le véhicule d'un être qui habitait une autre forme lors d'existences antérieures ou qui peut même n'avoir jamais été un cheval auparavant. Que jeu fascinant et joyeux pour la conscience que d'adopter différentes formes et d'apprendre tout ce qu'offre chacune de ces perspectives !

Où selon toi allons-nous tous en tant que planète ?

Je n'ai aucunement l'impression que nous nous dirigeons tous vers la même dimension. La hausse des fréquences vibratoires touche l'ensemble de la planète et tout ce qui y vit, peu importe la forme, mais elle ne sera permanente pour personne à moins d'être le résultat d'un choix conscient. De nombreux changements dimensionnels sont possibles en cette époque. Il est difficile toutefois de donner une idée précise du temps qu'il faudra, car chaque être sur la planète, selon le niveau de conscience atteint, influence constamment la vitesse d'évolution du tout. Complexe, n'est-ce pas ?

Ah ! mais les possibilités sont fantastiques ! Vous pouvez vous souvenir de qui vous êtes ! Vous pouvez faire partie intégrante d'une conscience d'unité fondée entièrement sur l'Amour. C'est vers cela que beaucoup d'entre vous se dirigent, et il en est de même pour la Terre. Mais chaque être, y compris la Terre, dispose d'une totale liberté de choix. Comme il est merveilleux de pouvoir jouer à ce grand jeu de la vie !

Je ne suis pas en désaccord avec ce que tu dis Écho, mais j'ai parfois le sentiment que tout cela est trop étrange pour les lecteurs. Même l'idée de parler avec des animaux est, je suppose, incongrue pour certains. Que pourrais-tu dire à ces gens ?

Les gens se sentiront appelés à lire ce livre parce qu'ils seront prêts pour ce genre de choses, et à mesure qu'ils le liront, ils se souviendront de l'éternelle vérité selon laquelle rien n'existe qui ne soit conscience – Dieu/Déesse/Tout Ce Qui Est. Dès l'instant où ils le reconnaîtront et s'en souviendront, tout cela deviendra parfaitement clair et limpide pour eux.

Ceux qui pensent que tout cela est trop étrange ne sont pas prêts et ne parcourront pas ces pages. Et cela aussi est bien. Ce livre n'est tout simplement pas pour eux.

Merci de m'avoir donné l'opportunité de participer à ce projet. Nous travaillons tous ensemble au même but : aider à réveiller ceux qui sont prêts à s'éveiller.

TROISIÈME PARTIE

Une question de perspective

Cette magnifique danse

Le Conseil de tous les êtres – Morgine Jurdan

Vous arrive-t-il de vous demander comment toutes choses s'harmonisent ensemble ? Comment il se fait que lorsque vous formez une pensée, une magie se met en branle et provoque souvent quelque chose que vous désirez voir se produire ? Comment il se fait que les plantes et les animaux savent quoi faire pour que les choses se perpétuent ? Comment il se fait que chaque élément travaille en harmonie avec le reste ? Qu'est-ce qui synchronise cette magnifique danse entre toutes les formes de vie ?

Vous pouvez apprendre à vivre en équilibre et en harmonie simplement en observant, en sentant, et en posant des questions à des êtres comme nous. Vous pouvez en apprendre beaucoup plus au sujet d'un oiseau en observant comment il vit plutôt qu'en le capturant. Nous sourions et parfois nous versons des larmes lorsque vous estimez le degré d'intelligence d'une créature en vous fondant sur les critères que vous utilisez pour évaluer votre propre intelligence. S'il nous était donné de pouvoir vous capturer et vous placer dans notre environnement, pour ensuite observer de quelle manière vous vous en tirez, selon nos propres critères, pour survivre – voler, nager, creuser, chanter –, nous croyons que vous pourriez fort bien échouer.

Pourquoi ne pas apprendre à aimer la magie et le mystère que l'on trouve dans la vie au lieu d'essayer de contrôler les choses ? Cela peut devenir une aventure exaltante que de lâcher prise et faire confiance. Nous vous suggérons de chercher à découvrir ce que l'équilibre et l'harmonie peuvent vous apporter. Il n'y a pas de règles absolues qui fonctionnent pour tout le monde. Chacun de vous est un individu unique dansant à son propre rythme, et chacun découvrira sa façon bien personnelle de jouer le jeu.

Nous vous offrons un sens plus profond, un moyen de découvrir qui vous êtes et ce que vous êtes venus faire ici. On ne peut faire cela seul dans son coin. Chacun de nous – chaque partie composant l'univers – est influencé par vos pensées, vos sentiments, vos actions. Nous en profitons tous et en subissons les conséquences. Nous sommes tous là à vous envoyer de l'amour inconditionnel pour vous aider à créer ce que vous désirez, car lorsque vous y parvenez, nous bénéficions collectivement de votre joie, de votre bonheur et de votre amour partagés entre tous.

Repartez à neuf aujourd'hui. Respirez consciemment la vie et voyez où cela peut vous mener. Nous vous bénissons et vous aimons.

CHAPITRE 11

Aller au-delà de la zone de confort

Sugar était un dauphin qui vivait dans une lagune sur la côte Atlantique, où il avait l'habitude de s'offrir en spectacle et de permettre aux gens de l'approcher, jusqu'au jour où il fut frappé d'une maladie foudroyante et mourut peu après. Lorsque je demandai à Raphaela Pope si elle connaissait des animaux qui avaient choisi de vivre en captivité plutôt qu'en liberté dans la nature, Sugar manifesta le désir de nous parler.

Tout est une question de perspective, dit-il. Tout contribue à accroître notre expérience. L'expérience est source de création. Un monde différent est en voie d'être créé alors même que nous communiquons. J'ai choisi de ne pas demeurer dans cette lagune avec les gens. Un des nombreux choix, une des multiples vies. Ce ne fut pas pour moi un sacrifice aussi grand qu'on pourrait l'imaginer. Je n'ai pas perdu la perspective que me donnaient mes autres personnalités. Ce n'en était qu'une parmi bien d'autres. Mon but était d'amener aux gens la perspective de la majesté, de la puissance, de la beauté et de l'intelligence des autres formes de vie.

Est-ce là un but commun à tous les dauphins ?

Il est vrai que les dauphins en tant qu'espèce ont une

énergie de lumière très chatoyante.

Raphaela marqua un temps d'arrêt. « Oh ! c'est tellement beau ! Sugar me fait voir un réseau énergétique, et là où les lignes s'entrecroisent, il y a des points de lumière chatoyante. Je pense que c'est l'image qu'il se fait de la vie et de l'univers. À présent, le réseau se transforme et prend l'aspect d'une vaste étendue d'eau miroitante, avec un scintillement d'énergie turbulente en mouvement. C'est comme voir des atomes étinceler. »

C'est de l'énergie de vie pure accessible à tous les êtres. Nous adoptons la forme que nous voulons. Tu pourrais choisir d'être un dauphin.

Raphaela se mit à rire. « Oh ! ce sera peut-être le choix que je ferai ! »

Peux-tu nous expliquer comment tu as réussi à ne pas perdre la perspective de tes autres personnalités ?

C'est une question de structure physique du cerveau et de sa chimie interne. Les humains doivent vivre une expérience religieuse ou extatique pour aller au-delà de leur perspective ordinaire. Nous sommes moins intellectuels, plus holistiques, et même lorsque nous sommes absorbés par nos activités normales comme nager, manger ou nous accoupler, nous ne perdons pas la perspective holistique.

Sugar rappela à Raphaela l'image de l'océan d'énergie scintillante et réitéra que tout est réellement identique, que tout n'est qu'une question de perspective.

Raphaela souriait. « Je pense que c'est là où il avait commencé ! » Sugar nous avait effectivement ramenées au point de départ, ainsi que les dauphins le font souvent avec une grâce consommée. Raphaela sentait que tout comme d'autres animaux confirment parfois une communication en tendant une patte, Sugar se servait de sa vie actuelle comme d'une forme de confirmation et de communication. Le fait qu'il ait affirmé que la captivité n'avait pas été « un sacrifice aussi grand qu'on pourrait l'imaginer » n'avait peut-être pour seul but que de souligner que la vie de dauphin n'en était qu'une parmi une multitude d'autres vécues simultanément.

Cette pensée me donnait un peu le vertige et je commençais à ressentir les effets de l'énergie expansive de Sugar. Prise à son jeu et mue par la curiosité, je lui lançai une question, un peu comme lorsqu'une personne lui lançait autrefois un poisson. J'étais loin de me douter que cela allait nous emmener dans une direction tout à fait différente – ce qui me rappela une fois de plus qu'aucun geste, aucune question ne peut être sans conséquence.

Sugar, peux-tu nous informer de ce que tu vas faire maintenant? Où es-tu en ce moment et où vas-tu te rendre?

Il y eut une longue pause et lorsque Raphaela parla enfin, sa voix avait changé.

« Ah ! bon sang ! je déteste cela. »

« Qu'est-ce qui ne va pas ? » J'étais étonnée de voir que Raphaela était contrariée.

« Je déteste tellement cela », lança-t-elle. « Il faut que je te dise, j'ai l'impression d'être une communicatrice animalière pas mal terre à terre. Je veux aider les gens à régler des problèmes de litière du chat, et même à élargir leur perspective sur qui ils sont et ce que sont les animaux. Mais lorsque ces derniers affirment se trouver sur une autre planète, alors là, c'est trop pour moi ! »

« Sugar dit qu'il est sur une autre planète en ce moment ? »

« Oui, c'est bien cela », répondit-elle avec un soupir de résignation.

« Eh bien ! certaines personnes suggèrent qu'il y a un lien entre les cétacés et d'autres planètes », avançai-je comme explication.

« Je le sais, et c'est pourquoi je me suis toujours tenue loin de ces gens », gloussa Raphaela. « Tu sais, ils me semblent tous assez cinglés. Mais je sais que certains pensent que je suis pas mal cinglée moi aussi. »

« Peut-être cela a-t-il quelque chose à voir avec l'affirmation de Sugar selon qui tout n'est qu'une question de perspective. »

« Bien sûr ! Tout n'est qu'une question de perspective. Elle est donc en train d'élargir la mienne ! » Soudain, Raphaela devint plus enjouée par rapport à tout cela. Elle me fit l'impression d'une personne n'ayant pas de difficulté à rire d'elle-même, mais qui était pourtant déterminée à aller au fond des choses pour trouver la source d'un tel humour.

« C'est tellement gentil de sa part », me confia-t-elle. « Il me réconforte en me disant : "Tu n'as pas nécessairement à penser que je suis sur une autre planète." Il sait que je considère cela comme un peu trop dingue. Il fait preuve d'une grande sensibilité. Il sent que je suis fatiguée, mais il dit qu'il est d'accord pour reprendre la communication une autre fois. »

Et cela mit fin à notre conversation.

Quelques semaines s'écoulèrent avant qu'il me soit possible de reprendre contact avec Raphaela et Sugar. Entre-temps, mon ouverture aux animaux progressait de manière phénoménale. Même si j'avais lu de nombreux exercices conçus pour approfondir notre lien télépathique avec les animaux, dans mon cas aucun d'eux ne se produisait de la façon méthodique et ordonnée décrite.

Dans ce que je considère maintenant comme une tentative de court-circuiter les doutes profonds et pernicieux que j'entretenais à mon sujet, mes chiens se donnaient beaucoup de peine pour m'aider à m'ouvrir. Bien souvent, ils m'époustouflaient au moment où je m'y attendais le moins et où j'allais donc offrir le moins de résistance.

Quelques jours après avoir parlé avec Raphaela, je m'apprêtais à monter à l'étage lorsque Barney, un cocker-caniche-terrier blanc qui vivait avec moi depuis plusieurs années, s'assit sur les marches de telle sorte que je sus que quelque chose se préparait. L'angle dans lequel il s'était assis, la façon dont ses yeux brun foncé se levèrent vers moi et ne quittèrent plus mes yeux, tous ces signes m'arrêtèrent net. Il mit également un frein au tourbillon de mes pensées. Je pouvais distinctement entendre ses paroles dans ma tête. Il était calme et posé. Il fit à mon intention des commentaires sur d'autres époques, d'autres lieux, et ce, non seulement avec des mots mais aussi avec des images. Comme s'il passait un vieux film en revue, il me racontait quelques-unes de ses vies passées, de même que certaines où nous avions vécu ensemble.

Barney me communiqua de l'information réellement intéressante, quoique lorsque je lui demandai si les vies passées étaient importantes, il commenta sèchement : « Ce n'est qu'un autre aspect de l'histoire. » Sa remarque désinvolte était tellement typique de sa personnalité que j'en ris tout haut. Ce qu'il voulait dire par là était que de telles perspectives sont le reflet ou la perception métaphorique des drames que le monde intérieur explore. Tout comme les rêves ont pour but de nous faire comprendre certaines choses, de même les vies antérieures jouent un important rôle en ce sens.

Ce fut là une bonne conversation, et j'étais aux anges et reconnaissante d'avoir pu vivre cette expérience. Au moment précis où Barney terminait, Zak se leva d'où il se trouvait au pied de l'escalier et commença à gravir les marches. Zak est un mélange de golden retriever, de cocker et de samoyède. Il joignit notre famille étant chiot lorsque je le pris pour la première fois dans mes bras et réalisai que je ne pouvais plus le remettre par terre. Barney n'avait pas été particulièrement heureux de la chose à ce moment-là.

Et encore maintenant, il n'était pas content de voir Zak passer à côté de lui dans l'escalier. Calmement et délibérément, ce dernier s'assit dans l'escalier directement au-dessus de Barney. Son geste et le choix du moment pour le poser étaient ceux d'un acteur accompli tandis qu'il captait notre attention, nous forçant ainsi au silence. Il émit alors les paroles suivantes d'un air à la fois amusé et désabusé : « Je ne suis même pas de cette planète. »

Avant même que je puisse réagir, Zak m'envoya tout un lot d'informations, me faisant sentir avec force qu'il était venu vivre ici pour nous donner, à

Barney et moi, un surcroît d'énergie. Il expliqua qu'il était un « chien énergiseur » et qu'il s'était incarné dans le but de nous aider. Son boulot, disait-il, consistait à renforcer les autres sur le plan énergétique, à leur accorder une protection de manière qu'ils puissent se concentrer sur autre chose, plus précisément sur des choses de nature spirituelle.

Même si Barney n'était évidemment pas emballé de se faire ainsi voler la vedette par Zak, lorsque je tournai mon regard vers lui, il me confirma que cette information était exacte.

Subitement, tout ce que Raphaela m'avait rapporté avoir éprouvé lorsque le dauphin Sugar lui avait affirmé vivre sur une autre planète – la consternation, le doute, l'irritation, l'incrédulité – me frappa à mon tour. Ce n'était pas tant que je ne croyais pas Zak, mais voulais-je réellement être associée à ces fadas qui parlaient d'êtres venus d'autres mondes ?

Lorsque je repris contact avec Raphaela quelque temps après, plusieurs communicateurs m'avaient confié entre-temps avoir également parlé avec des animaux habitant d'autres planètes. Bien que cela puisse sembler étrange pour les humains, ce n'est apparemment rien de bien spécial pour les animaux. Si vous êtes consciemment connecté à l'esprit, et savez que celui-ci peut adopter n'importe quelle forme, alors le fait que vous soyez une fourmi dans le Midwest, un agent de change à New York ou un cétacé dans une autre galaxie n'est rien de plus que votre forme du moment. Il ne s'agit certainement pas d'une révélation cosmique majeure.

Sur le plan humain cependant, c'est exactement le

genre d'idée qui risque de vous mettre dans le pétrin. Le problème est que les gens respectables qui sont à tout le moins ouverts à l'idée de communiquer avec des animaux pourraient bien considérer comme absolument invraisemblable l'idée d'un dauphin mort envoyant des messages depuis une autre planète. Et pire encore, c'est que les gens pour qui l'idée d'un dauphin mort envoyant des messages d'une autre planète n'est pas si absurde que cela sont exactement le genre de personnes que votre mère vous a averti de ne pas fréquenter.

J'ai avoué à Raphaela que je comprenais maintenant son inquiétude, car j'avais moi aussi ressenti le même malaise déconcertant en sachant que ce que j'avais entendu était réel, ce qui ne m'empêchait pas de sentir que c'était trop étrange pour le révéler à quiconque. C'est plus fort que moi.

« Voici le problème que j'ai avec cela », dit Raphaela. « Ce n'est pas que je ne crois pas que cela puisse être vrai. Le cosmos est infiniment vaste et dépasse l'entendement humain. Mais ce qui me rend nerveuse à propos de recevoir ce genre d'information est le fait que j'associe cela avec les extrémistes fanatiques. Et je ne veux surtout pas être classée dans cette catégorie de gens. Je veux mener une belle petite vie tranquille comme communicatrice animalière, être bien respectée dans mon milieu, ce genre de choses. »

Et c'est là que le bât blesse. Que nous communiquions ou non avec les animaux, nous avons tous nos zones de confort relativement aux types d'expériences que nous pouvons accepter, et celles-ci à la fois définissent et révèlent jusqu'où nous sommes prêts à aller, jusqu'à quel point nous sommes capables d'ouvrir notre esprit avant de nous considérer nous-mêmes comme totalement cinglés. C'est une chose de parler de spiritualité et d'adhérer au principe selon lequel nous sommes tous Un, mais c'en est une tout autre d'accepter sérieusement l'idée qu'un dauphin décédé vivant sur une autre planète sous la forme d'un esprit puisse avoir quelque chose de valable à nous transmettre.

Lorsque nous établîmes à nouveau le contact avec Sugar, je lui demandai s'il pouvait nous en apprendre davantage sur notre façon de créer nos propres réalités. Il y eut alors une longue pause.

Le monde, le cosmos, l'univers. Ce sont tous là des mots inadéquats pour décrire l'océan miroitant de matière créatrice dans lequel nous nageons tous. Cet océan est rempli de possibilités. Les êtres choisissent consciemment ou inconsciemment par leurs pensées et leurs émotions les événements dont ils veulent faire l'expérience. Ainsi, Raphaela voulait être une communicatrice animalière. Elle pensa et rêva à cela, puis le manifesta sur le plan physique. Elle décida qu'elle était une communicatrice animalière, elle agit en fonction de cette conviction, et maintenant voilà qu'elle l'est devenue !

Transposant cela à un autre niveau, peux-tu nous en dire plus au sujet de nos moi multidimensionnels et sur la façon dont ils interagissent les uns avec les autres ? Par exemple, si nous sommes tous en voie d'avoir une conscience accrue de notre nature multidimensionnelle, alors comment le fait de réaliser une importante percée spirituelle avec un moi affecte-t-il les autres ?

Votre conscience de vos autres moi et de leurs interactions est en bonne partie limitée par votre conception linéaire du temps. Toutefois, cela est flexible et en train de changer. À d'autres niveaux de réalité, ces moi ont la possibilité d'interagir, et c'est précisément ce qu'ils font.

C'est un peu à l'image d'une pieuvre. Chaque tentacule est distinct et a sa propre existence, mais tous sont néanmoins reliés à l'ensemble. C'est là un vaste sujet à explorer. Lorsque vous le comprendrez réellement, vous prendrez alors conscience de votre connexion avec Dieu. Chaque expression individuelle de l'âme – chaque être, chaque vie animale ou humaine – a quelque chose des qualités de Dieu et est capable de créer.

Si nous nous voyons comme les tentacules d'une pieuvre, alors une fois que tous nos moi ont pris conscience du Soi central, ou de la tête métaphorique de la pieuvre, cette tête est-elle un autre tentacule de quelque chose d'autre d'encore plus gros ?

« En somme, jusqu'où la conscience peut-elle remonter ? » demanda Raphaela. « Oh ! voici la réponse en immenses lettres majuscules : À L'INFINI ! »

Même notre être actuel serait donc un tentacule d'une autre conscience encore plus grande ?

Il n'y a pas de fin à la croissance.

Pendant quelques instants, nous nous sommes regardées, Raphaela et moi, en riant doucement. Que peut-on faire d'autre devant l'Infini ?

Apparemment, je ne pouvais m'empêcher de songer à de nouvelles questions, car à peine quelques secondes plus tard je me souvins d'une chose qui m'avait laissée perplexe.

Est-il vrai que l'on rencontre des royaumes de béatitude lorsqu'on déploie sa conscience, et que ceux-ci sont en réalité des seuils protecteurs de quelque chose d'encore bien plus grand?

L'état de félicité est accessible à tout moment. Il est constamment possible d'entrer en extase. On peut l'atteindre grâce à des expériences de méditation ou de transe. Il y a de nombreuses façons d'y accéder. Lorsque l'on est en état d'extase, on a l'impression que cela nous envahit complètement; de fait, c'est véritablement le cas. Mais ce n'est pas la fin ultime, car il n'y en a pas.

«Je ne sais pas ce qu'il y a au-delà de cela, dit Raphaela, mais je me contenterais bien de l'état de béatitude! Du moins certainement pour quelques centaines d'années!» Sur ce, elle éclata de rire et je ne pus m'empêcher de me joindre à elle. Cette femme a un rire absolument contagieux, et quelques minutes s'écoulèrent avant que nous puissions retrouver notre calme.

Comment les humains peuvent-ils devenir plus conscients de leurs moi multidimensionnels?

Ne perdez pas de vue que chaque pensée et chaque émotion que vous avez recèlent une sorte de conscience douée de créativité et qu'elles se perpétuent à jamais.

«Oh, mon Dieu! Mieux vaut alors faire attention à ce que nous pensons», murmura Raphaela.

Demandez également à connaître vos autres moi. Vous pourriez en avoir un aperçu durant votre sommeil et vos méditations. Envoyez-leur de l'amour et dotez-les de l'énergie d'évolution la plus élevée possible. Accordez-leur les bienfaits de votre sagesse et de votre expérience, tandis que vos autres moi en feront tout autant à votre intention. Vous recevez déjà leur soutien constant.

Que peuvent faire les humains pour contribuer à ce que les changements sur Terre s'effectuent en douceur et avec grâce ?

Créez le changement en maintenant en vous l'image qu'il sera facile et qu'il se fera en douceur. Il y a déjà bien assez de gens sur la planète qui prédisent l'apocalypse. Visualisez une transition simple et élégante sans aucun désastre physique. De nombreux désastres ont été empêchés en raison de l'éveil de la conscience sur Terre. D'autres n'ont pu l'être. Vous n'avez pas à être des accros du drame.

« Nous aimons le drame, s'exclama Raphaela, mais c'est justement ce qui nous cause un tas d'ennuis. »

Et tandis que nous éclations à nouveau de rire, une autre pensée me vint à l'esprit. J'avais toujours présumé que nos moi multidimensionnels devaient forcément vivre en des époques et des lieux différents. Mais était-il possible – tenant compte de notre amour du drame – qu'ils puissent choisir d'avoir plus d'une vie au même endroit et au même moment ?

« Oh, bonne question ! » s'exclama Raphaela, qui était maintenant tout aussi fascinée que moi par ce jeu des possibilités multidimensionnelles. « Voyons voir ce que Sugar dit à ce sujet. "Oui !" Il nous donne ces merveilleuses et longues réponses, et puis vlan ! il nous assène ce "oui" on ne peut plus succinct. »

Après cela, je n'avais plus de questions à poser.

« Je pense toujours à lui sous la forme d'un dauphin », me confia Raphaela alors que nous prenions congé l'une de l'autre. « Il nous dit au revoir de sa nageoire. Et il est tout souriant ! » Raphaela riait de bon cœur. Oh, mon Dieu ! ils sont vraiment uniques ces deux-là !

Bonheur

Beau (chien) – Morgine Jurdan

Mon message aux humains porte sur le bonheur. Je pense que les gens passent beaucoup trop de temps à s'intéresser uniquement à ce qu'ils ne veulent pas ou à ce qu'ils n'ont pas, au lieu de faire l'inverse.

Si je dors, je dors bien. Si je mange, je profite pleinement de l'expérience. Je m'aime et j'aime être vivant. Je passe du temps avec les êtres que j'aime et j'apprécie leurs chants et leurs danses. Je suis heureux et ravi de faire l'expérience de tout ce que la vie a à m'offrir.

Pour moi, la vie est simple et profondément satisfaisante. Je suis reconnaissant de pouvoir apprendre de nouvelles choses. Je cherche le bonheur et m'intéresse avant tout à l'amour. Lorsque je garde ces choses à l'esprit, je crée ainsi des situations qui les amènent à moi et qui me permettent en retour de vous sourire.

Les gens ont souvent l'impression qu'il est difficile d'être un animal domestique. Il en est ainsi parce que vous centrez votre attention sur les choses dont nous devons nous passer et sur nos limitations. Vous faites des comparaisons et portez des jugements. J'évalue où je suis – peu importe la situation – et je fais de mon mieux, trouvant chaque fois quelque chose à aimer et apprécier.

La vie peut être une expérience très enrichissante si nous faisons en sorte qu'il en soit ainsi. Les animaux ne contemplent peut-être pas des idées comme vous le faites et nous n'arrangeons pas notre monde de façon aussi compliquée que les humains. Cependant, j'ai le sentiment que le regard assez simple que nous portons sur la vie nous offre à long terme de très grands avantages. Il nous arrive rarement de manquer quelque chose alors que par votre désir de comprendre et de disséquer la vie, vous ratez souvent beaucoup de choses.

Mon vœu est que nous puissions passer plus de temps à être présents l'un pour l'autre. Je sens que l'amour nous enseigne tout ce que nous avons réellement besoin de savoir. Merci de me permettre de partager ainsi un peu de moi-même avec vous tous. C'est une faveur que peu d'animaux ont reçue. Puissiez-vous tous être bénis et puissent vos jours être remplis de joie, de bonheur, d'émerveillement, d'admiration et d'amour.

CHAPITRE 12

Par-delà le karma

Alors que je regardais Zak – un chien plein d'énergie et heureux aux yeux bruns et à la toison aux reflets rouge et or qui aimait courir, donner la chasse à des balles et se faire frotter le ventre –, il m'était difficile d'accepter cette notion selon laquelle l'énergie des chiens proviendrait d'autres planètes. La multidimensionnalité est certes un concept amusant, mais lorsque ça vous touche directement et personnellement, il y a certains coûts à payer.

Quelques semaines après avoir échangé avec Raphaela et Sugar, et après m'être ouverte (lentement et prudemment) à la possibilité que les choses puissent effectivement être assez différentes de ce que l'on nous avait appris à croire, je m'étais résignée à l'idée que le moment était venu d'explorer plus à fond ce que Zak avait à dire à ce propos.

C'est ainsi qu'un après-midi, après avoir rassemblé mon courage pour m'asseoir près de lui, je calmai mon esprit et lui demandai de me parler de cette autre planète où il avait vécu. Je ne savais trop à quoi m'attendre, mais ce n'était certainement pas à ce qu'il se mette à rire de moi ou à modifier si rapidement la pensée selon laquelle l'endroit d'où il venait n'était même pas une planète après tout.

En fait, il avait affirmé cela un peu à la blague.

Peut-être l'effet de surprise provoqué par cette

révélation inattendue était-il précisément ce qu'il espérait car, en raison de ma surprise, tout un tas d'images-pensées se bousculèrent soudain dans ma conscience. Elles ne semblaient pas se présenter dans un ordre particulier et, pourtant, elles formaient un tout homogène et se succédaient dans une parfaite harmonie. Par son étrange qualité intemporelle, l'expérience était intensément focalisée dans l'instant présent.

Voici ce que Zak me raconta.

Je suis relié à un groupe d'êtres qui constituent littéralement notre planète, car nos corps de lumière peuvent créer tout genre de monde ou de planète, selon notre choix. Ce groupe d'êtres pourrait se comparer à ce que vous appelez un ordre fraternel, mais c'est plus que cela en réalité. Nous venons en ce monde à la fois pour donner de l'énergie et stabiliser les énergies. Tu peux m'appeler le « Neutralisateur ».

Les membres de notre groupe arrivent sans karma ni attachement karmique, puisqu'ils ont une connexion très directe et centrée à cet égard. Nous venons pour effectuer notre boulot, nous le faisons, et il n'y a rien de plus à ajouter. Mais beaucoup parmi les membres de notre groupe qui viennent sur cette planète aiment bien leur vie d'animal, et cela est parfois considéré comme un des « privilèges » que procure ce boulot.

Notre groupe ne crée pas d'attachements karmiques émotionnels comparables à ceux que d'autres animaux connaissent. Nous ne revenons généralement pas vivre en compagnie des mêmes âmes. Le service est plutôt le but premier de notre groupe, et nous venons avec de bonnes quantités d'énergies à dispenser.

Voyant l'image d'un lecteur et d'une disquette

ZIP, je compris que Zak voulait dire, métaphoriquement parlant, que toute cette énergie est utilisée pour aider à amplifier d'autres énergies et à neutraliser des énergies bloquées.

Par « énergies bloquées », veux-tu dire des influences émotionnelles ou du karma ?

Oui. Mon boulot consiste à nettoyer votre lentille, à aplanir les rebords gommés ou raboteux afin que vous soyez en mesure d'aller de l'avant, ou encore d'améliorer votre perception par une plus grande clarté. Je suis comme une pierre ponce faisant disparaître tout ce qui pourrait vous ralentir. Le maintien d'un bon ordre est important dans ce genre de service.

J'ai eu l'impression qu'il y avait fort peu d'attachements émotionnels dans ce groupe. J'ai plutôt observé une attitude distante, comme si, par leur nature même, ces êtres sont plus près de l'esprit et peu axés sur la dimension personnelle et l'ego.

Y a-t-il quelque chose que ton groupe aimerait nous communiquer ?

Il y a de nombreuses façons de manifester l'esprit. Le choix à cet égard dépend d'un certain nombre de variables. Le degré d'intensité de la lumière que vous acceptez de recevoir dans votre conscience, votre corps, de même que votre niveau de compréhension déterminent en partie la clarté de votre perspective, de là où vous vous situez. Ce qui a de l'emprise sur votre corps correspond à ce qui en a sur votre esprit. Nous sommes ici pour libérer le corps, jusqu'à un certain point, de ce qui exerce cette emprise. Nous venons aider l'humanité ainsi que d'autres espèces. La plupart d'entre nous utilisent un certain nombre de formes d'énergie au cours d'une vie. Nous communiquons également avec d'autres individus au sein de notre groupe.

Alors que je revenais peu à peu de l'état de détente propice à la communication, je ressentis les signes familiers d'une frustration montante. Comment peut-on vérifier la validité de toute cette information ?

Avec un regard amusé, Zak se leva pour s'éloigner, non sans me lancer symboliquement un os en guise de conclusion :

De tous les animaux avec lesquels tu as eu une conversation jusqu'ici, le cheval nommé Écho saurait te confirmer l'existence de notre groupe. Si tu as besoin d'une confirmation, c'est à lui qu'il faut la demander.

C'était un sentiment étrange d'être à la fois si profondément amusée et si terriblement frustrée par une situation, quoique je commençais à m'y habituer. Observant Zak sortir de la pièce en trottant, sa grande queue blanche dressée bien droite en l'air, je contemplais la situation : voici un chien qui est en réalité un être illuminé venu nous aider, moi et mon autre chien, et si je veux savoir si cela est vrai, il faudrait que je le demande à un cheval…

Je pris le parti d'en rire, mais ce n'était pas un rire d'incrédulité. Bien au contraire, c'était un rire né d'une intuition profonde qui m'assurait de la véracité de cette histoire, même si personne d'autre n'allait jamais y croire.

Certaine que Nedda et Écho seraient disposées à répondre à ma question au sujet de Zak, j'hésitais malgré tout à leur en parler. Je me rappelai cependant une chose qu'un groupe d'esprits d'animaux avait demandé à la communicatrice Diana Roth de me transmettre, une espèce de prédiction en fait : « Tu seras soumise à maintes épreuves tout au long de la préparation de ce livre, mais chaque fois que tu en réussiras une, plusieurs portes s'ouvriront alors à toi. »

Tout cela est très bien, mais que se passe-t-il lorsque tu n'as pas vraiment envie que les portes s'ouvrent ?

Alors même que je rédigeais un message à l'intention de Nedda, le doute ne cessait de me tenailler l'esprit. Comment se faisait-il, par exemple, que Zak connaissait Écho ? Mes trois chiens s'étaient souvent trouvés dans mon bureau alors que je parlais au téléphone avec divers communicateurs, mais je n'avais jamais conversé avec Nedda au téléphone. Nos communications s'étaient déroulées exclusivement par voie de courriel. Comment était-il possible alors que Zak ait appris l'existence d'Écho ?

Et puis, au cours d'un de ces moments de synchronisme magique qui surgissent à l'improviste, Zak descendit l'escalier en courant jusque dans mon bureau. Me retournant, je vis qu'il me regardait fixement dans les yeux avec ce que je sentais être un mélange d'encouragement et d'irritation passagère.

Quand franchiras-tu le pont et croiras-tu enfin en ce que tu sais déjà ?

J'envoyai le courriel.

Il y a une limite à la bizarrerie qu'un être humain est capable d'accepter avant d'avoir à prendre une décision. Doit-il s'ouvrir à une nouvelle manière d'être ou bien fermer les écoutilles et espérer que les absurdités auxquelles il fait face vont bientôt disparaître ? On ne peut distendre son système de croyances que jusqu'à un certain point au-delà duquel tout commence à s'effondrer.

Comme l'avait affirmé Zak, le degré d'intensité de la lumière que nous acceptons dans notre conscience est un reflet de là où nous en sommes dans notre perspective. Et là où j'en étais, c'était caché tout au fond de la penderie, dont la porte était malgré tout entrebâillée. Même si le doute et l'incrédulité étaient sans cesse présents, un sentiment de légèreté et de bien-être s'emparait aussi peu à peu de moi.

Lorsque la réponse de Nedda arriva, j'étais à la fois anxieuse et excitée, car non seulement Écho avait-elle répondu, mais Violette aussi.

[Écho] La description de Zak concernant le groupe auquel il appartient est exacte. Tu seras sans doute étonnée d'apprendre que de nombreux êtres provenant de tous les coins de l'univers et de toutes les dimensions sont ici sur Terre pour apporter leur aide en ces temps de transition. Selon la compréhension que j'en ai, le groupe de Zak a choisi d'accompagner certains humains jouant un rôle clé – leur apportant un surcroît d'énergie et leur donnant subtilement la guidance nécessaire – afin de leur permettre de remplir la mission pour laquelle ils sont ici en ce moment. Dawn, une partie de ta mission consiste à préparer le livre que tu écris, lequel contribuera à élever la conscience humaine à l'égard de la spiritualité et des animaux. De toute évidence, cela signifie que tu dois devenir plus consciente à mesure que tu en feras la rédaction. N'est-ce pas amusant ?

[Violette] Je pense avoir déjà rencontré certains des êtres appartenant au groupe de Zak alors que je me trouvais sur une autre planète. Ils ont une grande influence pour générer des énergies d'amour et de paix et pour apporter un soutien à ceux qui génèrent également ces énergies. Le fait que l'un d'eux vive et travaille avec toi démontre bien à quel point toi et ton livre êtes importants.

Je suppose que ces réponses auraient dû normalement me rassurer quelque peu. Et pourtant, comme pour un fil décousu sur une chemise favorite, il était tellement tentant de tirer sur ces petits filaments d'incrédulité. Même si je ne doutais plus de l'information reçue de Zak, je savais que je n'étais pas au bout de mes surprises.

Chrys Long-Ago, la communicatrice animalière d'Anchorage en Alaska qui, la première, m'avait fait découvrir les merveilles de la communication avec les animaux, consentait à m'aider une fois de plus. Je lui racontai seulement que Zak avait prétendu travailler avec un groupe d'êtres énergétiques provenant d'un autre endroit. Et ce fut donc avec cette seule information on ne peut plus vague qu'elle commença à établir le contact avec lui.

« Je ne reçois pas de nom pour le groupe de Zak », déclara Chrys. « Voici ce qu'il dit. »

Au niveau de l'âme, j'ai transposé mon énergie à une fréquence plus basse afin d'entrer dans la matière et ainsi de prendre un corps physique. J'ai maîtrisé la faculté de demeurer conscient et de faire œuvre utile en dehors de la dimension physique. Certains des membres de mon groupe essaient d'adopter une forme physique afin de se rendre accessibles aux êtres qui ne sont conscients que de leur seul état physique, et aussi d'éveiller d'autres êtres qui ont oublié le passé alors qu'ils étaient beaucoup plus harmonisés avec les vibrations spirituelles.

Ce que nous observons en ce moment, c'est que lorsque les gens deviennent plus conscients de leurs vies passées – particulièrement les vies importantes sur le plan spirituel, alors qu'ils étaient guérisseurs ou très doués pour les choses spirituelles – et se rappellent à quel point ce sujet était vaste quand ils faisaient partie de diverses autres races, tout cela a tendance à causer un certain émoi en eux. Il s'ensuit alors que ces gens en éprouvent une certaine insécurité et perdent ainsi contact avec leur réalité habituelle. La meilleure chose pour ces individus, tandis que s'effectue ce changement et qu'ils se sentent effrayés et insécurisés en raison de ce qu'ils découvrent au sujet de leur passé, consiste à reprendre contact avec ce qui leur est familier.

Nous ne devons pas rejeter la dimension physique lorsque nous sommes dans un corps physique. Le problème lié au fait que de plus en plus de personnes prennent conscience de leur passé est qu'elles deviennent tels des hurluberlus, et qu'il est débilitant pour elles de demeurer trop longtemps dans cet état d'esprit.

Lorsque les gens se perdent dans leurs souvenirs, ils perdent aussi totalement contact avec le présent. Quand vous n'arrivez plus à être centrés dans le présent, vous perdez alors tous vos moyens. C'est ce qui se passe en ce moment.

L'ensemble du mouvement du nouvel âge porte en lui un élément destructeur du fait que bon nombre de livres et autres activités connexes font perdre aux gens le sentiment d'être « groundés » dans l'instant présent. Il leur faut plutôt régler leurs propres problèmes, se guérir et s'efforcer d'atteindre un niveau de conscience en enracinant en eux de merveilleuses qualités spirituelles comme la béatitude, la compassion et l'amour.

Certains aspects du nouvel âge ont-ils pour effet de trop nous focaliser sur nos constructions mentales ?

Oui. Cela tend à donner libre cours à toutes sortes de pensées, ce qui nous fait décrocher de la réalité et nous perturbe.

Veux-tu dire que lorsque les gens sont fascinés par le contenu des messages des autres – que ce soit des channels, *des maîtres ascensionnés ou même des animaux – cela les détourne de ce qui émerge d'eux-mêmes ?*

Oui. Ils ne font pas ce qu'ils devraient normalement faire, se contentant de dire ce que tous les autres ont à dire ou, pire, focalisant leur attention sur leur propre passé – leurs vies passées, leurs réalisations passées, les civilisations du passé –, et le danger en ce cas est qu'ils ne vivent plus dans le moment présent, renonçant ainsi à leur pouvoir.

Si vous n'êtes pas dans l'instant présent, vous êtes distrait par le passé ou vous fantasmez sur des choses à venir, et vous perdez alors votre capacité d'agir dans le présent et d'avoir toute votre concentration.

Je mentionnai alors à Chrys qu'avant que nous ne commencions à parler, j'avais voulu faire entrer Zak dans la maison. Il était alors arrivé à la porte en ayant les pattes pleines de boue et m'avait communiqué l'idée, tandis qu'il franchissait le seuil, qu'il aimait bien la boue ainsi que reprendre contact avec la terre.

Chrys pouffa de rire. « Il dit qu'un chien vit principalement dans le moment présent, à moins de devenir névrosé ou de vivre avec des propriétaires névrosés. Un chien aime goûter à la vie. À mesure que des choses se présentent à lui, il y réagit sur-le-champ, en retire l'expérience ainsi offerte, puis il passe à autre chose. C'est là une forme de méditation alerte. Par conséquent, il est tout probable que jouer et creuser dans la boue soient des activités qui lui viennent spontanément. »

J'aime être un chien. Je l'apprécie vraiment et ça ne me gêne pas d'être sale. Je crois que tu es un peu trop obsédée par le fait que je me salisse.

Ce fut à mon tour de rire.

Je peux partir et être tout ce dont j'ai envie, à n'importe quel moment où je le désire. Je peux tout simplement mourir et faire quelque chose d'autre pendant un certain temps.

Je ne perds jamais de vue que je suis avant tout un être spirituel. Je peux bien m'amuser à être un chien pendant un temps, mais ce n'est pas qui je suis.

« Oh ! voilà qui est intéressant », lança Chrys. « Les gens passent leur temps à se demander qui ils sont. Zak, quant à lui, le sait ; il est de nature spirituelle. C'est en cela qu'il est "groundé". »

Quelle est la chose la plus importante que tu aimerais communiquer aux humains ?

Ce serait bien qu'ils apprennent à être comme les chiens, à accepter de bon gré qui ils sont et ce qu'ils font. Même les activités les plus simples peuvent devenir des moyens de grandir spirituellement.

C'est notre façon de voir ce que nous faisons qui détermine s'il s'agira d'une activité enrichissante au plan spirituel ou bien d'une simple activité ordinaire. Les gens auraient avantage à faire comme les animaux – pas seulement à se brancher sur la nature et les choses spirituelles mais aussi à vivre réellement ces choses sans les juger comme bonnes ou mauvaises, et sans essayer de décider à l'avance de la tournure des événements – en se contentant d'observer ce qui se passe ou d'y participer sans chercher à modifier l'aboutissement naturel des événements.

Une très bonne suggestion des chiens que les gens peuvent mettre en pratique porte sur comment avoir le cœur ouvert sans désirer une gratification en retour – à être ouverts et aimables de manière naturelle, non parce qu'ils s'attendent à recevoir la pareille en retour. Oubliez les récompenses ! Si les gens pouvaient arriver à ne plus penser à être récompensés, à ne plus avoir d'attentes à propos de quoi que ce soit dans l'avenir, alors ils pourraient être plus présents dans l'instant.

Bien évidemment, être bon à l'égard des autres signifie que vous l'êtes envers vous-même, puisque dans la nature absolue des choses, tout ce que vous faites aux autres, c'est à vous-même que vous le faites. Il n'existe pas d'autre être.

Zak, lorsqu'il a été question de ton groupe, tu as affirmé que ton travail n'était pas lié au karma. Peux-tu nous donner une version simplifiée de cette explication ?

Le karma n'est rien de plus qu'une construction mentale. Notre groupe ne s'occupe pas du temps. Nous en avons une perspective plus vaste. Nous sommes des êtres sans nom ni identité ou ego qui se manifestent dans une myriade de formes de systèmes de karma matériels tout autant que métaphysiques. Un système de karma peut être une personne qui évolue au fil de nombreuses vies.

Cette personne et cet ego n'existent pas réellement, mais je vous montre cela comme un emballage ou modèle karmique qui se perpétue encore et toujours.

« Nous nous référons à ce groupe comme étant composé de plusieurs individus, commenta Chrys, mais l'image que Zak m'en donne est celle d'un être non dualiste et pas celle d'un groupe d'êtres. Il s'agit en fait d'une seule grande intelligence capable de se manifester d'une myriade de façons différentes et d'influencer un grand nombre d'êtres différents. Cet être existe et imprègne tous les univers, toute intelligence. »

« C'est assez abstrait », ajouta Chrys. « Je me demande cependant s'ils n'ont pas perdu leur sens d'identité global, car si un seul être peut ainsi se séparer et, en ce cas, s'appeler lui-même un chien, alors cet état d'illumination doit comporter plusieurs niveaux. Je vais lui demander ce qu'il peut me dire à ce sujet. » Elle garda le silence un instant.

L'intelligence que nous incarnons existe presque sous la forme d'un gaz raréfié très subtil dans l'univers. C'est une énergie si pure, une longueur d'onde si pure, une force si pure qu'elle ne peut être vue ni détectée par la plupart des autres formes de vie. Voilà pourquoi nous nous manifestons dans des corps matériels. Il est difficile de communiquer avec nous par voie de *channeling*.

Le fait pour moi d'être un chien est tout simplement un rêve.

Zak, tu es avec moi en ce moment dans cette vie, alors est-ce ton rêve ou bien est-ce le mien ?

C'est le tien aussi. Vois-tu, je suis parvenu à demeurer conscient dans mes rêves. Je n'oublie pas ma spiritualité, alors que toi, tu te perds dans ta matérialité et ta perception des choses.

Tout comme lorsque tu te retrouves dans un rêve, tu oublies que tu es en train de rêver. Tu oublies que ce n'est qu'un rêve et tu participes pleinement à cette expérience, travaillant, réfléchissant et tentant de régler des problèmes, et quand tu te réveilles tu te dis : « Oh ! qu'est-ce que c'était que ce rêve ? » Voilà comment les choses se présentent à toi dans ta vie éveillée. C'est là aussi un rêve.

Mais si l'on vit chaque instant de notre vie en demeurant dans le moment présent, n'est-ce pas comme être dans un rêve où l'on suit là aussi ce qui se passe d'instant en instant?

Amener une intention et un focus dans le moment présent peut se révéler très illuminant. Lorsque tu n'es plus attaché à ce que deviendra ton avenir, tu cesses de générer du karma. De même, en acceptant l'avenir sans idée préconçue, tu renonces à te demander comment les choses se présenteront à toi. Tu désengages ton intention et c'est ainsi que ton karma change.

Or, il se trouve que tu peux tout de même avoir un plan, car en fin de compte il se pourrait que celui-ci soit à l'avantage de quelqu'un, comme de préparer le déjeuner ou de mettre les enfants au lit. Mais lorsque tu ne perds pas de vue qu'il s'agit d'un rêve, sachant que tu vas tôt ou tard t'éveiller de ce rêve et devenir un être pleinement illuminé, tu commences alors à cesser de générer du karma. Tu laisses en somme se dérouler tous les événements qui vont avoir lieu de toute manière, quelle que soit ton interférence à leur égard.

As-tu des questions à ce sujet ?

Je laissai s'échapper un bref rire. C'était mon chien qui me demandait cela !

Eh bien, tu voulais comprendre ce qu'est le karma. C'est cela le karma – toi qui penses et penses tout le temps. Si tu cessais de penser et commençais à être consciente avec la partie de ton esprit qui n'a aucun désir de manipuler l'aboutissement de chaque petite chose qui survient, alors tu cesserais d'accumuler du karma et tu en arriverais éventuellement à un point où le karma et le nirvana sont perçus comme les deux moitiés d'un seul tout. Le nirvana est l'état d'illumination au-delà du karma. Cependant, tous deux appartiennent au domaine du rêve. Il y a un stade d'illumination au-delà de cela et c'est de là que nous venons.

Oh Zak ! Je m'émerveillais de ce que le fait de converser avec des animaux m'avait amenée là où j'en étais.

C'est vraiment une expérience unique que d'être un chien. Tu as la possibilité de faire des choses sans avoir à assumer de responsabilité. Tu n'as pas besoin d'avoir un job et d'aller travailler. Ce n'est pas nécessairement le cas pour tous les chiens. Certains d'entre eux sont accablés d'un grand chagrin et de responsabilités pour leur famille.

Les gens doivent comprendre qu'il n'est pas toujours merveilleux d'être un animal. Un grand nombre d'animaux ont aussi besoin d'être libérés et d'atteindre des états d'être où ils pourront assimiler des leçons spirituelles et apprendre des choses. Les animaux ne sont pas tous conscients de leur essence spirituelle.

Les gens ont beaucoup à apprendre en se mettant à la place de leurs chiens, mais il y a un grand danger à cela.

En effet, ils ont souvent tendance à projeter quelque chose qui n'est pas là et à s'inventer ensuite un petit scénario à partir de cela.

« Ce que tu racontes est compatible avec mes propres convictions et ce que j'ai pu observer chez d'autres animaux », lança Chrys. « Je peux voir qu'il estime que ce serait bien si les gens pouvaient s'imaginer être à la place d'un chien et penser comme tel – être présents dans l'instant et avoir une attitude de parfaite insouciance –, mais il ne voit pas ce genre de chose se produire. Bien des gens ont tendance à concevoir des choses qui n'existent pas réellement en ce qui concerne leurs animaux. Zak espère que ton livre parviendra à rejoindre certaines personnes afin qu'elles cessent de voir leurs animaux à travers leurs propres idées préconçues et se mettent plutôt à les voir comme des individus à part entière. »

Chrys fit une pause et se mit à rire, et je me demandai ce qui se passait encore. « C'est au sujet de sa nourriture », dit-elle. « L'idée d'une petite gâterie vient de lui traverser l'esprit. Peut-être est-ce là aussi une chose profonde ! On peut être très illuminé et néanmoins raffoler du chocolat ! »

Je l'espérais certainement aussi. Sans chocolat, que pourrait-il y avoir de si extraordinaire à l'illumination ?

Il y a beaucoup de lumière sur la planète, plus qu'il n'y en a eu depuis de nombreux siècles. Mais ce qui est dangereux est le peu de temps que les humains s'accordent pour être pleinement conscients. Il y a maintenant beaucoup plus de distractions et de choses divertissantes à faire, sans compter que les gens développent un ego monumental. Cela ne facilite pas les choses pour eux.

« Mais il a été en mesure de fonctionner en dehors de son corps », dit Chrys. « N'a-t-il pas affirmé avoir évolué sur une autre planète ou venir d'une autre galaxie ? »

« Non », expliquai-je. « Il a d'abord prétendu qu'il venait d'une autre planète, affirmant par la suite qu'il s'agissait d'une blague, que les planètes ne sont elles aussi que des concepts. »

« Ouais, c'est le concept de l'espace », ajouta Chrys en riant.

Le concept du temps sème déjà la confusion en toi. Lorsque tu réussis à sortir du système du temps, tu n'as plus aucun karma. Le karma est fondé sur une croyance en la notion du temps, une croyance en l'idée que des activités ont lieu dans le passé, le présent et l'avenir. Par conséquent, lorsque tu changes ta perception des choses en une conscience de la non-existence du temps, le karma n'a alors plus d'effet sur toi.

L'espace est également un concept, une création de l'esprit. En fait, l'espace n'est pas quelque part à l'extérieur. Il correspond à différents niveaux de conscience. Pour les humains, certains endroits peuvent sembler lointains ou à des années-lumière d'eux, mais en réalité ce n'est là qu'un concept.

Veux-tu dire que les planètes seraient comme une sorte de blague sur l'espace inventée par l'esprit ?

Il s'agit de différentes longueurs d'onde – une longueur d'onde différente au sens d'une onde cérébrale différente, d'un schéma mental de pensée différent. Tu pourrais ralentir tes patterns et l'ensemble de ton essence et laisser tout cela se fondre en une sorte de système planétaire déjà établi, ou bien changer les vibrations et participer à un autre. Nous avons tendance à vouloir demeurer en dehors de cela et à maintenir une attitude distante à cet égard. Nous sommes une énergie très subtile et très pure.

« Cela correspond à ce que Zak me confiait auparavant lorsqu'il mentionnait ne pas revenir sans cesse avec la même personne », dis-je à Chrys. J'étais également frappée par l'emploi des mots *attitude distante* de la part de Zak durant une précédente conversation avec lui. Ma compréhension en était alors qu'il les utilisait dans le sens de ne pas vouloir encourager la dépendance.

« Il soutient qu'il a dû abaisser ses vibrations pour venir ici, pour entrer dans le plan physique et apprendre à utiliser nos ondes cérébrales afin de pouvoir nous parler », expliqua Chrys. « Tel est le pouvoir de concentration qu'il a, ce qui lui permet de changer à ce point ses vibrations, de les maintenir et de passer d'un niveau à l'autre. »

Mais je suis toujours un chien.

Ce qui nous fit bien rire, Chrys et moi.

Je demandai à Chrys si elle pouvait distinguer la différence entre les fois où elle parlait à Zak le chien et les fois où elle s'adressait à Zak l'être illuminé.

« Eh bien, nos conversations se déroulent principalement avec ce que l'on pourrait appeler son Moi supérieur », dit-elle. « Son esprit de chien a une vibration différente. Je peux alors nettement l'entendre ; il n'a pas la même voix. En fait, elle a une tout autre sonorité et laisse une impression différente. »

« Et le moi de ce chien est-il conscient de son Moi

supérieur ? »

« Il ne le perçoit pas comme étant un moi séparé », répondit Chrys. « Ce ne sont pas deux moi distincts. »

« Mais Zak le chien est-il conscient de sa nature spirituelle ? »

Elle m'indiqua qu'elle allait le demander à la source. Puis, après une longue pause, elle lança un « Ah ! ».

C'est le contraire. Tu es proche. C'est mon moi spirituel, ce que tu pourrais appeler mon âme, qui est conscient de sa propre nature, une nature illuminée intrinsèquement parfaite, et en même temps de sa forme de chien.

La forme de chien n'est en soi qu'une illusion ; elle n'a, somme toute, que très peu de conscience. La seule chose qui anime ce corps est l'esprit qui l'habite. L'esprit a conscience de la matière. La matière est une sorte de reflet dans le miroir, et celui-ci ne possède pas d'intelligence propre. Ce n'est pas mon cerveau matériel qui pense. C'est plutôt l'intelligence résidant à l'intérieur du cerveau qui pense et établit la connexion électrique, ce que vous appelez le courant ou l'énergie.

Et cette énergie est reliée à l'esprit ?

C'est l'esprit. C'est uniquement l'esprit qui a abaissé ses fréquences vibratoires afin de pouvoir fournir le courant reliant la matière, les cellules et les plus petites parties de la matière, les atomes. Je suis en réalité l'espace entre les atomes.

« Ce sont là ses paroles ! » s'exclama Chrys avec étonnement et jubilation. « C'est exactement cela que ton chien est ! » Et une fois de plus, Chrys et moi ne pûmes nous empêcher de rire, indiquant peut-être ainsi que l'humour a définitivement sa place dans l'éducation spirituelle.

Chrys était d'avis que ce à quoi Zak référait était lié au concept du vide dans le bouddhisme, à savoir que l'espace entre les atomes, et même entre les fragments d'atomes, est précisément l'endroit où toute intelligence réside. « Ton chien est donc réellement conscient de ce qu'il est, déclara-t-elle. Ce n'est pas ton chien, mais un être illuminé conscient de lui-même en tant qu'intelligence universelle et qui a la faculté de changer sa fréquence vibratoire pour devenir ces différentes formes. »

Mais ces formes ne sont pas en soi indépendantes de l'esprit qui les pense.

Le but est donc de faire entrer le moi spirituel dans l'esprit conscient?

En vérité, c'est tout juste si j'étais parvenue à formuler cette question. Mon esprit devenait hypersaturé avec toutes ces notions d'atomes et d'espace entre ceux-ci. Et pourtant, il me semblait que nous touchions à quelque chose d'important.

Lorsque vous devenez plus conscients de votre essence spirituelle et de votre véritable nature, vous réalisez soudain que ce qui est conscient en vous est justement cette essence spirituelle. Vous n'en aviez qu'une vue fragmentée pendant un bref moment. Vous ne vous regardiez que par la fente d'une porte entrebâillée. Mais en ouvrant la porte, l'esprit ordinaire est alors disparu.

L'esprit humain ordinaire, la conscience humaine, est la porte, mais elle bloque le passage. Et pourtant, le simple fait de se voir comme un être spirituel suffit pour l'entrouvrir de plus en plus. Vous prenez conscience que vous êtes l'essence même de l'illumination – un être illuminé et intelligent. Plus vous y pensez et plus vous vous interrogez sur votre nature spirituelle, plus vous avez de chances de prendre conscience que vous êtes celui qui observe et pense, non la chose à laquelle vous pensiez. Vous êtes cela ! Plus vous y pensez et contemplez cela, plus ça devient évident.

Chrys et moi gardions le silence. Pendant un moment, je demeurai comme suspendue hors du temps, où rien n'était encore parfaitement compris mais où pourtant tout était parfaitement clair.

Puis la porte disparaît. Et alors vous restez simplement là dans l'espace, tout s'éclairant, car vous savez tout.

L'histoire de la tortue
par Jim Worsley

Un bon matin, je me suis rendu en voiture au parc pour m'y promener avec mes deux chiens, Archie et Tucker. C'était un matin comme les autres, sauf que je ne cessais de penser que je voyais des tortues sur le bord de la route. Chaque fois, l'objet s'avérait pourtant être autre chose. Alors que nous arrivions au parc, l'idée de ces tortues imaginaires me sortit de l'esprit.

Archie m'apporte habituellement un bâton pour que je le lance. Il court le chercher et attend ensuite que Tucker et moi nous le rejoignions. Je lui lançais et relançais le bout de bois comme à l'habitude lorsqu'il atterrit derrière un arbre. Comme nous nous approchions, je vis qu'Archie regardait fixement au pied de l'arbre. Il avait laissé le bâton au sol, là où il était tombé, à moins de deux centimètres d'une tortue.

Celle-ci demeurait parfaitement immobile, la tête sortie de sa carapace. Je vis qu'il y avait une raison bien précise à sa présence à cet endroit et que ce n'était pas une coïncidence si tout au long de la route pour venir au parc je m'étais imaginé voir des tortues. Elle me donnait l'impression de nous avoir attendus afin de pouvoir terminer son boulot.

Je pris alors conscience que l'on m'avait fait venir jusque-là. Et bientôt je pensai au projet de livre de Dawn Brunke et à sa question : « Quel message les animaux désirent-ils nous transmettre ? » Je la posai donc à la tortue et l'entendis répondre : « Les gens ont besoin de purifier leur esprit; ils ressentiront alors une plus grande satisfaction à être là où ils sont. On peut se trouver bien n'importe où. Regardez, je peux vivre entre l'autoroute et ce sentier. J'ai ici tout ce dont j'ai besoin. Ma maison est ici même. Il faut que les gens apprennent à mieux se satisfaire de ce qu'ils ont déjà, car autrement ils ne se sentiront jamais comblés peu importe où ils iront. »

Je remarquai que la tortue était extrêmement patiente avec nous. Tucker se rapprocha pour renifler sa carapace. C'était comme si la tortue nous faisait confiance. Je demandai si « purifier l'esprit » signifiait avoir une attitude plus positive envers la Terre en général.

« Bien sûr ! » entendis-je en réponse. À ce moment-là, l'animal souleva sa carapace, vira de bord et commença à s'éloigner. « Si ton esprit est pur, tu n'auras pas besoin d'aller si vite pour trouver ce que tu cherches. Rien n'est perdu, à moins que tu ne penses le contraire. Je me tiens loin de cette autoroute, car tout y est trop rapide. Il y a toujours suffisamment de tout lorsqu'on choisit ce que l'on a déjà avant de partir à toute vitesse pour en avoir plus. » Puis la tortue s'éloigna lentement de nous tandis que je demeurai sans bouger avec mes deux chiens à la regarder partir.

CHAPITRE 13

Le Net intérieur

Avec toute technologie, nous poursuivons le rêve de la véritable unité; le téléphone, la télévision, les télécommunications émergèrent de notre profond désir d'être tous véritablement connectés ensemble. Dans notre désir de devenir ce que nous sommes réellement, nous avons inventé le réseau Internet et d'autres moyens d'interconnexion du même genre afin d'émuler la télépathie, la forme de communication la plus naturelle qui soit.

René K. Müller, webmestre

Un matin, je m'éveillai avec le souvenir fugace de la fin d'un rêve assez impressionnant. Dans ce rêve, j'assiste à un atelier sur la communication animalière donné par Sam Louie. C'est la pause et je suis seule dans la salle de cours avec ce dernier et plusieurs chiens. Je suis sur le point de quitter également la salle lorsque je découvre soudain dans mon cerveau un appareil permettant de communiquer avec les animaux.

D'abord je pense que Sam est responsable de cela, mais il s'empresse de nier que ce soit le cas. Il me dit que les exercices faits lors de l'atelier m'ont peut-être aidée à localiser l'appareil, mais que celui-ci avait été là en moi durant tout ce temps. Il a l'apparence d'une bille de verre foncée d'environ un centimètre de diamètre. Bien qu'il soit à l'intérieur de ma tête, je peux également le voir. Il me rappelle l'icône d'un ordinateur. La bille comporte plusieurs petits disques aux couleurs vives disposés autour d'un axe central. C'est au travers de ces disques que des rayons laser de lumière sont émis, ce qui permet à un faisceau d'énergie d'établir un lien avec l'animal auquel je veux m'adresser. En ce sens, l'appareil sert aussi bien à faciliter la communication qu'à traduire les langages entre les différentes espèces.

La présence de cet appareil me ravit et je réalise qu'il n'y a aucune raison de ne pas l'activer immédiatement. Dès que je le fais, j'entends soudain la voix de chacun des chiens dans la salle. Je me tourne vers l'un d'eux et il me lance un beau grand sourire de chien. Puis il dit, avec un accent britannique marqué : « Par George ! je pense qu'elle vient de comprendre ! »

Je me mets à rire alors que les autres chiens entonnent en cœur une chanson tirée du film *My Fair Lady*. « La pluie en Espagne demeure surtout dans la plaine », chantent-ils en une parodie musicale hilarante. « Entends-tu cela ? ne cessais-je de répéter à Sam, entends-tu cela ? » Mais Sam aussi riait, de même que tous les chiens, alors que nous étions tous pris d'un fou rire contagieux amplifié par cette chanson.

Un des chiens se trouvant à l'autre extrémité de la salle attire alors mon attention. « Y crois-tu maintenant ? » me demande-t-il tandis que les autres continuent à chanter et à rire. « Es-tu prête à croire que c'est bien réel ? »

Ce rêve dansa en moi durant plusieurs jours. J'y

repensais souvent, souriant, riant et m'interrogeant secrètement sur le sens à lui accorder.

L'idée que la faculté de communiquer avec les animaux puisse être découverte grâce à un appareil dans notre cerveau correspond à la notion selon laquelle cette aptitude est naturellement présente chez tous les humains, quoique trop souvent oubliée. Ma réaction initiale, alors que je croyais que Sam m'avait donné l'appareil, reflète une projection commune à bien des gens. En effet, même si beaucoup croient que parler avec les animaux est chose possible, la plupart doutent en être eux-mêmes capables. Étant un bon professeur, Sam révéla que ce n'était pas vrai et qu'ils en sont donc parfaitement capables.

Le fait que l'appareil soit représenté sous la forme d'un petit globe laisse entendre qu'il possède une qualité universellement partagée, qu'il s'agit de quelque chose s'appliquant à tous les humains sur la planète. En outre, les disques émettant un faisceau lumineux (autant la lumière que les disques représentent des liens universels) avaient la capacité d'établir un lien avec n'importe quel être, peu importe où il se trouvait, sa forme, son espèce, ou même son langage. Le fait d'avoir associé l'appareil à une icône d'ordinateur est lié aux capacités d'interconnexion des ordinateurs et du réseau Internet permettant de relier n'importe quel individu ou groupe d'individus avec n'importe quel d'autre.

À mesure que le temps passait, je m'interrogeai sur le sens de certains autres détails et commençai à examiner divers aspects de ce rêve pour tenter de voir s'ils correspondaient à d'autres facettes de la réalité. Ainsi, pourquoi y avait-il cette référence au film *My Fair Lady* ? À n'en pas douter, la phrase « Je pense qu'elle vient de comprendre » colle à la réalité ; mais pourquoi ce film particulier avait-il été choisi par d'invisibles « faiseurs de rêves » ? Et pourquoi cette chanson burlesque ? Qu'y avait-il de si important à propos de la pluie en Espagne pour que mon cerveau utilise une énergie précieuse pour évoquer l'image de chiens chantant cette chanson ?

La version tournée en 1964 du film *My Fair Lady* mettait en vedette Rex Harrison dans le rôle du professeur Henry Higgins, un expert en linguistique. Higgins est résolu à transformer l'accent cockney d'une jeune vendeuse de fleurs en un anglais convenable. D'un point de vue général, cela correspond aisément au but de la communication animalière, qui consiste à transformer les échanges de manière à permettre une plus grande clarté et une meilleure compréhension entre les espèces. Cela s'accorde également avec le fait que l'appareil de communication soit un « traducteur » de langages.

Le rôle de la jeune fille au fort accent cockney qui eut à modifier sa façon de parler et devint la « belle dame » était joué par Audrey Hepburn. Le nom de son personnage était Eliza Doolittle. Doolittle ? Ce nom me rappela soudain quelque chose qui me laissa pantoise d'étonnement. Était-ce une coïncidence si Miss Eliza portait le même nom que le communicateur animalier le plus célèbre de toutes les œuvres de fiction – le docteur Doolittle lui-même ? Avais-je découvert ce lien simplement parce que je cherchais à en établir un ou bien les « faiseurs de rêves » s'étaient-ils esclaffés au beau milieu de la nuit alors qu'ils faisaient resurgir dans leur création des informations oubliées comme celle-ci ? J'étais sur le point de me demander quel autre lien j'allais découvrir lorsque le spectre de Rex Harrison se pointa en souriant tandis que je me rendais compte qu'il faisait lui aussi partie de ce jeu. Après son rôle comme linguiste dans le personnage de Henry Higgins, ce fut Rex qui joua le docteur Doolittle, un expert en langage animalier dans le film du même nom tourné en 1967.

Alors même que le monde extérieur nous offre une prodigieuse abondance d'images transformatrices et d'événements synchrones, le théâtre intérieur a son langage et son talent artistique propres qui peuvent rapidement nous transporter vers de nouvelles compréhensions de nous-mêmes et de l'univers. Le monde du rêve en particulier est une terre riche et fertile au sein de laquelle l'esprit a toute latitude pour chercher à comprendre et à réarranger les réalités intérieures et extérieures. Il nous présente sous un jour nouveau notre monde personnel dans ses représentations de récits remaniés de la réalité perçue.

Carl Jung a suggéré que les rêves sont l'esprit conscient de l'inconscient en nous. Il est donc toujours possible de leur accoler un sens, quoiqu'il faille parfois se creuser les méninges pour le découvrir. Nous dégageons des couches de plus en plus profondes, découvrons tout un ensemble de liens fascinants à niveaux multiples, de thèmes complexes et de subtiles (et parfois pas tellement subtiles) variations sur le même motif. Les rêves servent également de portails multidimensionnels. Remontez chaque parcelle d'un hologramme et cela vous ramènera au tout.

Je savais que mon rêve recelait d'autres couches.

Morceau par morceau, je pouvais le déconstruire et façonner un nouveau puzzle, réarranger les pièces en une autre version, une autre histoire qui révélerait d'autres couches, d'autres liens. Si je creusais assez profondément, j'allais retrouver la porte par laquelle j'étais entrée.

Simplement pour m'amuser, j'ai choisi quelques autres éléments du rêve. Pourquoi, par exemple, était-ce Sam Louie qui donnait l'atelier? Je ne l'avais jamais rencontré en personne et n'avais jamais suivi d'atelier. Et que penser de cette stupide chanson sur la pluie que les chiens ne cessaient de chanter? Qu'avait-elle à voir avec tout cela?

Je n'obtins pas de réponse immédiatement. Toutefois, alors que je commençais à retravailler un précédent chapitre de ce livre, j'incorporai une histoire que Sam m'avait racontée au sujet d'un chien qui se cherchait un nouveau foyer où vivre. Celui-ci avait dit que cela ne se produirait pas avant que la pluie ne débute, et cela se traduisit en fin de compte par l'arrivée d'une femme appelée Annette Rains (Pluie), qui adopta l'animal. Le chien attendant la pluie… Annette Rains… mon rêve de chiens chantant au sujet de la pluie… la pluie en Espagne? Je pataugeais dans l'ambiguïté et une bouillie de métaphores et j'en avais le cerveau tout embrouillé. Les «faiseurs de rêves» avaient-ils prévu cela ou n'était-ce là qu'un ensemble de liens épars – une simple histoire de chiens?

«Je considère les rêves comme un plan directeur incroyablement détaillé et souvent fort complexe de notre identité profonde, avec un accent sur les schémas actifs ou qui le seront bientôt», écrit le Dr Brugh Joy, enseignant et auteur. «Les rêves révèlent les moi qui dansent dans notre vie, et ce, autant au niveau conscient qu'au niveau inconscient. Les rêves sont un seuil menant à la compréhension des principes universels de Vie, et ils ont une signification collective aussi bien qu'individuelle[16]. »

Vus à partir d'une autre perspective, Sam et les chiens, même Henry Higgins et Eliza Doolittle – et par extension le bon docteur Dolittle lui-même – sont tous des aspects du moi qui rêve. Qui plus est, ils font maintenant tous partie du « nous » qui rêve, car à présent que vous avez lu ce qu'était ce rêve, il fait également partie de vous. Les rêves partagés deviennent comme une page Web à laquelle tout le monde peut avoir accès. Cliquez sur l'icône qui ressemble à une petite bille avec des points autour de son centre et vous découvrirez que le traducteur universel peut être gratuitement téléchargé. En vérité, vous n'avez même pas besoin de le télécharger, car vous disposez déjà de ce logiciel en vous. Si une conscience peut le concevoir, alors il est disponible pour tout le monde.

« Les animaux sont mes petits ordinateurs me permettant d'accéder à l'univers », m'a raconté Laura Simpson. Nous discutions d'imagerie informatisée et de télépathie, jouant avec les dénominateurs communs que sont le fait d'être « branché » et d'être « en ligne ». Laura m'expliquait l'idée selon laquelle les animaux offrent un lien direct à la conscience universelle parce que, règle générale, ils savent parfaitement qui ils sont, ils ne doutent pas d'eux-mêmes et n'ont pas l'esprit encombré de croyances limitatives concernant la séparation. Je lui racontai ce qu'un animal m'avait dit : « La raison pour laquelle les nouveaux ordinateurs vous permettent de faire un si grand nombre de choses en même temps tient au fait qu'ils sont la manifestation physique du savoir intérieur de ce que c'est réellement que d'être multidimensionnel. »

S'il est vrai que le monde extérieur reflète le monde intérieur, est-il juste d'affirmer que la généralisation de l'accès à la grande toile mondiale est un reflet du fait que les humains dans leur ensemble sont de plus en plus conscients de leurs facultés télépathiques ? Le réseau Internet est-il une manifestation extérieure du Net intérieur ? Mon image onirique d'un appareil de communication télépathique, une sorte d'icône informatique tridimensionnelle, a-t-elle été générée parce que c'est maintenant ainsi que le monde extérieur établit de telles connexions ? Est-ce parce que nous avons tous encore trop peur de faire confiance à nos propres facultés naturelles que nous manifestons des machines qui sont le miroir de la vérité sous-jacente selon laquelle nous sommes tous reliés ?

Marcia Ramsland et son chien Jarvi ont eu un jour une longue conversation à propos du « réseau animal ». C'est ce même genre de connexion que Mojave Dan exprima à J. Allen Boone, soit un lien en vertu duquel il était en mesure d'obtenir de l'information sur toute chose qu'il désirait savoir, simplement en portant attention au comportement des animaux – car dans leurs migrations et leurs rencontres ces derniers étaient au courant de tout ce qui se passait.

« Les gens ne comprennent pas comment sont les choses et menacent donc tout ce qui existe par leur manque de compréhension », disait Jarvi à Marcia il y a plusieurs années de cela. « Il est extrêmement important que tous reprennent contact avec les plantes et les animaux. Nous pouvons leur enseigner ce qu'ils ont oublié[17]. »

Se pourrait-il que le langage oublié soit une version simplifiée de ce que nous sommes si occupés à faire tous les jours avec nos ordinateurs ? Toute parcelle de savoir, toute expérience peut être diffusée par le réseau animal, grâce auquel n'importe qui peut en tout temps y accéder. « Nous avons accès à tout », m'a confié Penelope Smith. « Chaque être a accès à tous les fichiers, à toute connaissance, et nous pouvons tous puiser à même cette source par l'entremise de ceux qui en sont conscients. »

J'avais dans l'idée que c'était comme un moteur de recherche sur Internet. Tapez n'importe quel mot ou n'importe quelle phrase, et se présente alors en réponse à votre requête un choix pouvant varier de quelques centaines à plusieurs milliers de pages Web. Chacun de ces sites représente une facette du tout ; tous sont des aspects reflétant ce sur quoi vous avez choisi de focaliser votre esprit. D'une manière à peu près semblable, posez n'importe quelle question à un animal (ou à un humain) et la réponse sera le reflet d'une des facettes du tout. Obtenez une réponse particulièrement claire et vous pouvez à partir de là vous rendre jusqu'à l'illumination.

Dans la célébration de la vie éveillée, tout ce qui est fait partie de l'Un. Nous pouvons trouver la vérité partout, en chaque étincelle de vie, parce que chacune des parties ou composantes de la vie contient le tout. Alors que s'amorce notre éveil, nous jouons avec les morceaux du puzzle. Une corneille croasse les dernières nouvelles et une souris écoute.

Nous cliquons sur une souris et l'écran de l'ordinateur s'anime. Un chien parle de la pluie qui arrive et une femme nommée Pluie se pointe. Des chiens rigolards parlent de pluie qui tombe dans leur chanson et m'encouragent durant un rêve. Ces visions, ces messages, ces thèmes, ces histoires et ces couches multiples sont tous des facettes de l'Un. Un motif central prévaut. Dans le grand ordre universel des choses, nous sommes tous connectés sur le Net intérieur.

QUATRIÈME PARTIE

Appel à la transformation

Cœurs ouverts

Buddy (cheval) – Jeri Ryan

Mon cœur vous accueille chaleureusement dans notre maison et dans nos cœurs. Lorsque vous vous ouvrez à nous, vous entrez dans nos cœurs et nous entrons dans le vôtre. Lorsqu'on se comprend mutuellement, on se comprend soi-même puisque l'on découvre alors à quel point l'autre nous ressemble. Nous pouvons ainsi être en paix l'un avec l'autre et chacun peut accepter ce que l'autre a à offrir, que cela lui plaise ou non, ou bien nous pouvons accepter ce que nous voulons tous les deux à ce moment-là.

Je vous invite à partager ce savoir intuitif avec nous, un savoir qui est pour nous une bénédiction et auquel nous avons tous accès. Je suis heureux que vous sachiez comment y accéder.

CHAPITRE 14

Buddy, Ellie et l'ancêtre du cheval : Bienvenue parmi ceux qui savent

BUDDY

Buddy est un cheval qui communique avec Carole Devereux depuis de nombreuses années. « Il fut le premier à m'inspirer à communiquer spirituellement avec d'autres espèces », m'a raconté Carole. « Je venais tout juste d'acheter ce cheval et j'étais fascinée par l'idée qu'il lui serait possible de me parler. Lorsque Jeri Ryan fit à ma demande une première consultation avec mon cheval, nous avons demandé à Buddy de nous dire ce qui, selon lui, rendait une écurie agréable. Les gens pourraient croire qu'un cheval aimerait avoir une plus grande stalle, plus de luzerne, ou un plus grand pâturage. Je ne m'attendais pas à ce que Buddy répondit alors, et à partir de ce jour cela changea complètement ma façon de voir les animaux. Il dit que ce qui rend une écurie agréable est la manière dont les gens agissent les uns envers les autres. Lorsqu'ils se comportent harmonieusement ensemble, les chevaux en profitent également. Je pensai que c'était là une déclaration véritablement profonde, surtout de la part d'un cheval ! »

Carole fut une des premières personnes pratiquant

la communication avec les animaux à qui je m'adressai. Lorsque nous fîmes une courte interview avec Buddy en vue d'un article de magazine, je ne connaissais pratiquement rien sur les communications entre espèces. Elle m'expliqua que l'interview se déroulerait mieux si je gardais le silence et si je « tenais l'énergie » (peu importe ce que cela signifiait) à mon bout de la ligne téléphonique tandis qu'elle allait méditer, prendre contact avec Buddy, lui poser mes questions, écrire ses réponses, et enfin me les lire. Cela demanda un peu de temps, mais nous avons finalement réussi à préparer l'article.

Grâce au sage travail invisible de l'univers, six mois s'écoulèrent avant que je ne reprenne contact avec eux. Prises d'une inspiration subite, Carole et moi décidâmes de procéder différemment pour cette interview. Au lieu de demeurer en attente au bout de la ligne, j'allais raccrocher, méditer sur la question et rappeler au bout d'une quinzaine de minutes. Ainsi que l'expliquait Carole, « nous allons faire une conférence téléphonique à trois, soit toi, moi et Buddy ; je veux que tu y participes ».

Prit-elle alors toute la mesure du pouvoir de ses paroles ? Car ma participation s'avéra très active puisque, après m'être centrée et avoir concentré mon attention sur la question, je commençai à entendre Buddy. *Buddy ?*

L'expérience eut sur moi un effet troublant, quoiqu'elle eût néanmoins quelque chose de familier. Buddy parla clairement et succinctement, marquant un temps d'arrêt après chaque phrase, comme s'il m'encourageait à noter ses propos par écrit.

Je me disais que cela ne devrait pas être si étrange en soi. J'avais déjà parlé avec des oiseaux et des chiens, alors que pouvait-il y avoir d'étrange à échanger avec un cheval ? *Rien, si ce n'est le fait qu'il se trouve à quelques milliers de kilomètres d'ici*, caqueta mon esprit critique. Eh bien, les communicateurs font cela tout le temps, pensai-je. Sam avait communiqué à distance avec Max ; Chrys était à des kilomètres de Zak lorsqu'elle lui a parlé.

Très bien, poursuivit mon esprit critique. *Et que dis-tu de ceci : Buddy est déjà en communication avec Carole. Comment peut-il s'adresser simultanément à toi ?*

Alors que je sortais un stylo et un calepin, ma main tremblait. Je savais fort bien qu'il valait mieux ne pas accorder d'attention à ces doutes ; pourtant, mon corps ne pouvait ignorer la bouffée de peur et d'excitation qui faisait trembler ma main.

Buddy marqua un temps d'arrêt. « Tu te débrouilles bien », commenta-t-il simplement. Il me donna ensuite pour instruction d'écrire ces mots afin que je puisse ainsi les graver dans mon esprit. *Tu te débrouilles bien.*

Encore et toujours, nous sommes mis à l'épreuve. Dans mon cas, seul mon manque de confiance était en cause. Si on ne peut faire confiance à notre propre expérience intérieure, comment peut-on espérer que les autres la confirment pour nous ?

Alors que je téléphonais à Carole, je sentais un certain malaise monter en moi. Était-ce bien avec Buddy que j'avais communiqué ? Carole allait-elle être mécontente ? Mon boulot était censé se résumer à tenir l'énergie et à méditer, pas de noter des choses par écrit. Toutefois, je ressentais en même temps un frisson d'excitation, car ce qui s'était produit entre

Buddy et moi m'apparaissait comme indéniablement authentique.

Combien de fois devons-nous confronter nos peurs jusqu'à ce qu'enfin émergent un peu de confiance et une paix intérieure qui laisse place au savoir intuitif? Et voilà qu'il y a Buddy et les autres, tous les autres qui sont ravis de pouvoir nous aider à retrouver notre savoir intuitif.

Voici donc des messages transmis par Buddy à Carole et à moi-même lors de deux séances.

SÉANCE I

Buddy, qu'est-ce que les chevaux, en tant qu'espèce, ont à enseigner aux humains, et qu'aimerais-tu le plus transmettre aux humains?

Buddy et Carole

J'ai beaucoup à dire sur le sujet de la conscience humaine. Les humains éprouvent un pressant désir de sans cesse se surpasser, et ce n'est pas vraiment nécessaire à l'avancement de la conscience.

Qu'entends-tu par là?

Un long chemin ou cheminement relie toutes les espèces aux niveaux du corps, de l'esprit et de l'âme. Une fois que nous sommes lancés, il n'y a pas grand-chose que nous puissions faire pour changer le dénouement si nous pensons constamment aux moyens à prendre pour contrôler le résultat final.

Pourquoi devrions-nous éviter d'essayer de nous surpasser?

Parce que vous perdez conscience et ne pouvez plus alors répéter l'expérience. Il vous faut croître plus lentement, comme un arbre dont les anneaux de croissance sont rapprochés, et ainsi créer de la stabilité. L'espèce humaine est instable en ce moment et risque de s'effondrer. Tout le monde court de tous côtés, causant de plus en plus de ravages. Vous devez faire le point dans votre vie et laisser les choses suivre leur cours naturel.

Les changements qui comptent vraiment ne se font qu'à l'intérieur de soi. Si vous précipitez les choses ici sur Terre, ce sera instable et, par conséquent, non fondé sur la vérité. Vous ne pouvez connaître la vérité qu'après avoir résisté à l'épreuve du temps. Temps et patience créent des œuvres qui unissent les univers.

Est-ce bien ce que nous essayons de faire, tentons-nous de nous unir à un autre univers?

Tu prends mes propos trop au pied de la lettre. Je veux dire de s'unir avec la voie.

Comment peut-on s'unir avec une voie? S'agit-il de quelque chose de plus ou moins prédestiné?

Oui. Plus que tu ne le réalises. Toutes les circonstances sont des chemins prédéterminés menant à la conscience et il vous faut comprendre que votre respiration, vos battements cardiaques, vos divisions cellulaires et votre cerveau sont tous programmés afin de vous permettre de mieux vous concentrer sur la route à suivre. Vous devez remercier votre Créateur de vous avoir donné un cœur qui bat sans que vous ayez à y penser, sans l'intervention de la conscience. Pourrais-tu faire battre ton cœur sans l'aide d'en haut?

Non, je crois bien que non. Je n'ai jamais considéré la

chose de ce point de vue auparavant.

Tu vois ? Tu changes simplement en restant immobile !

Si tous les humains pouvaient demeurer assis sans bouger, demander ce qu'ils veulent savoir, puis écouter la réponse du Créateur, ils pourraient alors se surpasser bien mieux qu'en courant de tous côtés. La chose la plus difficile pour eux en ce moment consiste à s'asseoir quelque part et à ne plus bouger. Essayez-le vous-même et comptez le nombre de fois où l'envie vous prendra de vous lever et de faire quelque chose. Demeurez simplement assis.

Carole dit : « C'est là que nous nous sommes arrêtés, quoique je pense que Buddy aurait facilement pu continuer. Son message est très clair : ce dont l'espèce humaine a besoin en ce moment selon lui, c'est de prendre du temps pour demeurer dans le silence. »

Buddy et Dawn

J'aimerais dire que les humains, en tant qu'espèce, ont beaucoup de pardon à amener en leur cœur. Il est essentiel qu'ils apprennent à se pardonner. Ils s'en font beaucoup plus à propos de leur « image » que ne le font les animaux. Ils se divisent eux-mêmes lorsqu'ils accordent plus d'importance à leur image qu'à leur cœur et leur âme.

Les humains peuvent en apprendre énormément sur la joie auprès des chevaux. L'esprit-émotion de la joie est une forme de pardon. C'est en quelque sorte s'accorder à soi-même le pardon, ainsi qu'à ceux qui nous entourent, à la Terre, à tous les gens et à la planète.

Ne croyez pas un seul instant que vos actions n'ont aucun effet sur les autres. Nous sommes tous interconnectés, nous sommes tous Un. Tout comme une partie du corps influe sur l'ensemble du corps, de même vous faites partie de la conscience et de l'univers. Non seulement la petite partie, le microcosme, influe-t-elle sur le tout, mais elle est le tout.

Nous, les animaux, sommes là pour te soutenir, Dawn, et si ceci arrive en ce moment – non seulement ce livre mais aussi cette connexion téléphonique –, c'est en partie pour t'aider à avoir une plus grande confiance en toi-même, pour que tu puisses partager tes expériences avec d'autres grâce à ce livre et aussi pour soutenir la vibration te permettant de passer du doute à la confiance en tes capacités.

Lorsque je lus à Carole ce que Buddy m'avait dicté, sa première réaction fut de s'exclamer : « Oh ! il est si mignon ! » Et ce fut pour moi un profond soulagement que d'entendre cela, car elle confirmait ainsi implicitement que la voix ainsi entendue était bien celle de Buddy.

« Tu as profondément changé depuis la dernière fois où nous nous sommes parlé », dit Carole. « Au début, tu étais nerveuse et ton insécurité te privait de beaucoup d'énergie. Peu importe ce que tu as fait depuis lors, cela a augmenté ton aptitude à établir des connexions. Et c'est effectivement Buddy que tu as entendu. »

Sa confirmation était sincère. Ainsi qu'elle le savait, nous avons besoin de guides dans l'apprentissage d'un nouveau langage ou l'exploration d'un nouveau paradigme – pas nécessairement pour valider la vérité mais plutôt pour dire : « Oui, c'est bien là que tu es rendue maintenant. Je suis déjà passée par là. Ce que tu as entendu est bien réel. »

Je lui racontai que le message de Buddy m'était parvenu en une série de phrases fragmentées et que bien souvent j'étais incapable de deviner ce qui allait venir ensuite. Cela a facilité les choses pour moi, car je n'ai pu ainsi juger ni critiquer ce que je recevais; en fait, j'ai été poussée hors de mon propre chemin.

« Cela entre directement dans ton cœur », convenait Carole. « C'est bien ainsi que cela se produit! Tu t'ouvres à l'énergie et tu te permets simplement d'être. »

SÉANCE 2

Avant d'entreprendre notre deuxième séance, je me demandai tout haut si Buddy avait émis deux messages simultanément ou bien s'il avait communiqué une seule idée que Carole et moi avions reçue de manière différente.

Carole avait le sentiment que Buddy était parfaitement capable de parler à plus d'une personne à la fois, comme nous le faisons tous par la transmission télépathique. Pour intégrer cela, il nous est toutefois nécessaire d'élargir notre paradigme de ce qui est possible. Il nous faut donc également prendre en compte la perspective ayant trait à ce que nous demandons.

« Il y a une vérité relative et une vérité universelle », expliqua Carole. « La première se rapporte à vous et moi en ce moment. La seconde est comme le soleil dont les rayons éclairent la Terre. Elle est vraie pour nous tous. Mais quand et où elle éclaire diffère pour chaque personne et chaque chose. »

« C'est comme voir une grande toile d'araignée. Nous faisons tous partie de la toile, mais le message que nous recevons à un moment ou l'autre dépend de l'endroit où nous nous trouvons sur la toile. »

Carole et Buddy

Buddy, aimerais-tu ajouter quelque chose à propos de l'état de la conscience humaine ?

Il pourrait s'améliorer si les humains étaient plus disposés à considérer l'ensemble du tableau au lieu de centrer leur attention uniquement sur eux-mêmes comme s'ils étaient le centre de l'univers. Votre espèce est très jeune.

Prenez par exemple l'âge de la Terre, des mers et des montagnes. Cela prend du temps pour faire un arbre, une roche, un ruisseau et l'air. Ce sont des miracles de la vie. Il faut les respecter et les honorer. Ils ont beaucoup à nous apprendre. Travaillez avec la vie pour vous épanouir une étape à la fois. L'espèce humaine est à l'image d'une fleur, comme un petit bouton compact s'épanouissant lentement. Prenez le temps de vivre. Il y a plus à venir.

Maintes civilisations ont péri et ont disparu dans un lointain passé. Découvrez pourquoi. Comment se sont-elles effondrées ? Ne répétez pas leurs erreurs. Nous faisons tous les mêmes erreurs encore et encore. Quand changerons-nous ? Il faut beaucoup trop de temps pour tout recommencer à partir de zéro.

Observez les cycles de la vie – de toute forme d'existence. Même un rocher a un cycle de vie. Il est empreint et encodé en celui-ci, tout comme le vôtre est empreint et encodé en vous.

Dawn et Buddy

Alors que je m'ouvrais à Buddy, je sentis intuitivement qu'il allait aborder la question des messages simultanés. Je lui demandai s'il pouvait aussi dire quelque chose sur les mécanismes de traduction, pour expliquer si les images et les métaphores mises de l'avant reflétaient en réalité les pensées de l'animal ou bien celles de l'humain.

Je pris note du message de Buddy en écriture normale. Comme il restait du temps, il me demanda d'aller à l'ordinateur et de commencer à retaper ce que j'avais reçu. Tandis que je m'exécutais, il fit le commentaire suivant : « Ceci est ta réponse à propos de la traduction. Tu vas donc prendre les mots notés et leur ajouter tes pensées et tes sentiments, pas dans le but de les reformuler mais pour ajouter un complément d'expérience à l'intention de tes lecteurs. » Ce qui suit est une version enrichie de ce que Buddy m'a communiqué.

Nous sommes tous reliés les uns aux autres. L'image d'une toile d'araignée utilisée par Carole est une bonne façon de mieux comprendre de quoi il s'agit. Le message provient-il de l'araignée ou bien de l'une des créatures qui passent près de celle-ci ou qui sont prises au piège de sa toile ? Peut-être le message provient-il de la toile elle-même ?

Ton questionnement a beaucoup à voir avec la pensée, qui est comme une toile d'araignée. Elle est absolument magnifique ; c'est une merveille à contempler. Mais elle peut aussi te capturer et te prendre au piège, et tu deviens alors un morceau savoureux destiné à combler l'appétit de l'araignée.

Laissons maintenant de côté l'image de la toile et

allons vers un autre endroit – vois ceci dans ton esprit…

(Fermant mes yeux, je vois intérieurement une image de formations circulaires de couleurs dorée, jaune et rouge. Elles sont animées d'une pulsation et semblent vivantes. Les formes que je vois ressemblent à des soleils entourés d'anneaux de lumière aux contours imprécis.)

Cette image reflète la lumière et la vibration, et offre un exemple du mode de fonctionnement de la communication dans les sphères plus subtiles. C'est là une autre expérience de la réalité, ou d'un autre monde si tu préfères, un monde qui se manifeste lorsque tu fermes les yeux et que tu vois autrement.

La dernière fois, nous avions abordé la question de l'image. Les humains sont très attachés à l'image, et ceci comprend notamment l'image manifestée du monde que vous avez créé ainsi que celle du monde que nous avons créé. Sache qu'il existe de nombreuses – en fait, d'innombrables – réalités. Ta question revient à demander laquelle est la « vraie » réalité. Elles sont toutes vraies. En somme, il n'y a pas de réalité – peu importe à quel point elle est petite ou individuelle – qui ne soit pas vraie.

Du point de vue de la réalité scientifique, certains « faits » observés de façon répétée sont qualifiés de *vrais*. Toutefois, aux niveaux les plus profonds, ces vérités et ces réalités n'en sont simplement que quelques-unes parmi bien d'autres, et ne sont ni plus ni moins vraies que n'importe quelle autre.

Jouons un peu avec ce concept si tu le veux bien. Une des pensées que tu as eues concernait le soleil. Le soleil est-il une boule de gaz identifiable, explicable et quantifiable par des scientifiques ? Est-ce un assemblage d'êtres solaires rayonnant de la lumière sur le monde ? S'agit-il d'un dieu ? (Il était jadis considéré comme tel par tout un peuple. C'était là la vérité et la réalité de tous ces gens.) Ou bien le soleil n'est-il rien de plus qu'une idée dans la pensée d'un dieu ?

Le soleil brille pour tout le monde, bien que ce soit à des moments différents, en des lieux différents et à divers degrés d'intensité. Il y a également un soleil en chacun de vous. Quel soleil est le plus réel ? Lequel est le véritable soleil ?

Ainsi, comme tu peux le voir, il est juste d'affirmer que la réponse dépend toujours du cadre de référence propre à ta question. Tout est vrai, tout est réel. Même l'ombre et l'obscurité ont leur place dans l'ordre des choses – une « place sous le soleil » !

Un moyen encore plus efficace de comprendre le soleil est d'être celui-ci. Devenir le soleil, c'est devenir la pensée. Devenir la question, c'est devenir la réponse. Tout mouvement de devenir est un mouvement de conscience. La conscience est lumière ; en vérité, la conscience est de la « lumière en devenir » – ou de la lumière qui passe par une période d'existence.

Une fois de plus, l'image de la lumière et l'émotion de joie sont ce que je désire te faire comprendre aujourd'hui. Je ne veux pas te dire d'arrêter de poser des questions, car les questions mènent à la recherche de réponses, et les réponses sont le commencement de l'acte de devenir à la fois la question et la réponse. Cependant, à un certain point, les questions et les réponses peuvent laisser place au silence par le simple mouvement du devenir. Et ce mouvement amène à *être*.

Dawn, tu es familière, je crois, avec les images de bœufs que l'on voit dans le bouddhisme. C'est une ancienne réponse à ta question, une réponse que tu voudras sans doute transmettre à tes lecteurs. Le bœuf est-il l'homme, l'homme est-il le bœuf ? À un certain point, tout disparaît dans le néant, qui est la période d'inspiration de la création. Puis tout réapparaît encore une fois dans le monde manifesté. Sache qu'il y a de nombreuses variations de ce « monde manifesté ». Pense à chaque fois où tu inspires, car c'est un aspect profond de la vie, un mystère plus profond qu'il n'y paraît. C'est là un moyen de se rappeler ce qui nous relie à toute vie. C'est un des portails d'accès à l'être multidimensionnel que nous sommes – autant individuellement que collectivement, car nous inspirons tous la vie de la même façon.

Inspirer la vie consiste à reprendre le monde en soi-même puis à le relâcher, depuis le néant, en un retour dans la réalité. Mais quelle réalité ? C'est une blague, au fond, car nous ne cessons jamais de créer.

Y a-t-il quelque chose d'autre à ajouter, Buddy ?

Je t'envoie un grand rire ! C'est une grande joie que de simplement se libérer pour un temps de toute idée et de toute pensée. Une éternité peut s'écouler dans une seule inspiration et la libération d'un gigantesque rire de cheval.

J'aimerais également rappeler à tes lecteurs de ne pas prendre trop au pied de la lettre le contenu de ce livre, de choisir de ne pas ergoter avec des tas de questions et de doutes, mais de simplement ouvrir leur cœur à la possibilité de l'Unité, de se souvenir de ne pas trop se prendre au sérieux et de respirer l'esprit de la joie, de rire quoi – pour eux-mêmes et pour le monde entier –, car c'est ce qui les mènera à l'esprit de la paix.

Après avoir écouté mon message de Buddy, Carole demanda en riant si je m'épatais moi-même. Oui, une partie de moi était clairement soufflée par ce message !

Les images auxquelles Buddy faisait référence ont trait à un rassemblement de bœufs[18]. Tout d'abord attribuée à un maître zen chinois du douzième siècle, cette série de gravures sur bois avec texte montre le voyage de l'esprit humain jusqu'à l'esprit illuminé et son retour subséquent dans le monde.

Le bœuf symbolise ici notre nature illuminée. Le voyage de l'illumination commence par un humain (en l'occurrence un homme dans ces gravures) cherchant le bœuf. L'homme relève des traces, aperçoit le bœuf et enfin le capture dans les « prairies sauvages ». Domptant la bête, l'homme l'enfourche pour revenir chez lui. Et cela mène à l'image de la septième gravure, *Bœuf oublié, Moi solitaire*, grâce à laquelle on saisit la nature symbolique du bœuf. Dans la huitième gravure, *Le bœuf et le Moi tous deux oubliés*, la dualité est transcendée. La dernière gravure illustre l'homme qui revient vers le monde en tant qu'être illuminé – ou, pour les autres, sous la forme d'un bœuf.

Même s'il y avait environ vingt ans que j'avais étudié ces images, je n'y avais pas repensé depuis lors. Le fait que Buddy les ait choisies pour expliquer l'évolution de la conscience humaine dans un livre sur la communication avec les animaux était, pour moi, à la fois plein d'humour et tout à fait approprié.

Je demandai à Carole ce qu'elle pensait des instructions de Buddy voulant que j'explique plus en détail ses propos. J'avais connu de semblables situations avec d'autres animaux lorsque les séquences énergétiques d'information que je recevais étaient simplement trop rapides et trop denses pour que je puisse tout noter sur le moment. Chaque fois que je m'en faisais de ne pas pouvoir tout noter, les animaux m'avaient assuré qu'ils seraient présents. En fait, lorsque je transcrivais par la suite l'information reçue, je pouvais sentir la présence de chaque animal me guidant gentiment alors que je reformulais et parfois même modifiais ce qu'il avait communiqué.

Carole me raconta que Buddy avait l'habitude de lui dire la même chose, tout comme à Jeri Ryan d'ailleurs. « Il ajoute toujours à la fin de ne pas m'inquiéter si je n'atteins pas la perfection, et que je peux laisser libre cours à ma créativité. »

« Sais-tu grâce à quel autre indice je sais que c'était bien Buddy qui te parlait ? » demanda-t-elle doucement. « C'est que tu ne cesses de capter sa personnalité dans le message. Son message au monde porte toujours sur la joie. »

En peu de temps, j'en étais ainsi venue à découvrir que Buddy était un être merveilleux, généreux de son temps et de sa sagesse, patient avec moi, et drôle. À la toute fin de notre deuxième séance, il m'a transmis un poème qui était à la fois une réponse et un rappel :

Était-ce moi qui parlais ? Était-ce toi ?
Souviens-toi de la toile d'araignée.
Tu es tout ce que tu crées.
Nous sommes tous reliés.
Nous sommes tous véritablement Un.

ELLIE

Après nos conversations avec Buddy, Carole me suggéra de parler avec Ellie, la compagne de Buddy. Elle estimait que celle-ci pourrait nous présenter avec éloquence la perspective d'une jument, car comme elle l'avait fait remarquer à Carole, « j'ai beaucoup à offrir. Comme pour les transmissions du dauphin, mes paroles, mes pensées et mes émotions peuvent avoir un effet salutaire et curatif. S'il te plaît, donne-moi la possibilité de communiquer avec le monde extérieur. Je me suis fait de nombreux amis grâce à mon cœur et à ma conscience. J'invite maintenant les humains à entendre ce que j'ai à leur enseigner sur la vie. »

Carole et moi avions convenu de demander à Ellie de nous entretenir de ce qu'elle désirait par-dessus tout communiquer aux humains. Toutefois, au moment précis où j'allais raccrocher le combiné du téléphone, Carole se mit soudain à me confier la description la plus détaillée et la plus passionnée d'un animal qu'il m'ait été donné d'entendre. Ainsi que j'allais bientôt l'apprendre, cela faisait partie du message d'Ellie.

« Ellie ! » s'exclama-t-elle. « C'est probablement la jument la plus remarquable que tu verras de toute ta vie. Elle est la beauté incarnée. Sa robe est d'un châtain éclatant et elle a une marque blanche en forme d'éclair sur le front. Sa crinière est extrêmement épaisse et lustrée. Et sa queue – elle est si fière de sa queue bien fournie et soyeuse ! Ellie est une déesse parmi les autres êtres. Si on la comparait à une femelle humaine, on pourrait la décrire comme une femme très grande et voluptueuse ayant de longues jambes, un joli cou et un corps magnifique. Oh ! et si tu voyais sa croupe – elle est absolument incroyable ! Elle a des yeux brun foncé, un petit museau, et le reste de sa physionomie est très raffiné. Elle a de petits sabots semblables à de petites tasses de thé.

Très ouverte et amicale, elle pourrait se manifester à toi aussi et te parler directement. »

Ellie s'est effectivement adressée à moi. Elle avait tellement à me dire sur la beauté qu'il nous a fallu une seconde séance pour tout noter. C'est alors que Carole suggéra que je fasse mon premier essai solo. Avec la vivacité, la fermeté et néanmoins la douceur qui sied à une enseignante de premier ordre, elle m'a encouragée à tout simplement écouter et à noter par écrit le message d'Ellie. Avant que je n'aie pu avoir la chance de dire quoi que ce soit là-dessus, elle avait raccroché et Ellie entamait une conversation avec moi. Ce qui suit est le discours qu'elle m'a tenu.

La beauté et la déesse

La beauté est un savoir intérieur, une perspective intérieure. Elle est signe de bonté, la manifestation de la lumière par un acte de bienveillance et de douceur, autrement dit par un acte d'amour.

J'ai vécu dans ce que vous appelez la Grèce antique, à une époque où on discutait beaucoup de beauté. Pour illustrer ce qu'elle est, on y utilisait fréquemment l'image d'une fontaine et d'un bassin d'eau où elle s'y reflétait. La beauté jaillit de l'intérieur et reflète autant ses aspects intérieurs qu'extérieurs. C'est en essence ce que signifie votre proverbe selon lequel « la beauté est dans l'œil de celui qui perçoit ».

Je désire ramener l'attention des humains sur l'expérience de la beauté dans le monde. La beauté est un aspect de ce qui mène à l'illumination, car elle élève l'âme, un peu comme des bulles d'inspiration élevant le cœur. Elle n'est pas qu'un reflet, car on la retrouve non seulement dans le bassin la reflétant, mais aussi dans la fontaine d'où jaillit une montée intérieure de beauté se communiquant d'une âme à l'autre. Parler de beauté, c'est avant tout parler de transformation.

Les humains ont dans une large mesure perverti la beauté. Je ne veux pas dire par là que vous n'arrivez plus à l'apprécier, mais que vous avez, pour l'essentiel, oublié comment participer à sa création. Ce n'était pas une erreur de la part de Carole de décrire ma beauté. Ce faisant, elle a invoqué l'esprit de la beauté – non seulement celui qui est en moi, mais aussi celui qui se trouve en elle, en toi et partout dans le monde.

Il s'agit là d'une notion difficile à saisir pour vous tous, car vous ne voyez souvent que les aspects superficiels de la beauté. Sachez que celle-ci relève de quelque chose de beaucoup plus profond. Elle fait référence aux éléments de bonté, de vérité et au ressenti du cœur. La fable pour enfants intitulée *La Belle et la Bête* révèle comment la beauté a grandi dans le cœur de Belle, la jeune femme.

La beauté est liée à l'énergie de la déesse, car ce dont il s'agit avant tout c'est d'amplifier et d'élever votre fréquence. La beauté s'incarne en de nombreuses choses. Elle devient manifeste grâce au développement de la confiance en soi.

Tandis que vous dévoilez la nature de l'espace et du temps, recentrez-vous sur l'image du bassin et de la fontaine. Ces deux éléments se conjuguent pour révéler la beauté. C'est une mémoire spatiale qui réside au cœur de toute beauté.

Au plus profond du bassin d'eau existe une clarté qui illumine la véritable brillance intérieure de la beauté. On raconte des histoires au sujet d'humains contemplant des reflets à la surface de l'eau et y tombant. Il s'agissait en de nombreux cas du « saut », c'est-à-dire du premier pas vers l'atteinte et la fusion des aspects intérieurs et extérieurs de la beauté.

La beauté est tel un courant qui porte des vagues de vérité et de lumière. Comme la fontaine, elle est un bouillonnement vers le haut, un mouvement, une énergie inspirante s'élevant du cœur. Le chakra du cœur est un pont entre le plan physique et le plan spirituel. À maints égards, c'est cela aussi que la beauté fait, reliant et rendant possibles des transformations entre les dimensions.

Le mouvement de la beauté est ce qui permet aux humains (et aux autres êtres) d'entrer en contact avec le divin. Dans toutes les expériences religieuses et extatiques dont les humains ont fait état, on mentionne toujours la beauté. Comme il a été souligné, il s'agit là d'une compréhension qui était perçue et honorée à certaines époques de votre passé, bien qu'elle soit dans une large mesure méconnue aujourd'hui.

Quelle relation y a-t-il entre la beauté et la déesse, ou le divin ? Nous allons invoquer les énergies de l'inspiration ; un bouillonnement d'idées ; une montée subite d'émotions ; un flot de sensations ; un élan de passion ; l'union de l'actif et du passif, du yin et du yang, du mâle et de la femelle. Lorsque vous évoquez l'image du bassin et de la fontaine dans votre cœur et votre esprit, ne voyez-vous pas tous ces éléments et comment ils coexistent simultanément ? Il en est donc ainsi avec la présence de la beauté. C'est une interaction, une union – à maints égards, le lien entre l'idée et la manifestation, la pensée et l'acte, la forme physique et le divin.

J'aimerais insister sur le fait que la beauté est un acte en devenir. Méditez sur la beauté et vous vous rapprocherez de qui vous êtes réellement.

Ellie, quel lien y a-t-il entre tout cela et les chevaux, et pourquoi cela a-t-il autant d'importance à tes yeux ?

Je suis une créature de Lumière et de Beauté. Je pourrais être un poisson, un furet, un vison, une rose. Je suis alignée sur des êtres de lumière qui introduisent la beauté en ce monde pour servir de conduit vers le prochain monde. Je vous offre une guidance vous aidant à développer vos facultés de manifestation. Je suis tel un professeur d'art vous rappelant d'observer la beauté de la forme, de voir comment la forme reflète la fonction, comment tous les éléments de manifestation contribuent ensemble à créer les œuvres de l'Amour dans l'univers.

Je décris l'espace-temps de la Grèce antique et les idées de cette époque parce que beaucoup d'entre vous étaient alors présents comme concepteurs, artistes, artisans, architectes, conteurs, danseurs et tisserands, autant d'étoffes que d'idées.

En préparation pour l'avenir de la Terre, nous (le groupe d'êtres de lumière) aimerions inspirer l'élément de la beauté non seulement comme outil de manifestation mais aussi comme un pont vers le divin.

La Déesse de la Beauté est revenue sur Terre. En vérité, elle ne l'a jamais quittée, même si elle était en sommeil, permettant ainsi à d'autres de jouer un rôle dans la manifestation. Elle se déplace en silence, bien que certains de ses aspects puissent devenir enragés et agir avec furie. Il y a encore un désaccord entre la Déesse et cet aspect du féminin qu'on pourrait qualifier de noir – une rage devant l'injustice envers les femmes, les enfants, les animaux, la Terre, tout ce qui touche à la femelle, et contre ce qui corrompt la beauté.

Je parle de beauté non pas comme d'un idéal mais comme un élément actif favorisant l'illumination, le retour à la Source. Elle est un guide très créatif et artistique.

Mon vœu est que toute personne lisant ces lignes

puisse voir et sentir la beauté : en dehors d'elle, chez les autres, dans des gestes simples et ces « gestes fortuits de bonté », ainsi qu'en elle et en ceux qu'elle aime. Tous sont identiques. En tombant dans le bassin reflétant la beauté, vous fusionnez en une nouvelle compréhension de celle-ci, de la grâce et de la lumière. Lorsque vous en ressortirez, vous ne serez plus jamais pareils.

Je vous dis adieu, rappelant le passé au présent, et jetant un pont entre le présent et l'avenir vers le maintenant; avec beaucoup d'amour et une abondance de beauté pour tous.

L'ANCÊTRE DU CHEVAL

Ce fut Buddy qui suggéra que nous parlions à l'ancêtre du cheval. « Il vous aidera à comprendre le temps mieux que vous n'aviez l'intention de le demander », me dit-il.

Même si Carole avait déjà communiqué à plusieurs reprises avec l'ancêtre du cheval par l'intermédiaire de Buddy, la chose était nouvelle pour moi. Étonnamment, l'idée de parler à un cheval qui allait lui-même entrer en contact avec l'esprit ancestral du cheval, formant ainsi une communication multidimensionnelle humain-animal-esprit, ne me semblait pas trop étrange. Mes doutes se dissipaient peut-être peu à peu. J'étais en fait impatiente de prendre part à cet échange.

Je n'avais aucune idée des sujets qu'allait aborder l'ancêtre du cheval pour la simple et bonne raison que je pouvais à peine m'imaginer à quoi il ressemblait. Qui était-il? Où et quand a-t-il existé? Nous ne cherchions pas seulement à entrer en contact avec la conscience d'un animal décédé, car il s'agissait essentiellement d'une énergie ancestrale. Je ne savais pas non plus où cela allait nous mener, mais j'étais heureuse que Buddy et Carole fassent partie de l'aventure. Et nous avons donc commencé.

L'ancêtre du cheval, Buddy et Carole

L'ancêtre du cheval nous contacta en passant par Buddy. Je vis une image de moi-même agenouillée sur le bord de l'eau en compagnie d'un groupe de chevaux préhistoriques. Ils regardaient dans l'eau et buvaient. Une voix dit ceci : « *Terra Firma*, *Terra Firma*, *Terra Firma*. Dans le passé, comme dans le présent, arrive un instant. » L'ancêtre du cheval poursuivit :

Le temps était jadis mesuré grâce aux cycles de la lune et du soleil. Nous n'avions pas de minutes ni de secondes. Nous n'avions que le soleil et la lune se reflétant dans l'eau à l'endroit où nous buvions. Nous pouvions prendre des jours pour accomplir une chose, sans nous soucier du temps.

Le temps était calculé en jours d'après le soleil et par la manière dont la lune traversait le ciel. Son passage était marqué par les arbres, les fleurs et les saisons. J'en avais connaissance dans mon ventre, pas dans mon esprit. Les rythmes sont célestes et ne peuvent être mesurés, conservés, suivis, ni même compris, par l'esprit humain.

Jusqu'à ce que le passé nous rattrape tous, nous attendons le temps. Comme il prend les devants pour satisfaire à vos attentes, faites donc attention de ne pas voir trop loin dans l'avenir et ainsi aller au-devant de vous-mêmes. En ne vous pressant pas, vous arrêtez le temps. En vous pressant, vous l'accélérez. Prenez votre temps. Écoutez le battement de votre cœur qui attend, qui marque un temps d'arrêt.

L'ancêtre du cheval, Buddy et Dawn

Mes salutations. Nous venons de l'énergie de la roche, d'un endroit où nos symboles sont conservés dans des gravures et peintures physiquement reliées à des souvenirs d'époques révolues.

Nous sommes continuellement présents, toujours au cœur de l'instant. Selon un proverbe autochtone, nous existons « de l'autre côté du temps », et c'est un moyen permettant à la conscience humaine de comprendre de quelle façon nous venons à toi en ce moment. Nous ne venons pas tant du « passé » que d'une frange du temps. C'est comme si, pour un bref instant, tu changeais ta perception et jetais un regard du coin de l'œil dans une autre dimension où le passé et le présent coexistent. Oui, l'avenir aussi, bien qu'il s'agisse là d'une autre courbe temporelle.

À ce moment précis, j'éprouve une désagréable sensation d'énergie s'accumulant dans mon corps, comme une poussée d'adrénaline. La voix qui, je le présume, appartient à l'ancêtre du cheval – quoiqu'elle ressemble à celle de Buddy – me signale que ce serait plus facile si, au lieu d'écrire dans mon journal, j'allais m'installer à l'ordinateur étant donné que je peux taper beaucoup plus rapidement que je n'écris.

Dans le mouvement, tu en viens à apprécier une nouvelle perception des choses et tu fais physiquement l'expérience d'une autre dimension de l'être.

En un sens, le mouvement du temps est comme une fuite désordonnée de chevaux galopant à toute allure dans la plaine. Nous nous déplaçons comme un seul être, emportés par le flot du mouvement. C'est ainsi que le temps apparaît aux humains. Vous êtes tellement captivés par le mouvement du temps que cette manifestation du temps se perpétue elle-même, et vous galopez dans les plaines de votre vie, vous déplaçant rapidement avec le reste de la troupe.

La première chose à savoir est qu'il s'agit là d'une notion du temps parmi d'autres. Le temps existe sous diverses formes dans d'autres dimensions et d'autres mondes. Même Buddy a sa notion du temps bien à lui. Il est capable d'entrer en communication avec moi parce qu'il a ouvert son esprit à la possibilité de délaisser la perception du temps de la troupe de chevaux, pouvant ainsi établir ce contact, l'approfondir, et conserver son point de vue dans sa rencontre avec moi pour un instant hors du temps.

S'agit-il d'un moment hors du temps?

À maints égards, oui. Pour comprendre cela, tu dois suspendre l'idée que tu te fais du temps et de l'espace. Il s'agit d'un vaste concept dont tu peux n'avoir qu'une compréhension partielle au début. Tu approfondiras tes métaphores, tes symboles et tes paradigmes relatifs au temps. Il n'existe pas de bonne ni de mauvaise façon de comprendre le temps. Il y a seulement une compréhension et une appréciation toujours plus profondes de cette construction mentale qu'est le temps.

Laisse-moi te donner un exemple de ce qu'est le temps dans une autre dimension. Rejoignons la troupe pour un moment et devenons le cheval galopant dans la plaine. Si tu tournes la tête et lèves le nez pour sentir le vent, tu peux changer de dimension en permettant à ta conscience de chevaucher le vent. La dimension du vent existe dans un autre sens, une autre dimension au-delà de la tienne. Elle est ininterrompue, toujours en mouvement, et pourtant elle est toujours la même tant dans le calme plat que dans les bourrasques subites ; elle s'adapte à tout. Elle traverse le monde humain et le monde animal, mais dans une autre dimension de l'être. L'image du vent dans la crinière et la queue des chevaux, et même la sensation du vent sont souvent associées aux chevaux parce que nous avons une affinité avec le vent dans lequel nous nous fondons.

Le vent est aussi relié à la pierre et, une fois de plus, nous vous rappelons que nous sommes représentés dans la pierre et la roche. Le vent et la pierre ont toujours été associés, une chose que de nombreuses créatures ne comprennent pas. C'est encore là une autre forme de conscience, à la fois séparée et partie intégrante des humains, des animaux et de la Terre entière.

Le temps est fugace. Le temps demeure immobile. Ces deux affirmations sont exactes, car elles sont des exemples des interstices du temps. Encore une fois, il s'agit d'un vaste sujet qui est difficile à expliquer sans faire référence à d'autres expériences.

Pourrais-tu nous donner plus de détails sur le temps en relation avec les changements que connaît la Terre et aussi sur les idées et prophéties selon lesquelles certains événements se produiront à des dates précises ?

L'histoire du temps est liée aux origines de votre planète. Le temps fut, pour ainsi dire, encodé dans la Terre et intégré dans ses progrès. Voilà pourquoi il vous semble réel ; il fait partie de la programmation de la Terre. Certains événements clés sont encodés dans votre temps afin de tous vous rappeler – animaux, plantes et autres aspects divers de la Terre – de vous réveiller de nouveau. Considérez cela comme la sonnerie du réveil ! Ces temps sont encodés dans la Terre même. Les calendriers que vous suivez ne sont pas ajustés à cette horloge interne, bien que leur décalage ne soit peut-être pas tellement considérable. Il serait préférable de ne pas trop prendre à la lettre certaines dates clés, comme l'année 2012. Comprenez aussi que si vous vous éveillez avant que le réveil ne sonne, rien ne pourra vous empêcher alors de fermer simplement le dispositif d'alarme.

Mon intention n'est pas ici d'engendrer de la peur ni de laisser entendre que certains événements auront lieu ou pas. J'aimerais plutôt que vous considériez les schémas sous-jacents de ce qui se passe en vous lorsque diverses prophéties sont évoquées, tout particulièrement celles ayant trait à la « fin » des temps.

Commencez à vous servir des outils qui ont été mis à votre disposition par le passé. Les mégalithes de Stonehenge, le sphinx, divers temples, diverses tours et d'anciens cimetières, même les pictogrammes (*crop circles*) apparaissant dans vos récoltes, sont tous des outils que vous pouvez utiliser pour développer une perception élargie de ce qu'est le temps et de la façon de l'incorporer dans votre compréhension de vous-mêmes et de votre monde.

Le temps n'est pas un absolu. C'est un outil parmi d'autres, un moyen, une perception, et une sorte de dispositif mnémonique pour les habitants de la Terre. Tous sans exception vous avez choisi de venir évoluer dans ces conditions, de faire l'expérience de cette version du temps et de l'espace ainsi que de ce type de conscience.

Les notions de voyage dans le temps, de bilocation, de distorsion du temps, de trous dans le temps, et ainsi de suite, sont toutes des variations sur un même thème. C'est quelquefois en explorant les frontières et les illogismes du temps que l'on en vient à une meilleure appréciation de ce que le temps englobe pour vous.

Si nous en avons le temps – histoire de jouer avec les mots –, j'aimerais aborder le sujet de la présence des ancêtres, non seulement des chevaux mais des ancêtres de tous genres. Nous existons, comme je l'ai mentionné, en marge du temps. En vérité, nous sommes toujours ici pour vous. Chaque pensée ou image, chaque personne, animal ou conscience, chaque événement et idée est toujours disponible. Cela est peut-être difficile à comprendre étant donné les contraintes humaines du temps et de l'espace, mais dans un sens plus large nous existons tous à l'extérieur du temps et de l'espace. Les ancêtres ne sont autres que vous. Nous sommes des « versions passées » de vous.

Tandis que la Terre arrive à une croisée des cycles, soit à la fin d'un cycle et au début d'un nouveau, nous sommes plus disponibles que jamais pour vous. Il y a beaucoup de choses que nous pouvons vous enseigner, vous rappeler, et vous aider à voir. Considérez-nous comme une forme aînée de vous-mêmes, car dans notre réalité nous avons traversé et incarné beaucoup d'expériences. Choisissez-nous toutefois avec sagesse lorsque vous décidez de travailler avec un ancêtre, car nous détenons à la fois le « bien » et le « mal ». Nous détenons beaucoup d'informations, et une partie de vos efforts pour comprendre le paradoxe du temps consiste aussi à apprendre à discerner par vous-mêmes ce qui est important et ce que vous ne désirez plus revivre.

Ce ne sont pas tous les humains sur cette planète qui sont à l'écoute de leur cœur. Beaucoup d'aspects liés au contrôle et à la manipulation doivent être guéris. Certains parlent de ces dangers et ont révélé des scénarios du passé de la Terre alors que le contrôle et la manipulation étaient devenus de graves problèmes. Il ne serait pas prudent de ma part de vous laisser croire que tous les ancêtres ne font preuve que d'une énergie de sagesse ; de fait, les énergies de certains sont basées sur le contrôle et la manipulation.

Apprenez à discerner ce vers quoi vous vous dirigez, ce que vous désirez créer et où vous voulez le faire. À mesure que vous échapperez à l'emprise du temps et de l'espace, vous constaterez de plus en plus que les possibilités sont infinies. La croissance est une affaire personnelle, même si nous sommes tous connectés à l'Un.

Si vous voulez découvrir une version élargie du temps, assoyez-vous avec des roches. Peut-être plus que quiconque sur cette planète, les roches détiennent la compréhension du temps dans son sens le plus large. Écoutez également le vent. Il vous révélera les secrets de la roche et du temps chaque fois que vous vous donnerez la peine d'écouter.

Souvenirs anciens

Esprit de l'éléphant – Morgine Jurdan

C'est à d'anciens souvenirs que nous référons en ce qui concerne votre époque actuelle, ici, sur ce plan d'existence. Vous ramenez à la surface de votre conscience de nombreuses idées et pensées du passé, à une époque où vous aviez appris des leçons similaires à celles que vous assimilez maintenant. Vous pouvez parfois apprendre du passé et ne pas revivre des choses qui n'étaient pas à votre avantage auparavant. Renouer avec cette information peut vous aider à mieux comprendre qui vous êtes, d'où vous venez et comment vous vous êtes développés.

À une certaine époque, vous étiez Un avec nous de toutes les façons possibles. Nous étions beaucoup plus semblables que nous n'étions différents. Nous ressentions les choses de la même manière. Nous pouvions nous comprendre mutuellement sans avoir à proférer un seul mot. Nous pouvions entrer en communication peu importe la distance qui nous séparait. Nous pouvions sentir en profondeur ce que l'autre ressentait. Nous aimerions vous voir retrouver la maîtrise de cet outil. Ressentir est l'une des choses les plus importantes que vous faites sur ce plan physique, et lorsque vous engourdissez vos sens, vous perdez une bonne partie – sinon l'essentiel – de votre expérience.

Quand vous saurez fonctionner en harmonie avec la nature, au lieu d'essayer de contrôler l'issue des choses, vous évoluerez à pas de géant. Lorsque vous commencez à comprendre l'interconnexion qui existe entre toutes les formes de vie, vous vous éveillerez alors réellement à un jour nouveau. Chacun des gestes que vous posez nous affecte tous. Nous sommes patients, bienveillants et compréhensifs bien au-delà de ce que vous pouvez imaginer ou croire à notre sujet. Nous attendons calmement que ce temps arrive.

CHAPITRE 15

Miracle et manifestation rendus réels

Une ancienne légende racontée par les Sioux du Lakota rapporte qu'un été, il y a fort longtemps de cela, sept Conseils sacrés du feu se réunirent en des temps difficiles. Il n'y avait plus de gibier et tout le monde était affamé. Le grand chef envoya deux jeunes hommes chasser pour trouver à manger. Tôt un bon matin, ceux-ci grimpèrent au sommet d'une colline pour scruter la prairie à la recherche de gibier. Regardant au loin, ils virent une jeune femme vêtue d'une peau de daim blanche qui semblait flotter au-dessus du sol.

Cette femme, surnommée Bison blanc, était une messagère du Créateur. Elle venait vers les membres de la tribu pour leur remettre une pipe sacrée grâce à laquelle ils pourraient « marcher comme une prière vivante ». Elle demeura là durant quatre jours, passant une journée à tour de rôle avec les femmes, les hommes, les enfants et les vieillards, leur enseignant à se souvenir que chaque jour est sacré et devrait être considéré comme tel.

Avant de partir, elle déclara à ces gens qu'elle reviendrait les voir à la fin de quatre âges. Puis, alors qu'elle s'éloignait en marchant, elle se transforma en bison. Tous l'observèrent se rouler au sol à quatre reprises, prenant chaque fois une couleur différente

– rouge, jaune, noir et blanc. Puis la femme Bison blanc s'éleva dans les nuages.

En 1994, une bisonne donna naissance à un veau femelle blanc sur une ferme de l'État du Wisconsin. Même si les propriétaires de la ferme avaient conscience qu'il s'agissait là d'un phénomène rare, ils n'avaient aucune idée de l'intérêt mondial qu'allait susciter cette jeune femelle qu'ils nommèrent Miracle, pas plus d'ailleurs que de la profonde signification spirituelle de l'événement, tout particulièrement aux yeux des Amérindiens. Au cours des deux premiers mois suivant la naissance, plus de 20000 personnes firent un pèlerinage pour aller voir le veau blanc, dont des représentants de douze nations autochtones.

Parmi eux, certains expliquèrent que la naissance de Miracle avait été prédite par la légende de la femme Bison blanc. Le veau représentait l'accomplissement de la prophétie, disaient-ils, le retour d'une légende marquant le début d'un nouvel âge d'unité et d'harmonie. Tout comme la femme Bison blanc avait successivement adopté les quatre couleurs de la race humaine (noir, rouge, jaune et blanc), le jeune bison allait lui aussi « porter » toutes les couleurs de l'humanité.

Lorsque je me rendis visiter Miracle, elle avait deux ans et sa couleur était déjà passée du blanc au brun rougeâtre, puis au noir, suivie d'une touche de jaune, pour ensuite virer au brun naturel des bisons. L'intérêt de la plupart des médias s'était dissipé lorsque Miracle perdit son pelage blanc. Les journalistes qui ne connaissaient pas la prophétie ne firent pas le lien entre les changements de couleur du veau et la signification de l'histoire de la femme Bison blanc.

La terre environnant Miracle était considérée comme sacrée par beaucoup et les visiteurs avaient rempli la clôture formant son enclos d'un assortiment d'offrandes. C'est dans ce contexte que je vis pour la première fois Miracle, dans son pré entouré d'une clôture en fil de fer à laquelle on avait attaché des centaines de rubans et d'objets de couleurs différentes – bleus, rouges, jaunes, verts, blancs, pourpres –, tous voletant dans l'air frais du printemps.

Le rôle des animaux en tant que canaux mythiques de connexion entre le monde humain et celui de l'esprit est à la base de nombreuses légendes. De tels animaux sont souvent décrits comme spéciaux à certains égards. Lorsque je vis pour la première fois Miracle, elle ressemblait à n'importe quel autre veau de bison brun. C'était cela la prophétie vivante ? Je ressentis alors une empathie soudaine pour les journalistes, comprenant pourquoi la plupart d'entre eux étaient partis. Je découvris, bien cachées au fond de moi, mes propres exigences à connaître la vérité, quelque chose qui ressemblait à « Je vais y croire lorsque je le verrai ».

Mais les mythes et les miracles ne fonctionnent pas ainsi. Ce n'est parfois qu'au moment où vous commencez à croire que vous obtenez les yeux pour voir.

Penelope Smith m'avait avisée que Miracle était exactement ce que les Indiens avaient dit, soit le présage d'un nouvel âge. « Elle est un signe de l'expansion de la conscience et elle occupe vraiment cet espace. Il y en aura d'autres comme elle. [...] Elle est une manifestation spirituelle nous permettant de croire que tout va bien pour nous. Sa présence est un très bon signe. »

Désireuse d'en savoir plus au sujet de Miracle et de son message, je demandai l'aide de Nancie LaPier et de Sam Louie. Même si je n'avais pas l'intention d'arranger les choses dans le but de conforter mon scepticisme, les dialogues suivants sont un exemple fascinant du fait que deux communicateurs peuvent recevoir essentiellement le même message, quoique formulé de façon légèrement différente.

Pour débuter, j'ai seulement mentionné à Nancie et Sam que Miracle était un veau de bison ayant de l'importance aux yeux des Amérindiens relativement à un esprit légendaire nommé femme Bison blanc. Au départ, aucun des deux communicateurs ne connaissait en détail la légende en question.

Miracle et Nancie

« Elle se montre à moi en train de porter une couronne parée de nombreux joyaux », commença Nancie. « Elle est selon moi consciente de son rang de royauté spirituelle et du fait que de nombreux êtres sur Terre lui accordent cet honneur. Lorsque je lui demandai si elle aimerait me confier quelque chose pour ce livre, elle me répondit d'abord que c'était pour elle un honneur d'être ici. Elle perçoit distinctement le but de sa présence sur Terre. »

Je représente un archétype d'énergie gracieuse qui a longtemps manqué à ce plan d'existence. Mon don consiste à ancrer cette grâce.

Il faut faire en sorte de ramener l'équilibre parmi les Amérindiens et de soigner leurs blessures spirituelles. Un profond désespoir habite les Indiens qui vivent aujourd'hui dans les réserves. Les choses sont en train de changer, mais la réalité d'une bonne partie de leur culture est teintée d'un réel désespoir en ce moment.

Je suis ici pour brasser les gens au plus profond de leur être. La voie de la danse gracieuse doit être rétablie dans les réserves.

Nancie s'arrêta un instant et se mit à rire. « Elle me montre quelque chose qui ressemble à des mocassins dansants... puis une femme ayant une longue robe blanche en peau de daim ou de veau. Celle-ci danse en décrivant des cercles dans une sorte d'état de profonde extase. Il s'agit d'une Indienne, peut-être de la femme Bison blanc. Elle fait un mouvement d'invitation à la suivre, comme si elle conviait tout le monde à une danse menant vers une époque à venir. »

Le temps est venu d'aller de l'avant et de guérir la Terre intérieure. Un type de guérison ancestrale au niveau cellulaire doit se produire en remontant jusqu'au temps où la vision de la présence de la femme Bison blanc devint manifeste.

Il y a un besoin pressant d'abandonner la répression et de cesser de croire qu'on y est soumis – il ne s'agit pas de nier l'existence de ces choses, mais de reconnaître la souffrance, de s'en libérer et d'aller de l'avant. Certaines personnes possèdent des dons extraordinaires dont elles n'ont pas conscience, mais il leur faut participer à ce qui se passe. Je viens leur rappeler le rôle qu'elles doivent jouer dans ce cercle sacré. Et il est temps de revenir maintenant.

Nos ancêtres viennent des nuages et ils disent aux frères autochtones : « Nous comprenons qu'un acte de foi est nécessaire en ce moment, mais soyez assurés que vous n'avez pas été abandonnés. »

Ils ne s'adressent pas tant à ceux qui sont connectés, qui enseignent et qui font partie du mouvement métaphysique, mais bien plutôt aux autres qui ont des problèmes émotionnels avec les drogues et l'alcool ainsi qu'avec le manque d'abondance. Il faut changer ces choses dans le corps mental et le corps émotionnel afin qu'ils puissent vibrer et redevenir les êtres forts et honorables qu'ils étaient jadis. Nous avons besoin d'eux; le reste du monde attend.

« Qui est-ce qui parle en ce moment ? » demandai-je à Nancie. Je devenais de plus en plus consciente des changements apparaissant dans la tonalité de la voix à mesure que se multipliaient mes échanges avec des animaux par l'entremise de différents communicateurs. Dans le cas de Nancie, de subtils changements dans sa voix et dans les pronoms utilisés – d'*elle* à *elles*, puis à *nous* – indiquaient que Miracle n'était pas le seul à s'exprimer.

« Voyons voir », dit Nancie. « Il est difficile de distinguer qui intervient lorsque je suis au milieu de cela. La femme Bison blanc parlait en tant qu'énergie-archétype se manifestant par l'entremise de Miracle. Je peux entendre Miracle s'exprimer au sujet de sa vie, de ce qu'elle ressent et de ce qui se passe dans le corral. Elle est étroitement liée à la femme Bison blanc, qui fait partie de son aspect supérieur. Mais lorsqu'il s'agit du message s'adressant aux Amérindiens, il s'agit essentiellement de la femme Bison blanc expliquant l'énergie de Miracle ici présente et de ce que cela signifie. »

« Le message invite fermement les Amérindiens à

ne pas s'identifier à ce qui, en eux, a été blessé d'un point de vue émotionnel. La femme Bison blanc ajoute que ceux qui descendent directement des ancêtres autochtones ont un don pour transmuter cette énergie. Il est commun pour eux de ne pas se souvenir qu'ils ont ce don leur permettant de transformer la conscience de la blessure émotionnelle en une reconnaissance et une conscience de leur royauté spirituelle. »

Qu'en est-il du lien entre les Indiens et les autres races? Pourquoi as-tu choisi, Miracle, de naître sur une ferme appartenant à des Blancs?

C'est là un moyen d'attirer l'énergie des Premières Nations dans la communauté blanche. Au fond, ce que je dis, c'est : « Revenez, revenez, sortez. Nous avons besoin de vous. » De nombreux Blancs sur Terre ont la mémoire cellulaire et le cœur des Amérindiens, et il est désormais nécessaire que les Indiens ne considèrent pas les Blancs comme ceux-ci avaient l'habitude de les considérer auparavant.

Je veux que tu ressentes l'essence de l'individu et que tu ne regardes pas l'aspect extérieur. Ce qui est arrivé dans le passé ne se reproduira plus. De nombreuses personnes éprouvent une peur cellulaire à l'idée de simplement suivre leur voie parce qu'elles ont la mémoire cellulaire d'avoir été jadis persécutées. Vous n'avez pas besoin de répéter cela si vous pouvez trouver un moyen d'élever votre vibration et de combler ce trou béant dans votre corps émotionnel.

Il vous faut comprendre que les croyances relatives au veau de bison blanc sont en réalité ce qui m'a donné l'occasion de venir. Cela démontre à quel point vos croyances ont le pouvoir de créer la réalité en ce monde. Les Indiens doivent arriver à comprendre la force de leurs systèmes de croyances et travailler de manière cocréatrice avec cela, car ils peuvent créer une nouvelle façon d'être. Ils détiennent une voie qui doit être incorporée dans le monde. Cela fait partie du rouage de leur roue existentielle.

Il y a une certaine retenue, même du ressentiment parmi les Amérindiens, mais comprenez que cela vient de la souffrance émotionnelle et des années de suppression de ces souffrances. Il vous faut tous permettre à cela de s'exprimer chez ces gens afin qu'ils puissent guérir au plus profond d'eux-mêmes. Plus vous tentez d'arranger ou d'améliorer superficiellement les choses, ou bien d'ignorer tout cela et de prétendre que ça n'existe pas, plus vous créez alors aussi l'énergie qui maintient ces populations à leur niveau actuel. Le mot clé ici est *permettre* – pour que les deux races en viennent à un espace de permission et que, ce faisant, nous puissions tous percevoir l'unité existante.

La femme Bison blanc dit ceci : « La chose importante est que vous êtes reliés à la Terre dans votre cœur, que vous célébrez cette planète et comprenez comment elle fonctionne grâce à la coopération des êtres qui y vivent. C'est un don sacré et une expression de Dieu. »

Nous avons gardé le silence pendant un moment, puis Nancie s'est mise à rire. « Miracle aime danser ! Elle caracole un peu partout sur ses deux sabots de devant. Je peux voir qu'elle est dans un immense corral où des gens viennent la regarder. Elle pense être très populaire et le croit réellement ! Plus les humains la regardent avec ce genre de respect, plus elle est certaine de sa popularité. Elle est très consciente du caractère exceptionnel de son existence et affirme que si nous pouvions nous considérer les uns les autres avec le même respect révérenciel, alors nous pourrions créer en ce monde des êtres de même nature. Tel est son message final. »

Miracle et Sam

Avant de contacter Miracle, Sam me fit d'abord cette mise en garde : « Je dois t'avouer qu'au premier abord je suis très sceptique à ce sujet, tout particulièrement lorsque des gens parlent du retour de grands esprits et de légendes, et d'autres choses du genre. » Sam ne pouvait voir que je souriais à l'autre bout de la ligne téléphonique. Une des choses que j'aimais lorsque je m'entretenais avec cet homme, c'était l'avocat en lui, car il me semblait que chaque fois qu'il s'apprêtait à communiquer de l'information sortant de l'ordinaire, il se sentait tenu d'exprimer cette mise en garde standard.

« Je ne suis pas certain de ce que je reçois, dit-il, mais c'est assurément une voix de femme, d'un être plein d'humour disant : "C'est Miracle qui parle, mais tu peux m'appeler Miracle Whip, tu sais, comme la sauce mayonnaise Kraft" », expliqua Sam en riant, de toute évidence amusé par la voix de Miracle Whip. « Enfin, qui qu'elle soit, voici ce qu'elle raconte. »

Eh bien ! disons que je viens d'un certain royaume et que j'essaie de mettre l'accent sur l'existence d'un sentiment d'unité. Lorsque les gens cherchent une personne ou un animal pour incarner un symbole quelconque, il arrive bien souvent que leurs prières soient entendues. Étant donné l'Unité qui existe en toutes choses, et peu importe les croyances de chacun, il m'est possible de me manifester sous la forme d'un messager représentant cette énergie qu'est la femme Bison blanc. La légende a donné naissance à ce symbole dont je suis à ce jour la personnification.

Que suis-je venue enseigner ? Quels sont les buts que je poursuis ? Tout d'abord, en tant qu'esprit répondant au besoin exprimé du retour de la femme Bison blanc, je veux faire l'expérience de ce que c'est que d'être un veau de bison. Je suis venue enseigner l'unité. Ce qu'il nous faut découvrir – et par « nous » j'entends les Amérindiens –, c'est comment faire en sorte d'être acceptés par la culture blanche dominante américaine et de nous donner une voix distincte, reconnaissable et respectée, non pas une voix glorifiée ou bien, au contraire, méprisée. Tel est mon message d'unité : il faut trouver le moyen de nous intégrer comme groupe distinct ayant une contribution valable à apporter.

Un autre message que j'aimerais transmettre concerne la douceur et la bonté, des qualités qu'il est certainement nécessaire de commencer à exprimer. Et à maints égards, c'est ce qui s'est produit. Comme instruments de l'Univers, nous avons définitivement réussi à aider à faire en sorte qu'il y ait moins de destruction sur Terre. Bien que de multiples guerres perdurent, et que les souffrances qu'elles engendrent soient considérables, on peut affirmer qu'à une vaste échelle il y a eu chez les humains une nette tendance à causer moins de destructions massives.

Finalement, mon message consiste à être une sorte de héros symbolique à une époque où, tant chez les Amérindiens que parmi la culture dominante américaine, on observe une absence de tels symboles. Toutefois, n'attendez pas de moi que je fasse des sauts périlleux, car je vais simplement être un veau se comportant comme tout autre veau, exprimant une grande douceur et grandissant pour devenir l'animal qu'il est censé être. Et c'est avec grand plaisir que j'échangerai avec ceux et celles qui voudront communiquer avec moi comme nous le faisons en ce moment.

Je veux également faire preuve d'un esprit jovial et ainsi alléger tout ce qui touche les légendes amérindiennes et la vénération spirituelle afin que les gens ne prennent pas tout cela trop au sérieux, car l'humour est un aspect très important de la spiritualité.

Je vais maintenant expliquer pourquoi j'ai employé les mots « Miracle Whip », car je ne voulais pas uniquement être drôle en disant cela. Mon message aux adeptes du nouvel âge est de ne pas tomber dans le snobisme spirituel. N'allez pas croire que ce sentier spirituel soit supérieur aux autres. En réalité, nous sommes tous sur le même sentier et le chemin suivi par chaque personne, peu importe où elle en est rendue, est aussi valable que n'importe quel autre. N'oubliez pas de démontrer de l'humilité et de l'humour.

Qui était la femme Bison blanc? Était-elle aussi une manifestation liée au fait que les gens avaient besoin d'un signe?

À l'origine de la légende, c'était un être humain aux motifs très sincères, d'une grande sagesse et d'une grande simplicité. Elle désirait ardemment apporter une contribution spirituelle et faire preuve de leadership. Toutefois, elle n'était pas plus divine que n'importe quelle autre personne choisissant de puiser à la source divine en chacun de nous. Une fois de plus, le message en est un d'unité. Nous sommes tous unifiés, tel un être suprêmement divin s'exprimant en une infinie diversité de manifestations. Et, bien sûr, à l'instar de ce qu'enseignent toutes les pratiques du nouvel âge et les religions, la voie privilégiée concerne avant tout la concentration, la focalisation, l'abandon intérieur, et l'élimination des couches superficielles pour atteindre le magnifique cœur divin dissimulé en dessous.

J'étais impressionnée par le fait que Miracle avait conclu ses deux exposés en mettant l'accent sur l'importance de célébrer l'essence de la divinité spirituelle en chaque animal et parmi les humains de toutes les races et toutes les cultures.

Bien que nous puissions trouver l'unité de notre essence spirituelle en déconstruisant les barrières de forme, d'espèce, de race, de religion, de culture et de couleur, il est également important que tous les êtres vivent dans l'authenticité, partageant leurs différentes croyances, pratiques et perspectives avec le reste du monde. Voilà aussi comment nous découvrons le sens et la présence de l'esprit.

Le Gardien de la Terre, enseignant et auteur de *Buffalo Woman Comes Singing*, Brooke Medicine Eagle, croit que la femme Bison blanc met en évidence l'importance de respecter la diversité dans notre quête d'unité. « Nous sommes maintenant au début d'un nouveau temps de paix, note Brooke, et nous devons tous le rendre réel en apprenant à nous respecter mutuellement non seulement sur le plan racial, mais aussi d'un royaume à l'autre. Depuis l'esprit le plus "élevé" jusqu'à la pierre la plus profondément enfouie, tout doit être respecté. Tout reflète l'intelligence du Créateur et les autres royaumes (ceux des esprits, des dévas, des animaux et des plantes) brûlent d'impatience de voir les bipèdes que nous sommes se joindre en toute conscience au Cercle de la vie[19]. »

Peut-être sommes-nous appelés à devenir les gardiens d'un petit veau de bison blanc ; peut-être sommes-nous ouverts à parler avec les animaux. Qui peut définir la bonne voie à suivre pour une autre personne ou bien déterminer comment l'épanouissement spirituel de quelqu'un se produira ? La clé, semble-t-il, est simplement d'être ouvert, d'écouter ce qui évoque au plus profond de soi honnêteté et authenticité, et de suivre les incitations de l'esprit qui nous anime, peu importe où cela nous mènera.

Plusieurs mois après ces échanges avec Miracle, j'ai lu un livre intitulé *Fools Crow*. On y découvre la vie du saint homme et chef de cérémonie des Sioux, Frank Fools Crow, tel que cela a été conté à Thomas E. Mails[20]. Même si de nombreuses personnes avaient sollicité auprès du chef vénéré l'honneur de pouvoir raconter son histoire, Fools Crow avait toujours refusé. Alors, comment se fait-il que cette tâche fût confiée à un homme blanc ? Peut-être est-ce pour la même raison que Miracle a choisi la ferme d'une famille blanche du Wisconsin pour venir au monde.

En 1974, au cours d'une visite à caractère social, Fools Crow a confié à Mails (par l'entremise d'un traducteur) qu'il avait reçu pour instructions, lors d'une quête de vision, de raconter son histoire au monde avec l'aide d'une personne dont il ferait bientôt la connaissance. Cette personne, dit Fools Crow, était Mails. Ce dernier fut stupéfait d'entendre cela, car bien qu'étant un écrivain et un artiste ayant publié plusieurs ouvrages sur les Indiens, il n'était pas de descendance amérindienne. Qui plus est, lui et Fools Crow ne parlaient pas la même langue. Mais Fools Crow n'en démordait pas. Il était certain que c'était justement la raison pour laquelle les esprits avaient fait en sorte que Mails soit mis en contact avec lui précisément ce jour-là. Tout aussi fascinante, écrivit Mails, fut la prise de conscience que la même pensée lui était venue à l'esprit.

Toute comme pour le cheminement menant à l'expression d'une vérité élégante, la logique seule ne permet que rarement de comprendre les tours et détours que peut prendre un sentier spirituel. Le moment où nous sommes appelés à participer à ce processus et la façon dont nous le faisons sont souvent à la fois un mystère et un miracle.

[NDÉ : En date d'aujourd'hui, Miracle a eu trois veaux et se porte bien. Voir www.homestead.com]

Sharon Callahan
L'histoire de Barbara

En 1974, Barbara, une femelle éléphant d'Asie, fut capturée par des entraîneurs asiatiques connus sous le nom de mahouts. Elle fut choisie en raison de son âge, de sa beauté et de ses bonnes dispositions. Les mahouts, montés sur leurs éléphants, pénétrèrent dans le troupeau et se saisirent de l'animal en jetant des cordes autour de son cou et en attachant ses pattes. Ils la traînèrent loin de sa famille et hors de sa jungle natale et, ce faisant, transformèrent sa vie à jamais.

On l'emmena dans un chantier de coupe de bois, puis on l'attacha à un arbre d'où elle était censée s'habituer à tolérer la vie « civilisée ». Très aimable et intelligente, elle apprit ce qu'on attendait d'elle en quelques semaines à peine. Elle fut alors mise dans une cage de bois puis expédiée en Amérique, car elle avait été achetée par un cirque en même temps que sept autres éléphants.

Durant les mois qui suivirent, on enseigna à Barbara, ainsi qu'à sa nouvelle famille, une panoplie de tours et de trucs tels que se tenir debout sur ses pattes arrière, marcher à la queue leu leu en tenant avec sa trompe la queue de l'éléphant la précédant et se coucher sur le côté. Étant donné leur intelligence exceptionnelle, Barbara et les autres éléphants ne trouvèrent pas ces trucs bien difficiles à apprendre, mais ces tâches étaient néanmoins contre nature et leur causaient beaucoup de stress. Durant les douze années qui suivirent, Barbara et sa nouvelle famille de pachydermes présentèrent leur spectacle dans un cirque en tournée, partout aux

États-Unis.

À l'âge de quatorze ans, on retira Barbara du cirque. Elle fut alors envoyée dans une ferme d'élevage comme génitrice, en compagnie d'autres éléphants de sa famille. C'est durant cette période qu'elle commença à perdre du poids. Tous les tests qu'on lui fit subir se révélèrent négatifs et tous demeuraient perplexes quant à la cause réelle de sa perte de poids. Plusieurs bébés éléphants naissaient, mais elle-même restait incapable de concevoir. Elle continua à maigrir durant les douze années subséquentes, perdant un total de près de 1 000 kilos. Elle était devenue si décharnée qu'on la sépara de sa famille pour l'isoler. Elle plongea alors dans une profonde dépression.

Grâce aux efforts déployés principalement par Carol Buckley, fondateur et directeur du groupe Elephant Sanctuary à Hohenwald au Tennessee, Barbara fut finalement transportée dans l'unique refuge pour éléphants d'Asie du pays, afin d'y demeurer. En février 1997, Carol me contacta au sujet de l'état de Barbara. Malgré tout l'amour et toute l'affection que celui-ci lui prodiguait, la saine alimentation qu'on lui servait, les soins vétérinaires experts et la liberté qu'offraient les grands espaces du sanctuaire, Barbara demeurait très faible. Elle semblait porter le poids du monde sur ses épaules. La cicatrice qu'elle portait au cou creusait un sillon d'une profondeur de trois centimètres et demeurait très sensible au toucher, témoignant de sa lutte lorsqu'on l'arracha à sa famille d'origine. L'animal ne barrissait pas comme le font d'habitude les autres éléphants, et de mémoire personne ne se souvenait de l'avoir jamais entendue barrir. Carol se demanda même si son larynx n'avait pas été endommagé quand les mahouts s'étaient emparés d'elle pour l'emmener loin de sa famille – ou encore, peut-être s'était-elle tue de chagrin. Carol était très inquiet.

La première fois que je communiquai avec Barbara, je lui demandai ce qu'elle vivait. Je fus bouleversée par l'immensité de sa tristesse. Elle éprouvait un profond sentiment de deuil, de perte, d'une amplitude telle que je n'en avais jamais ressentie. Même parmi toutes les expériences de ma vie, dont plusieurs furent tragiques, je constatai que rien de ce que j'avais pu vivre ne frôlait ce que Barbara ressentait. Cette bête souhaitait que Carol sache qu'elle aimait grandement sa nouvelle demeure et tous les soins attentifs qu'on lui prodiguait, mais qu'elle portait toute la douleur de son espèce et qu'elle ne serait pas capable de guérir tant et aussi longtemps qu'elle ne pourrait exprimer le message urgent de ses frères et sœurs.

Depuis que j'ai écrit ces lignes, j'ai agi comme médiatrice, communicatrice auprès de Barbara pendant seize mois, au cours desquels elle me révéla plus en détail non seulement la raison de sa souffrance, mais aussi la mission profonde des éléphants et la grande douleur qu'ils vivent de n'avoir pas accompli leur mission sur la Terre. Jenny et Tara, les autres éléphants demeurant au sanctuaire, ont aussi facilité ma tâche et amélioré ma compréhension.

Je vous livre ci-après une reconstitution du genre de communication que j'ai eu avec Barbara au cours de ces mois.

Je m'adresse à vous en tant que manifestation unique, au nom des grands que l'on appelle éléphants. On m'a envoyée comme émissaire durant cette période incroyable de transformation planétaire afin d'être la voix de ceux de mon espèce qui ne peuvent s'exprimer, et au nom de tous ceux qui nous ont quittés pour le royaume de l'Amour immaculé. Lorsque nous sommes ensemble, rien ne peut nous séparer, sauf les cordes, les armes et la cupidité de la race humaine. Nous prenons grand soin les uns des autres et nous nous déplaçons et respirons comme un seul et grand cœur gris et lumineux. J'ai déjà vu un gros troupeau devenir fou de rage et de douleur à la perte d'un éléphanteau. Ce que l'un de nous ressent, tous nous le ressentons. Nous sommes autant en harmonie les uns avec les autres que nous le sommes avec notre Grande Mère la Terre : sa souffrance, les blessures de son corps sillonné, les larmes de ses grands fleuves frémissants tentant de se délivrer des impuretés, ses nuages de particules brunâtres qui ceinturent son atmosphère scintillante, bloquant ainsi les rayons du Grand Soleil.

Il est vrai qu'un éléphant n'oublie jamais, car nous sommes tous les historiens de la Terre. Son histoire ne peut être séparée de la nôtre, car il en a été décrété ainsi à l'origine. Nous venons à vous maintenant afin d'élever votre niveau de conscience en ce qui a trait aux grandes souffrances de cette magnifique Terre que nous partageons. Sa survie est compromise et son sort est entre vos mains. La Terre peut redevenir le jardin d'Éden d'antan – un paradis –, ou elle peut subir le même sort que d'autres planètes semblables à elle et s'obscurcir, se refroidir, être sans vie, en orbite éternelle dans l'immensité du vide sidéral.

Nos grands frères et sœurs sauvages n'ont pas réussi à attirer votre attention. Cela étant, quelques-uns parmi nous se sont portés volontaires afin de pénétrer votre civilisation dans la noirceur des cirques, cheminant vers des positions plus influentes, œuvrant à créer la visibilité requise pour tenter à nouveau d'attirer votre attention sur les souffrances de notre Mère la Terre et de toutes les formes de vie qui y habitent. Je vous en prie, écoutez-moi. Nous avons permis qu'on nous arrache du sein de nos mères, nous avons enduré les affronts et la honte, nous avons été engloutis dans les tréfonds de la dépression et du désespoir, et tout cela en espérant être enfin entendus. Nous ne vous exprimons pas seulement notre souffrance mais aussi celle de chaque créature douée de sensibilité, de sentiments, sur cette Terre qui est la nôtre, et cela inclut ceux et celles de votre espèce qui vivent des existences bien peu différentes des plus terribles d'entre nous.

La vie est une symphonie composée de l'ensemble des tonalités singulières qu'émet chaque être vivant, sans lesquelles la symphonie serait privée de sa beauté et de son sens profond. Nous, les éléphants, émettons une note très grave, d'une tonalité si grave que votre espèce ne peut la percevoir. Dans la symphonie de la vie, cette note se situe dans le registre des basses et permet à tous les autres êtres d'harmoniser leur chant distinctif. Nous chantons sans cesse cette note grave, et notre chant équilibre, apaise et nourrit notre Mère la Terre. Les grandes baleines exécutent la même fonction dans les océans, émettant une fréquence très élevée qui équilibre et tonifie les mers du monde.

Si quelqu'un pouvait écouter de l'espace la musique qui émane de la Terre, il entendrait le grand Om très grave des éléphants, superposé à la multitude de voix et de notes d'une symphonie aux milliers de facettes, d'une splendeur qu'on ne retrouve nulle part dans tout l'univers.

Les éléphants en captivité souffrent dans un état de

profonde dépression qu'on leur ait dérobé la possibilité de chanter leur note grave. Nous devons être cinq, réunis au même endroit, afin de créer cette résonance, et bien souvent, en captivité, on nous confine à vivre en solitaires. Nous ne ressentons pas seulement une très grande tristesse personnelle et une insatisfaction de n'avoir pas accompli notre mission, mais plus important encore nous ressentons la tristesse de la Terre tout entière qui cherche à élever sa vibration.

Au cours des dernières années, il y a eu des incidents pendant lesquels des éléphants devenus enragés ont tué les humains qui prenaient soin d'eux. Leur colère est attribuable à ce sentiment d'urgence que ressentent les éléphants partout sur la Terre. C'est inquiétant, car nous diminuons en nombre à cause de l'intervention des hommes. Notre nombre allant en décroissant, nous sommes de moins en moins capables de nous acquitter de notre mission, qui est de voir au bien-être de la Terre, ainsi que nous l'avons toujours fait. C'est notre raison d'être ici. Sans les éléphants qui veillent sur elle, notre Mère la Terre ne peut bien se porter. Chaque espèce animale a un destin et remplit une fonction unique et irremplaçable; toutes doivent accomplir leur « devoir » sacré. S'il vous plaît, entendez notre voix. Les éléphants portent en eux la fréquence de référence. Ils détiennent en quelque sorte le diapason qui permet à toutes les autres espèces animales d'harmoniser leur tonalité unique. Nous parlons pour notre Mère la Terre et pour toute la vie qui l'habite, pas pour nous-mêmes.

Au fur et à mesure que Barbara communiquait ses pensées et ses sentiments, elle prenait du mieux. Physiquement et émotivement, elle commençait à guérir. Deux semaines après notre première communication, Carol me rapporta que Barbara avait barri, peut-être bien pour la première fois de sa vie, ajoutant qu'on l'observait clapoter joyeusement dans la boue tel un oiseau agitant ses ailes à l'heure du bain.

Barbara laisse maintenant Carol frotter tout son corps, même à l'endroit de sa cicatrice qu'elle ne laissait personne toucher auparavant. Elle a développé une relation plus intime avec les autres éléphants du sanctuaire et a presque regagné tout le poids qu'elle avait perdu. Elle s'enthousiasme de chaque journée nouvelle, anticipant avec joie l'arrivée de deux nouveaux éléphants en résidence, ce qui augmentera le groupe à cinq, nombre requis pour harmoniser la Terre.

Extrait de Animals as Guides for the Soul *(Les animaux comme guides de l'âme), par Susan Chernak McElroy. Sharon Callahan collaboratrice. Traduit de l'anglais par Carla Gosselin, True Translations. Ajout Ariane Éditions.*

Le Cercle de la vie
Penelope Smith et le réseau animal

Syntonisant ma conscience avec le réseau animal en cet instant, je vois les grenouilles, les lézards, les baleines, les oiseaux et maintes autres espèces formant ensemble un grand cercle avec ceux de leur propre espèce et en interconnexion avec les autres. Ils disent : « Nous voyons le Cercle de la vie se poursuivre sans interruption. Il y a de nombreux endroits sur Terre où règnent la mort et la destruction. Là aussi, la vie regagnera ses droits. Nous attendons. Nous, animaux de toutes les espèces, observons que l'évolution de la conscience suit son cours normal. Nous ne sommes pas préoccupés par la destruction des corps, sauf lorsque nos familles et nos groupes sont directement touchés ; c'est alors que nous réclamons à grands cris de l'aide et une plus grande conscience. »

À mesure que les humains s'éveilleront, la Terre reprendra de la vigueur. La Force de vie est robuste ; la Terre l'est aussi et guérira entièrement, et tous les êtres vivants peuvent être guéris en puisant à même cette source de vitalité. Bien des espèces disparaissent encore, et des gens meurent en d'innombrables points de la planète. Toutefois, la conscience grandit et c'est la plus grande force qui soit.

Les animaux ont beaucoup de choses à communiquer, quantité de messages à transmettre au monde entier. Et les gens écoutent. Celles et ceux qui portent une attention toute particulière à la connexion télépathique avec nous les reçoivent de la façon dont ils nous parviennent, de manière que nous puissions en expliquer la teneur aux autres.

CHAPITRE 16

Le rôle des lamas : Porteurs de la Lumière

Chaque espèce apporte une énergie distincte à la planète. Pour s'en faire une idée, il suffit de considérer l'incroyable diversité des formes physiques. Tout comme certains animaux, tel Miracle, peuvent apporter un type bien précis d'énergie spirituelle, de même des groupes plus vastes d'animaux portent et incarnent ensemble une énergie particulière exprimant un but spirituel commun. Ces buts peuvent être le point focal d'attention de petits groupes d'animaux à l'intérieur d'une espèce (comme les contingents de chats orange et orientaux), de l'ensemble d'une espèce, ou même d'un regroupement plus étendu. Les cétacés, par exemple, sont souvent cités pour l'attention qu'ils focalisent sur la guérison de l'humanité et l'élévation des fréquences vibratoires.

Grâce à plusieurs conversations avec une harde de lamas, Nedda Wittels a appris que ceux-ci jouent un rôle spécial par rapport à l'évolution planétaire. Étant donné qu'ils participent à la conscience de la harde tout en ayant une conscience individuelle, les lamas offrent une perspective unique sur le maintien d'une conscience tant au niveau individuel que collectif.

L'entrevue suivante a été réalisée par Nedda avec

deux lamas qui nous offrent un aperçu du rôle que leur espèce joue pour ancrer la lumière sur Terre. Cathedral Pines Abracadabra (un lama femelle connu sous le nom d'Abby et qui exerce les fonctions de guérisseuse et sage-femme pour la harde) et Black Velvet du Crestland (un lama châtré connu sous le nom de Velvet et agissant à titre de sorcier et chaman pour la harde) vivent avec leur harde au Rhode Island à la ferme de Tom et Helen Rowe-Drake.

Après avoir établi le contact avec Velvet et Abby et avoir offert ses salutations au reste de la harde, Nedda commença.

Tout d'abord, j'aimerais que vous expliquiez comment fonctionne la conscience de la harde. J'ai pu m'en faire une assez bonne idée grâce à de précédentes conversations, mais j'aimerais consigner vos pensées et vos expériences à ce propos au bénéfice d'autres humains qui liront vos commentaires à ce sujet.

[Velvet] Une harde de lamas forme à un certain niveau une seule unité de conscience, tandis qu'elle forme à un autre niveau une unité combinée composée de nombreux êtres. Cela a pour conséquence que même si nous sommes des individus, nous sommes toujours reliés les uns aux autres et nous savons à tout moment ce que fait chaque membre de la harde. Si un lama est malade, s'il donne naissance à un petit ou meurt, s'il mange ou fait quoi que ce soit d'autre, nous le savons tous.

[Abby] Oui, et cela rend certaines situations plus pénibles. Si un lama a une peur particulière et qu'un autre membre de la harde fait l'expérience de ce dont le premier lama a peur, le lama craintif exclura alors de sa conscience la situation désagréable. Par exemple, se faire couper les onglons ou se faire tondre, être examiné par le vétérinaire ou bien recevoir des injections. Ce sont là des situations qui ne nous plaisent pas, mais que certains d'entre nous ont en horreur, alors nous les refoulons de notre conscience.

Quels sont les avantages de la conscience de harde ?

[Abby] La possibilité d'être instantanément avertis d'un danger. Un continuel et très efficace support émotionnel et spirituel que nous nous apportons mutuellement. Le partage en commun de bénédictions, de moments agréables, et la possibilité de savoir quand le souper ou le petit déjeuner est servi. Un soutien puissant aux processus de la naissance et de la transition (la mort).

[Velvet] Lorsque nous le choisissons, nous formons une unité d'énergie et de conscience très puissante, ce qui fait de nous des êtres spirituellement très puissants. Il ne s'agit pas d'un pouvoir dominateur, mais bien d'un pouvoir aimant. La force de l'amour est sans limites et nous pouvons créer et projeter un puissant champ d'amour – ce que nous faisons d'ailleurs.

Comment se déroule l'intégration d'un lama nouveau-né ou d'un lama plus âgé qui est un nouveau venu au sein de la harde ?

[Abby] L'assistance aux nouveau-nés (crias) fait partie de mes responsabilités en tant que sage-femme. Comme tu le sais, la mère lama met bas dans la nature sans aucune aide et le nouveau-né doit s'assécher lui-même et se lever sans aide. La mère et le bébé doivent donc être physiquement forts. Pour apporter un soutien dans cet aspect du processus, le rôle de la sage-femme consiste à aider l'esprit du nouveau-né à s'implanter fermement dans le corps du cria au moment de la naissance. Tandis que la mère émet un son soutenu pour fortifier la forme physique du cria alors qu'il vit ses premiers instants en dehors de la matrice, la sage-femme émet télépathiquement un son identique et donne des instructions à l'esprit pour l'aider à s'implanter énergétiquement, s'attachant aux chakras et s'entrelaçant avec l'ADN et la moelle épinière. Au bout de vingt-quatre heures, si tout s'est bien passé, le nouveau lama sera fermement en prise sur la Terre grâce à son corps physique.

Le reste de la harde apporte-t-il une aide à ce processus ?

[Abby] D'habitude non. Il s'agit d'un travail spécialisé pour lequel nous nous entraînons. Dans une grande harde, il y a toujours des apprentis et, par conséquent, lorsque c'est à mon tour de mettre bas, un autre lama aide mon cria à s'implanter spirituellement. Si ce n'était pas le cas, je n'aurais d'autre choix que de le faire moi-même. C'est possible, mais très épuisant.

Velvet, arrive-t-il parfois que les mâles apportent leur soutien actif à ce processus ?

Il leur arrive parfois de le faire. Si le cria est mâle et que l'énergie spirituelle éprouve de la difficulté à établir une connexion, Abby demande alors mon assistance. Dans ce cas, j'ajoute mon énergie individuelle à la sienne et cela aide l'esprit à s'ajuster.

Lorsqu'un nouveau lama se joint à la harde, c'est à moi qu'il revient, en tant que chaman, de travailler avec les nouvelles énergies qu'il apporte afin de l'aligner énergétiquement sur les fréquences et schémas vibratoires qui font l'unicité de cette harde. Je suis capable à la fois de voir, d'entendre et de sentir les vibrations, et je les tisse ensemble, un peu comme on crée un motif dans un morceau de tissu.

(Velvet me montre maintenant une tapisserie constituée de motifs semblables à ceux qu'un humain péruvien pourrait tisser. Il me signale que les motifs sont plus raffinés que ceux-ci, ajoutant qu'il n'est pas sûr que je puisse réellement voir en détail ce qu'il me montre, car cela change très rapidement d'aspect. Il me dit qu'il peut également entendre des sons – des notes de musique et des tonalités vocales.)

Est-ce qu'il t'a fallu beaucoup de temps pour comprendre cette trame d'énergie et apprendre à t'en servir?

J'ai été formé durant plusieurs vies comme apprenti dans d'autres hardes de lamas avant de devenir expert en ce domaine. C'est pourquoi je suis capable, en dépit de mon jeune âge, d'être le chaman de cette harde dans cette vie-ci.

Les lamas ont-ils tendance à se réincarner dans la même espèce?

Puisque la plupart des êtres spirituels s'incarnent au sein de groupes d'âmes, il est logique pour quantité d'esprits, lorsqu'il est nécessaire pour eux de faire l'expérience de nombreuses vies comme membres d'une espèce particulière, de revenir maintes et maintes fois dans la même espèce. On peut se réincarner de multiples fois parmi la même espèce, mais c'est souvent aussi parce que l'on préfère cette espèce, ou bien parce qu'il y a là quelque chose de spécial à vivre ou à apprendre.

Qu'en est-il de toi, Abby? T'es-tu entraînée durant plusieurs vies avant de jouer ton rôle de sage-femme?

Oui. Mes tâches étaient différentes, mais exigeaient néanmoins certains talents et une adresse toute particulière avec l'énergie spirituelle. Je suis aussi une guérisseuse. J'apporte une aide énergétique à tout lama qui est malade, que la cause soit d'ordre physique, émotionnel ou spirituel. Il s'agit là aussi d'un domaine où Velvet et moi travaillons de concert.

Y a-t-il d'autres rôles qui sont assignés au sein de la harde à certains lamas assumant des responsabilités à son égard?

[Velvet] Il y a un conteur, qui est en réalité l'historien de la harde. Ce lama préserve l'histoire orale de chaque membre du groupe et de l'ensemble du troupeau. Dans notre harde, c'est Blu qui tient ce rôle. Il lui arrive de raconter de très bonnes histoires, parfois très drôles, mais il lui faut apprendre à être moins timide, et ainsi sa prestation comme conteur s'en trouvera grandement améliorée.

Le conteur de la harde raconte-t-il souvent des histoires? Et quel est le but de cette activité?

[Velvet] En hiver, il le fait presque tous les soirs. Pendant les autres saisons, cela dépend de ce qui se passe. Durant la saison des accouplements, étant donné que Blu va engendrer des crias, la reproduction sera sans doute ce qu'il aura à l'esprit. Néanmoins, je pense qu'il sera un bon père pour le groupe, de même qu'un bon père biologique.

Est-ce la raison pour laquelle le rôle d'historien et de conteur est donné à un lama en âge de se reproduire?

[Abby] Oui. Il est important qu'il soit le véritable « père de la harde ». Blu le deviendra avec le temps. À maints égards, il est encore très jeune.

Accepterait-il de nous conter une des histoires qu'il utilise pour enseigner aux jeunes lamas?

[Velvet] Pas en ce moment. Il te serait difficile de rendre en mots ce genre d'histoires, car ce sont des échanges énergétiques à des fréquences supérieures et elles sont conçues pour aider les jeunes lamas à conserver leur connexion avec l'âme et les fréquences supérieures. Elles ne se traduisent pas aisément en mots.

Revenons-en aux questions d'ordre spirituel. D'après Tom (Rowe-Drake), les lamas sont les « dauphins de la terre ferme ». Comprends-tu ce qu'il entend par là et es-tu d'accord avec lui?

[Velvet] Il est difficile de répondre à cette question. Nous savons que les dauphins viennent d'une autre dimension et qu'ils sont ici pour remplir des fonctions précises pour le maintien des rythmes de la Terre, tout comme le font d'ailleurs les baleines, et aussi pour aider les humains à s'éveiller en préparation à l'ascension. Les lamas ont été conçus dans le but de jouer un rôle parallèle à celui des lamas tibétains, les leaders spirituels des humains au sommet du monde. Nous sommes ici à titre de guides spirituels pour les animaux vivant sur la terre ferme. Nous offrons un modèle de ce que c'est que de vivre en complète unité les uns avec les autres comme membres d'une harde d'animaux, tout en vivant aussi des existences séparées, une chose que les dauphins font également.

En ce qui concerne la suggestion selon laquelle nous serions « les dauphins de la terre ferme », nous pourrions dire que nous sommes semblables, mais pas identiques. Nous n'essayons pas, par exemple, de guérir l'humanité, ce que les dauphins tentent de faire. Notre espèce est maintenant plus répandue autour du globe, de sorte que nous pouvons enseigner et offrir de l'énergie à plus d'humains. Nous apportons la lumière partout où nous allons, mais nous ne tentons pas nécessairement de guérir les gens.

En quoi les hardes de lamas diffèrent-elles des troupeaux de vaches, de moutons, de chevaux et d'autres hardes d'animaux? Ces espèces ne possèdent-elles pas également une conscience de groupe?

[Velvet] Oui, mais ce n'est pas à la même fréquence vibratoire que la conscience de groupe des lamas. Nos fréquences sont plus élevées et plus subtiles du fait que notre habitat naturel est géographiquement plus élevé; elles sont donc compatibles avec notre habitat. Il s'ensuit que nos vibrations sont plus proches de celles des êtres de lumière, ce qui nous permet de communiquer sur l'ensemble de l'échelle des fréquences vibratoires. Nous servons de pivot central entre les autres animaux terrestres vivant en hardes et les êtres de lumière, les esprits, formant ainsi une sorte de pont entre les deux.

À quoi sert ce pont?

[Velvet] C'est un point de transfert pour l'information spirituelle qui doit descendre de la Source jusqu'au royaume animal, dans la forme et l'ADN de chacun. C'est là sa fonction principale.

S'agit-il du parallèle dont tu parles à propos des lamas tibétains?

[Velvet] Oui. Selon ma compréhension, ces lamas maintiennent possible l'accès aux énergies et aux fréquences des royaumes spirituels avec lesquels les humains ont perdu contact au fil des siècles et des millénaires. Somme toute, nous faisons la même chose qu'eux. Et c'est en vivant dans un habitat particulier en haute altitude qu'ils ont pu garder ce contact.

Les autres espèces animales reconnaissent-elles le rôle des lamas ?

[Velvet] Certaines le reconnaissent, mais d'autres non. Je suis conscient du fait que tu as eu de nombreuses conversations avec des animaux de différentes espèces. Quelques-unes de ces espèces sont plus spirituelles ou plus conscientes que d'autres du processus d'ascension de la Terre. Je m'attendrais à ce que certaines soient conscientes du rôle des lamas en tant qu'espèce et à ce que d'autres ne s'y intéressent pas. N'est-il pas vrai d'ailleurs que, même parmi les humains, il y a une grande diversité d'intérêts à l'égard des questions spirituelles ?

C'est juste. Entrez-vous en contact avec les esprits de la nature et de la Terre lorsque vous faites descendre ces énergies ?

[Velvet] Oh oui !

En quoi ce travail est-il affecté par le fait que tant de lamas vivent aujourd'hui en basse altitude partout dans le monde ?

[Velvet] Eh bien, cela rend notre tâche relativement plus difficile. À vrai dire, cela nous aide également. Ce que cela signifie réellement, c'est que les lamas qui vivent toujours dans les Andes sont le principal contact pour poursuivre cette mission spirituelle, et ceux d'entre nous qui vivent à des altitudes inférieures servent maintenant de points de transfert ou de transmetteurs d'énergie vers les autres parties du monde. Il n'y a pas de hasards, comme tu le sais. C'est pourquoi nous sommes si nombreux à vivre en d'autres endroits. C'est aussi la raison pour laquelle les lamas tibétains vivent à l'extérieur du Tibet.

Voilà une théorie très intéressante.

[Velvet] Ce n'est pas une théorie. Je sais que c'est la vérité, bien qu'il soit possible que les lamas humains hésitent à confirmer mes propos.

Velvet, je suis désireuse de savoir comment tu as appris tout cela.

[Velvet] Cela fait partie de ma formation comme chaman du groupe. C'est aussi en partie mon rôle et mon but dans la vie que d'aider à éduquer les humains afin qu'ils comprennent mieux la spiritualité. Tu sais, bien évidemment, que chaque personne qui possède une harde de lamas est touchée par nos énergies spirituelles. Les animaux en général ont vu leurs fréquences s'élever à mesure que s'élèvent les vibrations de la Terre.

Peux-tu nous en apprendre davantage sur la connexion avec les Tibétains?

[Velvet] Nous, les lamas, avons tenu la Lumière pour ce côté de la planète au cours des âges noirs de cette période sur Terre, alors que les lamas du Tibet en faisaient tout autant de l'autre côté. Par « âges noirs », je me réfère à la période écoulée depuis la chute de la Lémurie et la disparition de la civilisation maya. En étant simplement ici dans ce type de corps avec le savoir du Très-Haut, nous avons pu contribuer au maintien d'un certain équilibre sur le continent.

L'enseignement spirituel que vous partagez avec les lamas tibétains a-t-il quelque chose à voir avec le pont de fréquences? Et les lamas travaillent-ils avec d'autres espèces à ce sujet?

[Velvet] Il n'y a qu'une seule vérité, c'est-à-dire que nous (tous les êtres) provenons à l'origine de la même source, que nous formons tous en définitive une seule conscience et que l'expérience de la séparation est une illusion. Par conséquent, bien que nous ne soyons pas en contact par la voie de conversations avec les lamas tibétains, nous sommes capables d'échanger avec quiconque désire nous parler. Comme le font de nombreux humains aujourd'hui, nous ancrons la lumière à des fréquences de plus en plus élevées en ayant comme but le passage de la Terre à des dimensions supérieures. Nous avons beaucoup d'expérience en ce qui a trait à l'infusion de fréquences plus élevées de lumière, puisque notre espèce est conçue à cette fin et que nous faisons cela depuis des milliers d'années. Nous ne travaillons pas directement avec d'autres espèces, mais j'ai la certitude que nous ne sommes pas les seuls sur la planète à faire ce travail.

Velvet, y aurait-il un message précis que tu aimerais communiquer aux humains, ou bien un des autres lamas en aurait-il un?

(Velvet consulte la harde et annonce que le message suivant est livré au nom de tous ses membres.)

Le monde entier est habité par l'Esprit. Lorsque les humains créent une séparation artificielle entre le spirituel et le physique, ils se retrouvent avec une conception incomplète et sérieusement déformée du plan physique. Le processus d'illumination et d'ascension consiste en partie à se rappeler que l'ensemble de l'univers est composé d'énergie spirituelle – la seule énergie qui soit – et à reconnaître que Dieu est présent partout, en tout temps et dans toutes les formes.

Ce moment

KC (chat) – Morgine Jurdan

La vie est belle et a beaucoup à offrir. On peut la savourer de tellement de façons merveilleuses et différentes.

Savourez-vous ce qui entre dans votre bouche, distinguant les diverses textures, saveurs, températures, couleurs et énergies de ce que vous mangez, buvez et inhalez ?

Entendez-vous les insectes chanter, les oiseaux caresser les plantes de leur voix, les feuilles des arbres frémir avec le vent ? Combien de fois entendez-vous votre maison chuchoter, vos tuyaux gazouiller, les vêtements frôler votre corps, les plantes respirer, un ami parler ?

Il y a des millions de façons de faire l'expérience de la vie. Prenez un moment pour arrêter de penser et regarder quelqu'un droit dans les yeux. Regardez réellement ce qu'il y a là, sous la surface, dissimulé derrière les paroles et les mouvements, caché sous la colère et la douleur. On peut, chaque instant, goûter la vraie vie quand on est attentif à toute sa richesse.

Devenez pleinement conscient dès aujourd'hui et regardez ce qui se trouve devant vous. Si ça devait être votre dernier jour de vie – et cela est toujours possible –, qu'aimeriez-vous faire, et pourquoi n'êtes-vous pas déjà en train de le faire ?

Vous êtes ici, maintenant. J'espère que vous pourrez découvrir les richesses toutes simples qui s'offrent à vous, chaque instant de chaque jour. La vie ne doit pas être simplement un objet de réflexion. La vie doit être vécue, ressentie et aimée pour le don qu'elle est. Rien n'est plus précieux que le moment qui passe, alors ne le laissez pas vous glisser entre les doigts, inobservé. Et tandis que vous savourerez toute sa richesse, il se pourrait que vous découvriez le véritable sens de la vie.

CHAPITRE 17

Dauphins, baleines, et le présent multidimensionnel

Un soir, alors que je m'entretenais au téléphone avec Ilizabeth Fortune, longtemps après que notre conversation eut dévié dans les eaux troubles de la multidimensionnalité, elle me raconta l'histoire suivante.

Ilizabeth se trouvait un jour à bord d'un bateau avec des gens qu'elle emmenait nager avec des dauphins. Elle était dans une cabine en train de faire une séance avec un des participants lorsqu'on l'appela pour lui signaler la proximité de dauphins. En entendant l'appel, elle commença à sortir de son état méditatif. Tout le monde se préparait à aller dans l'eau, mais la personne dans la cabine l'incita à demeurer avec elle. C'est alors que le phénomène se produisit, raconta Ilizabeth.

> Tout d'un coup, j'étais dans l'eau et je voyais les dauphins approcher. Je savais que j'étais sur le bateau, mais j'étais aussi dans l'eau. Il y avait sept dauphins. Ils se présentèrent, puis j'eus conscience d'être à l'intérieur de l'un d'eux, car je pouvais voir à travers ses yeux.
>
> Je vis les autres participants entrer dans l'eau. J'observai comment ils interagissaient avec moi en tant que dauphin et avec les autres dauphins. Puis

j'entendis l'animal dont j'étais l'hôte me parler. Il disait : « Ce sont les choses dont nous voudrions que tu sois consciente dans ton rôle. » Puis, ils me donnèrent tous des instructions, un peu comme s'ils me téléchargeaient de l'information. J'ai pu ensuite utiliser cette information au cours des huit années suivantes.

Puis il leur fallut prouver que tout cela était bien réel. Alors, en tant que ce dauphin, je plaçai intentionnellement le bec de ce dernier contre le masque d'un des plongeurs. Une autre preuve consista à faire un saut par-dessus une personne. C'était une sensation incroyable que d'être un dauphin et de sauter ainsi par-dessus un humain ! Et une dernière preuve consista à m'approcher tout près d'un nageur, à appuyer le corps du dauphin contre celui-ci et à me reposer dans cette position.

L'instant d'après, je me retrouvai dans la cabine avec l'autre personne, sortant de l'expérience. Je pouvais entendre tout le monde qui revenait à bord, criant et m'appelant par mon nom. Je leur ouvris la porte et ils entrèrent tout excités, me demandant où j'en étais. Je leur racontai ce qui était arrivé avec le masque de plongée, le saut par-dessus un plongeur et mon geste délibéré d'aller m'appuyer contre l'un d'eux, identifiant chaque personne qui avait vécu ces expériences. Ils en furent estomaqués.

Voilà donc un exemple de bilocation et de perception multidimensionnelle dans l'instant présent. Cela donne aussi un aperçu de ce que l'on éprouve à expérimenter de multiples mondes à la fois.

La multidimensionnalité, le paradigme des dimensions coexistantes dans un hologramme de temps, est un concept à la fois fascinant et frustrant. Dans le meilleur des cas, il nous mène à un état de perception à l'extérieur de la conscience normale dans lequel les mystères du temps et de l'espace sont vécus d'une façon nouvelle et éclairante.

Ce qui est frustrant avec ce concept, c'est que pour en faire l'expérience nous n'avons d'autre choix que de nous aventurer au-delà des limites de la réalité ordinaire. Cela peut s'avérer difficile. Recourant à l'intuition, nous avançons à tâtons, cherchant à l'aveuglette cette sorte d'espace-temps ou d'état d'être nébuleux dans lequel la réalité ordinaire s'estompe. Ce que nous cherchons, c'est le bouton secret qui fait pivoter la bibliothèque – une fissure dans l'espace, une fenêtre dans le temps –, car c'est le plus souvent en faisant un pas de côté que nous pouvons accéder à cette autre modalité de l'être.

Joan Ocean, une psychologue et scientifique réputée, a passé près de vingt ans à étudier les cétacés lors de fréquentes interactions avec eux. Dans son livre *Dolphins into the Future*, elle note que les dauphins ont la faculté de faire l'expérience de la vie dans l'océan et de vivre simultanément dans d'autres dimensions. Non seulement sont-ils « des exemples inspirants nous offrant un aperçu des possibilités qui existent au-delà de nos systèmes de croyances actuels », comme l'écrit Joan, mais leur faculté d'accéder à des mondes multidimensionnels est l'un des principaux enseignements qu'ils proposent à l'humanité[21].

« Ils servent d'exemples démontrant ce que nous sommes capables de devenir », m'a dit Joan. « Leur cerveau est beaucoup plus complexe que le nôtre et ils en utilisent une plus grande proportion que tout ce que nous avons pu observer chez l'homme, et pourtant j'ai le sentiment qu'ils nous montrent que nous pouvons en faire tout autant. Nous pouvons changer la forme de notre corps ; nous pouvons nous métamorphoser. Nous pouvons accéder à d'autres dimensions, car nous sommes des êtres multidimensionnels. »

Pour ce qui est de la méthode que les dauphins comptent employer pour transmettre cet enseignement, il semble y avoir un plan comportant de multiples facettes. « J'ai l'intime conviction que les dauphins et les baleines font tout ce qui est possible en ce moment pour établir le contact avec nous », affirmait Joan. « Dans bon nombre de cas, les gens ne peuvent se rendre à l'océan et ils font donc leur rencontre en méditation, en rêves, et au cours d'expériences extracorporelles. Les cétacés apparaissent en de nombreux endroits différents, en fait partout où ils le peuvent. »

Cela se produit souvent lors d'une rencontre intérieure signalant à la conscience humaine l'imminence d'une possibilité de changement. Autant Joan qu'Ilizabeth ont expliqué que leur premier contact avec les cétacés a d'abord eu lieu dans leur monde intérieur avant de s'établir sur le plan physique. Et toutes deux reconnaissent que certaines des communications les plus pénétrantes qu'elles ont reçues eurent lieu dans des états de sommeil, de méditation, de rêve normal et de rêve éveillé.

« Quelques-unes de mes expériences les plus profondes, en dépit de mes nombreuses rencontres physiques avec des dauphins et des baleines, ont eu lieu dans mon univers intérieur », me confiait Ilizabeth. « De même, il faut parfois une expérience physique pour ouvrir le monde intérieur des baleines et des dauphins et établir cette connexion avec le cœur et l'âme de quelqu'un. Il s'agit d'une mémoire liée à l'âme. »

Je pensai à la métaphore de Sugar le dauphin, qui comparait nos moi multidimensionnels à des tentacules reliés à la pieuvre géante de l'être plus vaste que nous sommes. Ainsi que Zak le notait, le degré de conscience de chaque moi, de chaque tentacule, à l'égard des autres moi dépend de la perspective que nous avons de nous-mêmes et de l'ensemble de notre être. L'interaction des souvenirs, comme la conscience de nos autres moi, n'est donc consciemment possible que dans la mesure où chaque moi est ouvert à une telle expérience.

Imaginons, par exemple, que l'un des aspects de votre moi multidimensionnel (ce pourrait être celui qui lit ces lignes en ce moment) désire être plus conscient de ses autres moi. Comment vous y prenez-vous pour faire cela ? La reconnaissance des schémas est essentielle : il vous faut chercher les associations cachées menant à des éclairs intuitifs et à des bonds de simultanéité. Beaucoup croient qu'il s'agit précisément là du langage holographique des connexions multidimensionnelles que les dauphins sont ici pour nous enseigner.

« Il est important de laisser la chance à cette faculté de communication multidimensionnelle de s'éveiller et de s'activer, et il nous faut prendre plaisir à nous en servir, car c'est réellement amusant ! » m'a confié Ilizabeth. « Les dauphins veulent nous montrer comment faire pour vraiment s'amuser à être humains ici sur Terre. En permettant à l'information d'affluer en soi, nous nous donnons la possibilité d'exprimer notre côté spirituel. »

Mais comment cela fonctionne-t-il effectivement? Lorsque je demandai à Ilizabeth de décrire comment elle recevait les messages des baleines et des dauphins, elle ne put s'empêcher de rire. « Peux-tu leur parler à n'importe quel moment, insistai-je, ou bien seulement lorsque tu nages avec eux ? »

« Les deux, répondit-elle, et c'est par tout mon corps que cela se fait. En réalité, c'est comme si je ressentais les baleines et les dauphins dans mes os. C'est un processus qui a évolué avec ma croissance personnelle et avec l'accélération actuelle des énergies sur Terre. »

Ilizabeth parut pensive un moment, puis elle poursuivit. « Pour répondre à ta question, oui ils me parlent tout le temps, et il ne s'agit plus seulement des baleines et des dauphins. D'autres êtres et d'autres espèces peuvent entrer en contact avec moi et ajouter quelque chose au message, ce qui me démontre à quel point toutes les espèces sont liées les unes aux autres. Lorsque je lance un appel directement aux baleines et aux dauphins, leur réponse est instantanée. C'est ce qui se passe à un niveau. Puis, il est possible qu'ils fassent entrer en jeu d'autres éléments, comme l'introduction de nouvelles formes ou bien des messages émanant d'autres espèces. Ils pourraient également induire un certain événement ou une certaine conscience dans ma vie, comme attirer mon attention sur quelque chose tandis que je fais une promenade ou je reçois un coup de fil; tout cela pourrait être lié. C'est difficile à expliquer parce qu'il ne s'agit pas d'une communication linéaire mais plutôt de type multidimensionnel. »

Joan Ocean connut un processus similaire :

Lors de mon premier contact physique avec une baleine, j'ai appris qu'elles éprouvent toutes un amour très profond envers la Terre et toutes les formes de vie qui l'habitent. La façon qu'elle avait de communiquer consistait à transmettre directement dans mes cellules ce qu'elle ressentait au plus profond d'elle-même – un profond sentiment au sein d'une compréhension –, afin que je puisse ainsi recevoir les mêmes émotions qu'elle éprouvait envers la Terre et l'océan. Étant donné que je recevais ainsi son message, il ne m'était pas possible de l'analyser ni de me demander : « Eh bien, est-ce que je suis d'accord ou non avec cela ? » Dans le cas d'une baleine, vous recevez chaque transmission simplement d'un seul bloc et cela vous appartient ensuite.

Toutefois, en ce qui concerne les dauphins, je me rends compte que je peux réellement leur parler. Nous avons des conversations, et celles-ci sont à maints égards très semblables aux nôtres. Ces cétacés reflètent nos sentiments et sont très sensibles aux humains. Bien que je sente qu'ils communiquent de la même manière que les baleines, c'est-à-dire de façon holographique et cellulaire, leur mode de communication est également de nature interactive.

Cela signifie que si je forme une pensée ou si je me demande quelque chose, ils vont revenir avec de l'information qui s'infiltrera en moi de façon telle que je puisse trouver la réponse. Puis une autre question émergera de cela, et des informations additionnelles me parviendront. Une autre question me viendra alors à l'esprit, et ainsi de suite. Tandis qu'avec la baleine, c'était : « Voici tout ce que tu as besoin de savoir à propos de tout », et boum ! je l'avais.

Mon expérience avec les baleines se résumait essentiellement à être et à vivre dans une autre dimension, alors que les dauphins semblaient beaucoup plus interactifs avec nous dans cette troisième dimension. Et cela correspond à ce qu'ils m'ont expliqué. Ils affirment avoir adopté une forme physique afin que nous puissions nous sentir à l'aise en leur présence, ajoutant qu'ils sont ici pour nous enseigner ce qu'ils savent à propos des réalités non physiques. J'ai le sentiment que les dauphins sont manifestement ici pour être à notre disposition et faciliter la communication avec eux, et qu'ils veulent nous guider vers les royaumes où les baleines se trouvent en permanence.

Lorsque Joan eut son premier contact avec les dauphins, elle sentit que malgré leur désir de nous transmettre leur savoir et leur compréhension de l'univers, « c'était à nous qu'il revenait de transcender les limitations de notre programmation humaine et de nous ouvrir à ces nouvelles possibilités[22] ». Comment cela allait-il pouvoir se faire ? Joan se rendit compte qu'il lui suffisait d'observer, d'écouter et d'être près d'eux, car la réponse allait être trouvée non pas en faisant, mais en étant.

Les dauphins recoururent à différentes méthodes avec Joan, stimulant en elle une perception accrue de la nature simultanée de la communication holographique au sein d'une conscience de groupe. Puisque la communication avec ces cétacés nécessite une disposition d'esprit différente de celle permettant habituellement la cognition humaine – une méthode faisant appel à la vibration, au sonar, aux mouvements synchronisés, aux images acoustiques, aux sensations, aux sons et même au réseau électromagnétique de la planète servant de couloirs sous-marins pour l'envoi de messages –, Joan commença à faire l'expérience de multiples mondes. Les dauphins l'encourageaient continuellement à s'efforcer d'ouvrir son esprit à de nouvelles possibilités.

Un des aspects les plus fascinants de tout cela fut une leçon d'histoire et un exercice extraordinaire pour l'expansion de la conscience. La plupart des gens croient que les dauphins sont présents sur Terre depuis pas mal longtemps. En effet, de nombreuses histoires anciennes citent leur présence, et on peut trouver des images de dauphins sur des murales, des toiles et des sculptures vieilles de plusieurs milliers d'années. Lorsque, guidée par une intuition, Joan fit des recherches sur l'histoire d'Hawaii où elle vit, et ne trouva nulle mention des dauphins dans les chants et hulas traditionnels. Voilà qui était étrange. Lorsqu'elle demanda à un kahuna, un guérisseur hawaiien, pourquoi il en était ainsi, il lui répondit tout simplement : « Il n'y en avait pas ici. »

Le mystère s'épaissit lorsque Joan posa sa question aux dauphins. Comme elle le nota : « On me montra un concept étonnant qui ouvrit mon esprit à une réinterprétation de ma réalité actuelle. J'en vins à comprendre que la vie sur Terre est différente de ce que nous pouvons penser[23]. »

Les dauphins racontèrent à Joan qu'ils arrivèrent « par une fenêtre dans le temps » non pas des millions d'années auparavant, mais durant le vingtième siècle. Qui plus est, lorsqu'ils firent leur apparition sur la planète, ils apportèrent une histoire complète de leur présence ici. Dans son livre, Joan explique ce qui suit :

> Les mythes grecs et romains, les légendes de nombreuses cultures, les sculptures sur pierre, les peintures rupestres dans les cavernes, les artéfacts, les hiéroglyphes, et ainsi de suite, ont tous été placés dans l'esprit de l'humanité en une foule d'endroits de par le monde et dans nos livres d'histoire et nos archives anciennes. La réalité des dauphins, depuis le passé jusqu'à ce jour, est intellectuellement et physiquement entrée dans notre conscience mentale et cellulaire en un seul instant. Du point de vue des humains, les dauphins ont toujours été présents ici. Mais dans la réalité universelle, ce sont des résidents assez récents de notre globe ! Leur introduction instantanée sur Terre fut le fruit d'une décision galactique fondée sur une nécessité[24].

S'il y a des réalités différentes, alors peut-être les deux versions de l'histoire des cétacés sont-elles réelles. Se pourrait-il que les dauphins aient évolué dans une réalité il y a fort longtemps de cela, et que dans une autre réalité ils ne soient arrivés que tout récemment grâce à une quelconque fenêtre dans le temps ?

« Oui », me confirma Joan. De multiples réalités parallèles existent en même temps. En définitive, elles sont toutes créées par nos formes-pensées. Si tout le monde croit que les dauphins sont sur Terre depuis des millions d'années et qu'ils vivent dans cette réalité, alors c'est ce qui prévaut. Lorsque je communique avec eux, nous sommes toujours dans une réalité où la priorité consiste à trouver comment faciliter notre évolution et celle de la planète, et aussi comment devenir des enseignants pour l'humanité entière. Dans cette réalité, les dauphins affirment être réellement venus ici par une fenêtre dans le temps afin de nous aider. »

Ilizabeth a également entendu l'expression *fenêtre dans le temps* dans ses communications avec les dauphins, qui expriment que cela pourrait être considéré comme un portail entre les dimensions et des temps différents, ainsi qu'un moyen d'accéder à une connaissance plus vaste. Non seulement les dauphins sont-ils parvenus jusqu'à nous par une fenêtre dans le temps, m'a précisé Ilizabeth, mais « certains aspects de quelques-uns d'entre nous sont également apparus par l'intermédiaire d'une fenêtre dans le temps ».

Lorsque je demandai à Joan ce qu'elle pensait de tout cela, elle se mit à rire. « Oui ! La Terre vibre à une fréquence de plus en plus élevée. Ma propre expérience a mis en lumière d'autres aspects de mon âme, et ceux-ci sont en contact plus étroit avec moi à mesure que j'évolue vers une fréquence plus élevée. Nous nous tirons nous-mêmes vers notre propre avenir, pour ainsi dire. L'idée est que notre Moi supérieur et d'autres aspects de nous-mêmes qui savent ce dont nous avons besoin nous y amènent, ou encore viennent ici pour interagir avec nous afin de nous indiquer la voie à suivre. »

« C'est un concept abracadabrant, non ? » demandai-je à Joan. « Toute cette idée des dauphins implantant des souvenirs dans notre passé est assez difficile à croire », ajoutai-je

« Eh bien oui », répondit-elle en riant. « Chaque fois que j'aborde ce sujet avec des gens, ils répliquent : "Mais que fais-tu des fresques murales de dauphins en Grèce ?" ou bien ils me citent d'autres exemples. Et peu importe combien de fois je leur répète que tout cela est arrivé avec eux, il s'agit d'un concept tellement différent qu'ils ne parviennent pas vraiment à le saisir. »

« Peut-être est-ce la raison pour laquelle cela peut s'avérer utile », dis-je, à mon propre étonnement. Le peuple des dauphins avait sur moi un tel effet que mes pensées s'en trouvaient libérées. « Cela vous fait reconsidérer la nature même du temps et de la réalité, et si vous suivez cette spirale de pensée, elle vous amène à un endroit où se produit une expansion de votre perception, et ensuite... eh bien, je suppose que vous finissez bientôt par tout comprendre. »

« Précisément ! » s'écria Joan. « Tellement de choses se passent autour de nous dont nous n'avons pas conscience en raison de notre manière de penser et d'être ! Il y a une puissance considérable dans le pouvoir de la pensée et celui de l'amour, ainsi que dans le pouvoir des êtres spirituels qui se sont unis pour nous aider. Il y a des choses que nous ignorons totalement. Si nous savions tout cela, je ne pense pas que quiconque continuerait à errer dans la vie sans but précis et à faire les choses que la plupart des gens font maintenant. Je pense que nous serions tous remplis de joie et du goût de l'aventure, et que nous aurions chaque jour des expériences fantastiques et merveilleuses. Savoir tout cela signifie être constamment en contact avec de nombreuses dimensions différentes et avec des êtres de ces autres dimensions. »

À mesure que nous nous éveillons à la réalité en perpétuelle expansion de qui nous sommes, il est possible que nous sentions aussi monter en nous un sentiment d'émerveillement et que nous prenions soudain conscience que chaque moment est en soi une fenêtre multidimensionnelle.

Les dauphins font des bonds hors de l'eau. Les baleines lancent leurs appels. C'est toujours le temps, maintenant.

S'éveiller
Penelope Smith et les éléphants

Lorsque j'entre en résonance avec les éléphants, je perçois une profonde tristesse. Leur espèce se meurt, mais il ne saurait être question qu'ils périssent à tout jamais. Leur extinction provoquerait une immense rupture dans la chaîne. Ces animaux ne sont pas censés disparaître. Si cela arrivait, les humains en subiraient de graves conséquences. Certaines espèces ont bien voulu accepter d'être éliminées de certaines zones limitées de la planète, mais les éléphants ne peuvent disparaître, car quelque chose de très gros périrait alors aussi en chacun de nous.

Les éléphants battent le tambour. Ils battent le tambour les uns pour les autres et ils le font tout autour de la Terre. Je le ressens comme une tonalité profonde répétant inlassablement : « Réveillez-vous, réveillez-vous. Réveillez-vous avant qu'il ne soit trop tard. Réveillez-vous, réveillez-vous. » Les éléphants battent le tambour pour que les humains s'éveillent.

C'est ce que nos ancêtres firent. C'est le temps de s'éveiller ! Lorsque vous jouez du tam-tam, vous entrez en résonance avec la Terre. Il est impossible de ne pas entrer en résonance avec elle lorsque vous battez le rythme. Certaines personnes aiment s'abandonner complètement lorsqu'elles jouent du tam-tam, mais ce qu'elles font aussi alors c'est de s'enraciner dans la Terre. Un nombre croissant de gens ont appris à jouer de cet instrument. Selon les dauphins, nous avons besoin du son d'un millier de batteurs tenant le rythme du battement de cœur de la Terre, tout autour du globe, nous connectant tous ensemble. C'est pourquoi vous verrez de plus en plus de gens se mettre à en jouer. On entendra jouer du tam-tam partout dans le monde. Cela est déjà en train de se produire.

Les éléphants battent le tambour. Et le battement de tambour des humains s'unit à celui des éléphants. C'est là un son qui stimule la guérison. Cela me donne beaucoup d'espoir lorsque je m'y harmonise. Même lorsque je sens la tristesse des éléphants, j'ai le sentiment qu'elle est nécessaire en ce moment. Elle communique aux gens ce qui est en train de se passer.

CHAPITRE 18

La nation des cétacés : Aimer le plus grand Amour

La nuit précédant mon appel téléphonique à Joan Ocean, à Hawaii, pour m'entretenir avec elle des cétacés, j'ai rêvé à des dauphins.

Dans mon rêve, je partais en voyage pour aller rencontrer Joan chez elle. Lorsque le temps vint de parler ensemble, elle me rejoignit sur la terrasse, m'annonçant qu'elle avait un autre engagement et qu'elle devait partir. Alors que je repartais à pied, je vis plusieurs dauphins en train de jouer dans une piscine. Ils m'invitèrent à sauter dans l'eau et à me joindre à eux. Lorsque je leur dis que l'eau me semblait trop froide, ils se mirent à rire puis plongèrent ensuite et firent un ballon avec une partie d'eux-mêmes. Celui-ci était mou, rond et gris. Ils me le lancèrent. Sa texture était particulière, à la fois humide, luisante et spongieuse; je n'avais jamais rien vu ni touché de tel auparavant. La pensée me vint qu'il s'agissait là du cerveau d'un dauphin qui avait été recouvert d'une peau de dauphin. Ils se mirent alors à cliqueter bruyamment en riant aux éclats, m'encourageant à leur relancer le ballon. Ils voulaient réellement jouer.

Lorsque je racontai mon rêve à Joan, elle ne put s'empêcher de rire. « Eh bien, il leur arrive parfois de faire cela ! Les gens se demandent souvent ce que ces cétacés peuvent bien faire dans ce vaste océan. En fait, ils disposent de toutes sortes de jouets dans la mer, de toutes sortes de champs d'énergie avec lesquels ils jouent et aussi de véritables jouets, comme des feuilles et des bulles. J'ai l'impression qu'ils jouent souvent avec des choses que nous pouvons voir, et ce, uniquement à notre intention. Ils se disent : "Oh, ces pauvres gens ne peuvent même pas voir tous les autres champs d'énergie qu'il y a là et avec lesquels nous jouons, alors il vaudrait mieux que nous jouions avec des choses qu'ils peuvent voir eux aussi." J'ai le sentiment que les dauphins peuvent manifester tout ce qu'ils veulent et qu'ils font souvent le saut dans une fréquence d'énergie supérieure pour interagir avec leurs créations. J'ai souvent nagé avec eux, seule ou avec des amis, et observé qu'ils disparaissent soudain. Où vont-ils ? C'est un mystère ! Il y a tellement de mystères que j'ai pu ainsi observer dans l'océan et que je ne mentionne pas dans mes livres, tout simplement parce que j'ai moi-même de la difficulté à accepter des choses que j'ai vues se produire à maintes reprises. Les dauphins font plein de choses avec des champs d'énergie et créent effectivement leurs propres jeux. Et il leur arrive souvent de combiner ceux-ci avec de l'information inspirante. »

Le rêve m'avait certainement inspirée. Je sentais que les dauphins intérieurs m'avaient fait un cadeau, et une telle joie contagieuse émanait d'eux, dans leurs rires, leur désir de jouer et d'être ensemble, que ce sentiment perdura en moi des heures durant après ce rêve.

Bien des gens croient que c'est précisément là le

don qu'ils offrent à l'humanité, alors qu'ils révèlent par leur présence un schéma énergétique grâce auquel nous pouvons apprendre à élever nos vibrations et ainsi accéder à des états de joie et d'extase. Voilà pourquoi on dit que les dauphins et les baleines maintiennent ensemble la fréquence de l'extase sur Terre.

Plus simplement, les dauphins captent notre attention par leur nature enjouée. Ou alors, pour reprendre les paroles de Joan, ils nous aident à comprendre que nous avons un droit inné à vivre chaque jour dans la joie et le bonheur. Après avoir passé du temps dans le voisinage immédiat des dauphins, beaucoup de personnes ont remarqué un effet harmonisant grâce auquel le corps physique change de vibration. On compare cela à l'effet d'une bonne méditation faisant se dissiper le stress et nous libérant de notre vieux bagage émotionnel à mesure que la vibration du corps s'élève à des fréquences supérieures de santé et de bien-être.

Tout comme Joan, Penelope Smith croit que les cétacés jouent un rôle clé dans notre évolution. « Ils sont les messagers de notre éveil venus nous aider à prendre conscience de qui nous sommes et du motif de notre présence afin que nous puissions nous souvenir de ce que nous sommes venus faire ici », convient Ilizabeth Fortune.

Bon nombre de ceux et celles qui ont passé du temps avec les dauphins et les baleines sont d'avis que les cétacés forment une nation à part entière – « toute une civilisation existant séparément de celles qui sont sur la terre ferme », fait observer Joan – fonctionnant selon une manière de penser et d'être, et à partir d'une réalité très différente de celles auxquelles les humains sont habitués. « Si vous voulez voir des extraterrestres, disent maints observateurs de dauphins, allez dans l'océan et tenez-vous avec les dauphins et les baleines. Il ne s'agit plus de se demander si les extraterrestres vont venir sur Terre, puisqu'ils sont déjà ici. »

Plus précisément, certaines histoires établissent un lien entre les cétacés et certaines étoiles, et des gens affirment aussi que plusieurs espèces de cétacés seraient arrivées en provenance d'autres dimensions ou par un portail temporel. Robert Temple, un astronome américain, a mené des recherches pour essayer de comprendre comment les Dogons, un peuple africain du Mali (ancien Soudan français), avaient pu accéder à des données astronomiques avancées sur les étoiles Sirius A et Sirius B. (Cette dernière est si difficile à observer que ce n'est qu'à partir de 1970 que des photos de cette étoile devinrent disponibles.) Les scientifiques occidentaux furent stupéfaits de découvrir que l'information détenue par les Dogons était d'une incroyable précision[25].

Lorsqu'on leur demande comment il se fait que leur peuple connaissait cette information, les Dogons racontent l'histoire suivante : un immense vaisseau spatial descendit un jour du ciel et atterrit sur Terre. Les êtres, qui étaient toujours à bord du vaisseau, créèrent un grand trou dans le sol, le remplirent d'eau, puis sautèrent du vaisseau dans l'eau. Ils nagèrent jusqu'au bord et se mirent à communiquer avec les Dogons, leur donnant de l'information détaillée sur l'endroit d'où ils venaient, à savoir l'étoile Sirius. À quoi ces êtres ressemblaient-ils ? À des dauphins.

Il s'agit d'une histoire intéressante qui non seulement relie les dauphins à d'autres planètes mais aussi aux humains, grâce à la communication animale. De nombreux détails additionnels et plusieurs autres histoires existent à propos de la connexion entre Sirius et les cétacés, de même qu'un certain nombre de liens cités entre Sirius et la Terre. Quelques personnes soutiennent même qu'il y a un lien à la fois génétique et spirituel entre les êtres qui vivent sur Sirius (et donc avec les baleines) et l'espèce humaine.

Or, que penser de tout cela? Alors que nous intégrons peu à peu le paradigme multidimensionnel, des pièces du puzzle, telle l'histoire des Dogons, commencent à former une nouvelle image à multiples facettes, une forme d'image plus grande que tout ce que nos anciennes images pouvaient contenir. Bien qu'il soit dans la nature même d'un hologramme que chaque partie contienne le tout, il est souvent difficile d'avoir un bon aperçu de l'hologramme entier. Hors de la multidimensionnalité, nous ne voyons que des morceaux. Toutefois, en nous souvenant de bribes d'information oubliées, en découvrant des thèmes communs, et en reconnaissant des modèles symboliques, nous reconstruisons progressivement la perception complète et avons une compréhension multidimensionnelle beaucoup plus étendue de l'hologramme lui-même.

Pourtant, qu'y a-t-il à propos des cétacés qui fait d'eux des êtres si étroitement liés à l'éveil de l'humanité et à l'évolution de la planète? Certains prétendent que les baleines sont porteuses d'une sorte de mémoire ancestrale de la Terre, qu'elles sont les gardiennes des archives de la vie terrestre, conservant intacts ces souvenirs afin qu'ils puissent un jour être remémorés.

« Voilà pourquoi, partout dans le monde, les baleines et les dauphins s'approchent à nouveau des humains », disait Ilizabeth. « À présent, le rôle des humains est d'ouvrir leur cœur et d'agir en toute conscience, de manière conjointe et cocréatrice. Il nous faut intégrer cette nouvelle dimension à notre vie et prendre pleinement conscience que nous ne sommes pas un facteur isolé sur la Terre. Nous devons agir en partenariat avec elle, ses terres et ses mers. »

Le fait que les cétacés, nos principaux émissaires nous guidant vers nos fréquences vibratoires supérieures, aient fait de l'océan leur maison est profondément significatif. « Le lien qui existe entre les dauphins, les baleines, les humains et l'eau est avant tout une question de mémoire », m'indiquait Ilizabeth. « Cela tient à notre nature même, à qui nous sommes. »

De fait, l'eau fait partie de presque toutes les légendes, tous les mythes ou toutes les histoires de la création. L'eau est toujours une force liée à la naissance, un fluide nous rappelant notre connexion avec l'océan essentiel du moi. L'inconscient est lui aussi souvent représenté par l'eau dans le langage du rêve, tout spécialement par de vastes étendues de cet élément. La fluidité à la fois de l'eau et de l'inconscient est reliée à la mémoire, nous rappelant à des niveaux encore plus profonds les liens inhérents nous unissant à toute vie. Considérez par exemple ce qui suit, tel que cela a été noté par Joan Ocean :

Les baleines sont en lien avec les archives akashiques de cette Terre. Je pense que nous avons tous en nous ce lien, mais que pour elles l'accès en est facile. Le fait que les molécules d'eau soient constamment recyclées sur Terre est aussi lié à cela. Chaque gouttelette d'eau qui circule dans le sol et en nos corps ou qui s'élève sous forme de brume ou de brouillard et retombe pour arroser les plantes – toute cette eau, tôt ou tard, retourne à l'océan. Toute l'information relative aux êtres, à la Terre et à la vie par lesquels elle est passée est emmagasinée dans la molécule d'eau. Les baleines savent comment faire circuler cette eau dans leurs systèmes et disposent donc de toute cette information.

Que ce soit par l'entremise de la littérature, de la télévision, de l'art, de la mythologie, des histoires, des événements de tous les jours, ou par les rêves, la méditation et d'autres aventures intérieures, les cétacés sautent prestement entre les mondes, modelant pour nous les moyens d'atteindre des états supérieurs de conscience. Et pourtant, leur danse fluide de « connectivité » en est une où le changement peut survenir rapidement et dans des directions imprévisibles.

« Une bonne part de ce qui se produit sur Terre aujourd'hui vise essentiellement à nous éveiller, expliquait Ilizabeth, à nous secouer jusqu'à ce que nous devenions réceptifs et acceptions les responsabilités qui nous incombent en tant qu'humains. Nous nions de moins en moins cette situation et en acceptons de plus en plus la réalité. Le fait de s'accepter soi-même tel que l'on est équivaut à accepter sa magnificence, ses aptitudes et ses responsabilités. »

Beaucoup croient que les cétacés et les autres formes de vie qui conservent certains souvenirs pour nous ne peuvent plus le faire seuls. Le défi consiste donc à éveiller l'humanité de façon que nous acceptions tous le rôle plus vaste lié à notre véritable nature profonde. C'est pourquoi la nation des cétacés nous lance un appel à la transformation.

Dans sa fonction de coordinatrice membre d'un réseau d'alerte à l'échouage de mammifères marins, Mary J. Getten a eu l'occasion de parler avec de nombreux cétacés, autant sauvages que captifs, mais tout particulièrement avec des orques* près de sa résidence à Friday Harbor, dans l'État de Washington.

« Certaines baleines me rapportent qu'elles ont pour mission d'ouvrir la conscience des gens », m'a confié Mary. « Celles-ci comprennent manifestement qu'elles ont un boulot à faire : interagir avec les gens, les aider à comprendre leur environnement, et leur donner la possibilité de mieux sentir qui ils sont. Ce que je trouve fascinant est que nous n'avions pratiquement pas la moindre idée de qui étaient les baleines jusqu'à ce que nous en capturions pour les garder en captivité dans des bassins. Jusqu'au moment où nous avons commencé à les

---

* Bien que les baleines et les dauphins soient porteurs d'énergies différentes, ils sont liés à maints égards. Même la catégorisation humaine des cétacés (qui comprend également les marsouins) reflète cette ambiguïté. Par exemple, la désignation de *baleine* a été donnée aux cétacés de plus de quatre mètres de longueur, même si certains de ces animaux – comme les orques, aussi appelées épaulards – appartiennent en fait à la famille des dauphins.

emprisonner, elles n'étaient rien de plus pour nous que des sources d'huile. Elles servaient uniquement à fabriquer de la nourriture pour chien ou des fertilisants. Ce ne fut que vers le milieu des années 1960 que les premiers épaulards furent gardés en captivité. La perception des gens à leur sujet changea du tout au tout à cette époque. Ce fut réellement rapide. »

« À ton avis, les baleines ont-elles aidé à provoquer ce changement ? » demandai-je.

« Certaines ont dit avoir choisi de passer une vie en captivité dans un but de service. Elles sentaient que c'était là une contribution qu'elles pouvaient apporter à la transformation de la conscience humaine. D'autres baleines ont affirmé ne pas avoir la moindre idée de ce qui s'est passé lors de leur capture. Les deux situations sont donc représentées. On ne peut conclure que chaque baleine captive est une sainte ou bien, au contraire, une martyre. Certaines ont fait consciemment ce choix, mais d'autres ne comprennent rien à toutes ces histoires de service. »

« Un peu comme pour les humains », supposai-je. « Nous avons tous des degrés de conscience divers. »

« Précisément », confirma Mary, faisant écho à ce que bien des gens avaient déjà signalé. « Les animaux doivent être considérés du point de vue individuel tout comme les humains ; on retrouve chez eux un large éventail de niveaux de conscience, ainsi que de buts et d'idées sur la vie. »

« En ce qui concerne les baleines qui ont pour but conscient d'interagir avec les humains, qui sont-elles ? » demandai-je.

« Ce sont de vastes êtres qui vivent totalement

dans l'instant présent. Chaque fois que je leur ai posé des questions ayant trait au passé et à l'avenir ou bien au sujet de tremblements de terre et de changements mondiaux, leur réponse se résumait en général à ceci : “Nous n'occupons pas notre temps à examiner toutes sortes de possibilités ni à nous en faire à propos de tout et de rien. Nous vivons dans le moment présent et faisons ce qui s'impose à nous d'instant en instant, et si quelque chose doit se produire, alors nous y ferons face au moment venu.” Voilà qui est très différent des humains. Les baleines sont des êtres très centrés vivant dans l'instant présent. On peut dire qu'à maints égards elles vivent des existences fort simples. Précisons ici que je parle essentiellement des épaulards, très centrés dans le moment et ne s'intéressant qu'à ce qui leur arrive au jour le jour. »

« Que pensent-elles de nous, les humains, ces baleines avec lesquelles vous entrez en contact ? »

« Elles sont conscientes des gens et du changement d'attitude survenu chez de nombreuses personnes. La période durant laquelle nous les capturions a semé la terreur chez elles. Lorsque je leur demandai pourquoi elles n'avaient rien fait pour tenter de s'opposer à leur capture, elles me firent comprendre que ce concept leur était tellement étranger que l'idée même ne leur en était tout simplement pas venue à l'esprit. Ce sont des êtres très pacifiques à cet égard. Leurs interactions avec les autres animaux accentuent en elles le sentiment de faire partie du même monde. “Nous vivons ensemble et, oui, il nous arrive parfois de manger d'autres animaux, mais ce n'est pas parce que nous ne les aimons pas. Ils font tout simplement partie de l'environnement." Les baleines sont essentiellement des êtres non violents. Les orques ont une vie sociale active. La nourriture est sans doute leur principale préoccupation, la famille venant en second lieu. Pour elles, c'est ce qui se présente chaque instant qui compte vraiment : il leur faut manger, puis s'occuper de la famille et des amis. Des choses comme se trouver un emploi ou avoir un diplôme ne font certainement pas partie de leurs préoccupations. Elles ne possèdent pas d'objets et ne se promènent donc pas avec un sac de jolis coquillages ni quoi que ce soit d'autre. »

« Qu'en est-il de la notion selon laquelle les baleines conservent les souvenirs de la Terre ? »

« Cela n'est pas venu à mon attention, répondit Mary, mais nous pourrions poser la question à Granny. »

Granny est une orque qui a établi une relation d'amitié avec Mary et Raphaela Pope. Mary m'invita donc à communiquer avec elle par son intermédiaire.

Peux-tu nous parler un peu de la vie que tu mènes et de ce qui t'a amenée à communiquer avec des humains ?

Il y a de nombreuses vies, des centaines en fait, que j'existe sous la forme d'une baleine. J'ai pu observer de nos jours de multiples changements chez les humains. Il est d'une grande importance en ce moment sur cette planète qu'ils comprennent leur place en ce monde, et c'est un grand plaisir pour moi que de pouvoir les aider à y parvenir. Selon mes observations, ils ont perdu contact avec la nature et cette rupture leur cause une grande détresse. Ils ne mesurent pas l'impact qu'ils ont sur le reste du monde, le monde naturel en particulier, celui dans lequel la plupart d'entre nous vivent. Mon désir est de les aider à comprendre cette place et à rétablir leur connexion avec Tout Ce Qui Est.

Selon toi, quelle serait la meilleure chose que les humains pourraient faire en ce moment à cet égard?

Ne vous considérez pas comme séparés de tout le reste. Nous sommes tous interconnectés, et tout ce que vous faites affecte l'ensemble de ce qui existe sur la planète. Cette perte de contact d'avec tout le reste vous mènera à votre propre destruction. Les choses se sont détériorées à certains égards mais se sont améliorées à d'autres. Toutefois, il n'y a vraiment pas de temps à perdre au point où les choses en sont rendues.

Tu nous demandes de sentir ce lien vital qui nous unit à toute vie, c'est bien cela? Ne serait-ce pas d'un changement de conscience dont nous avons avant tout besoin?

C'est juste. Il vous faut comprendre à nouveau la place réelle que vous occupez dans le monde.

Est-il vrai que les baleines conservent les souvenirs de la Terre?

Nos propres souvenirs remontent à très loin. Cette faculté est plus commune parmi les baleines à fanons, ces grosses baleines se déplaçant lentement durant leurs migrations. Selon ce que j'en sais, leur conscience est plus développée en ce domaine. La majeure partie de notre conscience sert au fonctionnement de nos capacités subtiles d'écholocation et au traçage de la carte de notre monde. Ce sont les plus grosses d'entre nous qui sont les gardiennes du temps.

Peux-tu nous expliquer en quoi consiste le fait d'être

constamment dans l'instant présent?

Le temps n'existe pas; c'est une illusion. Nous sommes, tout simplement. J'ai déjà parlé à Mary et Raphaela à ce propos lorsque des gens voulaient savoir comment s'y prendre pour avoir plus de temps dans leur vie. C'est un drôle de concept puisque tout le monde dispose de la même quantité de temps. Le temps est sans fin. On ne peut en avoir plus dans sa vie. On ne peut que l'utiliser de façon différente. Il existe en mesure égale pour tout le monde. Mais on peut aussi dire qu'il n'existe pas réellement. Il n'y a que ce moment qui passe, et ce que vous en faites est des plus important.

Qu'en est-il du concept de multidimensionnalité? Es-tu en contact avec d'autres aspects de toi-même?

Oui, ce concept m'est très familier et c'est précisément ma réalité. Je suis capable de me percevoir comme existant simultanément en différentes réalités. Mon attention est concentrée sur ma réalité particulière en ce moment et je choisis de consacrer l'essentiel de mes énergies dans ce domaine. Mais, oui, je comprends de quoi il s'agit et c'est là une chose dont nous sommes capables en ce moment.

Pourrais-tu nous parler de l'une de ces autres réalités?

[Pause] J'ai vécu à maintes reprises sous la forme d'une baleine et, de ce fait, c'est là l'essentiel de mes réalités. De ce point de vue, elles se ressemblent pas mal.

À ce point, Mary s'interrompit pour mentionner ceci: «Ce qu'elle me montre à l'instant est une image d'une baleine grise en train de faire ce que font toutes les baleines grises, c'est-à-dire de migrer et de s'alimenter au fond de l'eau. Elle me montre qu'il s'agit là d'une autre vie à laquelle elle participe. »

Y a-t-il quoi que ce soit d'autre que tu aimerais ajouter, Granny ? Un message central que tu voudrais transmettre aux humains ?

Aimez-vous vous-mêmes. Entrez en contact avec l'essence profonde de votre être. Cela vous amènera à reconnaître qui sont tous les autres êtres qui vivent sur cette planète.

Tandis que nous transmettions nos remerciements à Granny, le ton de voix de Mary changea, de même que sa façon de s'exprimer, et je compris alors à quel point la présence de Granny avait habité toute notre conversation. « Lorsque je communique avec Granny ou avec d'autres baleines, je me sens très loin », convenait Mary. « Je me sens là, au plus profond de moi-même, très très loin. Je ressens un profond changement intérieur, une énergie totalement différente. »

Ce phénomène est courant parmi ceux et celles qui conversent avec ces mammifères. Après que Penelope Smith m'eut affirmé que, selon elle, les baleines sont la plus grande manifestation de Dieu sur Terre, je suggérai de leur demander ce qu'elles tenaient le plus à communiquer aux humains. Je la priai aussi de bien vouloir me faire entendre comment s'exprimait à travers elle la voix des baleines, à quoi elle ressemblait, et les sentiments qui étaient associés à leur message.

« Oh », fit-elle sur un ton de plus en plus grave. « Elles me parlent avec cette sonorité tonitruante et très grave en disant :

"L'Amour… le plus grand… Amour." Elles répètent encore et encore : “L’Amour… le plus grand… Amour.” C’est comme boum… boum… boum… Et ça entre profondément dans la Terre, résonnant dans tout votre corps. Je sens mon cœur se remplir. Il fait booum… booum… si profondément. Et cela veut dire “l’Amour… le plus grand… Amour.” »

« Je comprends très clairement qu’il ne s’agit pas d’une chose individuelle. Il s’agit d’aimer le plus grand Amour, de l’aimer et de l’être. Elles disent : “Les dauphins vous ont enseigné ce qu’est l’amour et vous apprenez de nous à aimer le plus grand Amour.” L’image qui me vient, en plus de ce ton tonitruant, est celle d’un lotus géant. Il est placé sous la Terre et la supporte complètement. Il passe à travers elle. Et maintenant mon cœur s’est transformé en cet immense lotus, qui est le plus grand Amour. »

« Et il n’y a rien de plus à ajouter », lança Penelope avec un rire qui s’éleva doucement d’un point très profond au sein des abysses océaniques. « Aime le plus grand Amour. Cela dit tout. »

CINQUIÈME PARTIE

Dans l'ombre

Se libérer des jugements préconçus

Esprit du serpent – Dawn Brunke

Les serpents existent en ce monde pour diverses raisons. D'une part, nous ne sommes pas censés être mis en cage ni utilisés comme animaux de compagnie. Cependant, certains d'entre nous ont consciemment accepté de contribuer à l'éveil des humains et plusieurs consentent présentement à vivre emprisonnés de façon à pouvoir travailler sur les questions de relations.

Nous avons accepté, en tant qu'espèce, d'être l'objet d'un certain degré d'incompréhension de la part des humains. Nous clamons haut et fort notre désaccord lorsque des gens nous tuent uniquement à cause de ce qu'ils voient en nous. Nous sommes souvent un reflet de la haine dans votre culture : la haine de l'inconnu et de ce que vous ne comprenez pas. Nous incarnons tout autant que nous représentons le début et la fin, le cycle ininterrompu. Nous exerçons une profonde influence au sein de votre subconscient afin de vous aider à prendre contact avec d'anciens souvenirs éternels.

Une de nos tâches consiste à vous amener à vous libérer des jugements préconçus et à vous ouvrir à l'énergie du Serpent en vous. L'énergie du Serpent stimule l'éveil et établit le lien entre ce qui est le plus ancien et ce qui est le plus spirituel. Les serpents existent dans tous les aspects de votre vie – on les retrouve dans le symbole du caducée et dans celui de la royauté ; ils représentent aussi le péché, la sexualité, le cordon ombilical et le cycle du commencement et de la fin.

Les gens qui ont peur des serpents craignent souvent leur propre nature véritable. Notre travail s'effectue sur un plan différent de celui d'animaux comme les dauphins, qui ont choisi une forme engageante que la plupart des humains trouvent attachante. En ce moment même, nous travaillons souvent avec certaines personnes en particulier afin de favoriser la création d'ouvertures précises dans l'ensemble de l'humanité. L'action des serpents à cette époque vise non pas à toucher de nombreuses personnes mais à en initier quelques-unes. Il y a des raisons expliquant pourquoi nous sommes associés jusqu'à un certain point avec la peur, car tout le monde n'est pas prêt à vivre le genre d'initiation que nous proposons.

Nous t'adressons nos bénédictions et espérons que tu t'ouvriras toi aussi un peu plus à notre espèce. Les serpents ont beaucoup plus à offrir qu'il n'y paraît.

CHAPITRE 19

Animaux en captivité

Il est merveilleux de parler à des animaux qui sont heureux de la vie qu'ils mènent. On retrouve très souvent chez ceux-ci une facilité et une liberté d'expression qui sont l'équivalent de leur sentiment de liberté dans le monde. De même, c'est un rayon d'espoir pour l'humanité que de considérer les dauphins enjoués et les baleines chanteuses, ces sages émissaires de notre spiritualité en évolution, comme présageant ce que nous deviendrons.

Mais qu'en est-il des animaux enfermés derrière des barreaux ? Si les cétacés nageant dans les océans représentent notre potentiel, quel reflet les tigres tournant en rond dans leurs cages exiguës dans les zoos nous renvoient-ils ? Quant aux serpents et autres animaux subrepticement enlevés des jungles et forêts tropicales, mis en cage et empêchés à tout jamais de toucher la terre, que montrent-ils de l'état actuel de notre développement spirituel ? Qu'en est-il des dauphins confinés dans des parcs aquatiques ? Ou bien des baleines prises au piège dans des bassins d'aquarium si peu profonds que leurs capacités musculaires se détériorent au point où elles ne peuvent plus jamais retourner plonger en eaux profondes ?

C'est là, parmi les captifs, que nous descendons dans les profondeurs, l'obscurité et la richesse intérieure de l'ombre.

Captivité est l'un de ces mots intéressants dont le sens dépend de la perspective. Être en captivité, c'est être détenu prisonnier. On peut être détenu captif tout autant par des émotions fortes que par les barreaux d'une prison. Si vous êtes captif au sens d'un auditoire captif, vous êtes bien obligé d'être présent. Et dans le même ordre d'idées que le mot « captivité », il y a le mot « captiver », c'est-à-dire être maintenu sous le coup de la fascination par un charme particulier ou une beauté spéciale.

Tout comme il y a de nombreux aspects à la captivité, il y a une multiplicité d'aspects entourant la question des animaux en captivité. Que ressentons-nous devant des animaux dans des zoos ou des cirques et en regardant des numéros d'animaux en spectacle ? Y a-t-il une ironie dans le fait que ces captifs nous captivent ? Quel reflet pouvons-nous voir dans le comportement consistant à rassembler et à détenir des animaux dans des cages afin de pouvoir les observer ? Que nous faisons-nous à nous-mêmes lorsque nous capturons un animal et le forçons à vivre dans une cage ?

La question de la captivité engendre de puissantes émotions autant chez les humains que chez les animaux, et il est facile de devenir captif du sujet même de la captivité, sans cesse piégé par tout un ensemble de questions touchant la moralité, les droits de la personne, les droits des animaux, le karma, et ainsi de suite.

Tout voyage sérieux dans le monde de l'ombre exige que nous laissions derrière nous les notions superficielles du bien et du mal. Vouloir recourir à la moralité dans les mines sombres de l'ombre revient à saboter l'expédition, car on ne se retrouve alors qu'avec des justifications – puisqu'on ne voit alors précisément que le type de monstres fictifs que l'on peut s'attendre à rencontrer au fond de ce monde obscur. Pour rencontrer et connaître l'ombre, il nous faut approfondir la vision de notre véritable nature. Si nous voulons réellement comprendre le sens obscur de la captivité imposée à des animaux, nous devons d'abord nous demander quel genre de reflet tout cela nous renvoie.

Lorsque je demandai à Morgine Jurdan de me parler des animaux en captivité, elle contacta Belle, un éléphant femelle qui a résidé durant plusieurs années dans un zoo, en Oregon. Belle avait élevé son petit en captivité. Morgine lui parla de ce livre, expliquant que beaucoup d'humains souhaiteraient connaître le rôle des animaux en captivité. Bien que Belle existe maintenant sous la forme d'un esprit, elle avait quantité de choses à raconter à propos de sa vie au zoo.

J'ai aimé vivre au zoo. J'y avais une foule d'amis et il fut difficile pour moi de quitter cet endroit. Je ne suis pas fâchée contre les gens. Je les trouve souvent amusants. Je sais que certains viennent pour me voir ; toutefois, il m'est fréquemment arrivé de les regarder à mon tour et de les examiner. C'était une activité fort agréable.

Je sais que d'innombrables personnes présument que je serais plus heureuse dans mon environnement naturel d'origine. Toutefois, j'ai choisi de vivre cette expérience pour être auprès des humains. Je voulais leur enseigner des leçons qu'ils ne pourraient peut-être pas apprendre autrement. Les gens aiment aller voir les éléphants au zoo. Certaines personnes viennent uniquement pour nous voir. Une fois qu'elles l'ont fait et qu'elles ont établi ce lien direct avec nous, leur sentiment à l'égard des autres animaux en captivité est alors souvent bien différent. Nous sommes grands et gros, et pourtant si doux et tellement gentils. Les gens sont étonnés de voir avec quelle gentillesse et quelle délicatesse nous nous comportons les uns à l'égard des autres. C'est là une chose que vous pouvez apprendre de nous.

Je sais que de nombreux animaux acceptent de vivre dans les zoos parce qu'ils désirent établir un contact avec les humains. Mais il y a également d'autres motifs. Savais-tu que certaines personnes renaissent sous la forme d'animaux, et ce, afin de découvrir des choses sur la vie à partir d'une autre perspective ? Quelques-unes ont vécu des vies au cours desquelles elles ont été cruelles à notre égard et sentent qu'elles peuvent en apprendre plus en faisant l'expérience de la vie comme nous le faisons.

Certains animaux, surpris d'aboutir ici, ont de la difficulté à s'adapter. Ce qui est le plus difficile à accepter est l'idée d'une cage et de barreaux, de parois de verre et de choses nous empêchant de pouvoir nous approcher les uns des autres. Ce que j'ai aimé le plus, c'est lorsque je pouvais toucher les gens et interagir avec eux. Et j'adore les bébés ! Il est tellement amusant de les observer et de leur parler. Les bébés nous comprennent tous très bien et nous pouvons habituellement leur raconter beaucoup de choses. Ce sont eux que j'aime le plus.

Je crois qu'il est avantageux pour les humains d'interagir avec nous, les animaux. Cela les aide à mieux nous connaître et ainsi à prendre conscience de notre unité. Je suis triste quand des humains font de nous le portrait de prisonniers enfermés derrière des barreaux. Cela affecte notre nature spirituelle ainsi que notre stabilité émotionnelle. Nous en sommes affectés sur tous les plans. L'intention invoquée est tellement importante ! On nous traite souvent comme des objets sur un étalage, non comme des individus ayant chacun une personnalité et des qualités uniques. Tout comme chez les humains, chacun de nous est à maints égards différent. Tous les lions et toutes les girafes de même que tous les gorilles et tous les fourmiliers ne sont pas identiques.

Je trouve des plus agréables les zoos où beaucoup d'entre nous peuvent se côtoyer et développer des relations. Bon nombre d'espèces aiment être ensemble, comme c'est le cas dans certains enclos grillagés d'oiseaux. Nous vivons dans l'instant présent et aimons les choses nouvelles et fraîches tout autant que vivantes et différentes.

Les choses changent rarement dans les zoos. La routine est source d'ennui exactement comme dans vos propres vies, sauf que la possibilité de choisir dont vous disposez nous fait souvent défaut. Vivre dans un zoo peut être une expérience très difficile pour certains d'entre nous, alors qu'elle est agréable pour d'autres, suivant la façon dont vous percevez la raison pour laquelle nous sommes là et selon vos interactions avec nous.

Je pense que les humains désirent établir un contact avec les animaux mais ne savent pas comment s'y prendre. Vous éprouvez de la peur à l'égard de ce que vous ne comprenez pas. Certaines personnes croient pouvoir apprendre des choses sur nous en étudiant notre comportement dans un zoo. Vous ne pouvez pas plus apprendre quoi que ce soit à notre sujet en nous regardant à travers des barreaux que vous ne pouvez le faire à l'égard de l'espèce humaine en examinant des prisonniers dans une prison ! Notre véritable nature réside dans le fait d'être sauvages et libres de rester qui nous sommes.

La visite d'un zoo vous permet d'apprendre quelque chose à votre propre sujet. Que cherchez-vous en cet endroit ? Qu'avez-vous perdu et qu'espérez-vous retrouver ? Que ressentez-vous en regardant les animaux ? Pourquoi ? Posez-vous des questions et observez ce qui se révèle alors. Vous pourriez être surpris de ce qui arrivera si vous prenez le temps d'être présents et de penser. Bon nombre des réponses que vous cherchez émergeront alors et vous vous engagerez ainsi sur une nouvelle route.

J'envoie de l'amour à tous ceux et celles qui liront ce merveilleux livre. Je vous adore et j'anticipe avec joie le jour où nous pourrons tous partager consciemment notre amour les uns envers les autres.

Bien que Belle ait choisi l'expérience de vivre dans un zoo, les autres animaux n'éprouvent pas tous le même sentiment. Et même si un animal fait état d'un choix conscient de vivre en captivité, cela ne veut pas implicitement dire qu'une telle vie est facile pour lui. Ainsi que la communicatrice Sharon Callahan le rapporte, même si de nombreux animaux sauvages choisissent de servir ainsi, « cela ne doit jamais nous amener à nier l'énorme sacrifice que cela représente et toutes les souffrances qu'ils endurent pour nous transmettre ces leçons. Par exemple, les éléphants qui, dans la nature, marcheraient normalement de cinquante à quatre-vingts kilomètres par jour, doivent subir de terribles souffrances en captivité à cause de pieds infectés, de muscles endoloris et d'arthrite. »

Les leçons que les humains retirent ne sont pas seulement celles qui émergent de la captivité, car de nombreux animaux prélevés dans la nature sauvage ne sont pas des créatures solitaires mais font partie d'une structure sociale existante. Beaucoup ont des petits. Quelles sont les leçons apprises par les animaux ainsi laissés derrière ?

Lorsque Jeri Ryan demanda aux girafes de prendre aussi la parole dans le contexte de ce livre, une jeune girafe femelle vivant dans la steppe africaine répondit à l'appel. Jeri lui expliqua que le but de leur conversation était d'aider les humains à devenir plus conscients des autres animaux et de la « place importante qu'ils occupent tous sur la Terre Mère ».

La girafe répondit ce qui suit :

Il est juste de dire qu'elle est notre mère. Ma mère me répétait toujours que j'avais plus d'une mère, qu'elle était ma mère au même titre que la Terre. Je ne savais pas que les humains partageaient le même sentiment.

Je leur souhaite de connaître la quiétude et la paix de ma demeure. J'ai entendu dire qu'elle avait rétréci. Je ressens sa petitesse. Étant très jeune en ce corps, je ne sais donc pas ce qu'il en était auparavant. Et pourtant je sens une différence.

Comment cela est-il possible ?

Je me sens confinée, comme si je courais en rond ; je me sens enfermée. C'est assez idiot. Je n'ai pas à courir en rond. Ma mère affirmait avoir foi en moi et avait la conviction que je comprendrais tout cela lorsque je découvrirais que ce que je crois être une prison ne l'est pas du tout.

Tu as eu l'impression que ton habitat rétréci devenait une prison ?

Oui. C'est une lutte quotidienne pour nous tous.

Certaines girafes se refusent à y croire et d'autres n'en sortent jamais. Aux dires de ma mère, c'est toujours une question de temps et nous avons toutes la possibilité de quitter la prison d'un cœur fermé et apeuré. Cela m'a encouragée. Elle était si sage et si douce.

Se trouve-t-elle avec toi ?

Non. Elle tomba gravement malade et mourut. Je n'ai même pas pu être avec elle au moment de sa mort. Elle était dans une boîte avec des barreaux à un endroit bien loin d'ici. Elle m'a transmis cette information à distance.

Je suis navrée pour toi. Comment cela s'est-il produit ?

Quelque chose fut enroulé autour de son cou et de ses pieds, et elle fut transportée avec d'autres girafes. Elle m'a demandé de là-bas de garder mon cœur hors de toute prison. C'est ce qu'elle a dû apprendre.

Il semble qu'elle a bien appris cette leçon.

C'est vrai.

Et que tu l'as également bien apprise.

Oui, et j'apprends toujours. Je ne cesse de me rappeler sa douce, aimante et tendre sagesse. Je dois être à la hauteur de ce qu'elle m'a enseigné.

Les leçons se présentent à nous de toutes sortes de façons, parfois au moment où on ne s'y attend pas du tout. J'ai été impressionnée par les paroles de la jeune girafe, tout comme j'ai été frappée par ce que m'a dit un groupe de girafes à un centre qui leur est consacré à Nairobi. Tandis que j'étais en vacances en Afrique, j'ai eu l'occasion de toucher et de nourrir un groupe de ces magnifiques et gentils animaux qui étaient devenus orphelins et que l'on avait amenés à ce sanctuaire, de partout au Kenya. Des gens venaient aussi les visiter, des autobus pleins d'écoliers s'arrêtaient là, et des touristes quelque peu blasés redevenaient rapidement tels des enfants. C'est là, la main remplie de boulettes de nourriture, le bras tendu pour atteindre la girafe, qu'un secret me fut rappelé. À travers l'acte intime du toucher, on ne peut s'empêcher d'être soi-même touché.

Ainsi que la jeune girafe le mentionnait à Jeri, nous avons tous la possibilité de quitter la prison d'un cœur fermé et apeuré. Il ne s'agit pas toujours de s'échapper d'une cage, car il y a de multiples formes de captivité. Ce n'est peut-être pas uniquement pour aider des animaux que des sanctuaires comme ce centre sont construits; la création de tels endroits vise également à nous aider nous-mêmes.

Que penser alors des zoos? Tout comme Belle et plusieurs autres l'ont fait remarquer, l'interaction entre les animaux et les humains peut nous être salutaire en ce qu'elle nous amène à devenir plus conscients non seulement de nous-mêmes mais aussi du fait que chacun de ces animaux est un individu à part entière. Un problème survient toutefois lorsque des humains ne peuvent s'empêcher de projeter automatiquement la notion selon laquelle tous les animaux en captivité sont des prisonniers.

L'intention, ce tourniquet glissant de la perspective, est un facteur important pour comprendre ce que recèle réellement la situation prévalant dans les zoos (ou tout autre aspect de la captivité). «Je sais que certains animaux ont consenti à vivre en captivité afin que nous puissions apprendre quelque chose», m'a confié Carol Gurney. «Mais au lieu de nous approcher d'eux avec pitié en disant : "Oh, regarde ce pauvre animal dans cette cage", ils préféreraient que nous disions : "Merci beaucoup. Nous ne sommes peut-être pas d'accord avec l'existence de cet endroit, mais nous vous remercions de venir ainsi nous apprendre des choses." »

Même si certains animaux choisissent la captivité comme objectif spirituel ou comme mission, qu'en est-il des autres qui n'ont pas voulu la captivité et qui sont néanmoins maintenus captifs ? Mary Getten a découvert que parmi les baleines gardées en captivité durant de longues périodes, l'histoire change souvent une fois de plus :

> J'ai entendu des baleines implorer : « Faites-moi sortir d'ici ! » Une baleine a demandé à être libérée non pas tant parce que sa vie était un enfer mais parce que cela servirait mieux sa mission. Le fait d'être remise en liberté engendrerait beaucoup de publicité, et ainsi plus de gens entendraient parler des baleines et joueraient un rôle plus actif pour leur sauvegarde. Par contre, une autre a dit : « Ne me parlez même pas de me libérer. Ceci est ma vie. C'est ici que je vis. Je ne veux pas en discuter. »
>
> Toute la question de la captivité et de la libération des animaux est très controversée. Ainsi, les baleines en captivité sont souvent soumises à des injections régulières d'antibiotiques. Les scientifiques craignent que le fait d'en relâcher une qui ne recevrait plus ces antibiotiques pourrait entraîner la transmission d'une maladie parmi la population locale de ces mammifères. On évoque aussi la possibilité qu'après avoir été confinées si

longtemps dans un petit bassin, elles n'aient plus la condition physique nécessaire pour survivre en liberté. Elles ne pourraient donc plus plonger en profondeur, leur capacité pulmonaire serait réduite et leur structure musculaire risquerait de s'être atrophiée. Si tel était le cas, leur faisons-nous réellement une faveur en les laissant partir? Personnellement, je pense que nous devrions leur demander, avant de les libérer, si c'est bien ce qu'elles veulent.

Bien que les humains soient tentés de diviser les animaux en groupes de captifs et de non-captifs, le domaine de l'ombre révèle de multiples nuances de gris. Ce que nous voyons (ou pensons voir) peut en fait ne pas être du tout la situation réelle.

En ce qui concerne les dauphins, par exemple, il y a ceux qui nagent et interagissent avec les humains et il y a les autres, qui demeurent dans la nature et n'ont aucun contact avec les gens. Ilizabeth Fortune, qui a mis plusieurs groupes de personnes en contact autant avec des dauphins sauvages qu'avec des dauphins captifs, va encore plus dans le détail, notant que parmi les dauphins en captivité, certains meurent intentionnellement alors que d'autres prennent le parti de rester, quoique ce soit souvent « comme si une partie de leur âme perdait tous ses souvenirs ». Dans ce groupe, certains demeurent dans un état atone alors que d'autres s'éveillent.

« Puis, il y a aussi les dauphins qui ont choisi d'être captifs, quoiqu'ils se refusent à employer ce terme », précisait Ilizabeth. « Ces dauphins ont plutôt pour fonction de servir de lien de communication entre la mer et la terre ferme. Ce sont les détenteurs des clés; ils sont prêts à ouvrir des fenêtres de communication pour l'humanité et disposés à ouvrir leur cœur afin de permettre aux souvenirs de remonter à la surface. Dans cette catégorie, il y a ceux qui se souviennent de ce qu'ils sont venus faire ici et ceux qui l'ont oublié. »

« Ce qui est intéressant, c'est qu'intervient toujours le facteur de la relation entre les humains, les dauphins et l'environnement, et que ce facteur joue un rôle dans le contrat de l'âme. Il y a donc des histoires individuelles. Chaque dauphin est porteur d'un message unique, et il en est de même pour chaque humain. L'unicité de ce message fait aussi partie de l'ensemble du message de cette espèce, car chaque espèce a son propre message. »

Dans une plus vaste dimension qui comprend autant la liberté que le confinement, nous comprenons de mieux en mieux le côté obscur, l'ombre de la captivité. Ce n'est qu'en embrassant les deux que nous pouvons saisir le sens plus profond.

Que signifie l'ombre de la captivité animale pour les humains ? Que signifie pour nous le fait de voir un dauphin sauvage – ou n'importe quel animal sauvage – parqué dans un espace restreint ? Étant ceux-là mêmes qui ont conspiré pour créer ces scénarios de captivité, que sommes-nous ainsi en train de nous dire à nous-mêmes ?

Ilizabeth croit que c'est précisément à ce point de notre réflexion personnelle que nous commençons à comprendre.

> Le rôle joué par les dauphins en captivité est très important, car ces derniers contribuent ainsi à éveiller les humains à ce qu'est la liberté. C'est

aux gens qu'il revient de reconnaître à quel point ils se sont eux-mêmes enfermés.

Si nous décidions de laisser la possibilité à toutes les espèces de cohabiter dans des habitats naturels, il y aurait une circulation naturelle qui ramènerait la santé à la Terre. Un des buts des enclos privant les animaux de leur liberté est d'éveiller les gens à l'outrage que cela représente de détenir ainsi la vie en captivité. Il est beaucoup plus facile d'éprouver de l'outrage à l'égard de la situation d'une espèce, et ainsi de mettre fin à la captivité de certains animaux, que de réaliser l'outrage que représente la captivité subie par notre propre âme.

Or, se contenter d'affirmer : « Ces animaux sont enfermés et ils doivent être libérés », c'est négliger d'examiner la situation dans son ensemble. De nombreuses personnes qui ont fait la rencontre de baleines ou de dauphins dans leur habitat naturel et qui ont vécu la même chose avec des cétacés en captivité ont une expérience beaucoup plus profonde de la chose. Elles ont réellement une perspective plus vaste de l'ensemble de la question.

Les perceptions humaines peuvent être assez étroites et limitées. Dès que l'on accole une explication, un cadre de référence ou un nom à quelque chose, on introduit une limitation. On peut observer un dauphin dans un bassin fermé et se dire : « Voici un dauphin dans l'eau qui est entouré de ciment, par conséquent ce dauphin n'est pas libre. » Telle est la perspective humaine.

Selon ce que des dauphins et des baleines m'ont rapporté, ils disposent de moyens de voyager, de percevoir et de communiquer qui vont bien au-delà de nos perceptions et de notre conscience actuelle. Ils peuvent établir un lien avec d'autres royaumes et sont libres d'être dans leur propre espace, même un espace physique. Il s'agit là d'une chose que les humains peuvent apprendre.

En fait, certains humains ont observé à quel point des dauphins captifs parviennent à conserver leur capacité de jouer, d'être créatifs et exubérants dans leurs mouvements, ce qui les étonne et les touche au plus profond de leur être. Et ces humains deviennent alors réellement plus créatifs.

Nous devons nous rappeler de ne pas limiter notre perspective aux seules notions de captivité et de liberté. Ces deux situations recèlent la possibilité d'accéder à une énorme quantité d'informations. Et le temps est maintenant venu de les conjuguer.

Le miroir se trouve toujours devant nous. En faisant des autres des captifs dans le monde extérieur, nous révélons des aspects de notre propre captivité intérieure. En libérant les autres, nous commençons à nous libérer nous-mêmes. Et où cela nous mène-t-il ?

Le monde de l'ombre ne nous appelle pas à réagir, mais bien à agir consciemment. Cet appel de l'ombre nous pousse à l'éveil.

Travailler ensemble

Binah (chien) – Dawn Brunke

Les animaux sont au service des humains de maintes façons qui sont à peine reconnues par la majorité d'entre eux. Beaucoup d'entre nous sont comme des dieux et des déesses parmi vous, attendant l'occasion de contribuer à votre éveil. Pour de nombreuses âmes, la vie d'un animal est beaucoup plus facile en ce qu'il lui est aisé de circuler en ce monde.

Nous sommes attentifs à vos émotions et à vos désirs. Parfois, tout ce que nous pouvons faire c'est d'être avec vous, agissant comme tampon contre vos plus sombres pensées. À d'autres occasions, nous sommes des guides faisant pression sur vous avec nos cabrioles et nos contrariétés afin que vous puissiez en connaître plus sur vous-mêmes et sur les myriades de formes de vie qui vous entourent.

Le monde est considérablement plus vaste que vous ne vous l'imaginez. Ouvrez-vous et écoutez – c'est tout ce qu'il vous faut pour croître et vous éveiller. Nous sommes là pour vous, tout comme vous êtes là pour nous. Travaillons ensemble pour créer un monde dans lequel nous pourrons tous nous épanouir et nous aimer les uns les autres.

CHAPITRE 20

Animaux de compagnie

Durant plusieurs années, un trio de poissons rouges a nagé en rond dans un aquarium placé dans notre salon. Ce serait bien de pouvoir dire que nous avons accueilli ces poissons rouges dans notre famille avec le respect dû aux merveilleux êtres sensibles qu'ils sont, mais ce n'est pas ainsi que les choses se passèrent au début.

Lors d'un long et sombre hiver en Alaska, je décidai que nous avions besoin d'un aquarium. Ne serait-il pas magnifique de voir dans un coin de la maison un aquarium brillamment éclairé, grouillant de poissons aux couleurs vives et égayé d'un tourbillon de bulles ? J'avais lu des choses sur le feng shui, l'ancien art chinois du bon emplacement des objets. Des poissons et de l'eau en mouvement étaient censés être de bons éléments à avoir dans notre espace vital.

J'avais donc acheté un aquarium et tout l'attirail nécessaire – une pompe, du gravillon, des filets, quelques galets, des cristaux et des billes – et je m'étais rendue dans une animalerie pour me procurer des poissons. J'achetai ce que la propriétaire me recommanda, soit quatre cichlidés. Ils ne survécurent que trois jours. Quand je me plaignis de cela, la femme me suggéra de lui apporter un échantillon de mon eau. « Ah ! voilà votre problème », lança-t-elle lorsqu'elle testa l'eau. Elle me donna pour instructions de me procurer des poissons moins coûteux tandis que je corrigerais le pH de l'eau. Je pourrais ensuite lui rapporter ces poissons, qui me seraient crédités à l'achat de mes « vrais » poissons.

Ce problème perdura, l'eau du réservoir ne parvenant jamais au point d'équilibre recommandé, ce qui entraîna la mort de toujours plus de poissons. J'étais frustrée lorsque finalement, un samedi où il neigeait, tandis que je racontais mes malheurs à la sœur de la propriétaire de la boutique, elle me mena jusqu'à l'aquarium où étaient conservés les poissons rouges. C'était un très grand aquarium plein de poissons rouges de taille moyenne vendus comme nourriture pour de plus gros animaux domestiques. Attrapant prestement trois d'entre eux dans son filet, la femme les fit tomber dans un sac de plastique rempli d'eau, m'expliquant qu'ils étaient très résistants et qu'ils corrigeraient le niveau de pH en un rien de temps. Elle me dit au revoir sans demander à être payée, ajoutant qu'il me suffirait de me débarrasser d'eux une fois le problème réglé.

Je revins donc à la maison avec ces trois poissons. Ils étaient jolis à voir dans l'aquarium, avec leur couleur beaucoup plus vive que celle des cichlidés, leur queue orange transparente s'agitant et dansant dans l'eau. Je pris l'habitude de les nourrir chaque soir, et longtemps avant d'avoir même entendu parler de communication avec les animaux, je m'étais mise à leur parler à haute voix, leur disant combien ils étaient beaux et à quel point j'aimais observer leurs gracieux mouvements. De leur côté, les poissons prirent l'habitude de monter à la surface dans un frisson d'agitation aussitôt qu'ils me voyaient prendre leur nourriture. Je développai une grande affection pour ces poissons rouges et bientôt je cessai complètement de tester l'eau. Cela me paraissait ridicule d'avoir un aquarium à l'ornementation aussi détaillée pour de simples poissons rouges, mais au fond de moi je savais qu'il s'agissait là des « vrais » poissons que j'étais censée avoir.

Ce n'est que plus tard, après avoir parlé avec des animaux, que je commençai à éprouver un sentiment de culpabilité. Si les autres animaux étaient capables de penser et avaient une âme, n'en était-il pas de même pour les poissons ? Tous mes chiens m'avaient indiqué qu'ils étaient avec moi pour une raison bien précise. Mais qu'en était-il des poissons ? Ils semblaient être arrivés à la suite d'une série de bourdes et par pure coïncidence. Je voulais avoir des poissons pour décorer la maison, mais je ne m'étais jamais arrêtée à penser aux poissons eux-mêmes. Ce n'était pas comme s'il s'agissait de chiens après tout ; ce n'étaient que des poissons rouges.

Peut-être était-ce un sentiment de culpabilité qui me catapulta dans un état d'hypersensibilité, car je commençai à me demander s'il était même convenable de garder en captivité un animal, quel qu'il soit. Mon aquarium n'était-il pas au fond rien de plus qu'une élégante prison ? Étais-je devenue sans le savoir la gardienne d'une prison pour poissons rouges ?

À la suite de plusieurs conversations sur le fait de garder des animaux en captivité, je fus confrontée à la présence de l'ombre. Certaines personnes étaient nettement d'avis que les zoos étaient d'horribles endroits. Le sentiment de ces gens était que même si ces animaux disposaient de suffisamment d'espace et de nourriture et avaient des conditions de vie adéquates, les zoos demeuraient malgré tout des prisons. « Je me refuse à mettre les pieds dans un zoo » étaient les paroles pharisaïques de plusieurs de ces personnes.

Et pourtant, combien de ces individus avaient un aquarium rempli de poissons ou une cage de verre contenant des lézards ou des tortues ? Combien d'entre eux avaient acheté une jolie cage pour garder un oiseau, construit un enclos en grillage pour y héberger des lapins, ou observé une souris ou un cochon d'Inde tourner interminablement dans une roue d'exercice ? Se pourrait-il qu'ils aient chez eux un zoo en miniature ? Était-il acceptable qu'un oiseau ne soit jamais libre de voler à l'air libre, qu'un serpent ne puisse jamais onduler librement dans la nature ?

Alors qu'il est facile de considérer un tigre dans une petite cage comme étant une victime d'emprisonnement, il est beaucoup plus difficile de voir son poisson ou son lapin de la même manière. Et pourtant, nous ferions bien de nous demander quelle sorte de monde de l'ombre nous avons créé pour nos très chers animaux de compagnie.

Étymologiquement, on ne sait pas très bien d'où le mot anglais *pet* (animal de compagnie) tire son origine, bien qu'il semble lié à des termes signifiant à la fois « enfant gâté » et « jouet d'un enfant gâté », l'idée de gâterie étant l'élément clé dans les deux cas. On le définit comme un objet d'affection favori ou un animal que l'on garde pour s'amuser ou pour nous tenir compagnie. La notion de propriété y est étroitement associée puisque la plupart des animaux de compagnie sont achetés et vendus. Le propriétaire d'un tel animal est la personne qui détermine ce que celui-ci mange, où il dort et ce qu'il fait chaque jour. Il prend aussi d'autres décisions très personnelles le concernant : il le fait châtrer, le fait opérer pour qu'il ne puisse plus japper, lui fait enlever les griffes et même raccourcir la queue et tailler les oreilles. Dans la plupart des cas, ces décisions sont prises selon le bon vouloir de l'humain, non selon le désir de l'animal.

En m'entendant moi-même dire aux autres que je ne ferais jamais une chose aussi cruelle que de demander l'ablation des cordes vocales ou des griffes d'un animal, je sentais ma propre attitude hypocrite et moralisatrice monter en moi. Ce que j'avais fait avec les trois poissons rouges (ainsi qu'avec tous les poissons qui avaient été sacrifiés au si important pH de l'eau) n'était-il pas aussi irréfléchi que l'omission par les autres humains de prendre conscience que les animaux sont eux aussi des êtres vivants capables de penser et de sentir ?

Tandis que je réfléchissais à toute cette question de la captivité, je me souvins de l'idée d'Ilizabeth Fortune selon laquelle il est plus facile de ressentir de l'outrage à propos de la privation de liberté imposée à une autre espèce qu'au sujet de notre propre captivité intérieure.

On ne peut parvenir à une bonne compréhension de tout cela uniquement en niant les formes d'emprisonnement dont les humains sont responsables. Nous devons plutôt voir ces choses – les zoos, les cirques, les numéros d'animaux en spectacle, les animaux de compagnie et même les animaux utilisés pour la recherche scientifique – pour ce qu'elles sont réellement. Et si nous acceptons de les voir sous leur vrai jour, nous devons également accepter d'élargir notre perspective. Nous devons consentir à renoncer aux jugements profondément ancrés et aux rationalisations habilement présentées qui ne sont souvent rien de plus que des défenses nous empêchant de discerner l'ensemble du tableau.

J'entrepris chez moi ma propre exploration du sujet en mettant à profit le sage conseil de Mojave Dan à J. Allen Boone : si tu veux obtenir les faits, demande-les à des animaux.

Tandis que je me centrais et j'établissais le contact avec le trio de poissons rouges, leur beauté me frappa immédiatement. De manière tout aussi gracieuse et charmante que leur forme physique, leurs paroles et leurs pensées montèrent telles des bulles dans mon esprit, comme si elles étaient remplies de lumière et d'air. Plus nous parlions ensemble, plus j'avais le sentiment qu'il s'agissait là de créatures très douces et gentilles d'où émanait une beauté intrinsèque.

Ma principale préoccupation concernait bien sûr leurs conditions de vie et je les interrogeai donc à propos de leur aquarium. Se sentaient-ils captifs? Peut-être aimeraient-ils mieux se trouver dans un étang avec d'autres poissons rouges?

Étonnamment, le sentiment initial que je perçus à la suite de cette question en fut un de stupéfaction, car ils étaient consternés.

Nous sommes très heureux dans cet aquarium. Pourquoi voudrions-nous aller ailleurs? La vie dans un étang serait très différente, difficile même. Il nous faudrait avoir une tout autre conscience pour vivre dans la nature puisque nous devrions alors être constamment aux aguets à cause des prédateurs.

Comme ce genre de pensées n'était pas du tout ce à quoi je m'attendais, ni même quelque chose que j'aurais pu imaginer, ce fut à mon tour d'être stupéfaite.

Nous sommes tout particulièrement heureux que notre aquarium soit dans la salle de séjour principale, car nous pouvons ainsi observer les humains, les chiens et la télévision.

La télévision ! Vous regardez la télévision ?

Oh oui ! Nous adorons cela, surtout les émissions sur la nature. Nous apprenons ainsi beaucoup de choses sur les autres espèces, et c'est là une des raisons pour lesquelles nous sommes tout à fait ravis de nous trouver dans cette situation.

Rappelle-toi où nous étions lorsque tu nous as vus pour la première fois – gardés dans un réservoir en attendant d'être donnés comme nourriture. La conscience d'une bonne part des poissons dans cet aquarium était dominée par la peur et la résignation. La plupart d'entre eux savaient qu'ils étaient destinés à servir de repas à une créature plus grosse qu'eux, ce qui aurait certainement été aussi notre sort.

Est-ce à cause du destin ou du karma que vous n'êtes pas devenus le repas de quelque autre animal ?

Nous l'ignorons. Nous sommes simplement heureux de vivre dans cet aquarium et nous apprécions mutuellement notre compagnie. Cette vie est pour nous très spéciale non seulement parce que nous n'avons pas à nous soucier de possibles prédateurs, mais aussi parce qu'il nous est ainsi possible d'apprendre quantité de choses sur les humains et les autres formes de vie. Nous aimons également communiquer avec les chiens.

À maintes reprises, les poissons rouges purent ainsi me confier à quel point ils se sentaient heureux et en sécurité. Ils ne voulaient absolument pas être ailleurs, du moins pour le moment. Le plus gros ajouta qu'il vivait plus longtemps qu'il s'y attendait du fait qu'il apprenait beaucoup de choses et qu'il aimait énormément la vie qu'il menait.

Alors que je mettais fin à notre conversation, soulagée mais aussi étonnée par la qualité des pensées de ces merveilleuses créatures, je commençai à comprendre à quel point la vie animale est souvent très différente de l'idée que nous nous en faisons. C'est à travers les lentilles de mes préjugés humains que je les ai d'abord considérés comme des décorations puis, sous le coup de mes propres peurs de la captivité, comme des prisonniers. Ainsi que les poissons le racontaient, aucun de ces scénarios ne correspondait à leur réalité.

Bien que tout cela puisse sembler logique, une partie de moi se demandait si toute cette discussion avec les poissons rouges n'était finalement rien de plus qu'un moyen détourné et compliqué de calmer mon propre sentiment de culpabilité lié au fait que je les gardais dans l'aquarium. Comment pourrais-je obtenir confirmation de ce qu'ils disaient?

Quelques jours plus tard, mon mari et moi étions demeurés debout tard en soirée à regarder le film *Abysse*, dans lequel l'action se déroule principalement sous la surface des eaux. Durant le film, je tournai la tête et mon regard se posa par hasard sur les poissons rouges. Je fus étonnée et amusée de sentir monter en moi un frisson intuitif me confirmant que tout ce qu'ils m'avaient dit était *vrai*, car ils étaient tous là à flotter doucement au milieu de l'aquarium, leurs yeux rivés droit devant sur l'écran de télévision. J'établis alors le contact, tout excitée de leur demander : « Regardez-vous ce film avec nous? » lorsque j'entendis un long et fort « Sssshhhhh ! » dans ma tête. Leurs queues remuaient à petits coups vifs, comme s'ils étaient irrités.

J'éclatai de rire, pensant que jamais de toute ma vie je n'avais été aussi heureuse que trois poissons rouges me fassent ainsi taire.

En laissant tomber toute attente et toute supposition, ce que l'on découvre sous la surface est souvent bien surprenant. Je ne considère plus mes poissons comme des décorations ni comme des prisonniers. Grâce à une série d'événements mystérieusement orchestrés, nous nous étions réunis, les poissons et moi, dans la même vie, nous ouvrant ainsi aux possibilités que cette relation permettait. Je ne crois pas que la plupart des animaux veulent que nous nous sentions coupables à propos de ce que nous avons ou pas. Je crois qu'ils veulent que nous nous éveillions, que nous prêtions attention et que nous devenions des membres responsables de la Toile de la Vie. Cependant, la culpabilité est parfois un moyen de nous éveiller et, en ce sens, elle peut s'avérer un outil utile.

Marcia Ramsland m'a raconté une histoire au sujet de Plecostomus, un poisson-chat noir qu'elle avait acquis alors qu'il était encore très petit. « Il est devenu trop grand pour son aquarium et n'a cessé de grandir au point où je me suis sentie submergée de culpabilité parce qu'il était toujours trop gros pour l'espace dont il disposait. Je me trouvais un jour à un atelier donné par Penelope Smith, à plus de trois mille kilomètres de chez moi, quand celle-ci nous a dit : "Laissez maintenant à n'importe quel animal la possibilité de vous parler." Ce poisson apparut alors dans mon esprit pour me lancer : "Ne t'en fais pas. Il en a été ainsi durant toute ma vie. J'aimerais juste que tu jases avec moi à l'occasion." »

Comme pour les poissons rouges, Plecostomus n'était pas fâché ni amer. Au lieu de cela, c'était la mauvaise orientation des projections et de la culpabilité humaines qui empêchait la communication.

Marcia entra plus tard en contact avec un groupe de poissons-néons dans son aquarium. « Ils me firent part de ceci : "La vie en eau libre n'est vraiment pas comme celle-ci. C'est un monde fort différent. Bien que la conscience soit la même, il s'agit d'une existence plus libre. Nous aimerions savoir pourquoi tu as choisi une forme de vie terrestre basée sur la gravité." C'est un peu comme lorsqu'on vit dans un climat chaud et que l'on se demande pourquoi quiconque voudrait vivre là où il neige – c'est en quelque sorte ce que ces poissons disaient. Ils affirmaient aussi que ce qu'il y a d'unique au fait pour eux de vivre dans un aquarium, c'est qu'ils peuvent voir notre monde et nous, le leur, alors que la plupart des poissons n'ont pas cette possibilité. La majorité des animaux qui vivent dans l'eau n'ont pas conscience de ce qui existe hors de l'eau et de la vie qui s'y trouve. "Ce doit être une existence pénible à supporter" est l'un de leurs commentaires à ce sujet. »

Ce commentaire des néons selon lequel la vie sur la terre ferme doit être une « existence pénible à supporter » fait écho à une chose que d'autres animaux avaient signalée, à savoir que, de leur point de vue, le fait d'être un humain n'est pas si extraordinaire en soi. Tout comme j'avais demandé à nombre d'entre eux pourquoi ils avaient choisi d'être un cheval, un chien ou un moustique, les poissons-néons se demandaient pourquoi quiconque voudrait être un humain.

Marcia se mit à rire en entendant cela. « Oh, oui ! Je pense que nous regardons souvent le monde en nous disant que nous sommes la forme de vie la plus évoluée sur la planète, alors que les autres formes de vie nous regardent d'un air dubitatif en pensant : "Hum… ouais…" »

Pourquoi certains animaux choisissent-ils de vivre avec les humains ? Un chien nommé Maxie a expliqué à Laura Simpson que la raison pour laquelle ils viennent dans nos vies tient au fait que « nous demandons à recevoir ce genre d'amour ».

Toutefois, nous oublions parfois que nos animaux de compagnie ne sont pas des *choses*. En considérant ces êtres comme des objets, nous ratons de belles occasions de nouer des relations durables avec eux. Nedda Wittels a eu une conversation avec l'esprit des chevaux qui l'a entretenue essentiellement du mystère spirituel des relations. Voici ce qu'il lui a confié.

Les chevaux représentent la liberté. Ceci est ironique puisqu'ils ont depuis longtemps été des bêtes de somme pour les humains. Comment des chevaux peuvent-ils offrir une vision de liberté, comme s'ils étaient lancés au galop, la crinière au vent, alors qu'ils sont attelés à une calèche ou qu'ils portent un humain sur leur dos ? Ces derniers sont aux prises avec un problème similaire : comment peuvent-ils exercer leur libre arbitre et simultanément s'en remettre à la Volonté divine ?

Par ailleurs, il y a le mystère des motifs pour lesquels les chevaux acceptent d'être utilisés comme bêtes de somme par les humains. Cela est notre service à l'humanité. En échange, les chevaux rêvent de fusionner avec les humains. Vous n'êtes pas les seuls à faire l'expérience de l'extase de l'union lorsqu'un humain et un cheval ne forment qu'un seul tout. Tous deux en éprouvent une grande joie.

Lorsque les énergies se fondent ensemble, une guérison de la relation primale survient durant laquelle le pouvoir et la liberté de la réalité physique et de l'union simultanée sont ressentis à la fois par le cavalier et le cheval.

Il est important pour les humains de savoir que les chevaux subissent de graves préjudices lorsqu'ils sont traités comme des entités mécaniques. Plusieurs agissent envers eux comme s'ils n'existaient que pour l'amusement et le bon plaisir de l'humanité, ou pour l'argent qu'ils rapportent, ou pour servir de nourriture. Un changement complet s'impose dans la relation que l'humanité entretient avec les animaux, tout particulièrement avec ceux qui mènent une existence artificielle parce qu'ils ont choisi de vivre avec les humains. Les chevaux ont fait ce choix il y a déjà fort longtemps de cela et en ont payé un fort prix.

Pour quelle raison ont-ils fait ce choix ?

Pour leur croissance spirituelle. Pour apprendre comment interagir avec les éventuels cocréateurs que sont les humains. Et pour aider à leur enseigner comment interagir avec des animaux qui représentent la liberté.

Les animaux ne cessent d'insister sur les notions de liberté et de libre choix ainsi que sur l'importance d'apprendre certaines leçons de la manière correspondant le mieux à notre situation particulière. Chrys Long-Ago a fait l'expérience de cela d'une façon tout à fait remarquable. Son instructeur était un cobaye (ou cochon d'Inde) qu'elle avait appelé Geisha[26].

Lorsque Geisha eut terminé de mettre bas sa première portée, Chrys remarqua que la femelle cobaye avait un étrange comportement puisqu'elle refusait totalement de s'occuper de ses petits. Chrys tenta par divers moyens de l'amener à les allaiter, sans toutefois y parvenir. Finalement, s'harmonisant télépathiquement avec Geisha, elle entendit le message suivant : « Je les ai mis bas mais je ne peux développer de liens affectifs avec eux. Je ne veux pas être leur mère. » Chrys était surprise. Pourquoi Geisha ne voudrait-elle pas être leur mère ? « Ils vont m'être enlevés », répondit celle-ci d'une voix stridente. « Je vais les perdre ! On va me les enlever ! »

Comme il lui était impossible de calmer son cochon d'Inde, Chrys approfondit sa connexion avec l'animal et entra en contact avec un autre aspect de Geisha. Le « Moi supérieur » de cette dernière remercia Chrys de bien vouloir prendre la peine de lui demander les raisons de son refus. Il lui fit alors voir une série d'images montrant l'existence sordide d'une mère humaine qui vivait en Allemagne nazie et qui avait été séparée de ses enfants, internée dans un hôpital puis soumise à des expériences cruelles et douloureuses jusqu'à ce qu'elle en meure.

La raison pour laquelle je me suis réincarnée en un cobaye est pour purifier le traumatisme et l'angoisse causés par la perte de ces enfants et le fait d'avoir dû endurer l'indicible peur des dangers qu'ils couraient. À présent, je peux enfin retrouver la paix avec le fait d'être maman et ainsi guérir les blessures de mon cœur.

Mais pourquoi avoir choisi d'être un cobaye? N'aurait-il pas été possible de faire la même chose dans une vie humaine?

C'est pour moi une leçon liée à la maternité. J'apprends à accepter la séparation et c'est aussi une leçon de confiance. J'aurais pu apprendre tout cela comme humain une fois de plus, mais j'aurais aussi dû être un enfant, la fille de quelqu'un, avec tout le travail que cela nécessite; puis j'aurais dû être une étudiante durant de nombreuses années et grandir avec toutes les leçons et les choix s'y rattachant. Près de vingt-cinq années de cette vie auraient dû s'écouler avant que je ne puisse recréer l'expérience de la maternité.

Pour créer le type d'expérience correspondant à cet apprentissage de maternité, je n'avais besoin que des conditions nécessaires pour centrer toute mon attention sur les questions d'impuissance, de vulnérabilité, d'exploitation et d'abus. Pense à ce que le terme *cobaye* veut dire dans le langage courant de tous les jours! J'ai été utilisée comme cobaye humain – quelle meilleure forme aurais-je pu prendre comme animal?

Sous la forme d'un cobaye, ne pouvais-je ainsi facilement aborder les problèmes spécifiques de cette autre vie durant une existence rapide et centrée comme celle-ci, sans avoir à faire tout le travail qu'exige une expérience humaine ?

Sache qu'il en est ainsi parmi les âmes : nous nous incarnons pour acquérir l'expérience de notre sagesse et faire l'expérience de l'acquisition de notre sagesse. Tu dois également savoir que tout cela peut être accompli dans une vie vécue sous n'importe quelle forme, peu importe que celle-ci puisse sembler insignifiante aux yeux des autres formes de conscience.

Tel est le choix dont nous disposons. Nous pouvons prendre autant de temps que nous le désirons pour apprendre une leçon. Tout comme vous avez le choix de consacrer des années d'analyse en compagnie d'un psychologue pour résoudre vos problèmes, ou alors seulement quelques jours dans des séminaires intensifs d'introspection. Que je puisse acquérir la sagesse et être libre dans une courte vie pour revenir ensuite à maintes reprises dans la forme de mon choix est là ma prérogative tout comme c'est la vôtre.

En fin de compte, Chrys et le Moi supérieur de Geisha en vinrent à une entente. Ainsi que Chrys l'écrivait : « Je ferais preuve de patience avec Geisha et elle ferait confiance que j'allais accepter tout ce qu'elle avait choisi de se créer comme expérience. De plus, son Moi supérieur allait enrichir ma propre expérience en me permettant d'apprendre de ses leçons. »

À partir de l'étroitesse de nos propres croyances autolimitatives, il n'y a tout simplement pas suffisamment d'espace pour voir l'ensemble du tableau. Que nous soyons tourmentés de culpabilité à l'idée que des poissons d'aquarium soient prisonniers, ou bien horrifiés par une mère cochon d'Inde qui refuse de prendre soin de ses petits, nous devons nous rappeler que de telles émotions nous appartiennent en propre. La réalité que perçoit l'autre peut être quelque chose de complètement différent.

Et pourtant, nous devons aussi nous rappeler que nous nous laissons prendre au jeu de l'illusion parce que c'est l'illusion qui recèle la clé de notre leçon. Alors que nous nous débattons avec l'idée de qui nous pensons être – comme le reflète ce que nous pensons voir –, nous commençons à prendre conscience de projections et de préjugés dont nous ignorions l'existence en nous. Il se pourrait même que nous découvrions, ainsi que Geisha le faisait remarquer, que l'expérience de la sagesse peut être obtenue au moyen de n'importe quelle forme, aussi triviale ou insignifiante puisse-t-elle paraître aux yeux des autres.

Joie

Marcia Ramsland et un insecte volant

Un insecte volant que je ne parvenais pas à identifier bourdonnait autour de moi.

Je lui demandai : « Qu'as-tu à me dire ? » Et il y eut une grande joie.

Cette petite chose répondit : « Il y a de la conscience en toutes choses. Crois-le bien ! »

Elle voulait également exprimer le souhait que les gens ne partent pas tant en campagne contre les insectes. Mais elle était surtout là pour affirmer avec une joie exubérante que la conscience est partout et que la taille du corps n'a aucune importance.

CHAPITRE 21

Insectes et animaux nuisibles

Tout ce qui vit, même une banale mouche domestique, a quelque chose de précieux à partager avec vous – que vous soyez prêt ou non pour l'expérience.

J. Allen Boone,
Adventures in Kinship with All Life

Les insectes et animaux nuisibles, ces détestables petites créatures qui bourdonnent, rampent, creusent et rongent, sont généralement considérés dans notre monde comme une plaie.

La plupart des communicateurs animaliers racontent qu'en nous ouvrant à l'unité fondamentale de la grande Toile de la Vie, conversant et nouant des relations avec des dauphins et des chiens, des chevaux et des baleines, nous avons le sentiment croissant que les animaux sont nos égaux, des compagnons d'aventure dans la vie, et parfois des enseignants et des guides. Qu'arrive-t-il cependant à cette merveilleuse idée de souche commune quand nous tombons nez à nez avec une blatte ? Une blatte est-elle autant le reflet du divin qu'une baleine ? Comment réagissons-nous devant les serpents et les limaces, les mouches et les asticots ? Se pourrait-il que ces animaux et bestioles que nous considérons comme nuisibles nous mettent face à face avec un autre aspect du monde de l'ombre chez l'humain ?

« Nous devons réellement travailler là-dessus », m'a confié Raphaela Pope. « Vous pouvez travailler cela avec une espèce, mais ensuite vous trouvez votre tache aveugle : les rats, les araignées ou même les petits chiens. »

« As-tu une tache aveugle ? » lui demandai-je.

« Eh bien, les fourmis peut-être », admit-elle. « J'avais l'habitude de les tuer. Il y a quelques années, nous avons eu une invasion de fourmis. Je leur ai dit : "Je n'aime pas cela. Je n'ai d'autre choix que de faire disparaître des centaines de vos semblables en les noyant dans l'évier et je préférerais vraiment que vous partiez." Elles m'ont répondu : "Oh ! nous on s'en fiche. Il y a des milliers et des millions d'autres fourmis comme nous ! Tu peux nous noyer dans l'évier tant que tu veux, ça ne nous dérange pas du tout !" » Raphaela se mit à rire aux éclats. « Je pensai : "Oh non ! Je ne peux pas croire que j'obtiens ce genre de réponse. Ce n'est pas possible !" »

« Que s'est-il passé ensuite ? »

« J'ai continué à leur demander de partir, mais elles étaient chaque jour de plus en plus nombreuses. Elles se mirent à envahir de nouveaux endroits dans la maison. Finalement, j'ai acheté du Raid et je l'ai bruyamment flanqué sur le comptoir en leur disant : "Écoutez, vous toutes, j'en ai ras le bol et je vais utiliser cet insecticide si vous n'allez pas faire un tour ailleurs." Deux heures plus tard, environ 99 % des fourmis étaient parties, totalement disparues de la cuisine ! »

J. Allen Boone raconte une histoire semblable à propos de fourmis qui avaient un jour envahi sa maison. « J'étais juste sur le point de m'en débarrasser avec du poison et le balai lorsque ma conscience se mit à me siffler dans les oreilles », écrivait-il. « Elle voulait savoir pourquoi, après tout ce que j'avais eu le privilège de vivre en matière de rééquilibrage de relations, je voulais tuer ces insectes[27]. »

Boone entreprit alors de parler avec les fourmis, les complimentant sur leur intelligence et leur bel appétit de vivre. Il leur proposa ensuite un accord reposant sur l'honneur en vertu duquel elles accepteraient de quitter la maison. Alors qu'il se préparait à sortir pour la soirée, Boone leur dit qu'il avait fait tout son possible et que le reste dépendait d'elles. Lorsqu'il revint chez lui, les fourmis étaient parties.

Dans un livre subséquent, il rapporte l'histoire d'un propriétaire dont le domaine était infesté de spermophiles, des rongeurs semblables à des marmottes. Ayant entendu parler du succès de Boone avec les fourmis, l'homme se demanda s'il pouvait aboutir à un accord similaire. Il décida donc d'écrire une lettre aux spermophiles. Tard dans la nuit, une fois tout le monde au lit, il sortit discrètement de la maison et enfonça la lettre profondément dans le plus proche trou de spermophile. Ainsi que Boone le raconte, le lendemain matin, « à son grand étonnement, l'individu ne put trouver la moindre trace de spermophile[28] ».

J'ai eu ma propre expérience avec des insectes nuisibles lorsque des mites araignées se mirent à ramper sur un plant de citronnier dans ma cuisine. Même si je ne pouvais penser à aucune chose gentille à leur dire, je leur fis savoir qu'elles causaient du tort à la plante et que s'il y avait quoi que ce soit que je pouvais faire pour les aider à s'en aller ailleurs, c'est avec plaisir que je leur rendrais ce service*.

À ma surprise, l'image qui se forma alors dans mon esprit fut celle d'un morceau de feuille de laitue. Le sentiment associé à ce bout de laitue était que ce devait être une offrande, comme celle que l'on place au pied d'un autel ou dans un temple. Même si j'étais sceptique, je plaçai une feuille complète près de la plante et, le matin suivant, je notai qu'il y avait beaucoup moins de mites. À ce moment-là, je leur demandai à nouveau si elles accepteraient de partir et, une fois de plus, je reçus l'image d'une feuille de laitue. Je répétai donc le processus et, le lendemain, il n'y avait plus aucune mite.

Quelle leçon pouvons-nous tirer de ces histoires? Quel est le dénominateur commun entre un accord avec des fourmis, une lettre à des spermophiles et une feuille de laitue placée en offrande à des mites araignées? Je crois que la réponse se trouve peut-être dans une combinaison d'attitude et d'intention. Ce ne fut certainement pas l'accord proposé, la lettre ou la laitue qui, comme par magie, firent partir ces bestioles. Ce fut plutôt l'énergie derrière chacun de ces événements. Même la menace de Raphaela contre les fourmis venait non pas de la colère mais d'une préférence pour qu'elles s'en aillent paisiblement.

---

* Bien que de mon point de vue à ce moment-là les mites « causaient du tort » à la plante, une approche plus illuminée aurait été de demander autant à la plante qu'aux mites ce qui se passait. La plante avait-elle besoin des mites pour une quelconque raison? Y avait-il quelque chose dont je n'avais pas conscience d'un point de vue plus vaste? Des questions de ce genre nous permettent de mieux apprécier les rôles entrecroisés de tous les êtres.

Le passage d'une perception des animaux comme étant nuisibles à une perception selon laquelle toute vie est une manifestation de l'Un constitue un mouvement vers un plus profond sentiment de réalisation de nos origines communes. J. Allen Boone a décrit comment il a formé une brève mais inoubliable relation avec une mouche domestique qu'il appelait Freddie. L'homme et la mouche avaient convenu de former une association en vertu de laquelle tous deux apprendraient mutuellement l'un de l'autre.

Au début, les questions de Boone à Freddie suscitèrent des contre-questions. Lorsque Boone demanda à Freddie pourquoi les mouches embêtent autant les humains et les traitent si mal, celle-ci lui demanda pourquoi les humains traitent les mouches de manière aussi impitoyable. Ils continuèrent ainsi un moment à se relancer la balle avec toutes sortes de questions auxquelles la mouche ripostait du tac au tac. C'est alors que Boone prit conscience à quel point la pensée créait la réalité. Puisque nous nous attendons à ce que les mouches nous ennuient et nous piquent, c'est ce qu'elles font; comme nous les voyons comme de sales bestioles, c'est ce qu'elles sont pour nous.

« Plus j'arrivais à voir au-delà de la forme physique de Freddie la Mouche, plus il m'était facile de la reconnaître comme une coexpression de la Conscience universelle », écrivait Boone. « Je pouvais alors être à l'écoute en sa compagnie tout autant que l'écouter. Et une fois de plus je réalisai que chaque être vivant est un instrument individuel par lequel l'Esprit de l'Univers pense, parle et agit. Nous sommes tous étroitement liés d'un commun accord, dans un but commun, et pour un bien commun. Nous sommes tous membres d'un vaste orchestre cosmique au sein duquel chaque instrument vivant est essentiel à l'interprétation complémentaire et harmonieuse de l'ensemble de la partition[29]. »

Il est difficile pour les Occidentaux de voir au-delà de la forme physique, et il est particulièrement difficile pour nous de voir les mouches comme des coexpressions de l'Esprit de l'Univers. Pourquoi ? En fait, c'est parce que nous avons gobé la projection culturelle selon laquelle les mouches ne servent absolument à rien de bon, qu'elles sont sales et peuvent même être malfaisantes. Tout comme pour les autres insectes dits nuisibles, les mouches sont devenues le réceptacle culturel des projections de groupe de tout ce qui est obscur et ténébreux en nous. Un petit effort de recherche et de réflexion ainsi que la volonté d'examiner nos propres préjugés permettent de révéler qu'il ne s'agit nullement là de la réalité à propos des mouches.

Dans son livre *The Voice of the Infinite in the Small: Revisioning the Insect-Human Connection* [La voix de l'infini dans ce qui est petit : révision de la connexion insecte-humain], Joanne Lauck fait remarquer que dans d'autres cultures et à d'autres époques, les mouches étaient admirées et respectées. Ainsi, les anciens Égyptiens honoraient le courage de la mouche et portaient des amulettes à son image pour symboliser l'esprit humain. Les membres de l'association nord-américaine Blackfoot's Fly Society cherchaient à imiter l'incroyable faculté qu'a la mouche de harceler l'ennemi sans être capturée ni tuée. Certaines cultures l'ont célébrée pour ses remarquables aptitudes à voler et à se diriger; d'autres la voyaient comme un symbole de renaissance, honoraient sa présence comme quelque chose de sacré et la considéraient comme digne d'être un sujet d'enseignement.

Comment se fait-il alors que nous en soyons venus à éprouver un si profond manque de respect à l'égard des mouches? Pourquoi avons-nous cessé d'honorer toute vie et d'apprendre des membres de notre famille élargie que sont les insectes pour en venir plutôt à croire qu'il est bon de garder dans le placard une tapette à mouches?

En résumé, Lauck croit que les choses se sont passées ainsi : en cessant de voir la nature comme une chose sacrée au profit d'un modèle mécaniste d'interprétation de la réalité, nous nous sommes séparés de la compréhension intuitive grâce à laquelle nous sommes conscients de ce qui nous relie à la Toile de la Vie. Nous avons peu à peu perdu contact avec ce qui n'était pas aisément perçu comme semblable à nous. Ce qui était inconnu fut jugé dangereux. Si un animal nous semblait particulièrement incompréhensible, nous nous imaginions qu'il pourrait également être malfaisant. En raison de notre imagination débridée, nous sommes devenus tellement craintifs de tout que nous avons décidé de prendre le contrôle, et nous avons donc déclaré la guerre aux insectes. Poussés par la peur, nous nous sommes mis à tuer afin de maîtriser notre peur. Plus notre phobie des insectes s'est aggravée, plus nous avons transmis cette peur à nos enfants. Comme nous sommes maintenant à peine conscients de l'emprise qu'elle a sur nous, c'est bien inconsciemment que nous la leur transmettons. C'est devenu un cercle vicieux difficile à rompre.

De fait, nous tuons souvent les insectes non pas par crainte d'une menace réelle mais simplement parce que nous ne savons pas ce qu'ils sont. Se pourrait-il que le geste inconscient consistant à écraser les insectes soit l'équivalent métaphorique du refoulement de nos propres peurs inconscientes?

Lauck note qu'il nous est particulièrement facile de projeter nos peurs sur les insectes. Après tout, beaucoup d'entre eux nous paraissent bien étranges à la fois par leur aspect et leur comportement. Ils vivent souvent en très grand nombre, certains mordent et piquent, et bien des insectes, comme la mouche, sont associés aux obscurs mystères de la vie, telles la mort, la décomposition et la renaissance – toutes d'excellentes sources de référence au monde de l'ombre.

Si les animaux en captivité reflètent notre sentiment d'outrage contre la captivité intérieure, des insectes comme la mouche reflètent ce que nous nions et désavouons dans la vie. À ce titre, la mouche est l'instigatrice d'un profond rappel de tout ce que nous refusons de reconnaître dans la vie et en nous-mêmes.

Lorsque Morgine Jurdan entreprit une conversation avec une mouche, ce fut ce point que la mouche considéra comme le plus important :

Je suis une mouche et j'aimerais transmettre un message au monde.

J'aime les gens et je prends plaisir à interagir avec eux. Je trouve triste que l'on me prenne pour une ennemie. J'aime être qui je suis et ma joie d'être est partagée par l'ensemble du royaume de la nature.

Chacune de nous brille d'une façon tout à fait unique. Tu nous perçois à travers des filtres qui ne te permettent d'avoir qu'une idée bien limitée de notre nature. Nous vivons dans un royaume d'amour où chaque être comprend le rôle qu'il joue dans le monde et sait comment les choses fonctionnent, tissant dans toutes les directions la tapisserie de la Vie.

Lorsque tu me vois, tu éprouves souvent de la répulsion et ta première réaction est de me tuer. Je ne t'ai fait aucun mal. Je ne t'ai même pas piqué et pourtant tu désires m'éliminer de ta vue. On me considère comme « sale », peu importe ce que cela signifie pour votre espèce. Je trouve tout cela bien triste. Il y a tant de choses que vous ignorez à mon sujet. Bien souvent, vous ne regardez pas sous la surface pour découvrir le trésor qui peut y être dissimulé.

J'aimerais bien que les gens se mettent à réfléchir avant d'agir. Qu'ils se demandent pourquoi ils décident de me tuer ou bien de détruire toute autre créature minuscule. Quelle menace constituons-nous donc ? Vous causerais-je du tort ? Ou bien alors votre réaction est-elle le fait d'une habitude ou de présomptions ?

Je suis une mouche et je contribue à créer de l'amour, de l'harmonie et de l'équilibre en ce monde merveilleux. Je ne suis pas votre ennemie. Je suis votre amie. Prenez le temps de mieux me connaître et vous pourriez bien découvrir juste un peu plus de la joie qui vous a été cachée jusqu'ici.

Ainsi que Joanne Lauck le fait remarquer, « la guérison s'amorce lorsque nous avons le courage de devenir conscients de nos habitudes violentes et irrationnelles et de toute la mythologie négative qui fait des mouches et de plusieurs autres espèces nos ennemies[30] ». Avoir le courage d'examiner notre propre univers intérieur d'ombre signifie que nous voulons bien faire face à ce qui est désavoué, nié et haï en nous. La transformation survient lorsque nous commençons à réclamer nos propres visages perdus, enlevant un à un les masques que nous avons projetés sur les autres dans le monde.

Lauck note que nous avons tendance à accepter ce qui renforce nos projections. « Lorsque nous lisons que les mouches attendrissent leur nourriture avec des sucs digestifs souillés par des restes de leurs précédents repas, qui peuvent être des fèces ou bien de la chair en décomposition, cela nous soulève le cœur. Cela confirme notre croyance en leur nature abjecte et satisfait à notre projection. Nous ne voulons également pas savoir que le miel est du vomi d'abeille partiellement séché ou que les papillons cherchent et boivent de l'urine et de la sueur tout autant que du nectar et des jus de fruits – des faits qui risquent de gâcher les projections positives que nous avons accordées à ces insectes[31]. »

Ce sont nos propres projections, positives ou négatives, qui nous empêchent de voir l'animal tel qu'il est – que ce soit un poisson rouge, une mouche ou une abeille. En un sens, le fait de penser en termes d'obscurité et de lumière rend le monde plus ordonné à nos yeux. Il est aussi infiniment plus attirant de considérer le miel comme un nectar des dieux que comme du vomi d'abeille partiellement séché. De la même façon, il est plus facile de projeter notre peur de certaines choses, comme la maladie, sur certains animaux plutôt que d'explorer l'éphémère et la décomposition en nous-mêmes.

Il ne s'agit pas d'une coïncidence si nous associons

les insectes nuisibles (NDT : *pests* en anglais) à la maladie. Le mot *pest* vient du latin *pestis*, qui signifie peste ou maladie contagieuse. Le mot *peste* est défini comme une personne ou une chose nuisible, et il est lié à *pestilence*, qui signifie une maladie épidémique mortelle, tout particulièrement dans le cas de la peste bubonique. C'est ici que nous voyons à quel point le langage façonne notre perception du monde, car les associations de mots peuvent nous amener à croire que l'insecte nuisible est à la source de la maladie. Cependant, dans la plupart des cas ces insectes sont simplement porteurs d'une quelconque maladie – les messagers, non le message.

Ainsi que le signalent fréquemment les professionnels de la santé holistique, une façon plus large d'envisager la maladie est de voir qu'il s'agit en fait d'un manque d'aise (NDT : *dis-ease* en anglais). Ce manque peut exister sur les plans physique, émotionnel ou spirituel, à l'intérieur du corps d'un individu ou bien au sein d'un groupe ou d'une culture. En résumé, lorsqu'il y a un grand déséquilibre dans un quelconque aspect de notre vie, la maladie est susceptible de se manifester.

Pensez à la peste et à la contagion, et vous ferez probablement un lien avec les rats. Encore plus que dans le cas des mouches, les rats soulèvent la peur, le dégoût et la haine chez de nombreuses personnes. Étant l'objet d'une si grande animosité de notre part, ils jouent aussi un rôle clé pour refléter le monde de l'ombre des humains.

Dans un effort pour aider à nous éduquer sur la vie des animaux que nous considérons comme indésirables, Jeri Ryan, une communicatrice animalière, a demandé à une rate vivant dans la nature si elle accepterait de nous faire part de ses pensées à propos de la vie et de sa place dans le monde.

Merci de nous prêter attention. Merci de nous reconnaître et de nous accorder de l'importance. Nous sommes la lie du monde, paraît-il, aux yeux de la plupart des gens.

Oui. Beaucoup d'humains croient que les rats sont dangereux parce qu'ils sont porteurs de maladies.

Nous avons en effet un peu de cela en nous. Je me demande d'ailleurs si nous sommes les seuls dans ce cas.

Les humains et d'autres espèces sont également porteurs de maladies. Peut-être avons-nous un préjugé à votre égard basé sur nos projections négatives. Dis-moi, qui es-tu ?

Je représente les êtres de mon espèce. Je suis un animal industrieux. Je ne suis pas grasse, même si je peux manger beaucoup lorsque je trouve de la nourriture. J'en apporte aussi dans mon nid pour nourrir mes petits et en cas de besoin plus tard. Je suis tenace et déterminée. Je peux travailler en équipe sans plan préalable, ou bien me débrouiller seule. Je n'ai pas le temps d'avoir peur.

Te soucies-tu de ta beauté ?

La beauté étant une disposition naturelle en tout, nous ne lui accordons pas de priorité ; elle est toujours là, en tout ce qui existe, au plus profond de chaque chose, et n'est pas séparée de quoi que ce soit.

Peut-être est-ce la raison pour laquelle de nombreux humains croient que les animaux ne savent pas ce qu'est la beauté ou l'esthétique, puisqu'il s'agit pour eux d'un acquis naturel. Nous, les humains, sommes profondément touchés par la beauté de certaines musiques ou certaines fleurs, ou bien par la beauté d'un poème ou d'un coucher de soleil.

Qu'en est-il pour vous ?

Nous nous situons dans une sorte d'appréciation tranquille. La beauté est tout le temps présente – si ce n'est dans un coucher de soleil, alors elle se trouve dans un brin d'herbe ou un insecte appétissant, ou bien dans un bon nid chaud et douillet, ou encore en moi.

Cela est important. Le concept du soi existe pour vous.

Tu sembles surprise.

En fait, je ne le suis pas. Je veux simplement en savoir plus à ce sujet.

Le « moi » n'est qu'une petite partie d'un très grand tableau de vie. Il est important, assez pour qu'il vaille la peine de le protéger, de le garder et d'en prendre soin. Il faut que je sois importante à mes yeux, sinon je ne serai plus là demain. Mais je ne suis pas importante au point que tout le reste vienne pour moi en second lieu. Je prends ma place et je l'aime parce qu'elle s'insère parfaitement bien dans le tout auquel je sens que j'appartiens.

Pourquoi as-tu choisi d'être dans cette espèce particulière ?

Pour apprendre ce qui pouvait l'être ainsi. Je n'étais pas sûre de ce que cela serait. J'en ai appris beaucoup sur l'humilité, l'acceptation et l'empressement à travailler. Je découvre ce qui peut être senti et perçu à partir de ce point de vue unique. J'ai fait le choix d'être ici et je me familiarise avec un monde qui tient compte de tous mes besoins, mes comportements, mes souhaits, et de tout ce que je dois apprendre.

J'apprends à grignoter comme une façon de prendre ma nourriture. Je constate que des dents pointues qui peuvent ronger lorsque nécessaire sont bien utiles pour aller là où je dois aller. J'apprends l'utilité de la rapidité et la légèreté qui me permettent d'apparaître et de disparaître en un éclair. Je reçois beaucoup d'informations de l'air grâce à mon odorat. Je me tiens parfois debout sur deux pattes pour sentir l'air en hauteur et ainsi flairer à de plus grandes distances. Je creuse. Je dors. Je me reproduis.

Quels sont tes sentiments à propos de la mort et de la renaissance et aussi du monde non physique?

Ils changent alors que je répète l'expérience en retournant dans des mondes différents. Je suis maintenant si à l'aise avec cela que c'est à peine si j'y prête attention. Quand c'était tout nouveau, j'avais très peur de la mort et de la renaissance. Elles me semblaient loin dans l'avenir et le monde non physique était quelque chose que mon esprit ne pouvait même pas concevoir. Puis cela exerça sur moi une telle attraction que je voulais aller en ce monde chaque fois qu'il était imminent. À présent j'aime les deux côtés parce que chacun a sa propre beauté et ses propres méthodes d'enseignement. Le monde non physique est toujours une expérience ultime, car la paix et l'amour y sont omniprésents. Rien d'autre n'existe.

Tous les esprits étant doués d'intelligence, nous avons tous une grande compréhension sans qu'il soit nécessaire de communiquer. Cette compréhension est innée parce que nous sommes Un. Dès lors, personne n'a besoin d'enseigner à qui que ce soit. Nous savons tout intuitivement. C'est ainsi que l'apprentissage s'y fait. Alors qu'ici nous apprenons en réalisant et en découvrant des choses, en trouvant, en résistant et en combattant. Voilà comment les choses sont dans chaque monde, chacun ayant beaucoup à donner, tout autant que ceux qui sont disposés à participer.

Merci. Aimerais-tu nous transmettre autre chose?

Peut-être que désormais vous nous regarderez et considérerez que nous avons un monde qui nous est propre. Bien que vous soyez dans un monde que nous partageons avec vous, nous avons également le nôtre.

En prenant peu à peu conscience que toutes les créatures ont un univers bien à elles, nous nous ouvrons à une vision beaucoup plus grande du nôtre. En commençant à nous réjouir des capacités uniques de tous les animaux, nous en viendrons peut-être à prendre conscience que si nous accolons à certains d'entre eux l'étiquette «nuisibles», c'est avant tout une tentative de nous distancier de nos peurs.

En développant une plus profonde reconnaissance à l'égard de la contribution de chaque être au tout, nous nous reconnectons, nous ouvrant ainsi à des états d'émerveillement et d'appréciation plus intimement ressentis. Et c'est là que nous savons, comme J. Allen Boone le signalait, que tous les animaux, des baleines aux rats en passant par les mouches et les humains, ont quelque chose de précieux à partager avec nous – que nous soyons prêts ou non pour l'expérience.

Occasions de se connaître soi-même
Ayala (déva du royaume animal) – Toraya Ayres

Les animaux ont également la possibilité de choisir. Beaucoup acceptent de prendre en eux une certaine émotion ou maladie exprimant quelque chose pour la personne qui en a la responsabilité. Ils font de fréquentes contributions que vous ne remarquez pas, et le font de leur plein gré. Les chats et les chiens en particulier sont de bons exemples de ce type de comportement. Ils ont tendance à exprimer par leur comportement des choses auxquelles leurs maîtres sont incapables de faire face directement.

Qu'en est-il des animaux victimes de mauvais traitements, des chiens dont personne ne s'occupe et qui sont battus, mal nourris ou torturés ? Comment de telles expériences cadrent-elles dans le développement de leur âme-groupe ? À bien des égards, comme chez les humains – et ce, afin d'en accroître la portée. Là encore, ces expériences sont le reflet de certains aspects de ce qui se passe en vous. Les animaux acceptent parfois de leur plein gré des expériences pénibles et douloureuses afin de vous éviter d'avoir à les vivre. Vous avez ainsi la possibilité de voir la situation problématique se jouer devant vous au lieu d'avoir à la vivre directement.

Tout ce qui se trouve et survient autour de vous dans la vie a sa raison d'être. Que ce soit la rencontre d'un chien affamé ou d'une personne n'ayant plus d'endroit où se loger, il s'agit toujours de quelque chose qui se rapporte à votre propre réalité. Considérez-le comme un symbole à comprendre. Une partie de vous est-elle en train de subir une privation quelconque ? Une partie de vous se sent-elle victime de quelque chose ou bien sans logis ? Explorez ces occasions de mieux vous connaître.

Un jour, vous comprendrez le réseau intime dont vous faites partie, un réseau dans lequel vous avez une influence sur le temps qu'il fait et la nourriture que vous mangez ainsi que sur les pensées que vous avez et les émotions qui en résultent. Tout est interconnecté en un enchaînement infini d'interactions.

CHAPITRE 22

Quête de savoir : Recherches sur les animaux et éducation humaine

Durant la période où je travaillais à la rédaction de ce livre, j'allai visiter un nouveau centre sur la vie marine en Alaska ayant pour mission d'éduquer le public. Bien que je ne me sois pas arrêtée pour parler avec tous les animaux s'y trouvant, l'impression retirée de l'expérience fut que même si certains d'entre eux étaient assez satisfaits de leur environnement, d'autres n'étaient manifestement pas du tout heureux d'être là. Mis à part les questions liées à la captivité, était-ce si différent de la vie n'importe où ailleurs ?

Un groupe de cinq poissons capta mon attention, car ils prirent l'initiative d'entamer la conversation, me disant qu'ils avaient offert de participer à ce projet en croyant que ce serait là un échange mutuel d'éducation entre humains et animaux. À la différence des poissons de mon aquarium, ceux-ci s'exprimaient avec le plus grand sérieux. Tous les cinq me faisaient face tandis qu'ils s'exprimaient d'une seule voix, la conscience partagée de leur groupe me faisant penser à un vieux sage érudit dont personne ne semblait remarquer la présence. Ils savaient qu'ils n'étaient pas particulièrement rares ni beaux selon les critères humains.

Ils affirmèrent que leur groupe avait su à l'avance que des humains amèneraient certains d'entre eux à ce centre et qu'ils avaient accepté d'être leurs représentants. Ils me rapportèrent demeurer toujours en contact avec leur groupe dans l'océan. Bien qu'ils ne laissèrent pas entendre que la décision de venir dans ce centre avait été une erreur, ils m'indiquèrent que ce qu'ils s'attendaient à y vivre et ce qui s'y est produit dans les faits étaient deux choses fort différentes.

Ces poissons me confièrent avoir été déçus par les humains qui avaient visité le centre jusque-là. « Nous pensions que les gens souhaiteraient apprendre des choses à notre sujet, expliquèrent-ils, mais la plupart d'entre vous ont une capacité d'attention quasi inexistante. Ils jettent un bref coup d'œil puis continuent leur chemin. Très peu s'arrêtent et prennent réellement le temps de nous regarder. Nous avons beaucoup d'informations à communiquer, mais dans l'ensemble les gens n'ont pas la patience d'écouter. »

Je me sentais mal, car je n'avais pas vraiment le temps de m'arrêter pour les écouter. J'étais venue voir le centre avec un petit groupe d'enfants qui, tous, s'empressaient de courir d'un aquarium à l'autre. Je les remerciai de m'avoir parlé et leur demandai si je pouvais reprendre contact avec eux. Ils acceptèrent.

Lors de ma seconde conversation avec les poissons, faite cette fois à partir de chez moi, je leur demandai de bien vouloir commenter davantage la raison de leur venue à ce centre sur la vie marine.

Nous sommes venus aider les humains à en apprendre

plus sur la conscience de notre espèce. Cet endroit était pour nous un lieu de rencontre pour nos esprits où nous pourrions échanger des idées. Nous avions espéré qu'il s'agirait là d'une situation temporaire et que nous pourrions retourner à l'océan lorsque tel serait notre désir. Ce n'est manifestement pas le cas. De trop nombreux esprits humains sont fermés à une telle idée. Idéalement, cependant, cette situation pourrait fonctionner sur une base d'échanges, de façon semblable aux échanges d'étudiants entre diverses institutions.

Notre groupe est engagé dans ce que vous pourriez appeler de la recherche ; en ce sens, nous prenons note chaque jour de ce qui se passe dans les eaux où nous vivons. Nous ne détenons pas l'ensemble des souvenirs de la vie sur Terre (bien que nous puissions y avoir accès), mais nous sommes davantage comme des scribes d'une région particulière de la mer. Nous posons parfois des questions aux autres à propos de ce qu'ils font et nous enregistrons mentalement ces connaissances. Nous sommes des scribes dans le sens où nous décrivons la vie dans nos eaux et nous conservons cette information pour les autres. Considérez-nous comme une sorte de bibliothèque vivante – même si, bien sûr, nous avons tous aussi nos vies individuelles et de groupe. C'est dans le cadre de cette quête de savoir que nous avons accepté de venir ici. Toutefois, nous pensions que l'on nous demanderait également de partager notre savoir.

Qu'aimeriez-vous dire aux humains ?

Avant tout, nous aimerions que vous puissiez ralentir un peu. Il serait bon de vous centrer à l'intérieur de votre conscience afin de pouvoir ainsi mieux voir tout ce qui vous entoure. Nous savons bien faire cela, car nous sommes habitués aux mouvements de l'eau et avons donc la faculté de « sentir » parfaitement tout ce qui nous entoure.

En ce qui concerne les humains, il semble dans leur cas y avoir beaucoup de précipitations en toutes choses. Selon ce que nous avons pu observer, votre conscience de groupe est très éparpillée puisqu'elle est dispersée dans toutes les directions à la fois. Vous semblez vous maintenir à un niveau de conscience superficiel. Nous avons également remarqué que vous nourrissez quantité de préjugés sur les animaux et, de ce fait, n'êtes pas en mesure de voir les dons que chacun a à offrir. Dans ce centre, par exemple, tout le monde veut voir les otaries. C'est tout ce que nous entendons – les otaries ! les otaries ! Il est vrai qu'elles sont amusantes à voir pour les humains, quoique ces derniers les fassent bien rire aussi.

Cependant, nous avons des dons d'un autre genre à offrir et il en est de même pour chaque autre animal. Nous pouvons vous proposer une vision de la vie dans notre voisinage de l'océan, par exemple, qui est vraiment magnifique. Il y a un certain nombre de choses à propos des humains qui nous intriguent et nous rendent également perplexes.

Nous espérons dans le futur avoir davantage d'échanges à ce sujet dans ce centre. Cela s'avère nécessaire sur un plan plus global. Voilà pourquoi nous sommes venus ici, bien que ce ne soit pas toujours la raison pour laquelle les animaux se rendent en des endroits comme celui-ci. Nous aimerions que les humains nous parlent afin d'échanger des pensées avec nous et qu'ils nous posent des questions tout autant qu'ils s'en posent à eux-mêmes. Considérez notre échange comme une occasion d'apprendre de nouvelles choses ayant trait à des cultures et des espèces différentes. Nous sommes ici à titre d'enseignants, de porte-parole, d'ambassadeurs du savoir et de bonne volonté. Il y a bien des choses dont nos deux espèces pourraient bénéficier si seulement nous pouvions nous ouvrir à plus de gens comme vous et si la conscience humaine faisait preuve d'un peu plus de respect lorsqu'elle entre en contact avec d'autres espèces.

En résumé, nous aimerions voir plus d'ouverture de la part des humains et de plus nombreux échanges de points de vue et d'idées. Nous aimerions aussi pouvoir un jour retourner dans l'océan. Il serait préférable que les humains acceptent de demander d'abord aux animaux s'ils acceptent d'être placés en captivité. Il pourrait aussi y avoir des ententes en vertu desquelles des espèces pourraient vous rendre visite pour une courte période et être ensuite retournées à leur habitat d'origine. Notre sentiment est que cela serait beaucoup plus harmonieux et que de nombreux animaux seraient ainsi plus disposés à effectuer de brefs séjours au lieu de subir de longues périodes de captivité. Cela serait à l'avantage de tous.

Une autre façon d'établir le contact et d'échanger de l'information est justement le mode de communication que nous utilisons en ce moment. Nous avons tous la faculté d'entrer en résonance télépathique les uns avec les autres. Si vous le choisissiez, vous pourriez voir à travers nos yeux et ainsi observer à quoi ressemble une journée typique pour nous dans l'eau. Sur simple entente, nous pourrions aussi vous accompagner tout au long d'une de vos journées. C'est là une expérience d'apprentissage offerte à ceux qui sont ouverts et intéressés.

Merci de vos commentaires.

Tu es la bienvenue. Il nous fait plaisir de t'être utile et nous espérons que plus de gens s'adresseront à nous.

Pardonnez-moi, mais je n'arrive pas à me rappeler le

nom de votre espèce.

Appelle-nous les poissons flottants, car c'est ainsi que tu nous perçois dans ton esprit et c'est le souvenir que tu as de nous, flottant presque immobiles tandis que nous échangions avec toi lors de notre première rencontre. Nous pouvons être très concentrés de cette manière. Nous détenons un bon nombre de connaissances non seulement sur notre espèce mais aussi sur la mer qui nous entoure. Nous observons les allées et venues de beaucoup de poissons et d'autres animaux, et excellons à noter tout ce que nous voyons. Si toi ou d'autres personnes désirez recevoir des informations supplémentaires, n'hésitez pas à nous appeler.

Très captivée par ma conversation avec les poissons flottants, je sentais qu'ils souhaitaient vraiment rencontrer des humains pour établir des échanges réguliers. J'avais le sentiment qu'ils ne comprenaient pas notre manque d'intérêt pour ce genre d'expérience. Et j'éprouvais une certaine tristesse devant cette réaction de la majorité des gens.

La création d'un centre d'échanges où des animaux et des humains pourraient se rencontrer pour partager des idées et des expériences me semblait une excellente idée, tout autant que l'idée selon laquelle des animaux pourraient consentir à rencontrer des humains pour de courtes périodes dans de tels centres et être ensuite retournés à leur habitat d'origine si tel était leur choix. Serait-ce possible un jour de créer un tel monde ?

Tout comme les poissons flottants croyaient que la communication entre les espèces faisait partie de leur mission, d'autres animaux ne demanderaient pas mieux que de pouvoir exprimer leurs sentiments aux humains, si seulement on leur en donnait l'occasion.

Un des aspects les plus sombres de l'interaction entre les humains et les animaux se trouve dans le domaine de la recherche animale. Il y a des animaux qui non seulement sont tenus captifs mais sur lesquels des chercheurs mènent des expériences au nom de la science. Beaucoup de gens et d'animaux sont d'avis qu'il s'agit là d'une forme de torture. D'autres prétendent toutefois que même ces existences vécues dans des cages de laboratoires sont le résultat d'un choix par l'animal et qu'elles ont un but précis.

Pour les besoins de ce livre, Jeri Ryan a consenti à parler avec deux animaux utilisés à des fins de recherche, afin qu'ainsi les humains puissent apprendre ce que pensent et ressentent les animaux qui vivent dans ces conditions. Elle a tout d'abord établi le contact avec un jeune primate mâle.

Jeri a d'abord demandé au singe s'il désirait communiquer quelque chose aux humains.

J'ai bien peu de choses à leur dire. Je vis tellement proche d'eux que je ne sais trop quoi penser. Je me sens comme un frère à l'égard de ces humains qui sont entrés dans mon habitat pour m'apporter de la joie ou bien une peine profonde. Je suis troublé par mon état de proximité avec tout cela et je me demande si moi aussi j'aurais pu faire cela, advenant le cas où j'y aurais pensé en premier.

Pourquoi as-tu choisi d'être dans cette espèce en particulier?

Je l'ai toujours préférée. Je ne me souviens d'aucune autre. J'aime la liberté de mouvement de ce corps et l'agilité qu'il me donne. J'aime bien aussi l'intimité que j'ai avec les membres de mon espèce, leur honnêteté et la rapidité avec laquelle nous arrivons à résoudre les différends, même lorsque l'impatience est à son comble. Ce que nous désirons le plus, c'est d'être pacifiques. Nous prenons discrètement soin les uns des autres. Nous acceptons et recevons sans faire de cérémonie et donnons de la même façon. Je trouve du réconfort et de la liberté dans toutes ces qualités. Voilà pourquoi j'ai choisi ce genre de corps.

Tu n'as pas vraiment de liberté dans un laboratoire de recherche. Comment t'es-tu retrouvé là ?

C'était censé être temporaire, du moins c'est ce que je croyais. Ce qui se produit ici n'est pas ce à quoi je m'attendais. J'ai choisi d'être dans cet esprit particulier qui m'a donné naissance. Je pensais moi aussi pouvoir apprendre des humains. Cela me semblait quelque chose d'inoffensif et de coopératif. Je ne savais rien de toutes ces choses qui allaient se passer.

Comment te sens-tu maintenant dans ce laboratoire ?

J'ai des amis et des moments de joie nés du sentiment que je peux m'élever au-dessus de tout cela. Je suis jeune de cœur et j'ai toujours des vœux matures pour le bien de tous. Je ne souhaite pas terminer ma vie ici. J'espère parvenir à un sentiment de complétude.

Certains affirment que la vie en laboratoire peut être utile et enrichissante parce que l'on participe alors à une plus grande cause. Ne sens-tu pas que c'est ce que tu accomplis ?

Non. Je n'ai pas vu de plus grande cause sans un plus grand dilemme. N'est-il pas paradoxal d'infliger de la souffrance à un groupe pour prévenir une telle souffrance chez un autre ? Ma souffrance et celle de mon espèce durent toute une vie. La souffrance des âmes qui en sont responsables se prolonge durant de nombreuses vies. Je ne saurais dire quelles leçons favorables les deux parties retirent de cette situation.

Y a-t-il un but de nature cosmique à tout cela ?

Oui, comme pour toute vie. Nous devons tous trouver notre place au soleil sans interférer avec celle d'un autre. Nous en sommes tellement loin – mon espèce aussi bien que la tienne.

Je pense que mon espèce en est encore plus loin. Nous avons tellement de manières complexes d'interférer avec la place des autres au soleil !

Notre simplicité nous rend peut-être un peu plus innocents à cet égard. Nous n'effectuons pas de recherches les uns sur les autres. Nous agissons toujours avec honnêteté et personne n'est donc berné.

Peut-être ne faut-il pas que nous connaissions avec certitude ce but cosmique, car nous n'agirions pas avec autant de spontanéité. Nous en viendrions sans doute à manquer de naturel, n'ayant que ce seul but en tête et ne profitant pas de tout ce que la vie offre. Ou bien peut-être le connaissons-nous déjà, mais ignorons-nous que nous le savons.

Peut-être ne veut-on tout simplement pas le savoir ?

Peut-être. Si tel est le cas, c'est probablement pour faire en sorte que nous puissions découvrir et développer ce but et trouver un sens pour le bien de notre espèce et celui du cosmos.

Pour sa seconde entrevue, Jeri contacta un rat

vivant dans le laboratoire de recherche d'une compagnie pharmaceutique. « Je suis un rat souffrant d'une horrible maladie que l'on m'a injectée. »

J'aimerais te poser seulement quelques questions afin que nous puissions comprendre ton expérience. Est-ce que tu souffres ?

Je ressens de la douleur. Je vais certainement mourir bientôt. Nous mourons par sacrifice. C'est ce que j'ai entendu. On nous tue, paraît-il, en frappant notre tête contre un objet dur près de l'endroit où il y a de l'eau. On veut ainsi, semble-t-il, éviter toute confusion dans nos corps, et ce serait donc le meilleur moyen de nous tuer. J'en ai été témoin à maintes reprises.

Certaines personnes croient que les animaux de laboratoire ont choisi leur situation. Quelle est ta croyance à ce sujet ?

J'ai choisi ce corps pour amener de la dignité aux rats. J'espère pouvoir y arriver. Je crois y parvenir. Je n'en suis pas vraiment sûr.

Savais-tu que toute cette souffrance et cette misère t'attendaient ?

Non. Je ne m'attendais pas à la perfection. J'espérais apprendre des choses. Je sais que l'on apprend grâce à des expériences difficiles et à des défis. Je n'ai pas conçu ceci.

Quelqu'un l'a-t-il conçu ?

Je suppose qu'il y a un élément de cela, puisque c'est nous qui décidons des choses se présentant à nous dans la vie. Je suppose que d'avoir choisi un certain corps contribue à ce que les choses se manifestent ainsi. Je ne suis pas heureux de cette situation. Je fais de mon mieux dans les circonstances et je cherche à y discerner un sens et un but.

Et qu'as-tu trouvé?

La dignité peut adopter de nombreuses formes. Elle est quelquefois dans le refus, parfois dans l'acceptation. Elle réside toujours dans le fait d'avoir conscience de ma propre valeur dans une situation où la seule qu'on me reconnaisse est celle d'être un instrument. Je m'accroche à cela, car ça m'aide ainsi que les autres qui sont avec moi. Néanmoins, je me demande bien à quoi sert toute cette souffrance. Et quel est le but poursuivi par ceux qui nous l'infligent.

Ils allèguent vouloir améliorer la vie et la santé des humains, et aussi leur enlever leur souffrance.

Cela me laisse perplexe. Comment le fait de faire souffrir un être peut-il en empêcher un autre de souffrir ?

Eh bien, la souffrance physique peut être prévenue lorsque le processus d'une maladie est connu et que des remèdes sont mis au point. La conscience spirituelle n'a toutefois pas été ouverte ou bien elle a été refermée, car autrement ils se poseraient la même question.

Je vois. Cela explique les mines sinistres des gens et leurs occasionnels rires aigus.

Oui. Leurs émotions cherchent à remonter à la surface.

Nous ressentons cela très profondément en nous. Ça ne nous échappe pas. Peut-être y a-t-il une autre façon de considérer tout cela. Je n'ai toujours pas trouvé le but spirituel à mes souffrances. Tu as expliqué le but du point de vue de la chair, mais je ne comprends absolument pas quel en est le but spirituel. Pourtant, selon moi, quelque chose doit se produire en compensation pour toute cette douleur. Qu'est-ce que ça peut bien être ? Je crois que cela sera ce qui doit manifestement être selon chaque situation, soit une conséquence, un résultat qui me permettra de trouver un sens spirituel à cette souffrance – non pas avant qu'elle ne survienne, mais après.

Quelque chose d'autre qu'un remède pour une maladie ?

Oui. Quelque chose de plus profond.

Es-tu en train de parler du don découlant de la tragédie ?

Oui, je garde espoir en ce sens.

Cela justifie-t-il l'ensemble de ce système de recherche ?

Je n'ai pas encore trouvé de justification spirituelle à ce que je vis. Je désire préserver la dignité de mon essence de rat afin de présenter cela pour tous les rats. La dignité et la noblesse résident dans la volonté d'être honnête avec le soi et de vivre conformément à l'honnêteté de chaque essence. L'honnêteté humaine et celle des rats peuvent être fort différentes. En tant que rat, je vis très simplement et il est donc très simple pour moi d'être honnête. Dans ma culture, il n'y a que peu de règles concernant l'honnêteté et elles sont claires ; nous les suivons d'ailleurs dans la plupart des cas. Elles ne sont pas complexes au point de nous faire croire que nous sommes honnêtes lorsqu'en fait nous ne le sommes pas. Peut-être n'est-il pas simple pour les humains d'être honnêtes.

C'est là en effet un problème pour les humains. Nous pouvons nous induire nous-mêmes en erreur, comme tu le décris si bien.

Je ne suis pas constamment honnête et ça ne me cause

pas de problème de le savoir. Peut-être est-ce là ma force dans ma dignité. Je ne peux pas me duper moi-même. Ma dignité tient au fait de savoir pertinemment que cette vie de souffrance est dénuée de sens. Puisque je fais honnêtement face à cette réalité, cela donne en quelque sorte un sens à ma vie.

Ainsi que le rat de laboratoire le racontait à Jeri, la signification et le but spirituel dépendent de chaque situation et de chaque être. Certains animaux trouvent un sens à leur vie grâce aux relations personnelles. Selon ce que rapporte Sharon Callahan : « Des animaux aux prises avec des conditions des plus déplorables m'ont assuré qu'ils s'offraient de leur plein gré à vivre cela dans l'espoir que même une seule personne soit touchée par leur triste sort et, de ce fait, motivée à changer. Un petit lapin dans une cage de laboratoire me révéla qu'une technicienne le traitait avec affection et le prenait dans ses bras pour le réconforter lorsque personne d'autre ne pouvait les voir. Le lapin avait le sentiment que sa vie en avait valu la peine simplement parce que sa présence avait suscité une réaction de bonté de la part de cette femme. »

Dans ces laboratoires, des chercheurs mènent des expériences sur des animaux en les soumettant à des doses massives de médicaments expérimentaux ou à des radiations, des poisons, des maladies de toutes sortes, ou peut-être même à une mort rapide à la suite de quoi ils se retrouvent sur une table de dissection.

En tant que société, nous déifions la science tout autant que nous l'accusons de cruauté. La science permet de sauver des vies mais elle peut aussi être meurtrière. Elle n'est pas quelque chose qui nous est complètement étranger, car faisant partie de l'Un, nous avons tous un scientifique en nous. Quel aspect de l'ombre nous demande-t-on d'examiner, à la fois individuellement et collectivement, en regard de nos actions envers les animaux de laboratoire ?

Morgine Jurdan a contacté un esprit qu'elle a nommé Radeva, l'identifiant ainsi comme déva des animaux utilisés à des fins de recherche. Celui-ci a offert les pensées suivantes :

Je suis une forme d'énergie, un esprit qui existe pour les animaux auxquels les humains ont recours pour mener des expérimentations, là où la relation n'en est pas une de compagnonnage.

Les animaux qui choisissent de servir ainsi le font par amour pour votre espèce, un amour qui défie toute description. Dans la plupart des cas, c'est de leur plein gré qu'ils sont là. Ils espèrent que grâce à leur amour vous commencerez à comprendre et à ressentir leur souffrance. Que grâce à leur amour, à leur dévouement et à leur courage, vous ouvrirez peu à peu vos yeux et prendrez conscience de ce que vous faites. Chaque jour, ils vous envoient des messages d'amour. Bien souvent, vous ne les entendez pas...

Certains scientifiques sont très dévoués à leur travail. Ils veulent tellement aider les humains qui souffrent de diverses maladies qu'il ne leur vient pas à l'idée que les animaux puissent également souffrir. Il leur arrive même parfois de croire en toute bonne foi que ces derniers ne souffrent pas. Ils pensent que les animaux ne ressentent rien ou qu'ils n'ont pas de terminaisons nerveuses ni de système nerveux comparable à celui des humains. Plusieurs en viennent à être eux-mêmes dénués de toute sensibilité. Ils travaillent très dur dans des situations stressantes. Certains y consacrent de longues heures et se sentent frustrés parce que les résultats escomptés tardent à se manifester. Ils ne voient pas d'autre possibilité que de se servir d'animaux pour sauver des vies humaines. Nous comprenons leur intention et apprécions l'amour qu'ils éprouvent à l'égard de leurs semblables.

D'autres, par contre, se contentent de faire leur boulot. Ils se comportent comme des robots et ne s'interrogent pas sur le bien-fondé de ce qu'ils font; ils exécutent simplement ce qu'on leur a dit de faire. Nous trouvons cela fort triste.

Dans ces lieux, les animaux sont souvent isolés les uns des autres. Ils sont poussés à coups de bâton, on les rend malades à dessein, ils sont stressés et on les tue avec de la nourriture, des produits chimiques ou des machines. Ces êtres éprouvent-ils de la haine envers les humains? Non. Pourquoi choisiraient-ils de revenir encore et encore s'ils vous haïssaient? Ils sont inspirés par l'amour et viennent dans le but de vous apprendre des choses et de vous guider, afin de vous montrer comment retrouver votre capacité de sentir. Ils souffrent; ils ont des sentiments et des émotions, des aspirations et des désirs. Mais par-dessus tout, ils ont de l'amour.

Si les scientifiques voulaient seulement prendre un moment pour respirer profondément, se calmer et vraiment regarder chaque animal droit dans les yeux durant plusieurs secondes, ils se reconnaîtraient sur-le-champ en eux et comprendraient ce qui se passe. Toutefois, le temps ne joue pas en faveur des animaux. Les humains sont beaucoup trop pressés.

De plus de plus de gens deviennent maintenant conscients que les animaux sont leurs égaux, ou du moins qu'ils ont un important rôle à jouer. Les humains commencent à reconnaître les divers rôles que nous jouons au service des enfants, des personnes aveugles et sourdes, des personnes âgées, ou comme le meilleur ami de quelqu'un. En reconnaissant tous ces services que nous rendons, vous vous rendez enfin compte de ce que vous faites à d'autres êtres utilisés à des fins d'expérimentation et cela vous met en colère ou bien vous donne un frisson d'horreur.

Je prévois qu'un jour viendra où je pourrai être considéré comme un souvenir, et ma fonction dans le monde prendra alors une forme différente. J'espère que les lecteurs de ce message vivront assez longtemps pour voir cela. Merci d'avoir pris le temps de poser de telles questions et d'avoir eu l'amour d'écouter attentivement mon histoire.

Un acte en devenir
Carmen (chat) – Dawn Brunke

En ce qui concerne la chasse, le fait de tuer est un acte en devenir, non une fin en soi. Nous faisons partie d'un plus vaste mouvement, passant sans cesse de la forme physique à celle d'un esprit. Nous sommes avant tout Un avec la nature, et la chasse de même que la mise à mort en font naturellement partie.

Nous honorons la chasse, ainsi que le font la plupart des animaux. Nous sommes à la fois l'oiseau et le chat, la souris et le chat. Nous faisons partie l'un de l'autre. Si vous parvenez à vraiment voir et comprendre cela, alors vous ne jugerez pas le fait de tuer pour manger comme étant « mauvais ». Telle est notre conviction. C'est la tonalité dominante de toute notre existence. Dans cette perspective, tout est ordonné et harmonieux, peu importe l'impression que peuvent en avoir ceux qui ne sont pas dans cette harmonie.

CHAPITRE 23

Animaux mangeant des animaux : La relation prédateur/proie

Le mythologue Joseph Campbell a fait remarquer un jour que chez certains peuples la façon de rendre hommage à un dieu consiste à le sacrifier et à le manger. « Car les dieux aiment visiter cette Terre, écrit-il, et pour ce faire ils portent des déguisements ; mais ils deviennent alors prisonniers de leurs formes animales jusqu'à ce qu'ils en soient libérés grâce au sacrifice. Ils confient alors de bon gré leur fourrure et leur viande en signe de remerciement à ceux qui les ont libérés[32]. »

Tandis que nous établissons de plus profondes relations avec le monde animal, nous sommes finalement confrontés au mystère entourant le fait de manger les animaux. En réalité, toute la question entourant la consommation de viandes animales – et le refus pour certains d'en manger – recèle plusieurs aspects liés à l'ombre chez les humains.

Ainsi que Nedda Wittels le signalait, « toute personne estimant que nous ne devrions pas manger d'animaux parce qu'ils sont doués du pouvoir de perception par les sens doit alors aussi considérer le fait que les plantes sont également douées d'une forme de conscience et de sensibilité. Même les pierres, le vent, la Terre elle-même sont à leur façon doués de sensibilité. Puisque notre corps doit se nourrir pour vivre, la question ici concerne plus le besoin d'honorer les êtres qui renoncent à leur forme physique que de nous abstenir de tout aliment. »

De nombreux peuples anciens savaient cela et vivaient en harmonie avec les animaux et la Terre. Ne prenant que ce qui leur était nécessaire, ils honoraient l'esprit de l'animal, lui demandant toujours s'il acceptait d'offrir sa vie à d'autres êtres. Toutes les parties de l'animal – la viande, les os et la peau – étaient utilisées et ainsi honorées.

Les choses sont différentes aujourd'hui alors que les gens ne chassent plus les animaux qu'ils mangent. Nous sommes privés de tout contact direct avec ceux que nous ingérons lorsque nous allons au supermarché et achetons un quartier de viande soigneusement emballé. « Il nous faut voir l'ensemble du processus », convient Carol Gurney. « Lorsque des animaux sont nourris aux antibiotiques et aux hormones et gardés dans des lieux si exigus qu'ils ne peuvent bouger, ils deviennent littéralement fous dans leurs cages. En les mangeant, nous ingérons cette énergie. Ce que nous avons réellement besoin de faire, c'est de nous guérir nous-mêmes. Nous ne pouvons rien guérir à l'extérieur de nous qui ne soit d'abord guéri en nous-mêmes. »

Durant les derniers jours de 1997, une étrange « grippe du poulet » aurait, paraît-il, entraîné la mort de six personnes à Hong Kong et de nombreuses autres auraient été infectées par le virus H5N1, une souche de l'influenza A qui, selon les médecins, n'avait jamais atteint les humains auparavant. Au début de 1998, 1,6 million de poulets avaient dû être abattus dans un effort commun visant à éliminer ce virus. On rapporte que la plupart furent tués par suffocation au gaz carbonique dans des sacs de plastique, alors que d'autres eurent la gorge tranchée.

Je voulais savoir ce qui s'était alors passé avec ces volailles. Quelle leçon nous allions pouvoir retirer du massacre de plus d'un million de poulets – pas pour notre alimentation et certainement pas avec honneur?

À ma demande, Nancie LaPier établit le contact avec un être agissant comme porte-parole, au nom de la conscience commune de tous les poulets.

« Ceux-ci me confient qu'ils sont en fait très heureux d'être libérés de l'existence qu'ils étaient obligés de vivre avec des humains à ce moment-là. Leur extermination n'était pas forcément le meilleur moyen de régler le problème qu'ils avaient avec le manque de sensibilité des êtres humains à leur égard et leur incapacité à honorer leur vie et leur raison d'être, mais elle avait été planifiée à un niveau profond afin de les libérer du plan d'existence terrestre. »

Les relations entre les gardiens humains et les animaux se sont détériorées à un tel point que ce genre de phénomène est devenu nécessaire à leur éveil. Jusqu'à ce que nous soyons à nouveau honorés pour nos dons et d'ici à ce qu'on nous donne des conditions de vie respectables, des maladies de ce genre et d'autres encore constitueront un danger pour les humains. La vie en petites cages sans accès à la nature et à la liberté de mouvement détruit notre système immunitaire, et nous vous transmettons cela. L'élevage en liberté à la ferme nous apporte plus qu'une simple alimentation sans recours aux produits chimiques. En retour, vous ingérez la liberté, la joie, la santé et les vertus thérapeutiques de la nature – le soleil, le vent, l'eau et l'air – lorsque vous mangez de la viande provenant de tels élevages.

Votre nourriture est généralement déficiente en énergie spirituelle, ce qui explique en bonne partie pourquoi vous avez perdu votre connexion spirituelle. Les animaux dont vous vous alimentez fournissent cette connexion avec la Terre lorsqu'on leur permet d'être dans ce genre d'environnement naturel. Comme vous les avez littéralement coupés de leur environnement naturel, vous n'ingérez pas cette partie spirituelle des aliments.

Pourquoi, d'après vous, l'appellation *maladie de la vache folle* a-t-elle été choisie ? Nous commençons à être plutôt mécontents que notre essence spirituelle ne soit pas appréciée, honorée et respectée. Nous ne voulons pas dire par là que vous n'avez pas besoin de manger de la viande. En effet, certains animaux ont pour raison d'être même de fournir aux humains une alimentation saine. Si un animal a bénéficié de son vivant de bonnes conditions de vie physiques, d'un bon équilibre émotionnel, de croyances favorisant un mental clair et d'un solide lien avec la Terre, vous absorberez un aliment qui vous nourrira sur les plans physique, émotionnel, mental et spirituel. Si vous ne fournissez pas des conditions favorables à ces animaux, alors vous ingérez des choses négatives – les émotions de peur qu'ils ont ressenties à l'abattoir, leur manque de connexion avec la Terre, et ainsi de suite.

C'est là une leçon enseignant aux humains à s'éveiller et à prêter attention à ce qu'ils font. Ce que vous nous faites, c'est à vous que vous le faites.

Nancie ajouta ceci : « Les poulets disent qu'ils sont maintenant libres, mais je sens qu'ils ont perdu quelque chose en n'étant plus présents ici. Le fait de n'avoir plus accès à cette sorte d'énergie et à la sagesse disponibles sur notre planète est pour eux une grande perte. Leur départ est un don si nous pouvons enfin comprendre la leçon derrière tout cela. Ils considéraient comme plutôt amusant le fait que le moyen pour nous de régler le problème fut tout simplement de tous les tuer. Ils m'ont lancé : "N'est-ce pas là une façon bien typique qu'ont les humains de régler leurs problèmes ?" En réalité, il n'était pas nécessaire que nous en venions là. Il y avait d'autres possibilités, mais regarde ce qu'a déclenché notre réaction de peur, consistant simplement à tout tuer. Cela ne va rien régler par rapport au problème de fond, qui ne pourra que resurgir jusqu'à ce que nous comprenions enfin. »

Comme tant d'autres animaux, les poulets font écho au même refrain profond : nous sommes tous reliés les uns aux autres. Ce qui arrive à l'un de nous finit par arriver à tous.

La référence à la maladie de la vache folle et le fait que les « contaminations » passant des animaux aux humains ne soient plus des incidents isolés, mais plutôt le reflet d'un problème plus profond, constituent un appel à une plus grande conscience. La réaction des humains à ces maladies – le massacre des animaux, ce qui revient à tuer le messager – sent le déni de la réalité. Croyons-nous vraiment qu'en faisant disparaître les preuves, le problème disparaîtra lui aussi ?

La maladie de la vache folle, dont le véritable nom est l'encéphalopathie spongiforme bovine (ESB), est devenue un problème mondial en 1996 lorsque des scientifiques ont rapporté avoir établi un lien entre l'ESB et son mortel équivalent humain, la maladie de Creutzfeldt-Jakob (MCJ). Un certain nombre d'humains sont morts jusqu'ici de cette terrible maladie, apparemment parce qu'ils avaient mangé de la viande de bœuf infectée. En Grande-Bretagne, on rapporte que près d'un million de bovins avaient contracté l'ESB.

Après sa conversation avec les poulets, Nancie entra en contact avec la conscience de groupe des vaches. Ces dernières commencèrent ainsi :

Vous est-il déjà arrivé de vraiment regarder avec attention dans nos beaux grands yeux bruns et d'y ressentir notre essence ? Croyez-vous qu'un jour viendra où vous plongerez votre regard profondément dans le nôtre avant de nous tuer et manifesterez votre gratitude pour notre esprit et le don que nous vous faisons de notre vie ?

Ne savez-vous pas que nous éprouvons des sentiments ? N'avez-vous pas conscience que nous pouvons sentir la peur ? Vous nous avez déspiritualisés. Nous ne vivons plus une vie d'honneur sur votre planète. Nous n'envoyons plus nos esprits dans le bétail élevé pour faire de la viande, car depuis longtemps vous avez cessé de les apprécier ou de les reconnaître. Personne ne nous regarde plus dans les yeux. Les animaux dont les esprits choisissent de ne pas venir s'incarner ne peuvent protéger leur corps contre l'atteinte des maladies. Comme il est curieux que nous ayons manifesté la maladie de la vache folle ! La folie vient de l'absence d'esprit. L'esprit s'en va lorsqu'il a été trop longtemps négligé.

Une forme physique sans esprit? Quelque chose anime sûrement le corps!

« Il y a un certain niveau de conscience, m'expliqua Nancie, mais il n'est pas rattaché au corps, presque comme s'il se refuse à s'y ancrer. Dans le travail chamanique, lorsque des êtres humains ou des animaux sont traumatisés ou vivent quelque chose qui cause du tort à l'esprit, la théorie veut qu'une partie de l'esprit de cet être sorte du corps pour aller là où il sera en sûreté, car il ne peut tolérer l'intensité du trauma. De ce fait, la pratique permettant la récupération de l'âme nécessite de faire revenir cette partie de l'essence de l'être et de l'ancrer à nouveau dans le corps. Les vaches ont le sentiment qu'un important aspect de la nature spirituelle des vaches n'est plus en elles depuis longtemps. »

Le schéma d'un trauma subi par le corps ou l'esprit, et la fragmentation de personnalité qui en résulte, sont communément observés chez les enfants victimes d'abus. Peut-être que ce dont les vaches parlaient était en quelque sorte les mauvais traitements subis par leur espèce.

« C'est juste », convint Nancie. « Et le problème n'est pas que nous utilisons le corps de l'animal comme nourriture, mais que nous ne le célébrons pas. Les vaches semblent beaucoup plus traumatisées par le fait qu'elles ne sont plus reconnues par les humains comme étant des êtres spirituels. Les poulets étaient plus détachés quant à la raison pour laquelle cela se produisait. Mais ce n'est pas le cas des vaches. Elles sont étroitement liées à nous et vraiment tristes de l'état des relations entre elles et nous. »

Je me demandais si toutes ressentaient la même

chose. Par exemple, qu'en pensaient les vaches laitières ?

« Il s'agit d'une relation où elles reçoivent plus de soins et n'entretiennent certainement pas de peur, dit Nancie, mais elles affirment que beaucoup parmi les gens qui les traitent ne comprennent pas à quel point le processus de lactation peut être délicat. Certaines personnes ne font pas nécessairement ce qu'il y a de mieux pour que les vaches donnent les meilleurs rendements possibles d'un point de vue nutritif. »

Je vérifiai si Nancie se référait là aux injections de l'hormone de croissance STbr* utilisée pour accroître la production laitière.

Les vaches confirmèrent que tel était bien le cas. En outre, la production industrielle, le recours systématique aux trayeuses mécaniques et l'absence de contacts suffisants avec des humains sont des facteurs engendrant du stress. Ainsi que Buddy le cheval le faisait remarquer, les vaches avaient elles aussi le sentiment que c'est le comportement général des humains qui est le plus troublant pour elles.

Alors, les vaches laitières avaient-elles toujours leur esprit ?

---

* La somatotrophine bovine recombinante (STbr) est une hormone créée par manipulations génétiques qui, lorsque donnée en injection à des vaches laitières, accroît la production de lait de 10 à 15 %. Bien que l'agence américaine Food and Drug Administration ait approuvé la STbr en 1993, de nombreuses objections ont été soulevées à l'égard de son utilisation ; même son fabricant admet qu'elle peut entraîner divers problèmes de santé chez les vaches. Bien des gens estiment qu'en ingérant ce lait, les humains sont ainsi prédisposés à avoir des problèmes de santé.

Nancie poussa un soupir. « Elles disent : “Pas complètement, mais de nombreux humains sur Terre ne l’ont pas non plus.” » À ce moment-là, un changement se produisit dans la voix de Nancie tout autant que dans l’énergie de notre conversation.

Nous ne sommes pas encore en mesure d’intégrer en nous l’intégralité de notre plus grand soi, car du travail doit d’abord être fait pour que cet ancrage se réalise. Un certain nombre de choses se produisant maintenant entre les humains et les animaux visent précisément à montrer quelles situations exigent de nous que nous soyons plus conscientes afin de pouvoir ainsi retenir une plus grande partie de notre conscience ici. Cela fait partie du processus par lequel nous pourrons faire l’expérience du paradis sur Terre. Nous savons cela depuis le cœur même de nos cellules, puisque c’est le plan que nous avons conçu. À mesure que nous devenons plus sensibles à ces questions, elles nous indiquent les endroits et les situations où nous pouvons apporter des correctifs et permettre à une plus grande part de nous-mêmes d’être pleinement présente dans nos relations avec les autres.

« Qui parlait ? demandai-je. Toi, ou les vaches ? »

« Nous toutes, répondit Nancie. Nous toutes. »

Une fois de plus, on me rappelait à quel point cette magnifique Toile de la Vie est sans faille, d’un seul tout. Le message des vaches concernait les cycles, les interactions et le fait d’être tous interconnectés dans un plus vaste plan d’ensemble. Si les vaches nous aident à devenir plus conscients de l’importance d’honorer la valeur spirituelle de nos aliments, quel est alors notre rôle ? Se pourrait-il que nous aidions aussi les vaches à devenir plus présentes au plan spirituel dans leur corps ?

Nancie était d'accord avec cela. « La première chose à comprendre, c'est que l'esprit des vaches n'est pas dans leur corps et que c'est pour cette raison que notre chaîne alimentaire est ainsi perturbée. La mission des vaches consiste à stimuler notre sensibilité et notre conscience, et c'est au moyen de la maladie qu'elles y parviennent. Malheureusement, de nombreux humains en ce moment ne réagissent qu'à la peur et aux menaces. Une fois que nous aurons compris, à l'instar des gardiens humains de la Terre, la perspective plus élevée que ces événements révèlent, nous serons en mesure d'apporter notre contribution en changeant certaines de nos façons de faire. Et lorsque nous aurons accompli cela – aidant ainsi ces animaux à ancrer une plus grande partie de leur conscience spirituelle dans leur corps –, nous pourrons en faire tout autant puisque nous les mangeons pour nous alimenter. »

Quel plan extraordinaire ! Plus nous favorisons le retour de la conscience spirituelle dans le corps des vaches, ou d'autres animaux, plus nous approfondissons notre compréhension de ce qui nous relie à toute vie. En ingérant de la viande qui contient une essence spirituelle éveillée, nous accroissons notre propre ancrage spirituel. Manger devient alors vraiment un acte sacré. Nous participons aux échanges entre les différentes formes de vie d'une manière beaucoup plus profondément connectée et consciente. L'un nourrit l'autre, car nous devenons ce que nous absorbons.

Certains animaux parlent de la relation prédateur/proie non pas comme étant un problème, mais plutôt une danse, une célébration de la vie prenant une partie d'elle-même. Prendre l'essence d'un autre animal revient donc à prendre l'essence du divin.

Un matin, alors que je ne m'y attendais pas, j'ai établi le contact avec un esprit animal qui s'identifia à moi sous le nom de Kayla, un chat vivant dans le monde des esprits. Voici ce que Kayla avait à dire :

Il y a énormément de choses à comprendre dans la relation prédateur/proie. Bien des gens seront surpris d'apprendre qu'il y a beaucoup d'amour au sein de cette relation. Il y a un aspect spirituel dans l'assimilation de l'essence d'un autre être, ainsi que de la confiance et une entente tacite dans cette relation, ce qui n'est pas toujours perçu par les humains (en fait, ça l'est rarement de nos jours).

La plupart des humains ont rompu et cessé d'honorer le contrat qui est implicite dans la relation prédateur/proie. Comme les vaches vous l'ont appris, un nombre important d'animaux abattus ont choisi de ne pas investir leur âme dans la forme physique. Et c'est ainsi que vous vous alimentez de viande morte. Cela est très différent du fait de donner la chasse à un oiseau, ou à tout autre animal, et d'honorer l'esprit de la chasse, de la mise à mort et de la consommation de la chair.

Les membres de certaines tribus humaines comprennent que l'acte de manger la chair des animaux, et même d'autres humains, transmet l'essence de ces êtres à la personne qui mange. Cela fait partie de la vérité selon laquelle « nous sommes tous Un ». Ceux qui étudient les religions peuvent ainsi retrouver de nombreux symboles relatifs au fait de manger et de boire le divin.

Il y a quelque chose d'intensément vivant et spirituel dans la relation prédateur/proie. Si vous n'êtes pas authentiques et n'honorez pas cette relation, alors vous n'avez rien compris et n'arriverez pas à voir le divin dans cette danse ni à participer au divin tandis que vous vivez et faites l'expérience du monde.

La relation prédateur/proie est en soi une leçon planétaire. On l'appelle autrement lorsqu'elle est vue en relation avec les plantes et d'autres êtres vivants, et avec la Terre en général. Et cette relation est à maints égards plus vraie, car lorsque vous allez au-delà de la relation prédateur/proie, vous découvrez que c'est au fond une relation basée sur l'échange, tout particulièrement l'échange d'essences. La sexualité en est un autre aspect, car elle concerne entre autres l'échange de fluides vitaux et d'essences vitales.

Cette relation ne concerne pas ce qui est bien ni ce qui est mal. Plus exactement, faire l'expérience de toutes les relations et toutes les vivre – ressentir l'honneur véritable de tous les êtres dans la danse, peu importe en quoi consiste leur danse – est au cœur même de la leçon.

Que ressentent les proies lorsque des prédateurs passent à l'attaque ? Qu'éprouvent les prédateurs envers leurs proies ? Quelle est au juste la nature de l'interaction constituant la danse de la relation prédateur/proie, et comment le prédateur et sa proie sont-ils honorés dans cette danse ?

Nedda Wittels aborda ces questions lors d'une conversation à quatre qu'elle eut avec Écho la jument, Violette la chatte et Sunshine, un chat qui se chargeait de surveiller les rats dans son écurie. Chacun de ces animaux offre ici une perspective unique puisque Écho est une végétarienne naturelle, Violette fut jadis une chasseuse mais vit maintenant à l'intérieur et n'a plus besoin de chasser, et Sunshine est un chasseur bien actif.

On doit nécessairement manger pour vivre. Dans la nature, les chevaux sont chassés par les loups, les cougars et par d'autres prédateurs. Écho, quel sentiment évoque pour toi la possibilité d'être le repas d'un autre animal?

Dans ma vie actuelle, je suis protégée, mais j'ai été chassée dans d'autres vies. De toute évidence, chacun veut vivre. Nous prenons une forme physique dans un but précis et nous voulons remplir cet objectif avant d'abandonner notre corps. Puis, la forme physique comporte aussi sur le plan génétique une programmation pour survivre, soit l'instinct de conservation. De plus, nous sommes tous reliés spirituellement, et au service les uns des autres. Donc, s'il m'arrivait un jour d'être prise au piège, coincée par des mangeurs de viande, j'honorerais le sacrifice de mon corps. Mon esprit est qui je suis réellement et il continuera à vivre.

Cela me semble fort noble. Cependant, la proie n'éprouve-t-elle pas de la peur et de la colère à l'égard du prédateur?

[Écho] De la peur, certainement, mais pas de la colère. La peur est le mécanisme lié à l'instinct de conservation de la forme physique. Elle incite le corps à se défendre. Toutefois, si la vie est exigée par le prédateur pour assurer sa survie et si ce dernier fait montre de respect et honore la proie, l'offrande de ce corps pour le nourrir est un grand don.

Quelle forme adopte l'honneur parmi les animaux?

[Écho] Le prédateur demandera quelque chose comme :

« Noble être, j'ai faim et je cherche à me nourrir.

Accepteras-tu de t'offrir pour m'honorer de cette façon ? »

La proie répondra dans les termes suivants :

« *Noble animal, je m'offre à toi avec joie.*

Puisses-tu devenir fort grâce à la nourriture que mon corps te donnera. »

À quel moment de la chasse cette conversation survient-elle ?

[Écho] Quand le prédateur aperçoit pour la première fois la proie, ou au cours de la chasse, ou même après la capture, bien qu'en général à ce moment l'entente ait déjà été conclue.

Sunshine, tu chasses dans l'écurie où vit Écho. Je t'ai vu attraper des oiseaux, des lapins et des taupes. Pourrais-tu me dire si la description que fait Écho de l'échange entre le prédateur et sa proie correspond à ton expérience de chasseur?

Oui. Parfois, je chante en son honneur. J'ai une chanson différente pour chaque espèce. Comme je ne sais jamais ce qui est offert au moment où je pars en chasse, j'attends d'avoir aperçu ma proie, puis je chante. Et ensuite j'attaque.

Voudrais-tu me faire entendre une de ces chansons?

[Sunshine] Voici celle que j'entonne pour chasser le lapin, que j'aime beaucoup manger.

Lapin, noble lapin,

Qui bondit avec puissance et rapidité,

Honore ce chat affamé de ta succulente chair.

Je te remercie de me nourrir pour que je puisse vivre un autre jour.

J'envoie bénédictions, amour et lumière à toi et à ta famille,

Afin que nous puissions tous partager la Terre ensemble pour toujours.

Que voilà une bien jolie chanson. Les lapins t'en chantent-ils une en retour?

[Sunshine] Quelquefois. Certains répondent plus simplement.

Les humains sont souvent horrifiés lorsque des chats semblent jouer avec l'animal capturé. Pourquoi faites-vous cela?

[Sunshine] Nous ne «jouons» pas avec lui. Nous aimons montrer notre proie aux autres et agissons ainsi dans ce but. D'autres fois, ce sont nos techniques de chasse que nous pratiquons de la sorte. Quand notre survie dépend de la chasse, il est important de veiller à garder un regard perçant, une griffe ferme et un bond souple et puissant.

Violette, tu vis à l'intérieur et tu n'as donc pas à chasser. Néanmoins, tu aimes bien jouer avec une souris-jouet.

Lorsque je me débrouillais seule, avant de venir vivre avec toi, j'avais effectivement besoin de chasser. Il était difficile de trouver de la nourriture convenable dans les poubelles. Ma mère n'ayant jamais eu à chasser, il me fallut donc observer les autres chats et écouter certaines de leurs chansons rituelles pour savoir comment m'y prendre. Je me suis beaucoup exercée avec des jouets, mais ce n'est pas comme m'élancer à la poursuite d'une cible mouvante qui tente de s'échapper.

As-tu réussi à en attraper une?

[Violette] Oui, une fois que j'ai appris à bondir plus efficacement et à exprimer des mots d'honneur. Les proies consentent plus volontiers à se sacrifier si on le leur demande de la bonne manière et si on est habile à la chasse. Les deux sont nécessaires pour réussir.

[Sunshine] C'est tout à fait juste. Si j'étais moins poli, je suis sûr que je ne réussirais pas aussi bien. Bien souvent, même si un animal est vieux et prêt à mourir, il va me rendre la tâche plus difficile pour l'attraper si je ne m'adresse pas à lui de manière respectueuse. Lorsque j'apprenais à chasser, ma mère insistait pour que nous nous souvenions de cela. Elle était une excellente chasseuse et nous a bien transmis son savoir.

[Écho] Très peu d'humains honorent les animaux et les plantes au moment où ils les prennent. Ils présument généralement que la vie est là pour les servir, mais ce n'est pas automatiquement le cas. Nous sommes ici pour partager la Terre les uns avec les autres. Les plantes et les animaux sont des expressions de l'intelligence et de l'esprit. Si les humains voulaient bien se donner la peine de prier les animaux de faire le sacrifice de leur corps, ceux-ci le feraient sûrement. Prendre sans demander est du vol, et l'énergie de la viande est moins nourrissante et peut même être nuisible à celui ou celle qui la mange.

Les animaux honorent-ils les plantes qu'ils mangent?

[Écho] Oh oui ! Même si vous nous voyez, nous les chevaux, plonger avidement dans nos seaux de grains ou brouter voracement de l'herbe et du foin, nous exprimons effectivement des prières pour la nourriture que nous mangeons. En voici une que ma mère m'a apprise :

Esprit des herbages, des légumes, des arbustes et des vignes,
Ta douceur et tes jus sont comme de bons vins.
Je te remercie de m'accorder la santé et du bon temps,
Puisse ton été être long et luxuriant.
Esprit des herbages, des légumes, des arbustes et des vignes,

Je chante ta beauté et ton abondance divine.
Je te remercie et te respecte pour tout ce que tu m'offres,
Et te bénis éternellement avec amour et lumière.

« Imaginez-vous que c'est l'eau et tout l'univers que celle-ci porte en son sein qui va participer majoritairement à la vie de votre espèce dans l'Ère qui s'ouvre aujourd'hui. Le grand calendrier cosmique le veut ainsi. Cela correspond à une loi, juste, bien qu'incompréhensible à votre niveau, qui veut qu'à chaque Ère qui s'ouvre on immole ou on se nourrisse de l'être-symbole de l'Ère précédente. Ceci a toujours eu lieu, soit sur le plan symbolique, soit au niveau concret. Ainsi donc, soyez bien certains qu'avec cette ultime fin de l'Ère des Poissons débute le temps où les hommes vont ingérer une quantité croissante de nourriture issue des mers. »

– Le Peuple animal, Éd. Le Perséa

SIXIÈME PARTIE

L'ombre et au-delà

Raison d'être

Esprit des lions – Morgine Jurdan

Tu nous demandes quelle est notre raison d'être dans l'ordre des choses et nous trouvons cela amusant. Les humains s'imaginent que chaque forme de vie doit servir à quelque chose de particulier, et que la vie et la destinée de chacune d'entre elles doivent être façonnées par un quelconque rôle grandiose.

La nature – ce qui inclut tous les animaux, les insectes et le temps ainsi que vous l'appelez (le vent, la pluie, le soleil, les tempêtes) – communique par des moyens que vous ne pouvez comprendre, à des niveaux que vous ne pouvez percevoir. Vous essayez de mieux nous connaître. Pourquoi, nous nous le demandons ? Parce que la planète se meurt et que vous aimeriez apprendre des choses de nous ? Nous sommes quelque peu arrogants. Vous venez à nous parce que vous désirez vous sauver vous-mêmes. Si la planète était plus grande et avait encore plus de ressources, il se pourrait que tu ne sois pas en train de nous poser ces questions.

Le plus grand don que nous pourrions vous offrir est de vous amener à vous regarder vous-mêmes comme individus et à reconnaître le rôle important que vous jouez, et non pas nous, dans l'ensemble des choses. En vous guérissant vous-mêmes, nous en sommes tous touchés à un point que vous ne pouvez encore imaginer.

Nous, les lions, résidons dans chaque cœur, tout comme vous, les humains, résidez dans chacun de nos cœurs. Les gens ne souffrent pas seuls ; personne ne souffre seul. Nous ressentons tous les conséquences de la famine, de la faim, de la souffrance. Nous faisons appel les uns aux autres pour obtenir de l'aide et être guéris. Nous poussons des cris de douleur alors que les espèces disparaissent les unes après les autres de cette dimension, et pourtant, pour la plupart, vous ne nous entendez point. Vous ne nous voyez pas réellement. Vous ne nous connaissez pas véritablement.

Nous pourrions vous dévoiler la raison de notre existence et le sens en serait pour vous unidimensionnel, comme si vous regardiez un arbre tracé sur une feuille de papier. Au lieu de cela, nous vous offrons un avertissement.

Bon nombre d'humains ont le sentiment d'être le point culminant de l'évolution, le plus grand triomphe de tout ce que Dieu a accompli. Et pourtant, vous vous isolez de l'essence même qui vous donne la vie. Vous ne savez pas ce que c'est que d'être un véritable être humain, de vivre en harmonie avec l'environnement dans lequel vous êtes immergés et dont vous ne pouvez être séparés.

Quand vous apercevez des lions, vous pensez « pouvoir, orgueil, rois ». Vous nous voyez comme étant au sommet de l'ordre hiérarchique animal, parce que vous nous percevez à travers vos propres filtres de domination, de contrôle et de hiérarchie. Toutes les qualités que vous nous attribuez peuvent être vues sous un jour positif ou négatif. Lorsque vous serez disposés à vraiment éprouver votre plus grande tristesse et à pleurer votre plus grande perte, alors seulement pourrez-vous ressentir votre plus grande joie et votre plus grand amour.

La vraie guérison du monde, dont vous êtes une partie importante, se fait une personne à la fois. Lorsque vous aimez de tout votre cœur, chaque être vivant sur cette planète est béni. Plus vous aimez, plus nous sommes bénis. Le reste ne dépend que de vous.

CHAPITRE 24

Explorer le monde de l'ombre

Il y a beaucoup à gagner à marcher dans l'ombre. L'ombre est le miroir obscur de la conscience de l'âme. Au lieu que les secrets de l'univers vous soient expliqués par d'autres, vous pouvez voir ces secrets à l'œuvre dans l'ombre. Il en est ainsi parce que l'ombre se trouve à mi-chemin entre la lumière et les ténèbres. Considérez-la comme les cryptes, les mines de diamants, le Saint des Saints où tous les secrets sont soigneusement cachés.

Lunar

Lunar est un chat exceptionnel qui vit avec mes amis Jackie et Brian Rahm. Même si je n'avais jamais prévu lui parler, alors même que je commençais à rassembler le matériel pour la section de ce livre portant sur l'ombre, les circonstances ont fait en sorte que ce remarquable chat et moi ayons une conversation.

Celui-ci m'a dit être un « marcheur de l'ombre », un contrepoids aux « têtes illuminées » qui vivaient avec lui.

Je suis un chat très conscient et je me déplace d'un endroit à l'autre avec rapidité et agilité. Je le fais très furtivement. Ayant été une panthère noire dans certaines de mes vies antérieures, je sais comment traquer des animaux, des humains et d'autres êtres. J'aime les défis. J'apprécie les occasions que j'ai de m'approcher subrepticement d'une proie. Cela fait partie de ma nature que de faire peur et d'attaquer. En ce sens, je sers de contrepoids aux autres membres de ma famille. Ils sont tellement frivoles.

J'ai été un grand fauve (panthère, lion) à maintes reprises depuis que j'existe. Je n'ai pas la tolérance ni la patience d'un chat domestique. Je suis dans mon élément lorsque je vagabonde en toute liberté. Je pourrais te raconter de difficiles leçons apprises au sujet de la nature de la liberté, des leçons que la plupart des têtes illuminées ne veulent pas entendre.

Je ne suis pas ce que l'on pourrait appeler un chat méchant, mais je raffole de l'ombre ; j'aime me confronter à sa pénombre. Sa richesse est tout à fait extraordinaire à mes yeux. Cela ne veut pas dire que je suis un être sombre ou mauvais ; j'apprécie plutôt le royaume de clair-obscur se trouvant à mi-chemin entre la lumière et l'obscurité.

Lorsque je proposai à Lunar d'apporter sa contribution à ce livre, il offrit le « traité sur l'ombre » suivant. Je lui fis le commentaire que son offre ne pouvait pas mieux tomber, car je travaillais justement aux chapitres traitant de l'ombre. D'un ton amusé, il répondit : « Bien peu de choses sont purement fortuites. »

En ce qui concerne la nature de l'ombre, j'invoque l'ombre de la panthère se déplaçant furtivement, grimpant silencieusement, se faufilant en douce, attendant patiemment, écoutant aux aguets dans la jungle. Telle est la nature de la vie dans l'ombre. L'ombre renferme ce qui est réprimé et craint. C'est un milieu dont on a peur. Un animal doit être courageux et futé pour s'aventurer parmi les ombres, pour faire du monde de l'ombre son lieu de résidence. Telle est la nature de certains chats.

Je veux insister sur le fait que ceci n'a rien à voir avec l'honneur ou la bravoure. Non, se sentir chez soi dans l'ombre relève plus d'une qualité féminine et féline. C'est le sang rouge et sombre circulant dans les entrailles de la Terre; c'est la nature de la confrontation contre l'énergie de la rage, de la violence, des émotions déchaînées; c'est attendre et observer à proximité de la folie.

Si vous jetiez un coup d'œil dans le monde de l'ombre, vous pourriez penser qu'il est vaste, insondable. En vérité, le monde de l'ombre ainsi que sa nature sont comme le fil d'un rasoir. L'ombre semble profonde, mais elle se compare en fait à un écran, un peu à la façon dont une ombre réelle se révèle dans le monde physique de votre réalité.

Je ne recommande pas de s'aventurer dans le monde de l'ombre, à moins d'y aller avec un guide chevronné. C'est un endroit dangereux et bien des personnes ne devraient jamais y entrer. Et pourtant, il est important que certains êtres comprennent et incarnent l'ombre, car telle est la nature de ce monde.

L'ombre est pour moi un endroit fascinant, car il recèle les racines de toutes sortes de consciences. Les télépathes se doivent d'être familiers avec l'ombre afin de vraiment voir et entendre, et d'honorer ceux qui s'y sont aventurés. Si ce n'était de la présence des marcheurs de l'ombre, les têtes illuminées auraient de la difficulté à demeurer sur cette planète. Les marcheurs de l'ombre fournissent les assises et la gravité nécessaires permettant aux autres d'explorer la lumière. De la même manière, la présence des têtes illuminées donne aux marcheurs de l'ombre la possibilité d'explorer ce royaume sans être aspirés dans les profondeurs de l'obscurité.

En vérité, nous sommes tous Un. Personne ne le répétera jamais assez, car même si vous l'entendez souvent, cette vérité doit être martelée en vous jusqu'à ce qu'elle trouve sa demeure, cet endroit, quelque part entre et par-delà la lumière et l'obscurité, où tout est véritablement Un.

Une partie du problème avec Lunar et sa famille vient du fait que celui-ci aimait partir à l'aventure. Il s'était attiré des ennuis à maintes reprises, et Jackie devenait frustrée à force de s'inquiéter. Bien qu'il eût exprimé le désir de demeurer avec eux, il avait également déclaré à Jackie : « Ce serait beaucoup plus harmonieux si tu pouvais ouvrir ton esprit et ton cœur pour me comprendre, car je suis une partie de toi au même titre que tout le reste. Ça ne m'intéresse pas de te changer ; je veux seulement te montrer qui je suis au fond, ce qui est également toi. Lorsque tu insistes pour que je demeure à l'intérieur, c'est toi jouant ton propre rôle. Quand tu as peur que je me sauve ou que je sois capturé par les autorités… essaie de voir ce que cela veut dire. »

Lunar proposa que Jackie l'accompagne pour une soirée d'aventure à traquer des proies afin d'en apprendre plus. Toutefois, celle-ci hésitait. « Je peux sentir ma résistance », me confia-t-elle. « J'honore son côté ombre, mais pourquoi dois-je y prendre part ? J'ai tout simplement fait des choix différents, comme d'être une "tête illuminée" ainsi qu'il nous appelle. Je me vois partir avec lui uniquement pour qu'il me laisse et aille faire ce qu'il lui plaît. »

« Tout cela t'est dicté par la peur », répondit Lunar. « Si tu formes en toi la croyance que je partirai, alors ce sentier est à ma disposition pour que je puisse déguerpir et ainsi me moquer de toi. »

Même si Jackie avait d'abord proposé de trouver une situation qui serait à leur avantage mutuel, dans une discussion subséquente elle aborda l'idée d'un compromis. En entendant cela, Lunar se mit à rire. « Tu voudrais qu'un chat accepte un compromis ! Ce serait ça un avantage mutuel !... La réponse consiste à avancer à travers "Ce Qui Est" avec votre soi intact. »

« Qu'est-ce que ça veut dire ? » lui demandai-je.

« Cela signifie agir d'après vos convictions profondes, non à cause d'une panique ou d'un compromis faisant en sorte que tout soit plus ou moins acceptable dans le cadre de vos croyances superficielles. »

« Mais Lunar, dis-je, Jackie a raison. Elle ne veut pas que tu sois blessé ni même avoir à débourser de l'argent pour te sortir de la fourrière. »

« C'est ma vie », répliqua-t-il avec un soupçon d'arrogance amusée, un ton sur lequel sans doute seulement un certain type de chat peut vraiment réussir à s'exprimer. « Je ne suis pas naïf ni mal éduqué. Cette question en est une de confiance, car non seulement Jackie doit-elle accepter de me faire confiance, mais elle doit aussi faire confiance à son propre soi. »

Après en avoir discuté avec son chat et y avoir mûrement réfléchi, Jackie en vint à la conclusion suivante : « Il devient clair à mes yeux en travaillant avec Lunar qu'il est un être souverain. Je ne le possède pas. On ne peut posséder une vie consciente. En fait, j'ai décidé de m'en déposséder. Libre à lui de dormir et de manger ici, de se pelotonner contre nous, mais surtout il est libre de faire comme bon lui semble. Ainsi qu'il le signale, il est très intelligent et fera ce qu'il veut bien. Je pense qu'il s'agit là d'une leçon très importante à propos des animaux. Ce sont des êtres en évolution et ils ont leurs propres choses à vivre et expériences à connaître. »

Désirant mieux comprendre le fonctionnement de l'ombre, Jackie se demandait comment son existence pouvait s'accorder avec le consensus prévalant parmi les éveilleurs de conscience selon qui nous allons vers la lumière, transmutant les énergies plus sombres et plus denses en des fréquences vibratoires plus légères de joie et d'amour.

« Nier l'ombre revient à nier l'existence d'une partie de nous-mêmes, et pourtant n'avons-nous pas tous besoin de vivre consciemment tout en faisant en sorte d'honorer la lumière afin de revenir à la source originelle ? » demanda Jackie. « Notre accent actuel sur la lumière n'est-il au fond que notre exploration de l'autre extrémité du spectre des possibilités ? Veux-tu dire que nous devons chercher non pas à vivre dans l'un ou l'autre aspect mais plutôt à la frontière des deux ? »

« Jackie a beaucoup de questions », fis-je comme commentaire à Lunar. « Comment devrions-nous procéder ? »

Des paroles, des paroles, des paroles. Beaucoup de paroles et de décorticage. L'ombre ne peut être comprise de cette manière.

Je poussai un soupir. J'avais entendu le même refrain de la part de Zak. Selon lui, si je voulais réellement connaître quelque chose, j'allais devoir renoncer aux pensées et aux mots, ma forme favorite de défense contre l'expérience.

Le monde est le lieu d'une rencontre fort complexe entre la lumière et l'obscurité. Il y a un certain snobisme parmi les têtes illuminées qui croient que la lumière est, pour une quelconque raison, meilleure que les ténèbres. Même l'idée selon laquelle tout évolue vers la lumière est en soi un jugement contre l'obscurité.

L'obscurité est. La lumière est. L'ombre est la zone d'interaction entre les deux, autant dans la réalité manifestée qu'au sens spirituel. Entrer dans l'ombre revient à entrer dans tout ce qui n'est pas résolu et tout ce qui n'est pas clair. L'ombre est cet endroit où chacun peut entrer en contact avec sa nature profonde.

J'ai le sentiment que les têtes illuminées aimeraient bien ne pas s'y arrêter lorsqu'elles déclarent que ce n'est là qu'une « étape » et que tout deviendra lumière. C'est une façon de nier l'existence de l'ombre. C'est la lumière se rassurant elle-même en affirmant qu'elle a bien raison. Et l'obscurité en fait tout autant.

À un autre niveau, la fréquence de la lumière existe effectivement d'une manière différente. C'est un sujet complexe pour le langage humain si limité.

[Pause] Aimerais-tu vivre une expérience ?

Il est difficile de traduire en mots exactement ce qui s'est alors produit, car l'expérience est avant tout une chose fondée sur ce que l'on ressent. Il y eut tout d'abord des vagues de sensations, chacune étant associée à une image, une forme, un schéma, un son, une tonalité, et à d'innombrables variations de toutes ces choses. J'avais le sentiment que si je le désirais, je pouvais approfondir l'une ou l'autre de ces variations et y trouver quelque chose de totalement nouveau et complet, car chacune recelait en elle-même tout un monde d'expériences.

Incroyablement, je me rendis compte que je pouvais également explorer simultanément un certain nombre de ces mondes.

Lunar fit remarquer que même si dans leur réalité normale les humains avaient besoin du contraste des sensations, d'autres réalités pouvaient être vécues comme une unification des sensations. De fait, selon mon expérience, les sensations se distinguaient les unes des autres par leurs niveau ou vibration respectifs plutôt que par des contrastes de polarité. Je sentis cela en premier comme une subtile différence qui avait néanmoins le pouvoir de provoquer un profond changement de conscience. Lunar signala que même si les « réalités » étaient les mêmes, l'expérience de chacun était différente de celle des autres. « C'est ainsi que les choses se passent avec la lumière et l'obscurité », dit-il.

Passant l'expérience en revue, je secouai la tête, incertaine d'avoir bien saisi ce qui s'était passé.

C'est parce qu'il ne s'agissait pas d'un processus mental mais plutôt d'un processus émotionnel. Une des dernières épreuves consiste à éliminer le besoin de comprendre.

Le monde se dirige rapidement vers l'ombre. Il y aura une multitude d'épreuves en ce qui concerne les préjugés à l'égard de l'ombre, les tenants de la lumière jugeant ceux de l'ombre, et vice versa. Cessez de croire que tout devient lumière. Tous les êtres ne veulent pas nécessairement devenir lumière.

Le mot amour évoque peut-être de meilleures vibrations, quoique là encore les humains portent de nombreux jugements sur ce qu'est l'amour : un véritable amour, un mauvais amour, un amour dysfonctionnel. Si vous pouviez arriver à renoncer aux mots et aux catégories, si chacun de vous pouvait seulement aller là où sa propre énergie vibratoire l'entraîne, tout irait bien pour vous.

Puisque Lunar continuait à nous communiquer ce qu'il savait du monde de l'ombre, je lui demandai de préciser son précédent commentaire selon lequel ce monde était dangereux. Selon ce que j'en avais compris, nous devrions peut-être nous y préparer et non simplement entrer en ce monde sur un coup de tête, comme s'il s'agissait d'un parc d'attractions.

Voilà une intéressante comparaison. Il y a beaucoup de choses palpitantes dans le monde de l'ombre et il est vrai que les parcs d'attractions, tout particulièrement les carnavals et les événements de ce genre, comportent une part d'ombre. Nous pourrions aussi mentionner que le monde de l'ombre est un lieu de transition qui n'est pas rattaché au plan physique dans un sens traditionnel du terme.

Entrer dans ce domaine nécessite en effet une certaine préparation et de sérieuses intentions. Tout comme un humain n'entreprendrait pas l'escalade du mont Denali sans un entraînement préalable, on pourrait considérer utile de subir une formation intérieure avant d'entrer dans le monde de l'ombre. Et pourtant, vous n'avez peut-être pas conscience de la formation que vous possédez déjà. Les personnes vivant dans le cadre de relations dysfonctionnelles ou qui sont victimes de mauvais traitements, par exemple, sont constamment en train de se former et d'apprendre à travailler avec l'ombre.

Ma référence au fait que le monde de l'ombre est dangereux voulait implicitement signaler que ce n'est pas un endroit pour les innocents, quoique là encore on puisse affirmer qu'un innocent est entouré d'une grande masse d'ombre. À certains niveaux, tout cela est étroitement lié. À nouveau, ce décorticage de l'information, passé un certain point, n'est pas utile.

Pour explorer la richesse de ce que l'ombre peut nous offrir, nous nous ouvrons à une plus vaste expérience. Nous élargissons notre conscience pour inclure non seulement la lumière et l'obscurité, mais aussi les contradictions que ces polarités renferment. Nous comprenons que ce qui provient de l'ombre n'est pas toujours gros et monstrueux; parfois, ce qui s'y trouve est petit et insidieux. Cela peut sembler assez innocent et peut s'exprimer par des rituels, de la courtoisie sociale ou des habitudes. En outre, ce qui appartient au monde de l'ombre aux yeux d'une personne peut ne pas en faire partie aux yeux d'une autre. C'est un territoire tellement difficile à comprendre ! Il n'y a pas de règles absolues gouvernant le monde de l'ombre.

Ainsi que Lunar le note :

De nos jours, l'ombre offre un éveil à Tout Ce Qui Est. Cela ne veut pas dire que ceux qui suivent la lumière ou l'obscurité ne suivent pas des sentiers honorables, puisque chacune de ces voies a ses propres enseignements à offrir.

Je ne crois pas que tout devienne lumière ni que tout devienne obscurité. Je considère que la présumée bataille entre le bien et le mal est une division du soi, une manière de résoudre (ou de nier) ce qui est gris. À certains égards, il s'agit là d'une bataille contre l'ombre elle-même, car le fait d'opposer la lumière à l'obscurité équivaut à proclamer que la vie est l'une ou l'autre. De cette façon-là, la bataille est une forme de défense contre l'ombre.

L'ombre est ce qui est désavoué et ce qui n'est pas clair. Elle réside dans les interstices de la culture et de l'individu. Pour cette raison, elle détient la clé de la plénitude de qui nous sommes, tout particulièrement à l'époque où nous vivons, entortillés que nous sommes, sur cette planète, dans la dualité.

Ce que j'offre aux humains, c'est un examen plus approfondi, une chance de voir une plus grande partie de tout ce qu'ils sont, ainsi que la plénitude de toute la création sur cette planète. La Terre est un endroit remarquable où il est possible de jouer avec les extrêmes de nombreuses polarités et ainsi d'apprendre de nouvelles choses. Je sais par expérience que l'ombre, étant à la frontière entre les deux, offre un endroit unique aux explorateurs désireux de découvrir l'énergie sous-jacente tant à la lumière qu'à l'obscurité, révélant ainsi une appréciation plus intense de Tout Ce Qui Est.

Mon sentiment est que l'exploration de l'ombre n'est pas une chose que tout le monde devrait entreprendre. Pour certaines personnes, ce n'est pas nécessaire ; pour d'autres, c'est dangereux. Qui d'autre que vous sait mieux quelle vie a besoin de quel enseignement et quand ?

Je présente mes remerciements aux gens qui veulent bien scruter ce qu'il y a en dessous des paradigmes conceptuels facilement expliqués. À ceux qui sont prêts à se lancer à l'aventure, j'offre mes services. Ceci ne s'adresse pas à tout le monde. Mais je souhaite la bienvenue à tous ceux qui entendent l'appel.

Équilibre
Esprits d'animaux (groupe) – Diana Roth

Cessez de tenter de guérir la planète et l'humanité entière. Travaillez à votre propre guérison et à la préservation de votre centre et de votre équilibre. Tout le reste trouvera alors sa juste place. Travaillez dans votre communauté afin de l'améliorer au bénéfice de toutes les âmes, surtout les plus jeunes et les plus vieilles. Et respectez les frontières de toutes choses ainsi que leur droit de vivre sur Terre.

CHAPITRE 25

Esprits d'animaux : Conversations avec un coyote, un jaguar et un corbeau

D'aussi loin qu'elle se le rappelle, Diana Roth a toujours communiqué avec des animaux. En 1997, Diana, une chimiste à la retraite auparavant à l'emploi de l'État de la Floride, est devenue le lien humain d'un site Web unique entièrement conçu et entretenu par des esprits d'animaux[33]. « Il est important que les gens sachent que le site a été construit par des animaux », me confia-t-elle. « Je m'ouvre et ils parlent; ils contrôlent tout. C'est réellement le fruit de leur travail, non du mien. Ma relation avec eux en est une d'absolue confiance. »

Lorsque je me suis adressée pour la première fois à Diana afin de lui demander d'interviewer des esprits d'animaux en vue de ce livre, elle m'a expliqué que bien qu'ils lui aient fait part de leur joie à propos de ce projet, elle ne savait pas lesquels d'entre eux allaient parler. « Cela fait partie de ma confiance à leur égard qu'ils me fourniront l'information nécessaire au moment opportun. »

« Pourquoi penses-tu que les animaux t'ont choisie ? »

« Ils disent m'avoir choisie parce que je ne leur demande pas pourquoi ils veulent que je fasse certaines choses pour eux. Ils tenaient absolument à ce que le site soit représentatif du monde entier et non pas seulement des animaux d'Amérique du Nord. Il ne devait pas comporter une quelconque présence humaine et, chose très importante pour eux, l'information devait être gratuite pour quiconque désirait l'obtenir. Ce site existe dans le but de donner aux gens le pouvoir de suivre leur propre sentier vers l'Esprit divin. »

Les esprits d'animaux ont désigné trois animaux pour s'exprimer en leur nom dans ce chapitre. Les entrevues ont été réalisées à des moments différents grâce à un logiciel pour Internet permettant aux messages d'être diffusés instantanément. Même si j'envoyais mes questions de l'Alaska et que Diana retournait les réponses des esprits d'animaux à partir de la Floride, notre conversation se déroula aussi vite que chacune d'entre nous arrivait à taper. J'eus la surprise à certains moments de lire quelques mots de la réponse et d'avoir soudain des pensées et des sentiments qui semblaient faire partie du message. Considérez cela comme un autre signe de l'interconnexion croissante de notre époque.

COYOTE : LAISSER TOMBER LE MASQUE

Le premier animal à prendre la parole fut Yotee, un esprit de coyote. Ainsi que Diana me le disait : « Bien des gens s'imaginent que le coyote est une sorte de pitre toujours en train de chasser sa queue, mais il a une sagesse beaucoup plus profonde que cela. » Et avec cette simple introduction, Yotee commença :

Je tente d'amener les gens à faire preuve d'un peu

d'humour et à ne pas trop se prendre au sérieux, particulièrement lorsqu'ils font du travail « spirituel », car on peut s'amuser en même temps. La principale chose que j'essaie d'enseigner est qu'il vous suffit de vous ouvrir. Ayez confiance en vous et vous recevrez tout ce dont vous avez besoin de savoir de l'Esprit ou de Dieu, quel que soit le nom que vous employez pour désigner Celle/Celui qui a tout créé.

Aucun groupe de personnes ne mérite d'avoir accès à la connaissance plus qu'un autre. La connaissance est un don de l'univers et elle est offerte à tous. De plus, il est facile d'y avoir accès : il suffit de s'ouvrir et de la recevoir. Mais les humains sont si occupés à rendre la chose difficile qu'ils semblent tout simplement incapables de se faire suffisamment confiance pour y parvenir.

Je tente donc de faire tomber cette barrière avec mes cabrioles. Pratiquement personne ne s'en rend compte, mais je ne perds pas espoir. Mon enseignement se résume à ceci : tout est sacré et pourtant rien ne l'est.

Es-tu l'esprit d'un seul coyote ou bien celui de toute l'espèce ?

Je suis l'esprit d'un seul coyote, mais je suis connecté à l'esprit de tous les coyotes comme à un réseau.

Pourrais-tu nous en dire plus sur ta conviction que l'humour aide les gens à s'ouvrir ?

L'humour rend les gens moins crispés et plus en mesure de recevoir des choses. Ils ne réfléchissent pas trop lorsqu'ils rient, et les barrières qu'ils érigent ne sont alors pas aussi résistantes.

Tout ce qui existe est relié à tout le reste, grâce à grand-mère Araignée qui a tissé ainsi la toile de l'univers. Toute énergie est connectée. Nous sommes tous des énergies vibratoires, chacun ayant une signature d'énergie unique. C'est ainsi que nous nous reconnaissons les uns les autres sans nous voir – par la seule vibration émise.

Quelle perspective as-tu sur les changements terrestres en cours?

La Terre est toujours en train de changer. Elle fait partie de la grande Toile, tout comme toi et moi. Mais elle est très grosse et, lorsqu'elle se transforme, cela provoque d'importantes répercussions.

Les changements terrestres font partie du flux et du reflux de toutes choses ; il faut les considérer avec un sentiment d'émerveillement, non de crainte. Lorsque les choses meurent, elles reviennent. Les âmes ne meurent jamais. Et tout ce qui existe a une âme – les roches et les plantes tout autant que toi et moi, et ainsi rien n'est réellement perdu.

Il ne s'agit pas vraiment ici des changements que connaît la Terre, mais de foi – la foi selon laquelle tout ce qui survient fait partie de l'ordre naturel des choses. Tout va bien se passer. Savoir qui vivra et qui mourra n'est pas vraiment important. Ce qui importe, c'est comment tout ce qui vit sur Terre est traité en ce moment.

Cela concerne l'âme de chaque personne plutôt que celle de l'humanité dans son ensemble. Il serait préférable que les gens observent les cycles qui se produisent en ce moment et comment la planète s'y ajuste. Il n'y a rien de triste en cela. C'est une question de leçons à recevoir et de croissance des âmes. Nous sommes à la veille d'accéder à de nouveaux niveaux.

Parle-moi de toi, Yotee. Étais-tu un vrai coyote auparavant?

Oui. Je l'ai vraiment été et je le serai encore. J'enseigne pour le moment. Je ne suis rien de plus qu'un coyote ordinaire, sans diplôme d'études supérieures ni rien d'autre.

Dans la mythologie humaine, le coyote est souvent dépeint comme un rusé joueur de tours.

Oui. Je recours à diverses ruses pour amener les gens à se révéler sous leur vrai jour. Je fais aussi tomber les masques et j'enseigne aux autres à voir à travers ceux-ci.

En amenant subrepticement les gens dans certaines situations, ils en viennent à découvrir d'autres aspects d'eux-mêmes?

Oui. Ils sont forcés de laisser tomber le masque qu'ils portaient et d'en mettre un autre. Et dans le bref intervalle entre les deux, on peut avoir un aperçu de la véritable personne. Pour ce faire, il faut s'asseoir dans le silence et bien observer. Il est nécessaire que la personne mette son ego de côté et se fasse confiance. C'est une chose beaucoup plus profonde que le masque. Et je ne fais donc qu'enseigner toujours plus en profondeur aux gens comment porter un autre regard sur eux-mêmes. C'est en cela que je suis furtif.

Quelle relation y a-t-il entre le coyote joueur de tours, le coyote esprit et les coyotes physiques?

Le premier correspond à un mythe inventé à mon sujet. Quant au fait que les coyotes sont furtifs, nous sommes très astucieux, car nous avons appris à vivre avec vous, les humains, n'est-ce pas? Tout le monde ne parle que des loups et répète combien ils sont sympas et tout le monde les aime – il n'y en a que pour eux... Mais regardez combien il y en a comparativement au nombre de coyotes!

Nous vous avons observés de loin et avons appris vos trucs, et nous les avons employés pour nous améliorer. Nous avons continué à nous répandre partout. Pardonne-moi de m'être emporté à propos des loups, mais j'en ai ras le bol d'eux.

Aimerais-tu inclure un message spécial dans ce livre?

Tout simplement que la connaissance est gratuite et offerte à tous ceux et celles qui apprennent comment s'y connecter. Il y a des leçons à apprendre relativement à la manière dont une personne se sert de cette connaissance pour le bien de tous, et sur la façon dont les gens utilisent leur pouvoir personnel en général. Je suppose que c'est tout.

Merci de nous avoir parlé, Yotee.

Tu es la bienvenue. J'ai bien aimé cela.

JAGUAR : À PROPOS DE L'OBSCURITÉ

Je vis et circule dans l'obscurité, qui est identique à l'ombre. Pour être équilibré, on doit pouvoir circuler dans les deux mondes, celui de la lumière aussi bien que celui de l'obscurité. Cette dernière est comme la lumière. Je peux voir dans l'obscurité et les humains peuvent apprendre à y voir aussi. Il y a des chemins et des tourbillons dans l'obscurité. Si les humains peuvent surmonter leur peur et y marcher, ils iront ainsi à la rencontre des leçons que leur âme est censée apprendre au cours de leur séjour ici-bas.

Par obscurité, entends-tu les ombres de notre conscience, nos peurs, ou bien y a-t-il un endroit réel où tout est obscur?

Les deux. Je vais tenter de t'expliquer ce que j'entends par là. Les ombres de notre conscience sont des endroits qui existent réellement, mais dans d'autres dimensions. Ces endroits sont bien réels, mais on n'y accède pas en temps réel. On y accède par ce qu'on appelle le temps modifié.

Nos peurs sont des leçons que nous n'avons pas apprises en d'autres époques et d'autres lieux. Elles sont parfois maintenues dans les ténèbres afin que nous n'ayons pas à les regarder. C'est pourquoi l'obscurité nous fait peur – non pas à cause de ce qui s'y trouve naturellement, mais en raison de ce que nous y avons nous-mêmes mis.

Notre passage sur Terre se fait donc entre un lieu de lumière et un lieu de ténèbres?

Oui, c'est au milieu, mais les deux sont tout à fait réels. Lorsque nous sommes dans un lieu où prévaut la lumière, il est bien réel. Quand nous sommes de passage ici, nous avons aussi l'impression que c'est réel. Et c'est la même chose là où règnent les ténèbres. Ces deux endroits sont réels.

La réalité est donc là où nous dirigeons l'attention de notre conscience.

Exactement! Elle se trouve là où notre âme dirige son attention. Notre âme fabrique sa réalité. Les ténèbres ne sont qu'un endroit parmi de nombreux autres. Mais les humains n'ont plus connaissance de ce fait et ils en ont maintenant peur. Ils cherchent constamment à savoir pourquoi ils ne se sentent pas équilibrés. Pourquoi? Parce qu'ils ont retranché l'autre moitié de ce qui permet l'équilibre.

Je travaille avec des gens afin de voir dans les ténèbres,

dans le chaos. C'est au sein du chaos que l'énergie se forme. On peut se sentir désorienté quand on y accède pour la première fois.

Lorsque tu aides d'autres personnes qui sont dans les ténèbres, que leur enseignes-tu ?

Je leur demande de s'asseoir au sol et je m'assieds à leurs côtés afin qu'elles puissent me toucher. Nous observons ensemble l'obscurité jusqu'à ce qu'elles voient comment celle-ci circule. Cela exige de la pratique et nous nous y exerçons pendant un moment, mais elles commencent ensuite à voir ce qui leur paraît être des rivières, puis à les sentir couler. Ce sont de véritables schémas vibratoires. C'est de cette façon que l'on peut voir en cet endroit – en sentant les schémas vibratoires, non en voyant avec nos yeux.

Finalement, les gens deviennent capables de percevoir des âmes et d'autres choses. Ces âmes sont là pour diverses raisons. Certaines apprennent, ainsi que nous le faisons ; d'autres sont perdues et effrayées. Je travaille avec elles et leur montre alors le moyen d'en sortir.

Est-ce là ton principal objectif : aider les autres à accepter la peur et à voir leurs propres zones d'ombre ?

Oui. Il est très important que les humains comprennent la leçon enseignée par la peur.

Peux-tu nous parler un peu plus de toi ? Par exemple, as-tu déjà vécu sur ce plan d'existence.

Je suis un jaguar noir. Parfois, je suis là en temps réel, mais la plupart du temps j'agis comme guide pour explorer d'autres mondes. J'aime bien à l'occasion me retrouver dans la forêt, alors je viens y vivre le temps d'une vie. Tout va et vient entre les divers mondes, même les pierres, le sable et l'air. Tout ce qui est énergie peut passer d'un monde à l'autre. Mais la durée de séjour dans chacun d'eux – pour les planètes entre autres – est beaucoup plus longue que la vie d'une abeille.

Les jaguars vivant dans la forêt font-ils le même genre de travail que toi?

Oui.

Es-tu en communication avec eux?

Oui. Je peux communiquer avec tout ce qui existe. Des images et des pensées se forment alors dans mon esprit.

À quoi ressembles-tu quand tu es sous la forme d'un esprit?

Je ressemble à une boule de lumière, mais lorsque je viens chez les humains j'ai l'apparence d'un jaguar. Chaque boule de lumière ayant un schéma d'énergie ou vibratoire unique, tu peux ainsi savoir que c'est bien moi.

Les jaguars font souvent partie des rêves. Est-ce que ce sont là également des aspects de toi? Oh! Je viens de me souvenir d'un rêve dans lequel un jaguar m'appelait! Je l'avais oublié jusqu'à cet instant. C'était un jaguar noir, et un élément de transformation lui était associé.

Oui. Transformer, comprendre l'obscurité. Je peux changer de forme. J'aime le monde des rêves. Comme je suis une boule de lumière, je peux prendre la forme de mon choix dans l'esprit des autres. Grâce à certains rêves, je peux montrer ce qui se passe dans les autres mondes.

Je suis surprise d'avoir oublié à quel point ce rêve était puissant.

Mais tu t'en es souvenue au moment où il le fallait. Je

sème des graines dans les esprits et j'attends qu'elles germent.

Dans mon rêve, un jaguar sortait de la jungle. Je me trouvais dans une maison dont une porte était ouverte sur cette jungle. Je savais qu'il y avait là un jaguar quelque part, et c'était mon choix que la porte soit ouverte pour le laisser entrer. J'avais un peu peur, mais je sentais que c'était O. K. Le jaguar m'a expliqué que je devais attendre le bon moment – rassemblant mon courage, mais aussi acceptant le défi exactement au bon moment.

Oui, tu dois faire preuve de courage et avoir confiance que tout cela n'est pas le fruit de ton imagination. C'est là un message important pour les humains : il vous faut avoir une plus grande confiance en vous-mêmes et ne pas autant prêter attention aux propos des autres.

Les humains qui comprennent ce qu'est l'ombre peuvent y parvenir, car ils ont affronté la peur et appris à être courageux. Le fait de couter de soi-même est une conséquence de la peur. Il ne faut pas redouter la peur. Aucun humain, si riche ou haut placé soit-il, ne peut éviter d'apprendre ce qu'est l'ombre. Ce n'est pas plus difficile que d'apprendre n'importe quelle autre chose.

Le fait de douter de soi provient de la peur de quoi ? De ne pas avoir confiance en soi, ou bien de ne pas avoir confiance en son propre pouvoir, ce qui revient à dire au pouvoir du divin en soi ?

Tout cela en même temps. Si tu as confiance en toi, tu possèdes un pouvoir. Ton pouvoir personnel provient de la confiance en ton âme et du courage d'agir selon tes convictions.

Le doute provient de l'ego, qui n'aime pas que les choses ne se passent pas comme il le voudrait. S'il peut semer le doute en toi, alors tu ne prêteras pas attention à ton âme parce que tu auras été effrayée par le doute. L'ego ne protège rien d'autre que lui-même, c'est toujours ainsi. La peur de Dieu provient également de l'ego – qui s'évertue à semer le doute en toi. Lorsque tu ressens le pouvoir de Dieu en toi, alors l'ego ne maîtrise plus rien.

Le doute de soi est-il le moyen qu'il a de se défendre contre la perte de contrôle?

Oui.

L'ego existe-t-il dans le monde de l'esprit?

Oui, j'en possède un. C'est un mécanisme de protection dont nous disposons tous. Il nous protège lorsque c'est nécessaire, mais il peut aussi nous faire perdre tout contrôle si on lui en laisse la possibilité.

L'ego est-il une sorte de baromètre?

Oui. Mais bien des humains ne comprennent pas cela. Comme pour toute autre chose qui n'est plus équilibrée, il s'empare du pouvoir sur tout le reste si on lui en donne l'occasion. Tu saisis très bien cela.

De nombreux animaux m'ont aidée à comprendre. Aimerais-tu nous donner un autre message?

Non. C'était tout ce que j'avais à dire. Je veux simplement que les humains comprennent un peu mieux l'obscurité et l'ombre, de même que l'ego.

Merci bien, jaguar.

CORBEAU : RETROUVER LES ÂMES PERDUES

En tant que corbeau, je travaille avec les âmes. Je me

déplace aisément entre le monde de l'âme et ce monde-ci. Je vais entre les temps. De jeunes âmes se perdent parfois ici ; elles ont de la difficulté à se détacher de ce monde et à retourner dans le leur. Je vais les rejoindre et elles montent sur mon dos pour revenir. J'aide également des âmes endommagées.

Beaucoup de personnes affirment ces temps-ci qu'elles font de la récupération d'âmes, que certaines subissent une fracture les séparant de l'âme principale et ainsi se perdent. Bien que cela puisse arriver, c'est là un phénomène très rare. Dans la plupart des cas, les gens mettent de côté une partie de leur âme – comme lorsque l'on met quelque chose dans une boîte rangée dans l'armoire. Ils ne sont alors plus obligés de s'occuper de cette partie d'eux-mêmes qu'ils n'aiment pas.

Je peux voir dans ces boîtes. Je sais où leurs parties d'âmes sont cachées, et je peux les sortir de là. Vois-tu, lorsqu'une partie d'une âme se retrouve ainsi enfermée, elle est très effrayée et triste, et c'est la raison pour laquelle elle devient déséquilibrée et ne se sent plus centrée. Lorsque chacun examine cette partie manquante de son âme et règle le problème, il se sent revigoré. Mais cette partie de l'âme n'était pas vraiment détachée ; elle était simplement rangée ailleurs.

As-tu l'impression que les gens aimeraient mieux croire que leur âme est perdue ou volée afin de ne plus devoir accepter cette partie d'eux-mêmes ?

Oui, précisément. Il est plus facile pour eux de s'imaginer que leur âme s'est détachée d'eux et qu'elle s'est perdue.

Je connais un perroquet qui s'est lié d'amitié avec des corbeaux. Ces derniers l'aident à localiser des animaux perdus. Est-ce là un des traits caractéristiques des corbeaux, soit d'aider à retracer des âmes ou des animaux perdus?

Oui. Je peux les retrouver parce que je vois leur âme. C'est ainsi que j'identifie chaque animal. Chaque âme a une vibration ou une signature différente, et je peux la voir.

As-tu déjà été un corbeau dans notre monde?

Oui. Il m'est arrivé quelquefois de venir dans le temps de la Terre. Il est fort agréable de voler et de sentir le vent sur mes plumes. J'aime le vent. Je peux aussi me transformer, devenir d'autres animaux, adopter leur forme. Mais cela est facile; beaucoup d'animaux peuvent faire cela.

La faculté de changer de forme a-t-elle pour but d'avoir une autre perspective?

Oui. Tu as de la facilité à intégrer tout cela. J'ai parfois besoin de voir les choses à travers d'autres yeux.

Quelle est la principale chose que tu aimerais dire aux humains?

Cessez d'enfermer vos peurs dans des boîtes et de faire ainsi en sorte que ces parties de votre âme se sentent si seules et si tristes.

Que nous conseillerais-tu pour que nous soyons plus ouverts à l'égard de nos peurs?

Il vous faut d'abord comprendre que la peur est une leçon qui n'a pas encore été apprise et, par conséquent, la traiter comme telle. Puis vous devez ensuite la regarder droit dans les yeux afin de percer ce qu'elle cherche à vous enseigner. Le fait de déclarer que vous avez peur de quelque chose vous amène à ranger cette peur dans une boîte et à ne pas y faire face.

Enfermer une peur reviendrait donc à enfermer une partie de soi-même?

Oui, et l'âme ne peut alors apprendre ce qu'elle est censée apprendre. Je travaille en étroite collaboration avec des âmes, les ramenant dans leur monde d'origine et les sortant de toutes leurs boîtes.

Peux-tu nous en dévoiler davantage sur ton lieu d'origine dans le monde de l'esprit?

Je l'appelle l'endroit d'avant l'existence. C'est là que sont les lumières. Toutes les âmes sont des lumières – de minuscules lumières. Et il y a également là des énergies sans forme, comme de la matière d'étoiles. Le temps n'y existe pas. C'est très beau.

À part le fait d'être des chercheurs d'âmes perdues, les corbeaux ne sont-ils pas aussi des messagers?

Oui. Je parle aux gens de leurs boîtes. Je m'efforce de leur rappeler ce qu'ils sont censés faire ici. Je leur fournis des indices à propos de choses qui vont se produire, afin ainsi de les aider à se souvenir de leur plan de vie.

Le plan de vie que nous sommes venus réaliser ici, durant cette vie?

Oui. Les hiboux également font cela, encore plus que moi, d'ailleurs.

Quelle relation y a-t-il entre les corbeaux et les corneilles – avez-vous des messages similaires?

Ils sont très semblables. Nous sommes frères et sœurs et notre travail est le même. Nous travaillons tous avec les loups et d'autres animaux lorsqu'ils chassent. C'est amusant, comme si nous appartenions à la même famille.

Avec des loups? Comment les corbeaux et les loups peuvent-ils bien s'entraider?

Nous sommes tous ensemble dans le monde de l'esprit. Les gens aiment les loups et ceux-ci leur enseignent donc des choses; pour notre part, nous agissons à l'arrière-plan.

Veux-tu dire que les loups se chargent de capter l'attention des humains parce qu'ils exercent une grande attraction sur eux en ce moment?

Oui. Qui prêterait attention à un corbeau? Les loups viennent nous ouvrir la voie et nous effectuons ensuite le boulot. Cela nous aide.

Qu'éprouvent-ils à l'idée de servir d'appâts pour capter l'attention humaine?

Ils n'aiment pas cela. Peu d'entre eux viennent ici maintenant. Ils ont en quelque sorte choisi de se retirer, ayant le sentiment d'avoir enseigné leur leçon.

Les humains sont désorientés et n'apprennent pas très bien leurs leçons. Les loups, à l'instar des tigres, ont décidé de prendre du recul et de laisser à d'autres le soin d'épauler les humains. Il se peut que ces deux espèces quittent le plan terrestre, ainsi que d'autres l'ont déjà fait. Ils ont le sentiment que cela pourrait avoir pour conséquence que les humains puissent éprouver de la colère en raison de leur attitude à l'égard des animaux. Mais ce sera aux loups et aux tigres d'en discuter.

Bien des gens seraient profondément attristés par la disparition définitive d'une telle espèce animale.

C'est justement le problème : on ne peut les faire revenir une fois qu'ils ont quitté la Terre. Cela épargnera donc à d'autres d'avoir à subir le même sort.

Voudrais-tu en dire plus sur l'association entre les corbeaux et la parole? Par exemple, comment communiques-tu avec les humains?

Je suis très intelligent. Je peux les comprendre et former des pensées dans leur esprit. Soit ils ont peur de moi, soit ils m'aiment, mais nous conversons d'esprit à esprit, d'âme à âme. Je touche les âmes avec mes paroles.

Aides-tu aussi les humains à changer de forme, peut-être dans leurs rêves?

Oui, je les aide à devenir moi. En réalité, je les entoure et ils voient à travers mes yeux. Je vole avec eux. Par mes yeux, ils peuvent ainsi voir les boîtes et les âmes des autres, et où les parties d'âmes sont cachées. Ils peuvent ensuite aider les gens à les sortir de ces boîtes et à commencer le processus de guérison. Le changement de forme vise toujours un but précis, qui consiste à apprendre une leçon ou à comprendre comment guérir quelque chose.

Nous avons parfois de grands rêves dans lesquels nous volons ou voyons de manière nouvelle. Et même si ces expériences peuvent nous inspirer, il nous arrive de nier leur existence par la suite. Peux-tu nous indiquer comment passer de l'incrédulité à une conviction profonde à l'égard de nos expériences, les honorer et en faire part aux autres? Cela semble plutôt difficile!

Oui, ça l'est. Faire confiance à sa petite voix intérieure exige beaucoup de courage. Il est plus facile de nier sa présence que d'en tenir compte. Écarter ou refouler des messages est un moyen facile de s'en débarrasser, un moyen de paresseux.

Il nous faut bien du courage à la fois pour faire confiance à notre voix intérieure et communiquer aux autres ce qu'elle nous dévoile.

Oui. Avoir le courage d'exprimer ses convictions profondes n'est pas chose facile en soi.

J'ai tendance à croire qu'il s'agit là d'une chose commune chez les humains – de rejeter la voix intérieure, espérant qu'elle disparaîtra, ou bien souhaitant qu'elle n'ait même jamais existé.

C'est juste, on la met dans une boîte et on la cache. Ensuite, un pauvre vieux corbeau fatigué doit venir et offrir son aide !

Tu nous demandes donc de récupérer nos boîtes.

Précisément !

Je viens tout juste de repenser aux vieux corbeaux dans le film Dumbo. *Lorsqu'ils rencontrent Dumbo la première fois, ils lui donnent une plume en lui disant qu'elle est magique, afin qu'il puisse croire en sa capacité de voler. C'est là une amusante vérité, n'est-ce pas? Nous sommes tous à la recherche de notre plume magique afin de pouvoir nous envoler.*

Oui, cette fameuse plume magique !

En réalité, les animaux ne répètent-ils pas tous la même chose? Faites-vous confiance, voyez le divin, soyez le divin… grandissez et volez ! Je ne veux pas minimiser l'importance de la contribution de quelque animal que ce soit, mais au fond vous nous indiquez tous la même direc-

tion où aller.

C'est toujours le même message, sauf qu'il est présenté dans un emballage différent afin que la compréhension puisse venir de maintes directions convergeant toutes vers le même endroit. Tout ce que nous disons pointe vers une seule et même place. Ces nombreux sentiers mènent tous à une plus grande complexité de l'âme.

Merci, corbeau. Je me réjouis à la perspective de voler ce soir, de partager le même rêve.

À très bientôt.

Un point de vue différent
Moustique – Morgine Jurdan

Les humains ont souvent l'impression que le monde se trouve à l'extrémité de leurs doigts et qu'ils peuvent le manipuler comme bon leur semble. Nous servons à montrer à l'humanité que même quelque chose d'aussi petit qu'un moustique peut être incroyablement puissant. Cela peut vous irriter, mais cela peut aussi vous inspirer, comme lorsque vous avez l'impression de ne pas vraiment compter dans le monde. Nous tentons de rappeler aux gens ce qu'est la vulnérabilité.

Nous sommes venus dans cette dimension depuis un autre endroit. Nous avons été appelés à venir ici afin de servir un but précis dans l'équilibre de la Nature et de ses habitants. On avait besoin de nous, de notre énergie, de notre amour et de notre être. Nous avons comblé un besoin qui devait absolument l'être.

Nous voyageons entre les dimensions, entrant dans différentes réalités et en sortant. Nous adoptons diverses formes dans les multiples endroits que nous visitons. Si vous visitiez aussi ces autres places, vous ne pourriez nous reconnaître. Nous vivons dans le passé et le présent, et vous nous rencontrerez aussi dans votre avenir. Lorsque personne n'aura plus besoin de nous, nous nous en irons.

Les êtres humains haïssent souvent ce qui échappe à leur compréhension. Si vous ne comprenez pas quelque chose, cela vous irrite et vous tentez de le contrôler ou de le détruire. Votre solution à maints problèmes consiste souvent à tuer ce qui vous exaspère, que ce soit des plantes, des insectes, des animaux ou bien des humains.

Nous n'avons pas l'impression que cela a vraiment rapport avec l'amour.

Notre message est de voir les choses à partir d'un point de vue différent. Chacun de nous – petit ou grand, peu importe – a un rôle à jouer dans l'ordre des choses. Ouvrez-vous à l'idée selon laquelle il y a plus à comprendre en ce monde que vous n'arriverez à le faire en une seule vie.

Nous espérons qu'un jour vous pourrez apprécier les choses pour ce qu'elles sont, peu importe votre degré de compréhension. L'amour inconditionnel, pur et simple, ne nécessite pas d'explications, de jugements ni de défenses. Il mérite en soi toute votre considération.

CHAPITRE 26

L'histoire du moustique

Il était une fois un petit moustique qui me raconta une histoire très étrange. À première vue, cela ressemblait à de la science-fiction débridée : une histoire fascinante, mais aussi troublante, de scientifiques d'un autre monde, de mutations dans l'ADN humain, de créateurs d'insectes, et d'un portail multidimensionnel. Je me demandais bien ce que j'avais fait pour devenir la personne recevant une histoire aussi incroyable.

C'est en partie de ma faute si cette histoire est venue à mon attention, me signala plus tard le patient moustique. Assise sur la galerie par une chaude journée de printemps ensoleillée, ayant une très bonne opinion de moi-même en raison de ma facilité à intégrer toutes sortes de messages d'animaux, je lançai avec insouciance la question « Eh bien maintenant, quelle autre chose pourrait bien susciter mon intérêt par son étrangeté ? ».

Tandis que j'avançais avec difficulté dans les zones ombragées, on m'avait prévenue à de multiples reprises : « Fais attention à ce que tu demandes. » L'avertissement découlait de l'idée selon laquelle les pensées sont des choses et que, par le fait de requérir certaines informations, il se pouvait fort bien que nous obtenions réponse à ce que nous avions demandé.

Le petit moustique se précipita devant moi avec un bourdonnement persistant, vigoureux et suraigu. L'image d'un gros moustique enchâssé dans de l'ambre, ainsi qu'il est représenté dans le film *Le Parc jurassique*, me vint à l'esprit.

Nous ne faisons pas partie du royaume animal au même titre que les autres à qui tu as parlé. Tu aimerais bien que je cadre dans ton scénario de la grande Toile de la Vie et que j'explique ce qu'il faut savoir à mon sujet et à propos de mon espèce, mais la chose est plus difficile que tu ne te l'imagines.

Il est vrai que nous sommes ici depuis très longtemps. Mais nous étions jadis fort différents. Nous étions plus gros. Nous avons subi de nombreux changements et avons existé – et existons encore – dans des réalités dont vous n'avez pas conscience.

Une seconde image d'une belle clairière verte tachetée de rayons de soleil se forma dans mon esprit. Le cadre semblait être celui de la période du roi Arthur, alors que les forêts de l'Angleterre étaient encore imprégnées de légendes et de magie. Des créatures féeriques voltigeaient de-ci de-là dans la pénombre. Et il y avait là, parmi les fées, de très gros moustiques ayant des ailes de fées.

Alors que diverses pensées et sensations affluaient en moi, je pris soudain conscience que dans cette réalité les moustiques étaient des créateurs responsables de la conception de différentes créatures nouvelles. C'était à l'aide du sang, plus précisément grâce à de nouveaux arrangements de l'ADN, qu'ils réalisaient ces créations.

« Nous avons toujours été liés au sang et à l'ADN », affirma le moustique alors que je voyais deux mondes exister côte à côte, ou peut-être deux dimensions de réalité surimposées et séparées par ce qui ressemblait à un miroir sans tain. D'un côté du miroir se trouvaient les habitants de la planète Terre telle que nous la connaissons. De l'autre côté, on pouvait voir des êtres extraterrestres. Ils étaient assis devant un écran d'affichage d'une manière suggérant qu'ils menaient depuis longtemps des expériences sur notre monde.

Des extraterrestres ? Riant à demi, je demandai si je comprenais correctement l'image, car la sensation-pensée était que des scientifiques d'un autre monde nous observaient et s'adonnaient à des expériences un peu comme les humains le font avec les animaux. En outre, j'avais le sentiment que les moustiques servaient quelquefois d'instruments physiques grâce auxquels ces scientifiques menaient des tests sur le sang humain.

Précisément ! Chaque goutte de sang que nous prélevons peut être analysée par les autres. Tu peux les considérer comme des scientifiques dénués de toute émotion, mais ils sont également reliés à une civilisation oubliée de votre planète. Leur race a subi d'énormes changements et ils sont en train de disparaître.

Je poussai un soupir. *Voilà exactement ce que ça t'apporte de regarder si souvent la série télévisée* The X-Files. Irritée, je changeai promptement de sujet.

Tous les moustiques sont-ils aussi volubiles que toi ?

Non. Je réponds à ton désir d'en savoir plus sur notre espèce. Nous ne sommes pas ce que tu crois. Nous sommes beaucoup plus qu'il n'y paraît. Une partie de notre groupe vit dans d'autres dimensions.

Un autre flot d'informations envahit mon esprit, révélant le fait que les moustiques communiquent non seulement entre eux mais aussi avec leur espèce sur d'autres planètes et en d'autres dimensions. Je saisis la notion selon laquelle la plupart d'entre eux se réincarnent dans la même espèce durant de nombreuses vies, que beaucoup d'entre eux ont accepté de faire partie pendant une longue période du groupe des moustiques, et qu'il s'agit d'un groupe assez cohésif dans ce service, ne mettant pas l'accent sur l'âme individuelle ainsi que les humains ont généralement tendance à le faire.

Je soupirai à nouveau. En réalité, j'ai probablement poussé un grognement. Les préjugés fusaient dans ma conscience, protestant furieusement que cette histoire était tout simplement trop étrange. Le moustique, toutefois, n'avait pas terminé.

Il y aura un changement quant au rôle des moustiques le jour où les humains entreront en contact avec les scientifiques extraterrestres. En s'éveillant de cette façon – prenant directement contact avec l'autre –, les humains autant que les extraterrestres apprendront à incorporer avec leurs corps émotionnel et spirituel un aspect du soi vécu aujourd'hui de façon beaucoup trop mentale et scientifique.

C'est la réponse que ces êtres ont cherchée durant tout ce temps. Ils pensaient pouvoir comprendre votre corps émotionnel en étudiant comment vous étiez constitués. C'est comme s'imaginer pouvoir comprendre le fonctionnement d'un animal en disséquant son corps. Quand vous faites de telles choses, vous ressemblez à ces scientifiques extraterrestres qui volent le sang des animaux pour essayer de comprendre les émotions. Ça ne tient pas debout. Et pourtant, vous vous obstinez à essayer.

Lorsque vous apprendrez à vous servir de votre corps émotionnel, tout particulièrement en relation avec la création, vous serez alors capables d'aider les autres. C'est là une situation un peu comique, car certains d'entre vous croient que les autres sont là pour les aider. Plus que vous ne le réalisez, vous allez aussi apporter votre aide aux autres. Il s'agit avant tout pour vous de vous libérer de ce drame, de ces rôles voilés, afin de pouvoir évoluer vers une expression beaucoup plus claire de qui vous êtes réellement.

Que feront alors les moustiques ?

Peut-être irons-nous sur une autre planète ou dans une autre dimension. Notre séjour ici s'est avéré beaucoup plus long qu'anticipé à l'origine. En tant que groupe, nous aimerions nous consacrer à nouveau à d'autres tâches plus créatrices. Les moustiques fées que vous avez vus sont aussi un autre aspect de notre être plus vaste. Peut-être irons-nous sur une planète où il n'y a pas beaucoup de vie pour y amorcer une nouvelle création.

Voyez de quelle façon les animaux viennent au monde sur cette planète. Par exemple, nous naissons dans l'eau ou près de celle-ci, puis nous vivons notre existence dans l'air. À cet égard, nous ne sommes identiques à aucune des autres créatures. C'est ainsi que nous faisons notre boulot sur Terre. Nous servons entre les espèces, entre les couches de réalité et entre les dimensions.

Les humains pourraient en apprendre davantage sur les animaux simplement en observant ce qu'ils font, comment ils vivent et comment ils viennent au monde. Nous sommes tous des symboles vivants de la façon dont notre esprit individuel se manifeste – et de la façon dont l'Esprit se manifeste.

Merci de nous avoir écoutés et de t'être ouverte à d'autres possibilités. Souviens-toi qu'il ne s'agit là que d'une petite partie du tout. Considère ceci comme de la fiction si tu préfères. Tu ne voudras peut-être pas nous inclure dans le livre sur les animaux, mais tu pourrais probablement écrire une histoire à notre sujet. Nous ne nous soucions pas tellement du contexte. Nous aimerions seulement que les gens entendent parler de ce que nous t'avons communiqué.

Et sur ce, le petit moustique s'en alla.

Je ne savais que faire de cette histoire, car ses implications dépassaient de beaucoup ma zone de confort. Il convenait donc mieux de faire ainsi que le petit moustique l'avait suggéré et de la traiter comme de la fiction.

Mais même là, plusieurs détails de cette histoire m'embêtaient. Si nous ne recevons des messages que parce qu'ils correspondent à ce que nous avons besoin d'entendre, alors qu'est-ce que celle-ci avait à me refléter ? Pourquoi ces êtres extraterrestres ? Pourquoi n'avais-je pas plutôt reçu un joli message rempli de lumière sur la spiritualité et l'évolution planétaire ? Je commençai à bouder. Quelle sorte de composante de l'ombre pouvait bien être en train de jouer ainsi avec moi ?

Dans une tentative pour comprendre de quoi il en retournait, je pris note des associations et schémas que cela évoquait en moi, passant l'histoire en revue comme s'il s'agissait d'un rêve. Une ébauche de sa composition symbolique me donna amplement matière à réflexion.

Par exemple, le démenti initial du moustique

selon lequel ils sont différents des autres animaux indiquait déjà que le matériel sur le point d'être offert pouvait bien être inhabituel et spécial – quelque chose de carrément exceptionnel.

De prime abord, le lien entre les moustiques et le sang est évident, ainsi que l'atteste n'importe quelle piqûre de moustique. Toutefois, le rapport spécifique avec l'ADN signalait que le mystère plus profond du sang en tant que force créatrice devait être exploré. Cela est lié au rôle des moustiques en tant que créateurs de nouvelles créatures (ainsi que l'exprimait le cadre féerique) et en tant qu'intermédiaires et recréateurs (tel qu'il a été illustré sommairement par l'image du film *Le Parc jurassique**). La relation entre les moustiques et leur ancien passé indiquait une qualité intemporelle à leur espèce.

L'image de deux mondes séparés par un miroir sans tain révèle des problèmes de dualité et de séparation – lesquelles sont en outre représentées par les paires d'opposés : humains/extraterrestres, Terre/autres mondes, connu/inconnu. Le fait que le miroir soit sans tain indique une inégalité apparente entre les mondes.

La corrélation entre les scientifiques extraterrestres faisant des expériences sur les humains et les humains faisant des expériences sur les animaux est peut-être la projection d'un sentiment de culpabilité

* Selon la représentation qu'en fait Michael Crichton dans son roman, les moustiques sont les seuls détenteurs du passé, car c'est à partir du sang d'un moustique enfermé dans de l'ambre que l'ADN des dinosaures est extrait et utilisé pour recréer les dinosaures.

culturelle. Les scientifiques extraterrestres (qui sont en outre décrits comme des êtres dénués d'émotions) reflètent peut-être notre « scientifique intérieur » sociétal déconnecté émotionnellement de la psyché et de la Toile de la Vie. Le fait que les extraterrestres s'adonnent à de l'expérimentation scientifique (au lieu de faire la guerre ou d'envahir la planète) indique un désir d'acquérir des connaissances (non de détruire). Cependant, l'élément obscur de la rationalisation est également apparent puisque tant les scientifiques extraterrestres qu'humains justifient leur « droit » de causer du tort à autrui par leur recherche de connaissances.

Le fait que les moustiques soient dépeints comme les outils grâce auxquels le sang est analysé renforce leur rôle d'intermédiaires, ce qui les relie une fois de plus au mystère profond du sang. Toutefois, la caractérisation additionnelle des moustiques comme n'étant pas « ce que nous croyons qu'ils sont » et étant « beaucoup plus qu'il n'y paraît » indique qu'une connaissance plus profonde ne peut être obtenue par le simple fait de penser ou de voir. Une sorte de bond sera nécessaire.

Selon les moustiques, la mise en œuvre d'un plus vaste plan sera possible lorsque les humains entreront en contact avec les extraterrestres. Vraisemblablement, ce qui était auparavant séparé – les mondes, les espèces, les aspects de la conscience – entreprendra un dialogue grâce auquel l'information sera échangée. Il en résultera une clarté de vision : les voiles seront écartés et tous seront libérés de leurs rôles dans le drame, y compris les moustiques.

La toute dernière observation des moustiques,

d'après qui les humains peuvent en apprendre beaucoup en se contentant d'observer, nous rappelle que la réponse à n'importe quelle question que nous nous posons est toujours là, directement devant nous, si seulement nous avions le désir – et le courage – de la voir.

Même si cette brève analyse m'aida à comprendre intellectuellement cette histoire, sur le plan émotionnel j'étais revenue à la case départ. Il s'agissait d'un schéma familier : alors même que j'atteignais un certain degré de confiance en moi, j'étais précipitée au fond d'un abîme de doute et d'incertitude.

Tandis que j'étais assise sur la galerie, obnubilée par mes frustrations, Zak arriva et se laissa lourdement tomber devant moi, plongeant son regard directement dans le mien. Je me mis à rire. Dieu que j'aimais ce chien !

Que penses-tu de cette histoire, Zak ? Est-elle réelle ?

Dans le plus vaste ordre des choses, ce que le moustique t'a raconté n'est pas vraiment si étrange que cela. En ce moment, de nombreux êtres sur cette planète proviennent de maints endroits différents. Ce que tu vois n'est souvent qu'un de leurs aspects.

Mon opinion à propos du moustique est que tu n'as entendu qu'une partie de l'histoire. Ce n'est pas l'histoire entière, quoique ce qu'il t'a dit était authentique et qu'il tentait d'en expliquer beaucoup en fort peu de temps.

Tu dois te rappeler que demander à n'importe quel animal de décrire son espèce ne te donnera toujours qu'une perspective limitée de celle-ci. Supposons qu'une autre présence prenne contact avec toi personnellement et te demande de lui raconter l'histoire de la Terre, jusqu'à quel point arriverais-tu à la lui communiquer ? Et si elle voulait connaître seulement l'histoire de ta vie ? Dans quelle mesure lui en expliquerais-tu les détails ?

Il est vrai que de nombreux animaux sous la forme d'un esprit, ou bien s'exprimant à partir d'autres royaumes de conscience, sont capables de te donner une information beaucoup plus compatible avec toi, car ils peuvent voir ce qui correspond à ton cadre de référence. Dans l'ensemble, plus la question est générale, plus la réponse sera vague et plus il te sera facile de l'avaler. Il ne s'agit pas d'une critique, mais simplement d'une observation.

L'observation de Zak tombait sous le sens. Si le moustique avait parlé de choses plus vagues – disant une phrase comme « Nous venons d'autres dimensions et nous travaillons comme intermédiaires entre les espèces » –, le message ne ferait probablement pas problème en ce moment.

Quel est donc le rôle du moustique dans tout cela ?

Celui avec lequel tu as parlé est un représentant très conscient du royaume des moustiques. L'histoire qu'il t'a communiquée, avec ses extraterrestres, ses scientifiques, et tout particulièrement la question relative à la manipulation et au contrôle, est vraie, mais ce n'est pas tout, car il y a plus. Il cherchait à te faire comprendre cela, mais tu n'as pu t'empêcher de juger ce qu'il te racontait et d'analyser cela de ton point de vue, te demandant si tu allais pouvoir rapporter son histoire à d'autres, et de quelle façon.

Tu ne savais pas que ta vie allait devenir un livre ouvert avec cela, n'est-ce pas ?

Sur une note plus sérieuse, il y a un point à clarifier. Nous pourrions parler d'être « envahis » par d'autres (et les étrangers font toujours partie de ces autres – qu'ils soient de pays différents ou bien d'une planète ou d'une espèce différente, les étrangers sont simplement des aspects non intégrés du soi), mais il y a toujours une porte par où la conscience permet à ce genre de chose de se produire. À partir d'une autre perspective, cela peut donner l'impression qu'une espèce en envahit et en persécute une autre. Et c'est une réalité. Cependant, j'aimerais t'encourager, de même que tous les lecteurs, à examiner ce qui se cache en dessous de tout scénario qui se présente comme une « invasion ». Prenez conscience qu'il y a vraiment de nombreuses réalités – dont beaucoup sont superposées, l'une par-dessus l'autre et l'une à l'intérieur de l'autre.

Zak projeta alors en moi l'image d'un tableau de Salvador Dali avec lequel je n'étais que vaguement familière. Il montrait un jeune enfant qui soulevait le bord de l'océan et regardait sous la surface. (Son invraisemblable titre, ainsi que je le découvris plus tard, était *Dali à l'âge de six ans lorsqu'il croyait être une jeune fille, soulevant la peau de l'eau pour observer un chien dormant dans l'ombre de la mer*.)

Disons simplement que le moustique t'a dépeint une image très nette, bien qu'il ne s'agisse que d'une réalité parmi bien d'autres. Il t'a montré une version de la réalité semblable à celle qui est représentée sur la chaîne de science-fiction. À l'intérieur de ce cadre, il comprend que les moustiques sont au service des « extraterrestres » – ou alors d'un aspect de l'espèce humaine qui n'est pas encore intégré. Je ne veux pas dire par là que vous allez avoir à intégrer les extraterrestres au sens littéral du terme, mais plutôt l'aspect de la conscience qu'ils vous reflètent.

Le moustique a fait allusion à cette porte pour montrer que lorsque les humains s'éveilleront, prendront contact avec les extraterrestres et commenceront à leur enseigner des choses, tout comme ceux-ci le font avec nous, alors une compréhension – une intégration – s'installera. Les moustiques seront alors libérés de leur rôle. Leur rôle dans le drame sera terminé et ils seront libres de quitter la scène.

Sur ce, Zak se leva pour partir. « C'est seulement un aspect du tout », me rappela-t-il.

Zak venait de me donner amplement matière à réflexion. Le jour suivant, de retour sur la galerie, je l'invitai à m'en apprendre plus sur les raisons pour lesquelles nous obtenons le type particulier de messages que nous recevons.

L'exemple de la chaîne de science-fiction est un bon point par où commencer. Supposons que la réception des messages provienne de la télévision (quoique nous pourrions aussi avancer que la réception émane du cerveau). La chaîne est le programme (ou filtre de conscience) par lequel tu vois la projection et regarde l'émission. Prenons un personnage historique – la reine Victoria, par exemple.

Pourquoi choisir un personnage aussi étrange?

Elle était drôle. Elle se donna tant de peine pour dire qu'elle ne s'amusait pas qu'elle refusa de voir le comique de son propre comportement et devint ainsi un exemple d'humour réprimé.

Je ne pouvais m'empêcher de soupçonner que Zak était en train de se payer ma tête.

Pour poursuivre mon propos, imaginons que la chaîne

sur l'histoire présente un aspect de la reine en mettant l'accent sur les circonstances politiques de son règne; que la chaîne sur les arts et le divertissement retienne un autre aspect, peut-être sa vie amoureuse; et que la chaîne de science-fiction dévoile le fait qu'elle avait des conseillers extraterrestres.

Tu me contes une blague avec cette histoire d'extraterrestres!

Oui. Ce scénario n'est pas tant pour toi une question d'incrédulité qu'une question d'inquiétude à l'égard de l'opinion que les autres auront de toi. Tu as peur que les gens te rejettent ou rejettent les autres messages que tu présentes dans ce livre si tu inclus celui-là. Cette crainte est exclusivement la tienne – c'est ainsi qu'elle est jouée dans l'émission de télé que tu produis en ce moment.

Comprends-tu? Cela ne la rend pas plus ou moins réelle que n'importe quelle autre émission. La peur est simplement un attachement de l'ego relativement à la façon dont, selon toi, les autres te voient.

La question relative aux extraterrestres s'applique à tout le monde en ce moment. Elle ne concerne pas tant leur existence que ce qui est perçu comme étant «autre que soi-même». Il y a de nombreuses couches dimensionnelles à peler et beaucoup d'expansion de conscience à réaliser avant que vous ne le sentiez à un niveau multidimensionnel.

Pense à n'importe quel sujet – disons la manipulation et le contrôle – et imagine-toi de quelle manière des émotions associées (comme la peur, la colère ou la méfiance) peuvent être projetées sur les «extraterrestres». Ces derniers sont une projection troublante, car ils suscitent de la peur chez bien des humains qui s'imaginent être envahis. Une situation semblable est engendrée par la croyance que les maladies vous envahissent. En d'autres époques, c'était la peur d'une invasion venant d'un autre pays. Le fait que vous redoutiez maintenant une invasion en provenance d'une autre dimension démontre simplement que vos frontières et vos limites se sont un peu élargies.

Sur les plans plus profonds, vous n'êtes jamais envahis, kidnappés ni contrôlés. Mais certains humains trouvent plus facile de s'imaginer l'être que de voir les aspects de l'ombre présents en eux. En tant qu'espèce, vous avez de la difficulté à accepter l'idée que vous êtes responsables de ce que vous créez.

Ainsi, la raison pour laquelle j'ai reçu le message du moustique par la chaîne de science-fiction était…

C'est là que se situe toujours ton blocage. Te souviens-tu de ta question : « Quelle autre chose pourrait bien susciter mon intérêt par son étrangeté ? » Tu as demandé la réponse sous la forme d'une expérience pour toi-même.

Même en ce moment, tu ne cesses de te demander si tout cela est réel. Cette farce est la tienne. La réalité est relative. C'est la projection intégrale de ta manière de vivre, de penser et de créer ta vie.

Les émissions que tu regardes et manifestes (en vérité, que tu crées) sont faites autant dans le but de divertir que d'éduquer. Il y a des êtres universels aux fréquences vibratoires très élevées qui ont un très bon sens de l'ironie et de l'humour cosmiques.

L'humour te permet de rire de toi-même. La vibration du rire est une ouverture. Elle t'amène à transcender les limites que tu t'es toi-même imposées. Ne sous-estime jamais le pouvoir de l'humour.

Le scénario des extraterrestres était tout autant la

programmation du moustique que la tienne. Il convenait parfaitement à qui tu es et t'a ainsi permis d'obtenir cette histoire. Le moustique t'a suggéré d'écrire qu'il s'agissait d'une fiction, si telle était ta préférence. C'était là une tentative pour désamorcer l'emprise énergétique de la peur. Il t'a également montré des visions de moustiques fées ! Cela aussi est vrai et tu aurais tout aussi bien pu demander si les fées sont réelles.

Les fées plaisent à l'enfant intérieur qui est toujours prêt à s'émerveiller. Les humains n'en ont pas peur. Par conséquent, aucun tabou émotionnel n'est rattaché aux fées en ce moment. Les extraterrestres sont encore considérés comme trop étranges. Même ceux qui en parlent le sont pour bien des gens. Pourquoi est-ce ainsi ? Voilà une question beaucoup plus importante que de chercher à savoir si les extraterrestres existent réellement. Les humains doivent forcément projeter énormément de peur sur ceux-ci pour que vous les voyiez sous un jour aussi peu favorable.

Un autre exemple que tu as examiné à cet égard est celui des loups. Il n'y a pas si longtemps de cela, ils étaient haïs, tués et même considérés comme des êtres malfaisants. Grâce à un changement dans votre niveau d'évolution, l'énergie du loup est, dans une certaine mesure, devenue intégrée. Les humains ont alors fait d'eux des héros mystiques. Cela est-il plus vrai ou plus réel ? Les loups n'ont pourtant jamais changé. C'est vous qui avez syntonisé une autre chaîne. Vois-tu en quoi tout cela n'est rien d'autre qu'une projection ?

Malgré mon malaise, je savais que l'histoire du moustique était prometteuse. Qui plus est, c'était également là une affaire de confiance. Avec une simple question, j'avais invoqué une requête énergétique de connaissance et un moustique avait bien voulu me confier une incroyable histoire. Ce qui importait peut-être le plus n'était pas tant l'histoire en elle-même que l'expérience qui en avait résulté pour moi. Peut-être était-ce là la réponse à une interrogation plus profonde contenue dans ma question, à savoir : comment pourrions-nous tous commencer à faire confiance aux histoires uniques se présentant à chacun de nous, alors que nous explorons nos limites et nos peurs et que nous nous ouvrons à des perceptions plus étendues de la réalité ?

Un jour, peu après mon retour au boulot après une grippe de deux jours, je me levai de ma chaise pour faire une pause et me rendis à ma fenêtre. Je vis un moustique qui bourdonnait à l'extérieur tout près de celle-ci. Alors que je m'approchais, il atterrit directement devant moi sur la vitre. « Nous essayons depuis un moment déjà de reprendre contact avec toi », dit-il.

Le cœur battant la chamade, les paumes moites, je frissonnai. Avais-je demandé que cela continue ? Le moustique, qui était en fait une femelle, me raconta qu'il avait une information additionnelle à me communiquer. Pendant un instant, j'envisageai la possibilité de m'enfuir en courant.

À ce moment précis, Zak fit son entrée, la queue empanachée dressée bien droite, fidèle à son sens du parfait synchronisme.

Ça y est, c'est reparti ! Fais attention à ce que tu vas demander, pensai-je en me retournant vers la fenêtre.

Que veux-tu me communiquer ?

Nous sommes, comme toi, des êtres multidimensionnels composés de multiples éléments surimposés. Notre espèce a créé des milliers d'espèces différentes. Nous avons œuvré avec toutes sortes de créatures différentes, tant en collaboration que de connivence avec elles.

Je savais par le ton de sa voix qu'il ne s'agissait pas du même moustique qu'auparavant. Toutefois, je savais aussi qu'à l'instar du premier moustique, il n'allait pas s'envoler au loin. Ce sont définitivement des êtres persistants. Zak me dit :

Les moustiques désirent te faire comprendre qu'ils travaillent de manière similaire au virus qui vient de t'affecter. Ce sont des scientifiques sur le plan médical et ils se sont joints à d'innombrables espèces et planètes pour régler avec précision l'ADN afin de rendre possibles des états appropriés de mutation.

J'observais le petit moustique à travers la fenêtre. Après une courte pause, Zak poursuivit :

L'image du verre est une chose que nous avons tous essayé de t'expliquer. Le facteur important n'est pas tant le verre en soi que la barrière transparente qui existe entre les mondes.

Me rappelant soudain l'image de la cabine d'observation que le premier moustique m'avait montrée, un frisson me secoua de la tête aux pieds et je compris – pas seulement intellectuellement, mais aussi sur les plans physique et émotionnel – que le monde que nous connaissons et les autres mondes, peut-être même ceux qui sont habités par des extraterrestres, ne sont pas tellement éloignés les uns des autres. Je compris aussi au plus profond de moi-même que la séparation entre les mondes est davantage une question de fréquences vibratoires différentes que de distance physique.

Quand on est suffisamment proche, on peut effectivement voir la barrière, tout comme lorsque l'on est proche d'une fenêtre on peut en observer le verre, même si de loin il est clair et transparent. De nombreux oiseaux l'apprennent à leurs dépens ! Ou bien crois-tu que lorsqu'un oiseau fonce sur une vitre et que tu en es témoin, il fait cela pour te révéler quelque chose que tu ne vois pas ?

En t'ouvrant à des niveaux plus vastes, tu t'approches de la barrière qui sépare les mondes. Plus tu t'ouvres à la conscience multidimensionnelle, plus tu deviens consciente de ces barrières. Elles sont transparentes comme du verre ou de l'eau. Pour arriver à franchir la frontière, il faut être capable de changer de vibration.

Les moustiques sont uniques en ce sens qu'ils fonctionnent des deux côtés de cette barrière. D'autres espèces le font aussi, bien sûr, bien que certains moustiques soient alignés de manière plus particulière sur un groupe précis d'extraterrestres.

La femelle moustique désire savoir si tu as des questions à lui poser.

Qu'aimerait-elle communiquer aux humains à propos de son espèce ?

Qu'elle comporte de très nombreuses variétés et plusieurs sous-groupes. Tous les moustiques, peu importe le groupe ou type auquel ils appartiennent, travaillent à l'élévation de la conscience. Comment s'y prennent-ils ? Ce sont des maîtres de la diversité, au sens de diversité dans l'unité. En ce moment même, ils demeurent en communication avec nombre de leurs « frères et sœurs » à des milliards d'années-lumière d'ici grâce à une sorte de réseau central. Elle confirme que l'autre moustique avait effectivement parlé des moustiques en tant que groupe – qu'il n'y a pas d'exigence particulière pour revenir sous la forme d'un moustique, mais que la plupart d'entre eux sont des êtres qui choisissent de revenir à maintes reprises durant une période donnée. C'est la seule façon nous permettant de progresser en tant que groupe, car la vie terrestre d'un moustique est courte et il est nécessaire de perpétuer le processus de pensée. Elle précise que tout cela fait partie du « Parti des moustiques » – et désire te faire comprendre ce terme sous de nombreux sens, dont celui de parti politique, d'espèce et même de groupe de célébration.

Elle veut que les humains sachent qu'il y a d'autres façons de se comporter avec les moustiques que de simplement les haïr. « Nous avons l'habitude de ne pas nous sentir personnellement visés par votre haine », dit-elle. « Nous comprenons que lorsque vous détestez une autre créature, c'est vous-même que vous haïssez, et nous éprouvons donc de la pitié ou de la tristesse lorsque vous faites preuve de haine envers nous ; il ne s'agit pas de tristesse à notre égard mais bien par rapport à la profondeur de votre erreur. »

« La faction extraterrestre est une petite partie de notre travail », ajoute-t-elle. « Bien des gens pourraient penser que c'est quelque chose d'étrange et tu devrais y songer à deux fois avant de publier cela comme étant un fait réel. Cependant, c'est un message valide, et peut-être quelques lecteurs seront-ils touchés par ce message et commenceront-ils à travailler plus consciemment de cette façon. Peut-être même que votre gouvernement adoptera à notre endroit une politique semblable à celle qui prévaut à l'égard des dauphins ! »

En réaction, le moustique et Zak se mirent à rire.

Je ne m'attendais pas à cela. Y a-t-il quelque chose d'autre?

Seulement que c'est lorsque l'on s'attend le moins à quelque chose que l'on est le plus ouvert. Lorsque tu n'as pas d'attentes, l'esprit et le corps sont libres pour qu'un nouveau changement survienne. Nous sommes ravis que tu aies accordé à cela autant de considération jusqu'ici. De nombreuses personnes auraient tourné tout cela en ridicule – « Oh ! ce n'est qu'un moustique qui parle. » Nous sommes petits, mais puissants.

Qu'en est-il des maladies comme la malaria dont les moustiques sont porteurs? Quel rôle jouez-vous à cet égard?

Une fois de plus, il s'agit là d'un rappel du lien qui relie tous les êtres. Ne te rends-tu pas compte que tu projettes encore sur nous l'idée que nous sommes les porteurs de la maladie ? D'où provient cette maladie ? De vous ! Nous ne faisons que vous rappeler, par notre exemple, à quel point nous sommes tous étroitement liés. Pourquoi ? Parce que nous sommes tous Un. C'est le sujet principal de ce livre : vous rappeler, encore et toujours, que nous sommes tous Un. Comme si dix mille choses vous criaient toutes ensemble de vous éveiller : NOUS SOMMES TOUS UN ! Nous sommes tous apparentés ! Ce que vous faites à l'un de nous, c'est à tous que vous le faites. Voilà l'essentiel de notre message.

Lorsque tu franchiras la barrière de verre de ton être multidimensionnel dans toute sa lumière et toute sa gloire, tu iras à notre rencontre et tu commenceras à voir le merveilleux et magnifique travail créatif en cours derrière la scène de ce que tu considères comme la réalité.

Et alors, pendant un moment, il y eut un silence.

Jusqu'à ce que Zak dise :

Je suis content que tu t'ouvres à tout cela. Je voudrais rappeler aux lecteurs que lorsqu'on s'approche de la barrière et qu'elle s'amincit, c'est là que les plus fortes vibrations de peur sont ressenties. C'est une sorte de protection finale. Ironiquement, celle-ci remplit deux fonctions : d'abord repousser ceux qui ne sont pas prêts à assimiler cette compréhension, puis attiser l'éveil de ceux qui sont presque prêts, afin de les projeter à l'intérieur. Tel est le rôle final de la dualité.

En vérité, ce n'est nullement une barrière, mais bien plutôt une porte d'entrée, même si elle ressemble davantage à une barrière du côté où tu es en ce moment. Plus tard, tu la considéreras en fait comme une porte vitrée coulissante.

Y a-t-il autre chose que les moustiques aimeraient communiquer?

Ce sera un plaisir pour nous de revenir et de vous offrir alors plus d'informations. Nous aimerions que notre histoire soit racontée. Les humains nous ont ignorés depuis si longtemps, même si nous avons été depuis toujours à leurs côtés. As-tu déjà vu un tableau artistique d'un moustique, par exemple ? Avons-nous déjà été représentés avec ce genre d'amour humain ?

Nous ne désirons que vous aider à vous éveiller, car votre éveil favorise le nôtre. Dans le vaste univers interconnecté reliant tous les êtres, tous les temps, tous les lieux et toute énergie, en vous ouvrant à nous, nous en faisons tout autant envers vous. Ainsi, nous comprenons des choses que la profession médicale pourrait trouver fort intéressantes. Y a-t-il un seul médecin assez humble pour accepter d'apprendre d'un moustique ? Lorsque ce sera le cas, le monde commencera alors vraiment à changer.

Grands changements

Penelope Smith

On m'a demandé d'aider à résoudre un problème ayant trait à des jaguars qui s'approchaient trop d'un village au Costa Rica. Le message que j'ai reçu des jaguars expliquait qu'ils se trouvaient tellement envahis et à l'étroit dans leur environnement qu'ils étaient forcés d'empiéter sur le monde des humains, mangeant dès lors les animaux domestiques des gens. Il ne me vint pas à l'idée de communiquer avec un jaguar en particulier; ce qui me vint plutôt fut d'opérer selon une approche chamanique avec les esprits de la Terre, les esprits des gens et ceux des jaguars.

Je ne prenais pas l'initiative de quoi que ce soit. L'esprit exprimait une requête et j'intervenais ensuite à titre de chamane, comme une personne consciente demandant à l'esprit de se mouvoir. J'ai alors perçu que tout pouvait se régler dans l'harmonie entre les jaguars et les gens. Je fis donc appel à la conscience de ces derniers et à celle de la forêt, et il sembla alors qu'une solution prenait graduellement forme. Je n'y étais pour rien. En tant que partie de la Toile de la Vie, je me suis simplement mise à l'unisson de mes dons naturels, et l'esprit sembla se mettre en mouvement.

Une élévation de la conscience parut ensuite se produire, de sorte que les solutions puissent apparaître aux gens sans que j'aie à leur communiquer quoi que ce soit. Les solutions allaient se manifester à eux quant à la manière de réagir harmonieusement à la situation. Je vis intérieurement beaucoup de personnes changer et ce fut une expérience des plus impressionnantes. Puis, il ne me resta plus qu'à lâcher prise.

Il sera intéressant de voir comment les choses tourneront avec les jaguars sur le plan physique, car il arrive parfois qu'un délai survienne avant que la manifestation ne se produise. Les gens passent aussi par toutes sortes de détours parce qu'il leur arrive parfois de ne pas totalement accepter ce qui leur est proposé.

Nous verrons comment se dérouleront les choses, mais j'ai pu constater qu'en ce qui touche aux possibilités, lorsqu'on fait appel à des êtres de conscience, de grands changements sont susceptibles d'arriver sans qu'il soit nécessaire de taper sur la tête de personne.

CHAPITRE 27

Quand le monde entier est sage

À certains égards, les moustiques changèrent complètement les choses pour moi. En posant la question « Quoi d'autre ? » j'avais entrouvert la porte et invité la réponse. Toutefois, le simple fait que la réponse se présente à vous ne signifie pas forcément que vous comprenez de quoi il s'agit. Car je demeurai là, plus perplexe que jamais auparavant.

Lorsque je racontai l'histoire du moustique à Penelope Smith, elle écouta et rigola un peu au départ, puis elle écouta ensuite le reste. « La sagesse de l'Univers est contenue dans chaque être », dit-elle enfin. « Les insectes sont souvent les messagers d'une plus grande sagesse. Il vous faut tout simplement repousser la barrière et votre peur – elle-même fondée sur votre incrédulité. La sagesse est partout. Contemplez un grain de sable et la même chose se passera ! Le sable renferme toute vie ! »

Je soupirai.

« Tu sais, il ne s'agit pas de matériel pour débutants », gloussa Penelope. « Il est ici question d'une connexion avec ton âme et de la restauration de sa sensibilité. En pénétrant dans ce profond espace d'amour avec un autre être – car cette communion est en soi un acte d'amour –, tout s'ouvre à toi. »

« Certaines personnes se demandent comment il est possible qu'un insecte sache tout cela. Eh bien, chacun de nous sait tout! Lorsque tu es ouverte et réceptive, le monde entier est rempli de sagesse et communique avec toi. Tout est beau, palpitant, incroyable. »

Je compris ce que Penelope voulait dire. Lorsque l'unité essentielle est ressentie dans tout votre être, le monde entier déborde réellement de sagesse et les réponses se trouvent partout où votre regard se pose, sur n'importe quel visage, en n'importe quelle espèce.

J. Allen Boone avait fait l'expérience de la même prise de conscience en entrant en relation avec Freddie la mouche. Il apprit alors que ni l'homme ni la mouche « n'étaient les causes à l'origine de quoi que ce soit, mais qu'ils étaient plutôt des expressions vivantes individuelles d'une Cause ou d'un Esprit divin universel qui vivait et s'exprimait pour l'éternité à travers chacun de nous et tout le reste[34] ».

Lorsque l'accent passe du *moi* et de la *mouche* ou de l'*humain* et du *moustique* à *Tout Ce Qui Est* s'exprimant par moi, la mouche, l'humain et le moustique, nous pouvons alors accéder à des souvenirs profonds. Apprendre à communiquer avec des animaux est également une leçon d'apprentissage à la communion avec les couches plus profondes de notre être. Cet apprentissage nécessite que nous ajustions continuellement nos niveaux de discernement.

Penelope était entièrement d'accord avec moi. « Tout cela concerne le retour au bercail. Il est commun que les gens comprennent plus facilement une situation donnée du point de vue d'un animal ou d'un être spirituel plutôt que du leur. Mais ils peuvent ensuite découvrir qu'ils sont eux aussi des êtres spirituels et sages. Parfois, ils ont plus de respect à l'égard d'un animal que d'eux-mêmes ou d'autres humains. C'est bien ainsi puisqu'il s'agit d'un véhicule. C'est aussi ce que veulent les animaux. Ils souhaitent que les gens prennent conscience de la dimension spirituelle présente chez les animaux, dans les plantes et en eux-mêmes, en somme dans tout ce qui existe. »

« Nous sommes tous une pensée. Nous éprouvons tous les mêmes sentiments. Bien sûr, nous sommes tous des individus et il va de soi qu'un cheval est différent d'une vache qui, elle, se différencie d'un humain. Et à un certain niveau, il vous faut avoir parfaitement conscience du fait que c'est avec un animal que vous communiquez et que celui-ci, en retour, en fait tout autant avec vous. Mais lorsque vous êtes branché sur le plan de l'âme – et vous pouvez sentir que c'est le cas parce que vous avez le cœur léger et que vous êtes ouvert, parce que votre conscience s'élargit et que vous vous sentez euphorique –, cela fait vraiment une grande différence. À ce moment-là, aucun échange de pensées entre deux êtres ne se produit. La sagesse est totalement disponible et vous n'avez qu'à puiser directement l'information nécessaire. »

« Lorsqu'on est dans cet état d'unité, tout s'éclaire, opinai-je, mais lorsqu'on revient et qu'on tente d'expliquer cela… »

Penelope sourit. « Oui. Lorsque les gens déclarent que c'est dénué de sens, je leur dis : "C'est tout à fait juste. Ça n'a pas de sens du point de vue mental. Ce n'est pas compréhensible pour l'esprit logique." Une fois que vous dépassez le mental et que vous commencez à vivre en ayant conscience d'être une âme, vous n'êtes plus déconcerté par ce genre de remarque parce que l'esprit logique n'interfère plus. Vous comprenez que l'esprit humain est une chose et que l'esprit universel correspond à un plan entièrement différent, car c'est de l'esprit de Dieu dont il est alors question. »

« Il ne s'agit donc pas de réprimer le mental, mais d'agrandir ses limites, de l'ouvrir à quelque chose de plus grand », précisai-je.

« Exactement ! Il devient alors ton instrument. Tu n'es plus l'esclave de ton intellect. Peut-être commences-tu à communiquer avec les animaux et ton esprit logique te dit-il alors : "Hé ! je n'arrive pas à comprendre." Et tu lui réponds : "C'est bien. Contente-toi de garder le silence. Va te reposer un peu et ton âme va savoir de quoi il s'agit." C'est au fond ce qu'il faut faire. C'est ce qui sous-tend tout le processus. Mon objectif est de ramener les gens à cet endroit en eux où tout a commencé, afin qu'ils puissent ainsi embrasser complètement les choses avec le regard de l'âme, avec leur cœur. »

« Et cette idée s'applique également à l'ego. Comme pour l'esprit, il ne s'agit pas de réprimer l'ego mais plutôt d'aller au-delà de ses limites », ajoutai-je, poursuivant ainsi ma réflexion. « Crois-tu qu'il existe un ego universel ? »

« Voici comment envisager la réponse à ta question », dit Penelope. « Ce que la plupart des gens croient être l'ego est en fait la somme de leur personnalité et de leurs désirs. Celui-ci doit être fort et équilibré. Il n'y a rien de mal à cela. Chaque animal avec qui tu t'entretiens emploiera le "je" avec fierté – "je" suis beau, ou "je" suis grand, et ainsi de suite. Chez les animaux équilibrés, et la plupart le sont, c'est un signe d'amour de soi-même. Quand on ressent ce genre d'amour de soi, on ne prête pas attention à la séparation de l'ego. On dit simplement "je" et ce "je" englobe le "nous" et tout ce qui existe. Par conséquent, célébrez-vous ! Ce faisant, vous reconnaissez que l'ego vous permet de fonctionner ici et qu'il fait partie de l'âme. C'est cet état d'être que les animaux vous amèneront à ressentir. Nous pouvons tous célébrer mutuellement nos ego. Autrement, à quoi cela servirait-il d'être des individus ? Quelle autre raison y aurait-il d'être des gens différents ? Pourquoi vouloir être une grenouille ou un chien ? Eh bien, pour célébrer l'ego ! Il n'est pas la totalité de ce que vous êtes, mais il en est une partie amusante. C'est comme un vêtement ou un jeu. Tout cela est parfaitement acceptable, pourvu que vous en demeuriez conscient. Les animaux, quant à eux, semblent en être très conscients. Cela englobe tout ce qu'est la vie, la menant en un nouvel espace intérieur où la vie entière est une célébration. »

« Je me célèbre moi-même », écrivait Walt Whitman dans *Leaves of Grass* [*Feuilles d'herbe*] il y a près de 150 ans.

Je me célèbre moi-même,
Et ce que j'assume, vous l'assumerez également
Car chaque atome m'appartenant vous appartient tout autant[35].

Quelques jours après sa conversation avec un moustique, Morgine m'apprit qu'elle avait aussi parlé avec Zak. Résumant leur discussion, Zak fit remarquer à Morgine que les humains cherchaient depuis très longtemps des réponses à l'extérieur d'eux-mêmes.

« Nous sommes toujours à la recherche du bon régime alimentaire, des bons rituels, des exercices appropriés et de meilleures techniques de méditation qui nous permettront d'atteindre les objectifs que nous nous sommes fixés», écrivait Morgine. «Nous étudions des livres, nous participons à des ateliers, nous visitons notre gourou. Nous cherchons le sens ultime de la vie et demandons aux aborigènes ou aux Amérindiens d'apporter des réponses à nos questions. À présent, Zak dit que nous nous tournons vers les animaux, les plantes et les esprits-guides. Nous sommes stupéfaits qu'un chien ou une araignée puisse connaître des choses personnelles nous concernant. Pourquoi alors pensons-nous que les humains n'auraient pas ce même talent ?»

Et Zak de rétorquer à Morgine :

Tu possèdes réellement toutes les réponses ! Morgine, tu avais l'habitude de te moquer des gens qui cherchaient ailleurs qu'en eux-mêmes pour résoudre leurs problèmes, alors qu'il leur suffisait d'entrer en eux-mêmes pour y trouver la solution. En quoi le fait de demander de l'aide à la nature et aux animaux pour mieux comprendre ce que vous êtes est-il si différent ? Vous connaissez les mêmes choses que les animaux et les plantes. Vous avez accès à toute l'information que vous pouvez désirer relativement à n'importe quel sujet. Cependant, qui est la dernière personne en qui vous aurez confiance ?

Dawn parle aux moustiques ou avec moi, et même si ce qu'elle reçoit ainsi est trop bizarre pour qu'elle puisse le comprendre, elle est beaucoup plus disposée à l'accepter. Et qu'arriverait-il si cette information lui parvenait directement sans un quelconque intermédiaire ? Serait-elle autant disposée à faire part aux autres de ce qui viendrait d'elle seule ? C'est le dernier endroit où les gens cherchent, mais ce devrait être le premier ! Apprenez à avoir confiance en vous-même, en votre intuition, en vos propres pensées, sentiments et idées. Nous sommes tous dans le même bateau, et ce, plus intimement que vous ne pouvez le concevoir.

Alors que je lisais les paroles de Zak, je me souvins d'une discussion que j'avais eue avec l'esprit d'une chatte appelée Kayla. « Le fait que les humains considèrent que ces messages viennent d'une autre source est ce qui te rend toi-même capable de faire cela », me disait-elle. En d'autres termes, en croyant que les messages de sagesse proviennent des autres, nous nous accordons un plus grand degré de liberté de ne pas les censurer ni les modifier, ainsi que nous le ferions si nous avions la conviction d'en être les auteurs.

Kayla m'envoya l'impression que la communication avec les animaux est un don des animaux eux-mêmes à ce moment particulier du développement humain. La croyance selon laquelle ceux-ci détiennent plus de sagesse que les humains est en fait un coup monté, comme une pièce de théâtre par laquelle nous pouvons apprendre à accéder à cette sagesse en nous-mêmes. Mais pourquoi aurions-nous ainsi besoin d'une telle machination ? Qu'y a-t-il de si effrayant à propos de la sagesse ?

Je me souvins de mon expérience avec les oiseaux, la première fois où j'ai entendu les animaux s'adresser à moi. Ma peur – non pas que je n'arriverais pas à parler aux animaux, mais qu'au contraire j'en sois capable – était fondamentalement ma crainte de faire l'expérience du divin en moi.

« Nous voyons tous des parties différentes du

tableau d'ensemble », notait Kayla. « Vous pouvez voir le monde entier d'un seul regard si vos lentilles sont suffisamment propres », ajouta-t-elle, me rappelant ainsi l'observation de William Blake.

La capacité de voir un monde dans un grain de sable
Et le ciel dans une fleur sauvage,
De tenir l'infini dans la paume de votre main,
Et l'éternité dans une heure[36].

« De nombreux sentiers mènent à la vérité », observait Kayla. « Et les humains ont aussi de multiples manières d'exprimer cette vérité ! » La raison pour laquelle nous disposons d'autant de moyens de dire les choses tient peut-être au fait que nous avons besoin d'entendre la même chose à maintes reprises, de tellement de manières différentes.

L'idée que Zak, Kayla et les autres proposaient était qu'au fond la communication avec les animaux est simplement un autre moyen de nous trouver nous-mêmes. Nous pouvons parler aux moustiques ou aux chiens ou à d'autres humains, car le filtre, le visage ou la facette servant de canal au message importent peu. Il s'agit d'une idée bizarre, et pourtant tout à fait familière, selon laquelle chaque question, chaque réponse et chaque expérience ne sont qu'un reflet de plus du grand Soi destiné à nous montrer qui nous sommes réellement. Pour découvrir la réponse – n'importe quelle –, il suffit de puiser au sein de cet espace intérieur où l'univers entier est sagesse.

« N'ayant pu me ramener la première fois, persévère tout de même », écrivait Walt Whitman.

Si tu ne me trouves pas à un endroit, cherche ailleurs,
Je m'arrête quelque part et t'attends[37].

SEPTIÈME PARTIE

Se rappeler l'existence de la Toile sacrée de la Vie

Bonnes nouvelles

Un vieil insecte – Dawn Brunke

Je suis un vieil insecte. J'observe, j'écoute. Je t'ai entendue t'adresser aux animaux, alors je suis venu voir par moi-même ce qui se passait.

Je suis un insecte lent – je marche et quelquefois je vole. Je vois bien des humains s'agiter en vain et en toute hâte. Ils ne sont guère conscients des lieux où ils se trouvent ou des dons présents en chaque endroit, à chaque moment.

Je parle de lenteur, de voir la beauté et de s'émerveiller peu importe où l'on est. Je t'encourage à dire bonjour à toutes les créatures que tu rencontres. Prends le temps d'apprendre à les connaître, de les saluer et d'être saluée en retour. Le monde sera ainsi un endroit plus doux, plus léger.

Bien des insectes demeurent proches du sol. C'est le cas de mon espèce. Je suis une sorte de scarabée qui vit en étroite relation avec le sol, bien qu'il m'arrive de temps à autre de grimper et de jeter un coup d'œil à partir d'une perspective différente.

Je suppose que tu pourrais dire que je suis une vieille énergie. Je parle d'être calme, d'examiner longuement une nouvelle information et de l'assimiler lentement, de ne pas réagir si rapidement aux choses qui surviennent, mais de permettre au temps de faire son œuvre, d'observer, d'écouter, de respirer dans la plénitude de l'endroit où tu es et de qui tu es à chaque instant.

Les bonnes nouvelles viennent à ceux qui aiment les choses simples. C'est là une ancienne vérité, une manière plus simple de voir le monde. En te libérant des excès qui, crois-tu, t'aident à voir, tu commenceras en fait à mieux voir.

Nous sommes toujours heureux d'apporter notre contribution. Les insectes savent écouter avec patience et sympathie – du moins certains d'entre nous. Ne demandez pas conseil aux insectes vivant en essaim ou dans les ruches ; les insectes solitaires, par contre, se feront un plaisir de vous écouter. Nous sommes heureux de vous aider.

J'envoie mes salutations à l'ensemble du monde des créatures humaines. Et c'est avec tendresse que je vous dis au revoir.

CHAPITRE 28

Se souvenir de la chanson

S'il y avait quelque chose dans l'air
S'il y avait quelque chose dans le vent
S'il y avait quelque chose dans les arbres ou les buissons
Que l'on pourrait prononcer et que les animaux aient un jour entendu,
Que cette Connaissance sacrée nous soit une fois de plus retournée.

L'Atharvaveda

Très tard dans la préparation de ce livre, je découvris les écrits de Michael J. Roads*. Dans son premier livre, *Talking with Nature*, l'auteur racontait avoir développé une profonde relation avec la nature. Malgré cela, il fut totalement pris au dépourvu lorsqu'un jour, alors qu'il était assis près d'une rivière à se demander comment il allait pouvoir réussir à décrire en termes simples cette relation, la rivière se mit à lui parler. Puis ce fut le tour d'un héron. Et à nouveau, la rivière. Manifestement, les forces de la nature conspiraient ensemble.

Roads nota ce que l'oiseau et la rivière lui avaient dit, puis il écrivit quelle était sa principale crainte : « Personne ne va croire à cela[38]. » Durant quelque temps, il eut des conversations avec des arbres, des

* Voir « La rencontre avec Seine », page 118.

chutes d'eau, des rochers et des oiseaux. Ces expériences le laissaient souvent dans un état d'exultation, mais sa crainte ne cessait de revenir. *Personne ne voudra croire à cela.* Chaque fois que je lisais ces mots, les larmes me montaient aux yeux. Je ne connaissais que trop bien ce sentiment. J'avais pu observer des expressions d'incrédulité, d'ahurissement, même d'horreur sur le visage d'autres personnes à qui j'avais parlé de mes expériences. J'avais appris la difficile leçon que certaines choses pouvaient mourir à mesure que grandissaient une vision plus vaste, une vérité plus grande ou que remontaient des souvenirs profondément enfouis.

Ainsi que les arbres l'expliquèrent à Roads, « nous ne pouvons t'offrir aucune preuve. De quoi as-tu besoin ? Est-ce qu'une communication enregistrée entendue simultanément par une douzaine ou même un millier de personnes suffirait à satisfaire ton besoin ? Ou bien ferais-tu alors partie d'un petit groupe d'individus déconcertés et troublés cherchant des preuves supplémentaires ? Ce n'est qu'en sachant qui tu es que tu trouveras la paix[39]. »

J. Allen Boone constata qu'en allant au-delà de l'habitude humaine de différencier les choses, nous commençons à discerner le flux de la vie et, de ce fait, comprenons qui nous sommes à des niveaux bien plus profonds. Cependant, à l'instar de Roads, il fut lui aussi sidéré par l'expérience. Cela se produisit alors qu'il se trouvait à l'extérieur, en train d'observer Strongheart, son mentor canin. Avec un changement subtil, mais pourtant bien net de conscience, Boone s'éveilla soudain à une vision plus expansive. Il écrivit : « Je sus alors que ce que j'avais en réalité le privilège d'observer n'était pas un chien exprimant de grandes qualités, mais plutôt de grandes qualités exprimant un chien. Ce dernier les rayonnait depuis les profondeurs de son être, les projetant à la ronde aussi librement et généreusement que le soleil le fait de ses rayons. Il n'essayait pas le moins du monde de créer cet effet; il se contentait de le laisser se produire[40]. »

« Nous sommes les seuls qui arrivent à oublier qui nous sommes », m'avait dit un jour Penelope Smith. « À la limite, on pourrait penser que les humains sont réellement pathétiques. Ou alors on pourrait considérer cela comme notre créativité, notre don particulier. Je pense que c'est la raison pour laquelle les animaux font preuve d'autant de compréhension à notre égard. Ils restent avec nous pour nous le rappeler. Puis nous retrouvons alors notre véritable esprit – notre esprit universel. »

« Nous nous souvenons », précisai-je.

« Oui. C'est juste. Nous rassemblons les éléments épars de notre être. Nous avons accepté d'être séparés et de ne plus nous rappeler qui nous sommes parce que cela faisait partie de notre expérience sur cette planète. Mais nous avons poussé cette séparation à l'extrême et maintenant nous avons commencé à nous souvenir. Certains ont ravivé leurs souvenirs avant les autres, mais tôt ou tard nous reviendrons tous à l'unité commune. »

Un matin, alors que j'étais assise devant mon ordinateur, une mouche atterrit devant moi sur le clavier. Elle avait un aspect insolite, avec des poils blancs, crépus et courts poussant sur son dos. Son apparence me fit sourire, car ses poils blancs lui donnaient un air de grande vieillesse. Lorsque je lui demandai si elle avait un message, elle vola jusque sur le haut de ma jambe et s'adressa à moi en ces termes :

Je suis une Ancienne de mon espèce. Notre espèce existe sur Terre depuis beaucoup plus longtemps que la tienne. Je n'exprime pas cela pour laisser entendre que c'est mieux, mais pour signaler le fait qu'à bien des égards nous sommes vos aînées. Nous avons eu de temps à autre à interagir avec vous en tant qu'intermédiaires, guérisseuses, messagères, guides et parfois même comme amies.

Si tu regardes attentivement sous la surface, tu trouveras de nombreux trésors et discerneras bien des choses que l'on ne peut voir à la lumière. Pense à la métaphore du « trésor enfoui » – si celui-ci est précieux et excitant, c'est justement parce qu'il est enfoui. Cette métaphore est également liée à l'époque actuelle sur Terre. Beaucoup de sagesse et de connaissances ont été enfouies dans le « passé » parce qu'elles étaient alors néfastes – c'était trop de lumière. Le temps est maintenant venu de creuser et de mettre au jour les trésors du passé afin de pouvoir affronter l'avenir. Il y aura de nouvelles découvertes d'informations anciennes et de connaissances cachées.

À maints égards, la communication avec les animaux est un moyen de redécouvrir l'histoire que ceux-ci ont à révéler, tout autant que les humains d'ailleurs. Ces derniers sont les conteurs d'histoires sur la planète, du moins en paroles, bien que certains le fassent aussi par des moyens différents, dont la chanson, la danse, la synchronisation énergétique.

Notre bourdonnement est une forme de communication, une sorte de fréquence harmonisante qui signale et amorce parfois le changement. À l'occasion, il indique un changement énergétique à des niveaux plus profonds de compréhension.

Les mouches sont les messagères de l'ombre. Nous convions les explorateurs à sonder le côté obscur de la vie : le mystère de la mort, celui du renouveau et celui du changement. Nous sommes les anciens. Nous étions en votre compagnie dans les cavernes, conservant une partie du mystère du retour et de l'accès aux souvenirs anciens. Maintenant, plus que jamais, l'exploration de l'ombre en vaut la peine. C'est à vous de changer, d'aller en profondeur, de grandir. Voilà pourquoi vous êtes venus en ce monde.

Décrivant en bourdonnant un grand cercle autour de ma tête avant de partir, la mouche me laissa seule à méditer sur les mystères qu'elle avait dévoilés.

Je me souvins d'une autre conversation avec Penelope au cours de laquelle elle référait au même trésor enfoui dont parlait l'Ancienne parmi les mouches. « Tout ce qui est vieux doit sortir pour entrer dans le nouveau », expliquait Penelope. « Il nous faut reconnaître l'héritage du passé, tout comme nous devons incarner complètement la condition humaine avant de pouvoir passer à la chose suivante. »

« Il ne s'agit donc pas seulement de retourner à l'ancien », dis-je. « Il faut aussi un rappel de l'ancien. »

« C'est exact. Tu l'appelles à toi pour le chanter. Tout doit être chanté à nouveau. Tout ce qui a besoin d'être complété vient à nous pour être rappelé, et puis le nouveau est alors complet puisqu'il est à la fois l'ancien et le nouveau. »

Penelope s'arrêta un instant. « Eh bien, il n'y a jamais rien de vraiment nouveau; tout est Dieu. C'est comme réintroduire l'étincelle en toutes choses et voir ensuite quelle création en sortira. Mais il est nécessaire de ne rien cacher. C'est pourquoi tout ce qui se rattache au monde de l'ombre, toutes les choses qui étaient habituellement des connaissances secrètes, sort maintenant au grand jour. »

En nous rappelant nos chansons – sur les plans individuel et culturel, en tant qu'espèce et en tant que planète –, nous devons nécessairement ramener notre ombre jusqu'à la surface. Dans son livre *A Little Book on the Human Shadow*, Robert Bly appelle cela manger l'ombre. « Il s'agit d'un processus très lent, et nous ne le faisons pas qu'une seule fois mais plutôt des centaines de fois. Nous devons d'abord reconnaître tout ce que nous avons abandonné, perdu, oublié et repoussé hors de notre conscience. Nous commençons par récupérer l'autre" – avec sa myriade de projections – dans notre vie. À quatre pattes dans le riche sol de la terre, nous déterrons les racines de peurs enfouies qui ont poussé sous la forme de buissons de colère, de tristesse, de doute et de sentiments de séparation de toute vie. En mangeant l'ombre, nous sommes complètement nourris et devenons plus vivants, car nous ingérons le pouvoir et l'énergie de tout ce que nous avons désavoué. Et nous commençons alors à chanter. »

« Écoute », me lança mon chien Barney tandis que j'écrivais ce chapitre. Il se leva de l'endroit où il était couché, sous le bureau, et vint s'asseoir à côté de moi.

Écoute. Au plus profond de toi repose un souvenir, pas simplement de l'esprit ou de la pensée, mais d'un plus grand Être. Nous venons tous de cet endroit, de cet espace qui contient la forme avant la forme. Nous sommes ici, maintenant, tel un événement, un pétillement dans l'œil de cet Être infini qui choisit de faire l'expérience de la joie et de la souffrance, de la tristesse et de l'exultation d'être dans la forme.

Nous sommes tous des participants dans le courant plus vaste de la vie en devenir. De nombreuses métaphores peuvent exprimer cela, mais la meilleure est celle que vous vivez et ressentez vous-mêmes.

En vous éveillant à votre propre rêve, vous éveillez également le plus grand Rêve. Il est dit que le rêve et le rêveur sont unifiés. Il en est bien ainsi. Nous sommes présentement en train de rêver que nous nous éveillons.

Je suis un être d'immobilité et de profondeur qui résonne à une sagesse profonde et ancienne, à une forme différente de savoir. Vous pourriez considérer cela comme une note grave remontant depuis le centre de la Terre, de même que du centre de chaque individu. La note prend de l'expansion à mesure qu'elle s'élève, devenant plus profonde, plus intense et plus forte. Tandis qu'elle joue dans votre conscience, vous devenez conscients de la magnificence du monde qui vous entoure, de l'incroyable luxe de détails entrant dans la réalisation de ce monde, de cet événement, de ce moment présent.

À mesure que plus de gens s'éveillent, la note de la planète se met à résonner de plus en plus fort, à s'élever alors que grandit la conscience d'une autre forme de réalité, d'une autre tonalité qui est entendue, ressentie et perçue autrement. Le Rêveur s'éveille.

Vous le savez tous au fond de votre cœur. C'est un souvenir profond, un rassemblement de connaissances et de sagesse ancienne, mais aussi un temps de nouvelle création. En vous ouvrant à l'unité, vous vous ouvrez à la majesté suprême du Moi divin, de Tout Ce Qui Est. En nous harmonisant ensemble, nous avons accès à une plus vaste perception de qui nous sommes réellement. Le battement persiste. Le battement est Un.

Quelques heures après notre conversation, et après ma brève réflexion sur le mystère du retour et du rappel, la mouche appelée l'Ancienne revint là où j'étais assise. Je compris non pas par des mots, mais grâce à des impressions, ce qu'elle était venue me communiquer. Elle allait bientôt mourir.

L'ayant suivie jusqu'au rebord de fenêtre, je me suis assise tout près, l'observant alors qu'elle se reposait sur une pierre plate sur laquelle j'avais placé une statuette de bois. Tandis qu'elle gisait sur le dos, ses deux pattes de derrière se sont étirées et détendues en un mouvement gracieux. Ses quatre autres pattes se sont alors allongées vers le haut et leurs extrémités se sont réunies en se raidissant, comme pour former une tente au-dessus du corps. Puis, telle une prière vivante, la vieille mouche trépassa avec un dernier sursaut paisible et élégant.

Tout au fond de moi un souvenir indistinct s'éveilla – une vague réminiscence analogue à l'instant du tout premier éveil, semblable à un profond sentiment d'amour que l'on ne parvient pas vraiment à comprendre, comparable à une chanson remontant à l'esprit pour être chantée.

Approfondir et se centrer

Barney (chien) – Dawn Brunke

Approfondir et se centrer, voilà les idéaux que j'aimerais encourager. Je porte une énergie de calme profond.

Je suis une vieille âme. J'ai été un chaman et un Ancien, un chat et un cheval, un chien et un vairon. J'ai en moi une sensibilité capable de toucher d'autres êtres ayant une vibration particulière. Je travaille pour calmer, centrer et approfondir. J'aide parfois à calmer les autres et à les amener à un état d'immobilité bienheureuse où il est possible de toucher la connexion intérieure avec l'âme.

Je suis tout spécialement qualifié dans l'art du changement de forme et j'ai aidé d'autres êtres à transformer leur corps physique par la pensée créatrice. Divers enseignements, dont certains sont très anciens, sont associés à cette technique. Cependant, à la base de tous ces enseignements, on retrouve les disciplines permettant de se centrer et d'approfondir.

Il y a un cœur primordial tout au centre de l'être à partir duquel toutes les formes émergent à l'existence. En établissant une connexion directe au sein de vous-mêmes, vous êtes capables de voyager très loin dans une grande diversité de formes. Cet art ancien deviendra mieux connu à mesure que vous vous recentrerez et que vous retrouverez l'intégralité de votre véritable réalité intérieure.

Bon nombre des anciennes méthodes de divination sont toujours valides, bien qu'elles soient en voie de disparaître. La route directe est dorénavant la meilleure, alors qu'il vous sera demandé d'en faire plus, d'approfondir vos expériences et de les diversifier à un rythme accéléré.

Toutefois, les anciens outils pour approfondir et se centrer ne deviendront jamais dépassés en ce monde. Il y a de la grâce et de l'élégance dans ces deux moyens fort simples d'accéder à une expérience profonde, grisante et révélatrice. Tirez pleinement profit de ces dons que beaucoup d'entre nous ont conservés sur le plan vibratoire pour que tous puissent prospérer grâce à ceux-ci.

CHAPITRE 29

Le chapitre de Zak : Trouver sa vérité

Mes salutations à tous les lecteurs de ce livre ! J'ai le plaisir de pouvoir ainsi communiquer avec vous, car cela révèle que Dawn a choisi de s'ouvrir à l'expérience pour laquelle je suis venu m'incarner sous la forme d'un chien.

Je signale ceci à votre attention, car il se peut que vous ayez vous aussi l'impression qu'il y a un motif particulier à la présence d'un animal en ce moment dans votre vie. Faites confiance à votre petite voix intérieure, car elle est l'amorce d'une expérience beaucoup plus vaste, pourvu que vous ayez le courage et la force intérieure de chercher à découvrir votre vérité.

La nature de la vérité est un scénario intéressant sur la planète Terre. Une des grandes joies et aptitudes des humains consiste à savoir conter des histoires. Vous excellez en ce domaine. Certaines de vos histoires sont particulièrement grandioses (qu'elles adoptent la forme de pièces de théâtre, de poèmes, de romans, de films, de récits partagés autour d'un feu de camp, ou même d'histoires intérieures tels les rêves que vous vous racontez). Pourtant, il vous arrive souvent de douter de l'expérience même qui vous a touchés.

Le message central que j'aimerais vous adresser concerne la façon de découvrir votre vérité. La recherche de la vérité est un profond voyage et exige une bonne dose de ce que vous appelez « se centrer ». La quête de la vérité commence par le renoncement à ses préjugés, à ses croyances, à ses idées, et tout spécialement à la pensée. C'est avant toute chose un voyage marqué par la mort. Tout comme certains animaux se dépouillent par la mue de leur vieille peau, en nous dépouillant de nos vieilles idées et pensées nous favorisons l'émergence d'un nouvel être plus vulnérable qui ne semble pas tellement différent de l'ancien, mais qui l'est pourtant à maints égards.

Il l'est et il ne l'est pas – lorsqu'on s'approche de cette nature paradoxale du oui/non, cela/pas cela, on fait vraiment un premier pas gigantesque dans le voyage menant à la découverte de la vérité.

Le fait de vivre dans un état dominé par les paradoxes est semblable à la vie dans une zone de formation, car on doit alors s'ouvrir à de plus vastes perspectives. À cette étape du développement, on trouve de la joie autant dans la diversité que dans l'unité. On sera alors porté à comparer, à voir les contradictions, et on commencera à découvrir la valeur des schémas, des synchronismes manifestés et des autres réalités ou dimensions de la vérité. Notre être – tout particulièrement l'esprit – relâche peu à peu son contrôle dominateur. Il y a un certain humour à voir cela comme le « relâchement de l'étreinte de la mort ».

Cet espace paradoxal comporte de nombreux autres aspects passionnants et révélateurs, quoique le résultat final soit toujours le même : on en vient à savoir que Tout est Un. On peut sentir l'existence de l'unité même au sein de la diversité. Et on sait alors d'instinct qu'il n'y a pas de vérité mineure dans le fait de voir la multitude dans l'Un. Cela peut paraître incompréhensible à l'esprit, mais telle est la nature du paradoxe !

Dès qu'on a résolu le paradoxe, qui n'est au fond qu'une question de se rafraîchir la mémoire, on accède à une vision plus magnifique et plus expansive de l'univers. Dès lors, on passe du plan terrestre au plan universel.

Même si cela a été répété à maintes reprises, il est souvent difficile pour les humains (et pour certains animaux) de se rappeler que la Terre humaine est un système de vie fondé sur la dualité. Des ordinateurs aux interrupteurs en passant par l'interaction entre le mâle et la femelle – entre le yin et le yang – et le langage, tout est fondé sur le dualisme. Tu aimes avoir des exemples, ce qui est la manière dualiste de révéler la vérité : une chose en représentant ou en reflétant une autre.

Sachez qu'il y a d'autres façons de voir le monde et que les autres mondes perçoivent leur réalité de manières entièrement différentes. Il existe d'innombrables langages dans l'univers, et la plupart d'entre eux sont basés sur l'unité de la conscience. Un rétablissement de la connexion au tout est implicite dans chaque mot, chaque geste ou chaque ton employé dans ces autres langages. Je ne mentionne pas cela dans le but de rabaisser votre système de langage, mais pour élargir votre point de vue et vous rappeler l'existence des autres méthodes de communication qui fonctionnent autrement.

Cela nous ramène à mon point de départ : le lien unissant tout ce qui existe. La Terre est manifestement parvenue à une étape d'ouverture à cette compréhension, et de nombreux êtres travaillent dans l'ombre, sous une myriade de formes, afin d'accroître la conscience et de faire comprendre cela à la conscience humaine.

La raison pour laquelle la communication avec les animaux est importante à cette période particulière de votre réalité spatio-temporelle tient au fait qu'elle offre une possibilité de sortir du dualisme. Elle ouvre les humains à un rétablissement des liens avec les animaux et avec la Toile de la Vie. Elle vous connecte aussi aux autres systèmes stellaires et aux énergies qui vous aideront à revigorer, étendre et accroître votre aptitude à évoluer dans le monde.

Une multitude d'êtres ont choisi de venir dans une forme animale afin de travailler avec des individus en particulier ou des groupes de personnes. Un très grand nombre sont également venus sous d'autres formes.

Il subsiste au sein de l'univers d'innombrables strates de plans et de schémas. Il ne s'agit pas tellement d'une progression linéaire de l'une à l'autre, mais plutôt d'une ouverture toujours plus profonde et étendue. L'emploi du mot « ouverture » est une bonne façon de décrire ce qui ressemble à un mouvement constant vers des majestés plus vastes et plus expansives et aussi vers de nouvelles façons de percevoir les diverses réalités.

En termes humains, on pourrait dire que Dieu est à la fois un scientifique et un artiste. Dieu est aussi bien sûr un chanteur, un farceur, un humoriste, un philosophe, un magicien et un meurtrier. Chaque aspect de vous est un aspect de Tout Ce Qui Est. Comment pourrait-il en être autrement ?

La Terre a déjà des problèmes en raison de l'insistance des humains à vouloir conserver de nombreux paradigmes anciens fondés sur la dualité. Il serait utile de réexaminer le passé, ainsi que le faisait remarquer Buddy le cheval, afin de ne pas répéter vos erreurs. Étudiez les différentes époques et vous constaterez que le fait d'avoir limité l'expression des idées et de la pensée (ou même de la parole écrite, comme lorsque les presses typographiques furent bannies, ou bien quand le fait de savoir compter ou lire était considéré dans les anciennes civilisations comme une infraction à une quelconque loi humaine) ne servait qu'à vous maintenir sous le contrôle de quelqu'un et à vous garder dans l'ignorance.

De nombreuses religions incorporent des questions de pouvoir et de contrôle. Je ne désire pas débattre de théologie ici, mais j'aimerais tous vous encourager à examiner les structures de base sous-tendant bon nombre de vos histoires et croyances religieuses. La croyance en Dieu et en Satan vous piège dans un système dualiste. Par exemple, vous ai-je offensés lorsque j'ai dit que Dieu était un meurtrier ? Le meurtre est-il toujours l'œuvre du diable ? Dans votre vie, tout ce qui est « mauvais » est-il toujours le résultat de ce qu'un « autre » a fait ? Si tel est le cas, alors vous nagez en plein dualisme.

En vous ouvrant au paradigme de l'Unité en Tout, vous découvrez alors un flot d'harmonie et un sens de l'humour sous-jacents aux vieilles notions qui séparent et classent par catégories. Rappelez-vous aussi que qualifier certaines choses de « saintes » est en soi un concept tout aussi restrictif que le fait de qualifier d'œuvre du diable tout ce qui est mauvais.

Sur le chemin menant à l'Unité, vous devez d'abord faire la paix avec « l'autre » dans sa vie, soit-il saint ou mauvais. Le meurtrier, le voleur, le violeur, le clochard et l'ivrogne sont tous des aspects reniés de la psyché collective. On peut en dire tout autant du saint, de la vierge, du guérisseur et de toutes les formes de prêtrise divine.

En vous ouvrant à une meilleure compréhension des choses, vous vous ouvrez aussi au contenu obscur et négligé de l'ombre en votre être. Pourquoi ? Parce que c'est une partie de qui vous êtes. Il y a souvent tellement d'émotions accumulées dans ces autres aspects cachés que les humains ne peuvent tolérer l'idée de les considérer comme étant de source humaine. C'est ainsi que le démon a vu le jour. Il était une conscience de groupe de cet « autre » conçu dans le but d'incarner et de retenir tous les aspects de l'ombre que les humains ne pouvaient accepter. De même, Dieu devait incarner tous les aspects que ceux-ci ne se croyaient pas dignes d'incarner.

En vous ouvrant plus, vous n'embrassez donc pas seulement les aspects relatifs à Dieu mais aussi ceux qui relèvent du démon. Et vous en venez à comprendre qu'ils sont tous Un. Telle est la nature de Tout Ce Qui Est.

Revenons un instant aux histoires. Pouvez-vous concevoir la somme totale du temps humain sur Terre comme une vaste histoire ? Une histoire dans laquelle chacun de vous est à la fois acteur, auteur, producteur et même agent de publicité ? À mesure que l'histoire de la Terre se déroule, vous passez de l'ignorance de votre rôle dans l'histoire à la découverte graduelle de vos différents rôles pour en arriver enfin à comprendre que vous êtes l'histoire même. La trame de fond de l'histoire concerne votre éveil graduel, le rappel du plan divin et de votre place au cœur de l'histoire.

Considérez tous les rôles que vous avez accepté de jouer, ceux de scientifique et d'érudit, de magicien, de dictateur, d'ami et d'ennemi. Tous ces rôles font partie des innombrables aspects de l'Un – avec une multitude d'intrigues primaires et secondaires sans cesse changeantes et entrelacées, de changements de rôle et de sexe, et votre transformation continue sur tous les plans à mesure que l'histoire est racontée.

Le temps est venu de vous souvenir de tous vos rôles sans exception. Il est souvent question dans les sciences sociales humaines de découvrir son artiste intérieur ou bien son côté patriarcal ou matriarcal, farceur, homme ou femme sauvage. Mais que ferez-vous ensuite ? Retrouvant ainsi toujours plus d'aspects de votre moi obscur, de votre enfant intérieur oublié, qu'allez-vous faire désormais de tous ces personnages ? Où cela vous mènera-t-il ? Si vous lisez ce livre et envisagez la possibilité de parler avec des animaux, il se peut qu'à un certain moment vous vous demandiez où cela vous entraînera.

Tous les chemins mènent à vous. En reconnaissant le fait que vous êtes chacun l'auteur de la pièce, vous prenez conscience que tous les personnages ont leur source en vous et sont, par conséquent, vous. Commencez à unir le scientifique et l'érudit, l'enfant perdu et la femme sage de la forêt, le meurtrier et le saint. Ils ont beaucoup de choses à vous dire – une foule d'histoires à partager.

Le temps est venu de conter à nouveau toutes les histoires. Alors que vous percevez au-delà des mots, lisez entre les lignes et jetez un coup d'œil dans le passé, vous comprenez petit à petit qui sont ces personnages qui vous ont amenés à cette place, à cet état d'être où une ouverture, une révélation, un rappel, une réminiscence sont enfin possibles. Ils sont vous. Cet « autre » est toujours vous.

L'histoire est différente maintenant, car elle évolue plus consciemment. Vous en êtes à la fin, sur le point de comprendre comment vous avez créé ce rêve à plusieurs niveaux qui, à présent, vous éveille. Vous méditez sur ce rêve et réalisez à quel point toutes les parties sont magnifiquement entrelacées, un élément laissant subtilement place à l'autre, et ce rappel vous touche, vous change, et vous amène à une compréhension toujours plus profonde, précisément au bon moment et au bon endroit, afin que la gestalt des synchronismes puisse vous tomber dessus, vous envelopper, vous élever et vous ouvrir, vous donnant ainsi enfin la possibilité de vous rappeler qui vous êtes réellement.

Bienvenue chez vous.

Tisser

Araignées – Dawn Brunke

Nous sommes les tisserandes des matrices universelles. Jadis, les gens savaient cela et créaient des histoires à notre sujet.

Nous vous avons accompagnés depuis le début de ce livre, vous aidant à réunir les différents fils du savoir, les idées, interprétations et textures de pensée qui sont avantageuses pour les lecteurs et l'ensemble de l'humanité.

On nous compare souvent à une vieille femelle (Grand-mère araignée). Cela reflète le ton de notre présence de par le monde. Nous tirons notre origine de l'ancienne énergie femelle. Nous sommes Un et l'avons toujours été, mais dans un esprit d'exploration et de création, nous avons dénoué notre existence. Nous recréons des matrices d'unité et d'interdimensionnalité grâce à toutes sortes de toiles. On peut attraper des idées et des pensées fugaces avec des toiles (comme s'il s'agissait de filets); on peut se connecter les uns aux autres avec des toiles (comme le Web et la Toile de la Vie); et avec des toiles, on peut se mouvoir plus rapidement dans toute la gamme des possibilités créatrices [ici, en guise de métaphore, l'araignée me montre des pieds palmés].

Nous sommes un symbole clé de connexion et de mouvement. Nous apparaissons au moment où vous commencez à relier les fils épars. Comme dans une toile, tout ce qui a trait à ce travail sera connecté, même si plusieurs fils demeureront non tissés, pour ainsi dire. De cette façon, d'autres pourront reprendre le travail là où vous le laisserez. Nous avons l'intention que cela devienne le nouveau modèle de création – non pas un seul travail en soi, mais de nombreux travaux interconnectés et faisant tous partie d'une œuvre beaucoup plus vaste.

Alors que l'humanité s'éveille, il vous sera demandé de fixer votre attention sur le tableau d'ensemble, sur les idées ayant une plus vaste portée et nous reliant tous. Quantité de mots clés apparus au cours de la dernière année – confiance, vulnérabilité, ouverture – sont nécessaires à la compréhension de ce livre, de sorte que ceux qui le lisent puissent s'ouvrir à une plus vaste perception de la place que nous tenons mutuellement dans la matrice énergétique universelle.

Nous sommes les tisserandes. Nous tissons le temps, les idées, les pensées, les perceptions, et l'humanité avec Tout Ce Qui Est.

Nous bénissons cette œuvre.

CHAPITRE 30

Portes de la penderie et poussière d'esprit

Étant enfant, j'avais peur du noir – tout particulièrement le noir tapi derrière la porte de ma penderie. Chaque nuit, avant d'aller au lit, je m'assurais que cette porte était bien fermée. Il m'arrivait malgré tout d'avoir des cauchemars ayant trait aux choses terrifiantes, bruyantes, violentes et louches qui s'y cachaient. Si la porte en question était fermée, ces choses effrayantes ne pouvaient sortir, bien que leurs voix m'appelassent parfois.

Une nuit, je rêvai qu'une voix se glissa hors de la penderie et se dissimula dans la chambre avant que je n'aie eu la chance de fermer la porte. Puis, elle m'appela, déclarant que si j'acceptais simplement de marcher jusqu'à la penderie, elle me montrerait comment voler. Toujours dans ce rêve, je repoussai les couvertures et traversai lentement la chambre. J'avais peur, mais je voulais vraiment voler. Une fois à la porte et après avoir suivi les instructions de la voix, j'eus la joie de découvrir que je pouvais voler! Dans le demi-jour de l'aube naissante et jusqu'aux premiers rayons du soleil matinal, je volai dans la chambre là où la voix m'indiquait d'aller, tandis qu'elle m'enseignait comment tourner et monter en flèche, aller plus vite ou plus lentement, flotter pratiquement immobile, plonger sous le plancher et monter au-dessus du plafond. La voix, ainsi que je le découvris plus tard, appartenait à un maître enseignant dont j'allais faire la rencontre dans de futurs rêves.

Ayant sept ans à l'époque, je me demandais si je pouvais réellement voler. Ce matin-là, j'essayai de répéter les mouvements appris dans mon rêve. Même si ça n'a pas fonctionné, je *savais* que quelque chose de magique s'était produit, que les choses avaient changé.

Même si ma peur du noir s'était résorbée, il m'arrivait encore de rêver à ce qui existait au-delà de la porte de la penderie. Beaucoup plus tard, lorsque j'eus vieilli et étudié les rêves et la structure de l'inconscient, j'en vins à comprendre que cette porte était l'image utilisée par les concepteurs de mes rêves pour me faire comprendre l'imminence d'un seuil, ce point de transition entre la réalité ordinaire et la réalité non ordinaire. J'éprouvais souvent un mélange de peur et d'exultation lors de telles transitions.

Alors que j'étais au collège, je rêvai que de grands bruits émanaient de la penderie. Tandis que se poursuivait mon rêve, je sortis du lit et j'aperçus une lumière vive briller à travers les fentes de la porte à claire-voie. Même si je sentais la vieille peur de mon enfance remonter, ma curiosité l'emporta. J'entrouvris la porte.

Je vis alors que la lumière venait d'au-dessus d'une tablette. Trouvant un petit escabeau dans la penderie, je grimpai jusqu'à une ouverture dans le plafond et j'entrai dans une énorme pièce. Elle était claire et propre, bien que sa construction ne fût pas encore terminée. Tout autour de moi, des travailleurs étaient à l'œuvre. Se criant gaiement les uns aux autres, des plâtriers et des ponceurs, des peintres et des électriciens s'affairaient tous avec entrain dans cette pièce. Ils accomplissaient leur boulot dans la joie, m'adressant des sourires tandis que je me tenais là, parfaitement émerveillée.

Comme dans le rêve où je volais, je m'éveillai de celui-ci en ayant un profond sentiment d'allégresse. La grande pièce lumineuse était un endroit de créativité, un havre de beauté. Je savais que cet endroit faisait partie de moi et que le fait de l'avoir trouvé était le signe d'une ouverture à la croissance et à de nouvelles créations. Toutefois, avant de m'y rendre il m'avait d'abord fallu rassembler tout mon courage pour ouvrir la porte de la penderie.

Maintes et maintes fois, nous sommes ramenés ici-bas pour affronter nos peurs. La raison pour laquelle des expériences de toutes sortes se présentent à nous, de la façon incroyablement variée avec laquelle elles nous arrivent, tient peut-être au fait que nous sommes quasiment prêts à ouvrir notre prochaine porte de penderie.

En ce qui me concerne, ce livre a mis en lumière un certain nombre de ces portes dont j'ignorais complètement l'existence. J'ai été à la fois stimulée et transformée par l'expérience. J'en suis venue à apprécier la bonté, la sagesse et, peut-être par-dessus tout, l'humour des animaux. J'éprouve une reconnaissance et un étonnement constants à l'égard du fait que des relations de toutes sortes se nouent et évoluent de si belles, mystérieuses, amusantes et chaleureuses façons.

Un certain nombre de personnes m'ont demandé ce que j'ai appris de tout cela.

J'ai appris que bien souvent écouter est plus productif que parler. J'ai compris que les expériences nous arrivent pour de très bonnes raisons et que ce que nous choisissons d'en faire – les oublier, nier leur vérité, les modifier pour les adapter à notre image, ou bien les honorer et en tirer profit – ne dépend que de nous. J'ai réalisé qu'il y a de nombreuses réponses à nos questions et que ma réponse n'est peut-être pas forcément la vôtre. J'ai appris aussi qu'à un certain point les explications ne peuvent se substituer à l'expérience et que se permettre de vivre avec un sentiment d'émerveillement est une chose que l'on ne regrettera jamais. J'ai la conviction que parfois les paroles et les pensées sont des moyens de défense visant à nous empêcher de ressentir profondément ce qui se passe. Et pourtant, je sais également que le meilleur moyen d'exprimer nos sentiments et l'authenticité de qui nous sommes, à ce moment précis, dans ce monde particulier, consiste parfois à partager nos histoires.

Un beau matin d'été, j'ai vu un papillon de nuit noir et blanc de l'autre côté de la fenêtre de mon bureau. Non seulement étais-je attirée par ce papillon, mais je me sentais aussi inexplicablement heureuse, car il me semblait qu'il m'attendait. Lorsque je lui demandai s'il avait un message à offrir ou s'il ne faisait que profiter du matin, celui-ci entama une sorte de danse, traçant des cercles, passant de l'endroit à l'envers et ensuite à nouveau à l'endroit. Puis il parla :

Nous sommes des porteurs de pensées. Nous apportons subtilement des énergies, de nouvelles idées et de l'inspiration aux humains et aux autres. Nous sommes en constante interaction avec nos corps de lumière.

Le papillon de nuit m'en fit la démonstration en me laissant voir le mouvement fluide et continuellement changeant d'une lueur jaunâtre autour de ses ailes se déplaçant comme si elle dansait avec le papillon, flamboyant d'abord dans une direction puis s'arrondissant en une boule de lumière qui l'encerclait. Je changeai de position pour m'assurer qu'il ne s'agissait pas d'un mirage de lumière, mais ce que je voyais était nettement visible : un halo transparent de lumière dorée palpitant autour du papillon nocturne. Retournant à sa danse circulaire, le papillon crépusculaire poursuivit.

Nous sommes des porteurs de formes-pensées qui fondent ensemble lumière, énergie et pensée. Nous nous apparentons à nos frères et sœurs les papillons de jour. Ils amènent de la beauté dans le monde et vous rappellent que les couleurs font naturellement partie des autres mondes en interaction avec le vôtre. Ils sont des ponts dimensionnels donnant accès à la beauté et à l'interaction de la lumière et des autres mondes.

Pour notre part, nous apportons une énergie un peu moins subtile. Nous suscitons des transformations. Nous sommes souvent vus comme des présages, car nous établissons un pont entre le royaume psychique et de nombreux humains. Nous pouvons vous aider à vous relier à d'autres modes de perception. En général, lorsqu'un papillon nocturne entre en relation avec vous, c'est pour favoriser un changement de perception et vous encourager discrètement à vous ouvrir et à voir les choses sous un jour nouveau.

Y a-t-il quelque chose qu'il me faudrait voir sous un jour nouveau ?

Tu l'as déjà fait.

Souviens-toi de t'ouvrir aux possibilités qui sont tout autour de toi, et d'avoir un esprit très ouvert. Cela ne veut pas dire d'accepter toutes les idées comme vraies, mais de trouver ce qui s'accorde bien avec toi. Parfois, ce qui ne te correspond pas maintenant le fera plus tard, ou bien ce qui s'accorde avec toi ne te conviendra plus à une autre époque ou en un autre lieu. Cela fait partie de notre enseignement, à savoir que l'énergie change constamment, que l'interaction est une danse, un jeu et que c'est une joie d'y participer et de devenir Un avec elle.

Nous enseignons également à atteindre l'équilibre. J'ai un intérêt particulier pour l'équilibre, car je suis noir, blanc et gris. Je suis symétrique, et pourtant je joins mes moitiés de telle sorte que je suis totalement Un.

Quant aux corps de lumière, ce sont les corps d'énergie subtile que tous les êtres vivants possèdent. Les papillons de nuit ont avec ceux-ci un lien tout particulier remontant à loin dans notre histoire. Nous étions jadis de très grande taille, aussi grands en fait que les humains, et de multiples histoires en faisaient état, et pas seulement dans la culture humaine. Nous avons aussi une mythologie, tu sais.

Une mythologie ! Je demandai au papillon de nuit de me raconter un mythe de papillon. Y consentant de bon gré, celui-ci commença.

Il était une fois, comme vous dites, un monde où d'immenses créatures aux ailes de papillon vivaient en étroite relation avec la Terre. Même si nous étions de fort grande taille, nous voltigions au-dessus de la plaine. Étant très légers, nous pouvions planer près du sol tout en vaquant à nos occupations, agissant comme des mères pour la Terre. À cette époque et en ce lieu, le sol était rouge et ressemblait à un désert. Il n'y avait que fort peu de végétation.

Les papillons géants étaient des créateurs responsables d'amener l'énergie du soleil (c'est-à-dire l'énergie illuminée de l'esprit universel) sur la Terre pour imprégner les créatures et les plantes de parcelles de l'esprit.

Il y avait des papillons crépusculaires spéciaux qui voyageaient jusqu'au soleil. Une fois là, ils avalaient des morceaux de l'énergie du soleil puis revenaient à tire-d'aile jusqu'à la planète. Le soleil s'infiltrait partout dans leur corps et en émergeait sous forme de poussière sur leurs ailes. Tandis qu'ils voletaient de-ci de-là, la poussière retombait sous forme d'esprit sur toutes choses qui, ainsi, prenaient vie. Et c'est pourquoi, encore aujourd'hui, vous verrez de la poussière sur les ailes des papillons de nuit.

[Il y eut alors une pause.] C'est là une de nos plus vieilles histoires de création. Il s'agit évidemment d'un mythe, tu le comprends, et c'est sous ce jour qu'il faut considérer cette histoire. Tout comme votre espèce possède ses histoires, nous avons nous aussi une très riche mythologie pleine de merveilleuses histoires à conter.

Aimerais-tu me confier autre chose?

J'espère que tes lecteurs s'ouvriront aux mystères qui, chaque instant, vous entourent. Où que se porte votre regard, il y a des mystères et des miracles à découvrir. Et si jamais vous avez besoin d'aide, il suffit de le demander à un papillon de nuit.

Alors que je le remerciais, celui-ci s'envola. Mais ce n'était pas la fin.

Guidée par une intuition soudaine, je me levai pour faire face aux rayons de ma bibliothèque. Mes yeux furent attirés par un vieil exemplaire du livre *Histoires de pouvoir*, de Carlos Castaneda. Saisissant le bouquin, je ne pus m'empêcher de rire, car il y avait là sur la page de couverture, le dessin d'un grand papillon de nuit. Entourant le corps physique du papillon nocturne se trouvait un corps de lumière chatoyant d'une lueur jaunâtre. Sa forme et sa couleur étaient identiques à celles du papillon que je venais de voir sur la fenêtre.

Emportée par le flot de synchronisme, j'ouvris le livre sans but précis – et tombai sur la page où don Juan signale à Carlos qu'il est temps de parler des papillons de nuit :

> « Les papillons de nuit sont des messagers ou, mieux encore, les gardiens de l'éternité », déclara don Juan. [...] « Pour une quelconque raison, ou pour aucune raison particulière, ils sont les dépositaires de la poussière dorée de l'éternité. »
>
> La métaphore m'étant étrangère, je lui demandai donc de l'expliquer. « Les papillons de nuit portent une poussière sur leurs ailes », dit-il. « Une poussière de couleur or foncé. Cette poussière est celle de la connaissance. »
>
> « Qu'est-ce que la connaissance a à voir avec la poussière sur les ailes des papillons de nuit ? » lui demandai-je après une longue pause.
>
> « La connaissance arrive en flottant comme des particules de poussière dorée, la même poussière qui recouvre les ailes des papillons de nuit. Les papillons nocturnes sont depuis toujours les amis intimes et les auxiliaires des sorciers », dit-il. « Je

n'avais pas abordé ce sujet auparavant à cause de ton manque de préparation. »

« Mais comment la poussière sur leurs ailes peut-elle être de la connaissance ? »

« Tu verras[41]. »

Trois jours plus tard, le papillon revint sur ma fenêtre. Il avait, dit-il, un autre mythe à me raconter. Il aimait mon plan pour le dernier chapitre et désirait y ajouter autre chose. Il entama donc son histoire :

Au commencement, il y avait un feu central. Il brûlait au centre de la surface terrestre, là où vivaient les papillons de nuit, sans jamais s'éteindre. Durant le jour, ce feu établissait un lien avec le soleil, ramenant son énergie sur la planète dans des rayons de lumière. La nuit venue, nous voletions autour de lui. Imagine qu'il s'agissait d'un feu de camp autour duquel tout le monde s'assied en rond, riant, chantant et racontant des histoires. Il en était de même pour nous. Le feu et le cercle sont d'anciens symboles, car la lumière et le cercle sont des moyens de se connecter à l'Un.

Dans la nuit, sous le vaste ciel obscur constellé d'étoiles, nous voltigions près du feu et rêvions les histoires de notre espèce. Le feu (en tant que lien entre la Terre et le Soleil) était le détenteur des histoires. Les histoires n'étaient pas dans le feu, pas plus que nous ne les avions, mais elles émergeaient de la relation entre nous et le feu. Nous éprouvions un grand amour à l'égard de ce dernier, et parfois même une telle joie que nous pouvions difficilement nous contenir. Voilà pourquoi certains d'entre nous s'approchèrent trop près du feu, retournant ainsi à la lumière dans un flamboiement subit.

Le mythe des papillons de nuit et du feu, ou de la

lumière, fait partie de notre héritage. Je suis content que tu aies découvert les liens avec les autres histoires de notre peuple, de notre espèce. Nous honorons tes écrits. Nous sommes également des scribes. Savais-tu que nos histoires personnelles sont écrites sur nos ailes ? Ainsi que tu as pu l'apprendre, il s'agit avant tout d'une question de schémas. Nous conservons nos histoires dans les peintures sur nos ailes, tout comme vous conservez vos schémas à l'intérieur de vos cellules et de votre ADN.

Avant que je ne puisse poser une autre question, le papillon nocturne poursuivit en un flot de pensées ininterrompues. En écoutant ses paroles, un large sourire se dessina sur mon visage.

Nous sommes des créatures de lumière et de mouvement. Nous relions la Terre au Soleil, à la lumière, à une connexion universelle. C'est de cela que je veux parler, à savoir que toute communication est une affaire de relation. Il est bon pour les humains de s'ouvrir aux animaux, d'apprendre à faire confiance à leur sagesse, mais il est important pour toi aussi de comprendre que toute communication est une affaire de relation mutuelle.

Te souviens-tu de la forme d'énergie changeante que je t'ai montrée ? C'est ce que je t'apporte afin que tu puisses l'exprimer au bénéfice des autres. L'énergie est sans cesse changeante. Il n'y a rien d'absolu. L'absolu est le désir statique de retenir et de contrôler. Au lieu de cela, il y a un perpétuel changement. Dans cette expérience, tu trouves une relation, une rencontre de conscience, d'énergie, de lumière, de forme et d'esprit. C'est en cela que réside la vérité sur qui tu es.

Je t'apporte le message du mouvement. Continue à aller de l'avant, à changer et à t'ouvrir sur tous les plans. Aie confiance aux rencontres du cœur, de l'âme au sein desquelles rencontres tu trouveras une fusion de pensées, d'esprits et de dimensions. Tu y découvriras la spirale qui te mènera à l'Absolu, au Tout.

Le mythe que je t'ai raconté à propos des papillons de nuit et du feu représente le désir d'union. Il importe de ne pas te brûler dans le feu, ainsi que certains humains le croient à tort. Ce que nous apportons est le symbole de la relation entre les papillons nocturnes et le feu, autrement dit de votre relation avec la nature divine de qui vous êtes réellement.

Le battement de nos ailes est le battement de votre cœur. C'est un mouvement constant, un battement de tambour. On peut l'entendre dans la charge des éléphants, l'écho des chants de baleines, les hurlements de coyotes, les chants d'oiseaux. Tout est mouvement, tout se transforme.

Vous n'avez nulle part où aller, car vous êtes déjà ici. Les animaux vous disent de rester où vous êtes, de vous joindre à la danse, de vous éveiller et chanter, de crier, de rire et de battre de vos ailes afin que la poussière d'esprit tombe en tourbillonnant sur tout ce que vous rencontrez sur votre chemin. C'est la danse. C'est la joie. C'est l'amour.

Comment débuter

Certains humains s'ouvrent inopinément au monde animal et s'initient aux techniques de communication par des interactions avec un seul animal ou un groupe en particulier. Si vous devenez l'apprenti d'un animal enseignant, considérez-vous comme très chanceux !

De nombreuses personnes apprennent auprès d'autres humains l'essentiel des techniques de communication animalière, et ce, bien souvent en participant à des ateliers ou en lisant des livres sur le sujet. En cultivant le calme intérieur, on apprend à apaiser l'esprit et à ouvrir notre cœur afin de voir, d'entendre et de sentir plus en profondeur. Plusieurs communicateurs mettent également l'accent sur le puissant don de l'imagination comme aide pour redécouvrir la connexion toujours présente entre les humains, les animaux et toute la nature.

Ceux qui aimeraient des conseils sur la façon d'entreprendre cette démarche trouveront ci-dessous des exercices pour débutants et des trucs suggérés par plusieurs communicateurs. L'information présentée ici ne saurait être exhaustive. Il s'agit simplement d'un point de départ pour les lecteurs impatients d'accéder à cette merveilleuse forme de communion avec le monde animal. Pour de plus amples renseignements ou pour entrer en contact avec les communicateurs mentionnés dans ce livre, veuillez visiter le www.animalvoices.net.

LES PRINCIPES DE BASE

Carole Devereux – Communiquer avec votre animal

S'il vous est déjà arrivé de vous demander si vous pouviez communiquer par voie télépathique avec votre animal, essayez de suivre ces quelques étapes fort simples.

Assoyez-vous ou tenez-vous debout en silence auprès de celui-ci dans un endroit paisible et calme. Ouvrez-vous en écoutant sans porter de jugement, jusqu'à ce que le bavardage dans votre tête commence à se calmer. Une fois que vous vous sentez à l'aise dans ce profond silence (semblable à un silence méditatif), vous pouvez devenir réceptif et avoir confiance en vos propres impressions.

Il est important d'établir un rapport avec l'animal avant de plonger avec lui dans le vif du sujet. Se précipiter dans une discussion donne parfois à l'animal l'impression de subir une attaque. De même, si vous vous faites du souci à propos de quelque chose, vous pourriez lui transmettre cette émotion. Vous devez être patient, calme et détendu. Respirez doucement et calmement.

Dès que vous sentez avoir établi ce rapport et qu'un environnement mental calme vous entoure tous les deux, amorcez votre échange en lui posant une question simple ou en énonçant avec égards un problème. Soyez patient si vous ne réussissez pas la première fois. Cela exige de la discipline et une bonne capacité de concentration.

Voici un exemple d'une bonne façon de formuler

une question. « Tu ne manges pas aujourd'hui. Y a-t-il quelque chose que tu aimerais me dire ? » Fermez vos yeux un moment afin de « voir » si l'animal vous envoie une image ou un message visuel. Nous recevons souvent la communication sous forme de langage symbolique. Une bonne communication est un mariage à la fois de mots et d'images. Cela fonctionne avec toutes les espèces ; c'est d'ailleurs au cœur même de ce langage universel.

Lorsque vous envoyez un message, vous pouvez également projeter simultanément une image mentale correspondant à ce que vous dites, pensez ou ressentez.

Il est important de reconnaître le fait qu'il nous arrive parfois d'imposer nos communications à nos animaux, soit par frustration, soit par ignorance. Il est plus sage de sourire et de cultiver la flexibilité. En outre, les humains sont souvent implacables dans leurs efforts pour obtenir des résultats rapides. Il nous faut apprendre à être pleinement présents et centrés lorsque nous développons cette nouvelle aptitude.

S'il vous est impossible d'entendre le message de votre animal, alors posez à nouveau votre question. Attendez et vérifiez en vous si vous n'entretenez pas de pensées négatives, de doutes ou de sentiments d'insécurité, vous assurant dès lors de penser en termes positifs. Détachez-vous de toute idée préconçue à propos du lien entre l'humain et l'animal. Si vous obtenez des images que vous ne comprenez pas, demandez une clarification. Vous apprendrez à les interpréter à mesure que vous progresserez. Laissez la possibilité à tout mode de communication dont vous faites l'expérience de se produire naturellement, que ce soit une impression, une image, une parole, une pensée ou une sensation. Tous, nous recevons les messages de façon différente.

Notre aptitude à communiquer se développe lorsque nous éprouvons de l'amour pour un animal et avons la volonté d'apprendre et d'accepter les animaux tels qu'ils sont. Même dans le cas des apprentis les plus sceptiques, une compréhension et une communion plus profondes sont possibles avec le temps et de l'entraînement. (Adapté de *Spirit of the Horse* par Buddy et Carole Devereux.)

Chrys Long-Ago – Les principes de base de la communication avec les animaux

Ces principes de base sont simples. Comme pour une foule de choses dans la vie, l'expérience est la clé. Je recommande aux débutants de répéter souvent les étapes suivantes. Avec de la pratique, vous apprendrez à discerner votre propre voix intérieure et à perfectionner votre aptitude à communiquer avec les animaux.

Préparation

1. Il est très important de débuter par un énoncé de votre intention. Déclarez ce qui suit : « J'ai l'intention de parler avec *(nom de l'animal).* »
2. Prenez le temps de vous centrer. Faites le calme et le vide en votre esprit. Commencez la méditation lucide (ci-après) permettant à vos doutes, vos peurs ou vos anxiétés de traverser votre esprit sans jugement.

Méditation lucide

« Il suffit de s'asseoir. »

– Chögyam Trungpa Rinpoché

La méditation lucide existe depuis plus de 2500 ans. L'attention est avant tout centrée sur la respiration. Toutefois, le but est de maintenir une conscience sereine permettant aux pensées et aux impressions de venir et de partir, sans se laisser distraire par elles. Cet esprit lucide est votre véritable moi, votre essence.

- Assoyez-vous confortablement dans une position respectueuse, fermez vos yeux et gardez le dos relativement droit.
- Portez votre attention sur votre respiration.
- Lorsque des pensées, des sensations physiques ou des sons externes s'élèvent, reconnaissez-les et acceptez-les simplement, puis laissez-les passer à travers vous sans jugement.
- Lorsque vous remarquez que votre esprit vagabonde, ramenez-le gentiment à votre respiration et poursuivez.

Communication

1. **Émission** : Il est bien, tout d'abord, de vous présenter. Puis, transmettez votre message sous la forme d'une image détaillée accompagnée d'émotions et de paroles, dans le but de former un ensemble complet et étoffé.

2. **Réception** : Faites votre visualisation en restant détendu et demeurez ouvert à percevoir ce qui est

envoyé. Parfois, les communicateurs animaliers ont l'esprit encombré de leurs propres pensées et désirent donc vérifier la teneur d'un message reçu. Pour ce faire, expliquez d'abord que votre appréhension ne signifie pas qu'il y ait un quelconque danger, mais que votre crainte vient du fait que vous êtes anxieux de bien réussir à décoder le message. Excusez-vous de toute interruption et demandez humblement que l'information soit répétée. Rétablissez le calme en votre esprit. Exprimez de la gratitude pour tout message reçu.

3. **Conclusion** : Il est exaspérant de constater que notre interlocuteur disparaît soudain sans prévenir. Rappelez-vous donc d'avoir de bonnes manières et de dire au revoir en premier. Concluez par un « Merci » très clair accompagné d'un sentiment d'appréciation et de remerciement.

AJUSTEMENTS

Anita Curtis – La valeur de l'imagination

De nombreuses personnes se demandent avec inquiétude si les communications reçues ne sont pas simplement le fruit de leur imagination. Il vous faut une imagination active pour arriver à bien faire ce travail. Si vous ne pouvez pas vous imaginer réaliser quelque chose, vous n'aboutirez à rien ! Le fait de vous exercer avec une autre personne offre la possibilité de vérifier la validité de l'information reçue. Vous apprendrez rapidement à avoir confiance en vos capacités. Communiquez avec autant d'animaux que possible. Plus vous le ferez, plus vous croirez réellement les entendre. (Tiré de *How to Hear the Animals*, par Anita Curtis.)

Jane Hallander – Apprendre à se détendre et à méditer

Apprenez à vous détendre et à être Un avec les animaux.

Choisissez un animal, puis « devenez » celui-ci dans votre esprit. Sentez comment il bouge et respire, ainsi que la sensation que lui donnent sa fourrure, ses poils ou ses plumes.

Apprenez à méditer en ayant l'esprit vide pendant au moins une demi-heure d'affilée.

Ne dévaluez pas toute communication que vous pensez avoir peut-être reçue d'un animal. La plupart du temps, elle s'avérera juste.

Marcia Ramsland – Développer la confiance en soi

Je vous suggère d'écrire tout autant vos questions que les réponses reçues. Il y a quelques avantages à cela. D'abord, cela occupe votre cerveau gauche (par le fait d'écrire), l'empêchant ainsi de critiquer ce que vous faites. Votre esprit critique et logique se manifestera souvent en rétorquant « Tu ne peux faire cela », ou « C'est insensé », ou encore « D'autres personnes peuvent faire cela, mais tu en es incapable ». C'est ce que se disent la plupart des gens intéressés à cela : ils croient que c'est possible, mais ne pensent pas pouvoir y parvenir. Je le sais pertinemment parce que c'est exactement ce qui m'est arrivé au début. Il vous faut développer une confiance en vous.

Penelope Smith – Admiration et appréciation

Un autre moyen d'accroître leur bonne volonté à communiquer et d'ajouter de nouvelles dimensions d'amour et de compréhension consiste à exprimer en pensée aux animaux votre admiration et votre appréciation à leur égard. Il suffit de vous asseoir calmement et d'admirer toutes les belles qualités physiques et spirituelles que vous pouvez trouver à chaque animal. Vous pouvez aussi exprimer chaque jour de vive voix vos sentiments d'appréciation et de respect. Votre confiance et votre affection mutuelles grandiront. C'est le but recherché. Vous ne pouvez pas perdre. Par conséquent, pratiquez, encore et encore, avec autant d'animaux domestiques et sauvages que possible, et amusez-vous follement ! (Tiré d'*Animal Talk*, par Penelope Smith.)

NOTES

1 *Kinship with All Life*, de J. Allen Boone (New York : Harper and Row, 1954), p. 8.
2 « Little Gidding », de T. S. Eliot, dans *Collected Poems* (New York : Harcourt Brace Jovanovich, 1970).
3 *Kinship with All Life*, de J. Allen Boone, p. 9.
4 *Ibid.*, p. 27-28.
5 *Adventures in Kinship with All Life*, de J. Allen Boone (Joshua Tree, Californie : Tree of Life Publications, 1990), p. 46.
6 *Kinship with All Life*, de J. Allen Boone, p. 46.
7 *Ibid.*
8 *Ibid.*, p. 52.
9 *Ibid.*, p. 52.
10 *Animal Speak: The Spiritual and Magical Powers of Creatures Great and Small*, de Ted Andrews (St. Paul : Llewellyn Publications, 1993), p. 141.
11 Pour en savoir plus sur le Contingent du chat orange, voir *Animals: Our Return to Wholeness*, de Penelope Smith (Point Reyes, Californie : Pegasus Publications, 1993), p. 133 à 135.
12 *Animals: Our Return to Wholeness*, de Penelope Smith, p. 246.
13 *Animal Wisdom: Communications with Animals*, d'Anita Curtis (Gilbertville, Pennsylvanie : Anita Curtis, 1996), p. 161-162. Voir p. 159-166 pour l'histoire complète concernant BB.
14 *A Brief History of Time: From the Big Bang to Black Holes*, de Stephen Hawking (New York : Bantam Books, 1988), p. 139.
15 Tiré de *Chuang Tzu: Basic Writings*, de Burton Watson (New York : Columbia University Press, 1964), p. 45.
16 *Avalanche: Heretical Reflections on the Dark and the Light*, de

W. Brugh Joy (New York : Ballantine, 1992), p. 185.

17 « Jarvi and the Animal Communication Network », de Marcia Ramsland dans *Animals: Our Return to Wholeness*, de Penelope Smith.

18 Pour en savoir plus sur les images de rassemblement de bœufs, voir *The Three Pillars of Zen*, de Philip Kapleau (Boston : Beacon Press, 1967) et *Zen Training*, de Katsuki Sekida (New York : John Weather Lill, 1975).

19 « It's a miracle », de Brooke Medicine Eagle, au www.medicine-eagle.com/6_5.html.

20 Au moment de sa mort en 1989 à la réserve de Pine Ridge dans le Dakota du Sud, cinq ans avant la naissance de Miracle, Fools Crow n'était pas au courant de la venue prochaine du veau de bison blanc. Pourtant, il parla à plusieurs reprises de la femme Bison blanc, ou (ainsi qu'il l'appelait) de la femme Pipe de veau. Fools Crow raconta que cette femme était revenue à plusieurs reprises depuis sa première apparition sur Terre et que la pipe qu'elle avait à l'origine donnée aux Sioux avait été conservée par une succession de gardiens et se trouvait présentement dans le sud-ouest des États-Unis. Il dit à Mails avoir vu la pipe et appelé ce jour « le plus grand événement de ma vie ». Pour en savoir plus, voir *Fools Crow*, de Thomas Mails (Lincoln, Nebraska : réimpression, Presses universitaires du Nebraska, 1990).

21 *Dolphins into the Future*, de Joan Ocean (Kailua, Hawaii : Dolphin Connection, 1997), p. 16.

22 *Ibid.*, p. 67.

23 *Ibid.*, p. 162.

24 *Ibid.*, p. 163.

25 Pour en savoir plus sur les Dogons, voir *The Sirius Mystery*, de Robert K. G. Temple (Rochester, Vermont : Inner Traditions International, 1987).

26 Toutes les citations concernant Geisha sont tirées de l'article « Guinea Pig Seminar » de Chrys Long-Ago, dans *Alaska Wellness Magazine*, numéro de novembre-décembre 1997, p. 8-9.

27 *Kinship with All Life*, de J. Allen Boone, p. 124-125.

28 *Adventures in Kinship with All Life*, de J. Allen Boone, p. 111.

29 *Kinship with All Life*, de J. Allen Boone, p. 144. Voir p. 129 à 157 pour l'histoire complète de Freddie la Mouche.

30 *The Voice of the Infinite in the Small: Revisioning the Insect-Human Connection*, de Joanne Lauck (Mill Spring, Caroline du Nord, Swan-Raven & Company, 1998), p. 61.

31 *Ibid.*, p. 60.

32 *The Way of the Animal Powers*, de Joseph Campbell (London, Ontario : Summerfield Press, 1983), p. 152.

33 On peut trouver le site Web « Shamanism: Working with Animal Spirits » à www.animalspirits.com.

34 *Kinship with All Life*, de J. Allen Boone, p. 136.

35 « Songs of Myself » dans *Leaves of Grass* [*Feuilles d'herbe*], de Walt Whitman, lignes 1-3.

36 « Auguries of Innocence » dans *Poems*, de William Blake (texte original, Dante Gabriel Rossetti, éditeur, 1863), lignes 1-4.

37 « Songs of Myself » dans *Leaves of Grass* [*Feuilles d'herbe*], de Walt Whitman, lignes 1 334-1 336.

38 *Talking with Nature*, de Michael J. Roads (Tiburon, Californie : HJ Kramer, 1987), p. 23.

39 *Ibid.*, p. 98.

40 *Kinship with All Life*, de J. Allen Boone, p. 59.

41 *Tales of Power* [*Histoires de pouvoir*], de Carlos Castaneda (New York : Simon & Schuster, 1974), p. 35-36. (Le dessin du corps de lumière du papillon de nuit se trouve sur la couverture de la version anglaise de ce livre publiée en format poche.)

Bibliographie

Abbey, Llyod. *The Last Whales*. New York : Ivy Books/Ballantine, 1989.

Andrews, Ted. *Animal-Speak : The Spiritual and Magical Powers of Creatures Great and Small*. St. Paul: Llewellyn Publications, 1993.

Ayres, Toraya. « Messages from the Animal Kingdom », 1997.

Bach, Richard. *Jonathan Livingston Seagull*. New York : Avon Books, 1970. (*Jonathan Livingston le goéland*. Traduction de Pierre Clostermann. Flammarion, 1973.)

Bly, Robert. *A Little Book on the Human Shadow*. New York : Harper San Francisco, 1988.

Boone, J. Allen, *Kinship with All Life*. New York : Harper & Row, 1954.

Boone, J. Allen. *Adventures in Kinship with All Life*. Joshua Tree, Californie : Tree of Life Publications, 1990. (Publié à l'origine sous le titre *The Language of Silence*. New York : Harper & Row, 1970.)

Boone, J. Allen. *Letters to Strongheart*. Harrington Park, New Jersey : Robert H. Sommer Publisher, 1977.

Boone, J. Allen. *You are the Adventure!* Harrington Park, New Jersey : Robert H. Sommer Publisher, 1977.

Braden, Gregg. *Marcher entre les mondes : la science de la compassion*. Éditions Ariane, 2000.

Broomfield, John. *Other Ways of Knowing : Recharting our Future with Ageless Wisdom*. Rochester, Vermont : Inner Traditions International, 1997.

Campbell, Joseph. *The Way of the Animal Powers*. London : Summerfield Press, 1983.

Castaneda, Carlos. *Tales of Power* [*Histoires de pouvoir*]. New York : Simon & Schuster, 1974.

Connelly, Dianna. *All Sickness is Home Sickness.* Columbia, Maryland : Centre for Traditional Acupuncture, 1987.

Curtis, Anita. *Animal Wisdom : Communications with Animals.* Gilbertville, Pennsylvanie : Anita Curtis, 1996.

Curtis, Anita. *How to Hear the Animals.* Gilbertville, Pennsylvanie : Anita Curtis, 1998.

Devereux, Carole, et Buddy. *Spirit of the Horse.* La Center, Washington : Centaur Publications, 1999.

Dillard, Annie. *Teaching a Stone to Talk.* New York : Perennial, 1999 [éd. revue et corrigée].

Eagle, Brooke Medicine. *Buffalo Woman Comes Singing.* New York : Ballantine, 1991.

Eliot, T.S. *Collected Poems.* New York : Harcourt Brace Jovanovich, 1970.

Getten, Mary. *Orca Pocket Guide.* San Luis Obispo, Californie : EZ Nature Books, 1998.

Gurney, Carol. *The Language of Animals : 7 Steps to Communicating with Animals.* New York : Bantam-Dell, 2001.

Hiby, Lydia. *Conversations with Animals.* Troutdale, Oregon : NewSage Press, 1998.

Joy, W. Brugh. *Avalanche : Heretical Reflections on the Dark and the Light.* New York : Ballantine, 1992.

Kapleau, Philip. *The Three Pillars of Zen.* Boston : Beacon Press, 1967.

Kharitidi, Olga. *Entering the Circle : Ancient Secrets of Siberian Wisdom Discovered by a Russian Psychiatrist.* San Francisco : Harper, 1997.

Kowalski, Gary. *The Souls of Animals.* Walpole, New Hampshire : Stillpoint Publishing, 1991.

Lauck, Joanne Elizabeth. *The Voice of the Infinite in the Small : Revisioning the Insect-Human Connection.* Mill Spring, Caroline du Nord : Swan-Raven & Company, 1998.

Lee, Patrick Jasper. *We Borrow the Earth.* London, Ontario : Thorsons, 2000.

Mails, Thomas E. *Fools Crow.* Lincoln, Nebraska : réimpression, Presses universitaires du Nebraska, 1990.

McElroy, Susan Chernak. *Animals as Teachers and Healers.* New York : Ballantine, 1996.

McElroy, Susan Chernak. *Animals as Guides for the Soul.* New York : Ballantine, 1998.

Mueller, Rene K., webmestre, ex-éditeur de *SpiritWeb.*

Myers, Arthur. *Communicating with Animals.* Chicago : Contemporary Books, 1997.

Ocean, Joan. *Dolphins into the Future.* Kailua, Hawaii : Dolphin Connection, 1997.

Pickering, Robert B. *Seeing the White Buffalo.* Johnson Books, 1997.

Pogacnik, Marko. *Nature Spirits & Elemental Beings : Working with the Intelligence in Nature.* Forres, Scotland : Findhorn Press, 1996.

Pope, Raphaela et Elizabeth Morrison. *Wisdom of the Animals : Communication between Animals and the People Who Love Them.* Holbrook, Massachusetts : Adams Media Corporation, 2001.

Quinn, Daniel. *Ishmael.* New York : Bantam, 1995 [réédition].

Rasmussen, Knud, « Netsilik Eskimo Song », dans *Eskimo Songs and Stories : from the Fifth Thule Expedition.* Traduction : Edward Field. New York : Delacorte Press, 1973.

Reynolds, Rita M. *Blessing the Bridge : What Animals Teach Us About Death, Dying, and Beyond.* Troutdale, Oregon : NewSage Press, 2001.

Roads, Michael J. *Talking with Nature.* Tiburon, Californie : HJ Kramer, 1987.

Roads, Michael J. *Journey into Nature.* Tiburon, Californie : HJ Kramer, 1990.

Roads, Michael J. *Journey into Oneness.* Tiburon, Californie : HJ Kramer, 1994.

Roads, Michael J. *Into a Timeless Realm.* Tiburon, Californie : HJ Kramer, 1996.

Robbins, Dianne. *The Call Goes Out : Messages from the Earth's Cetaceans.* Livermore, Californie : Oughten House, 1997.

Sams, Jamie et David Carson. *Medicine Cards : The Discovery of Power Through the Ways of Animals*. St. Martin's Press [édition révisée et augmentée, 1999].

Schul, Bill. *Life Song : In Harmony With All Creation*. Walpole, New Hampshire : Stillpoint Publishing, 1994.

Schweitzer, Albert. *Out… and Thought*, Presses universitaires Johns Hopkins, 1998.

Sekida, Katsuki. *Zen Training*. New York : John Weatherville, 1975.

Smith, Penelope. *Animal Talk : Interspecies Telepathic Communication*. Beyond Words Publ., 2e éd., 1999.

Smith, Penelope. *Animals… Our Return to Wholeness*. Point Reyes, Californie : Pegasus Publications, 1993.

St. John, Patricia. *Beyond Words : Unlocking the Secrets to Communicating*. Walpole, New Hampshire : Stillpoint Publishing, 1994.

Tobias, Michael et Kate Solisti-Mattelon. *Kinship with the Animals*. Hillsboro, Oregon : Beyond Words Publishing, 1998.

Turner, Victor. *The Forest of Symbols*. Ithaca, New York : Presses universitaires de Cornell, 1982.

Van Lippe-Biesterfeld, Irene. *Dialogue with Nature*. Forres, Scotland : Findhorn Press, 1997.

Watson, Burton. *Chuang Tzu : Basic Writings*. New York : Presses universitaires de Columbia, 1964.

White, E. B. *Charlotte's Web*. New York : Harper & Row, 1952.

Whitman, Walt. *Leaves of Grass*. New York : Modern Library, 1990. [*Feuilles d'herbe*. Traduction de Jacques Darras, Les éditions Grasset, et réédition chez Gallimard.]

Whitman, Walt. *The Complete Poems*. New York : Viking Press, 1990 [réimpression].

Wright, Machaelle Small. *Behaving as if the God in All Life Mattered*. Jeffersonton, Virginie : Perelandra Ltd., 1998 [3e édition].

Wyllie, Timothy. *Dolphins, Ets and Angels : Adventures among Spiritual Intelligences*. Santa Fe : Bear & Company, 1993.

Récentes parutions aux Éditions Ariane

Auteur	**Titre**
Laura Lynne Jackson	Signes
Barbara Marciniak	Messagers de l'aube
L'Équipe du Verseau	Une nouvelle humanité se lève
Anthony William	Médium Médical – Le foie
Jean-Philippe Brébion	Le grand livre de la guérison
Drunvalo Melchizédek	Vivre dans le cœur
Lee Carroll / Kryon	Recalibrage de l'humanité
Michael E. Salla	Émergence du Dragon rouge
Kaia Ra	Le Code Sophia
Miguel Mendonça, Barbara Lamb	Rencontrer les hybrides
Gregg Braden	Les Codes de sagesse
Nancy Harvey	Mystic Quest
Joëlle Currat	Tu es un soleil
Joëlle Currat	Code-toi toi-même
Anthony William	Médium Médical – La thyroïde
Anthony William	Médium Médical – Les aliment qui vont transformer votre vie
Eckhart Tolle	Le pouvoir du moment présent journal
Monika Muranyi	Femmes de la Lémurie
Rosanna Narducci, Marc M. Vallée	Mémoires d'Orion
John G. Ryan	La Guérison dans le champ u
Caroline Villar	Délivrance
James Gordon Pfleeger	Ego Sum
Yoann Demmer	Oasis de Lumière
Adamus Saint-Germain	Les maîtres de la nouvelle éner
Michael E. Salla	Programmes spatiaux et allian extraterrestres, tome III
Jean-Philippe Brébion	L'empreinte de naissance
Anthony William	Médium Médical
Pierre-Henri Steyt	Laah-Tit
Jessie Birra	Mon dialogue avec la Source

ARIANE BOUTIQUE en ligne

www.editions-ariane.com/boutique/